GB

한길그레이트북스

인 류 의 위 대 한 지 적 유 산

GB

한길그레이트북스

인류의위대한지적유산

노르베르트 엘리아스

문명화과정 I

박미애 옮김

한길사

GB
HANGILGREATBOOKS

인류의위대한지적유산

Über den Prozeß der Zivilisation I

—

Norbert Elias

—

Translated by
Pak Mi Ae

Über den Prozeß der Zivilisation by Norbert Elias
Copyright © Norbert Elias 1939,1969,1976
Originally published in two volumes by Haus zum Falken, Basel, in 1939 under the titles
Wandlungen des Verhaltens in den weltlichen Oberschichten des Abendlandes(vol.Ⅰ) and
Wandlungen der Gesellschaft Entwurf zu einer Theorie der Zivilisation(vol.Ⅱ)

Korean edition published by arrangement with The Norbert Elias Stichting c/o Liepman AG, Literary
Agency through Shin Won Agency Co., Seoul, Korea.
Translation Copyright © 1996 by Hangilsa Publishing Co., Ltd.

식사를 하고 있는 부인 뒤에서 시종이 책을 읽고 있다.
18세기 말 남자하인 가운데는 매우 높은 수준의 교육을 받은 자들이 있었다.
(「Mme Geoffrin´s at Breakfast」, 허버트 로버트, 개인소장)

16세기까지도 자신의 알몸을 스스럼 없이 드러내었다.
심지어 목욕탕까지 알몸으로 거리를 달려가기도 했다.
(「Susanna Bathing」, 틴토레토, 파리 루브르박물관 소장)

열쇠가 달린 여성의 벨트가 풀려 있다.
이 그림이 그려진 15세기 당시 메이크업 상자는 매춘부의 표시였다.
(「Amorous」, 이슈라엘 반 메케넴, 파리 국립도서관 소장)

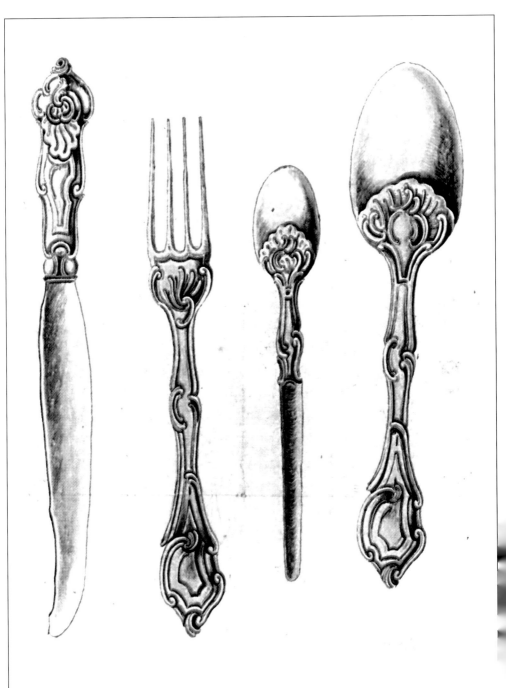

18세기에 이르러 포크는 오늘날의 형태를 갖추었으며,
스푼은 스튜 스푼, 커피 스푼, 앙트르메 스푼 등 다양한 형태로 발전했다.
(파리 장식미술박물관 소장)

16세기말 한 소작농의 가정.
(「Farm Visit」, 얀 브뤼겔, 빈 미술박물관 소장)

17세기에 이르러서야 양배추, 양파 등이 귀족의 식탁뿐만 아니라
낮은 계층의 식탁에도 오르기 시작했다.
(「The Vegetable Seller」, 제랄드 도우, 님 미술박물관 소장)

고기가 식탁 위에 올려지는 방식은
중세로부터 근대에 이르기까지 엄청난 변화를 겪었다.
중세 상류층에서는 종종 죽은 동물이나
동물의 커다란 부위 전체가 식탁 위에 올려졌다.
(「Banquet」, 작가미상, 스트라스부르 미술박물관 소장)

손님들이 포크로 접시에서 고기를 덜어내고 있다.
그러나 여전히 손을 사용하여 음식을 입으로 가져가는 손님들이 보인다.
(「Dinner Given by the King at the Hôtel de Ville of Paris, 30 January 1687」,
작가미상, 파리 국립도서관 소장)

17세기에 이르러 아이들은 학교에 보내졌다.
그들은 그곳에서 욕망을 억제하는 훈련을 받기 시작했다.
(「Mixed School」. 잔 스틴. 스코틀랜드 국립미술관 소장)

17세기에 그려진 학교의 모형. 수도원의 모습을 본떠서 만들어졌다.
(「Collège」, 라 플레슈, 파리 국립도서관 소장)

LE FESTIN
DE LA PAIX

17세기 말에 이르러서야 스푼과 포크가 귀족사회에 등장하기 시작했다.
(「Feast Celebrating the Peace of Ryswick」, 니콜라스 아르놀트, 파리 국립도서관 소장)

GB

한길그레이트북스

인류의 위대한 지적유산

노르베르트 엘리아스

문명화과정 I

박미애 옮김

한길사

●문명화과정 Ⅰ · 차례

● 결합태와 문명화과정의 역동적 구조

박미애

1. 고독한 사회학적 사유의 길

노르베르트 엘리아스는 1897년 브레슬라우(Breslau)의 중산층 유태인 가정에서 태어났다. 그의 아버지는 1910년 사업을 그만둔 뒤 명예직으로 브레슬라우 시청의 세무 담당 고문으로 일했던 유태인 지식인이었다. 엘리아스의 어머니는 전형적인 가정주부였는데, 엘리아스의 망명 권유에도 불구하고 독일에 남아 1941년 아우슈비츠 수용소에서 비극적인 죽음을 맞았다. 엘리아스는 유태인이면서도 스스로를 독일인이라고 생각하였던 부모에게 자신의 주저 『문명화과정』을 헌증하였다.

엘리아스는 인문교양을 중시하는 전통적인 지식인 가정에서 자라나 인문계 고등학교를 다니면서 고대 그리스로마시대의 대가들과 괴테, 실러시대의 독일 고전문학을 두루 섭렵한다. 이 당시 획득한 독일문학에 대한 그의 폭 넓은 지식은 훗날 『문명화과정』의 역사실증적 분석에 중요한 밑거름이 된다.

엘리아스는 브레슬라우 대학에서 철학 외에도 의학을 공부한다. 그는 의학공부를 통해 인간의 두뇌가 '내부세계'와 '외부세계'의 지속적인 중계에 의존한다는 사실을 깨닫게 된다. 훗날 엘리아스는 이러한 인식이 자신의 인간관인 '열려진 인간'(homo non-clausus)의 형성과 사회학적 사유의 전개에 결정적인 영향을 미쳤다고 고백한다. 두 학문을 동시에 수행하기 어렵다고 판단한 엘리아스는 의학공부를 중단하고, 하이델베르크 대학에서 한 학기 동안 철학공부를 하면서 야스퍼스의 세미나에서 토마스 만에 관한 논문을 발표하기도 한다.

다시 브레슬라우에 돌아온 엘리아스는 신칸트학파의 철학자 리하르트 회니히스발트(Richard Hönigswald)를 지도교수로 하여 박사학위 논문을 쓴다. 엘리아스는 이 논문에서 칸트의 '아 프리오리'(a priori)를 반박하면서 칸트가 모든 경험에 앞서 주어져 있다고 설정했던 선험은 실제로 시간 또는 자연적·도덕적 법칙의 인과관계라고 주장한다.[역주1] 종래의 철학적 인간관인 '폐쇄적 인간'을 부정하려 했던 엘리아스의 관점은 받아들여지지 않았고, 이러한 입장을 철회하고 수정한 다음에야 비로소 그의 학위논문은 통과될 수 있었다. 1924년 브레슬라우 대학에 제출한 학위논문은 「이념과 개인」(Idee und Individuum)인데, 이 과정에서 엘리아스와 회니히스발트의 관계는 회복 불가능한 상태로 악화된다. 그는 학자로서의 길을 다른 대학에서 모색하지 않을 수 없었다.

1924년 엘리아스는 당시 사회과학과 철학의 중심지로서 지성적 활기가 넘쳤던 하이델베르크 대학에서 사회학 공부를 시작한다. 1920년에 죽은 막스 베버에 대한 기억은 사회학을 이 대학에서 가장 인기있는 학과로 만들었다. 이때 처음으로 사회학 저서를 본 엘리아스는 문화사회학의 대표적

[역주1] Norbert Elias, "Notizen zum Lebenslauf," P. Gleichmann, J. Goudsblom and H. Korte Hg., *Macht und Zivilisation* (Frankfurt am Main, 1984), pp.9~82. 그럼에도 불구하고 엘리아스는 회니히스발트로부터 사유하는 방법과 사유에 대한 신뢰를 배웠다고 술회한다.

이론가였던 알프레드 베버 밑에서 교수자격 청구논문을 쓴다. 그는 같은 대학 사회학과의 젊은 강의 교수(Privatdozent)였던 카를 만하임과 친분을 쌓게 되고, 그의 충고에 따라 학계와 특히 알프레드 베버에게 영향력을 행사했던 막스 베버의 미망인인 마리안네 베버의 살롱에서 고딕 건축의 사회학적 고찰을 주제로 한 논문을 발표하기도 한다.[역주2]

1930년 카를 만하임이 프랑크푸르트 대학의 정교수로 초빙되어 가면서 엘리아스에게 조교자리를 제공한다. 만하임을 따라 프랑크푸르트로 간 엘리아스는 교수자격 논문을 작성하는 한편, 세미나에서 사회학 강의를 한다. 그러나 하이델베르크와 프랑크푸르트 시절 사회학자로서 엘리아스의 활동은 학생, 동료들로 이루어진 좁은 집단에 한정되어 있었다. 이는 망명했다는 또 하나의 이유와 함께 그의 저서들이 독일 내에서 오랫동안 주목받지 못하고 수용되지 못한 원인이 된다.

1933년 나치정권이 등장하고 유태인에 대한 탄압이 시작되면서 엘리아스는 파리로, 그의 선생이자 동료였으며 마찬가지로 유태인이었던 만하임은 영국으로 망명을 떠난다. 엘리아스의 교수자격 심사가 중단되었음은 두말할 나위도 없다. 프랑크푸르트에서 만하임의 지도로 작성되었으며, 1969년에야 비로소 빛을 보게 된 엘리아스의 교수자격 논문은 「궁정사회」(Die höfische Gesellschaft)였다.

1935년 엘리아스는 영어도 할 줄 모르면서 다시 영국으로 망명지를 옮긴다. 언어상의 제약 때문에 대학에 자리를 잡기도 어려웠고 새로운 공부를 시작하기에는 나이가 들었던 30대 후반의 엘리아스는 1940년 잠시 런던 경제학 연구소(London School of Economy)의 연구 장학생이 되기도 한다. 그후 10년 이상 그는 런던 대학의 성인 대상 교육과정의 선생으로 일한다. 이 일이 어느 정도 성공적이고 만족스러웠다고 엘리아스 본인은 진술하고 있으나 학자로서의 출세에 결코 합당한 길이 아니었음은 분명하다. 엘리아스는 57세가 되던 1954년에 이르러서야 마침내 레스터 대학

[역주2] 같은 글, 25쪽.

의 전임강사 자리를 얻는다.

1962년 정년퇴직 후 2년 간 아프리카의 가나에서 사회학과 교환교수 생활을 하였다. 가나에서 돌아온 후 그는 독일 여러 대학의 초빙교수로 강의를 해왔다. 1965년 베를린 자유대학의 독문학과 초청으로 여러 차례 세미나를 열었고, 1966년에는 헬무트 쉘스키(Helmut Schelsky)의 초청으로 뮌스터 대학에서, 1972년에는 토마스 룩크만(Thomas Luckmann)의 도움으로 콘스탄츠 대학 사회학과의 초빙교수로 강의했다. 1977년에는 아도르노 상을 수상한다. 1979년 이래 5년 간 빌레펠트 대학의 초빙교수로 일했던 엘리아스는 그후 암스테르담에서 사망할 때까지 왕성한 연구, 집필 생활을 계속하였다.

'결합태 사회학', '문명화과정의 이론'과 같은 독창적인 사회학적 사유를 역사적 실증연구와 결합시켰던 엘리아스의 주저 『문명화과정』은 이미 1930년대에 출판되었지만, 몇몇 소수의 사회학자나 역사학자들에 의해 언급되거나 인용되었을 뿐, 오랫동안 영국·미국이나 독일의 사회학계에서 주목을 받지 못했다. 그의 저서들은 요한 구즈블롬(Johan Goudsblom)을 중심으로 한 네덜란드 사회학계에 의해 소개 및 연구되었을 뿐, 1960년대 말에 이르기까지 다른 나라의 사회학계에서 거의 수용되지 않았다고 할 수 있다.

사회학자로서 활동할 수 있었던 중요한 시점에 망명할 수밖에 없었고, 망명 사회학자로서 영국 대학에 뒤늦게 자리를 잡았다는 엘리아스의 개인적 불행을 그 이유로 들 수도 있겠지만, 무엇보다도 사회학의 주류로부터 크게 벗어났던 그의 관점도 여기에 커다란 몫을 한다. 그는 전후 영국·미국의 사회학계를 풍미하였던 체계이론의 타당성을 결코 인정하지 않았다. 변화하는 사회를 고정된 사회체계로 축소하는 이론적 추상화를 비판하는 한편 발전과 변화를 진보의 과정 또는 목적을 향한 과정으로 간주하는 진화론에 대해서도 그는 반대 입장을 취했다. 엘리아스는 출신뿐만 아니라 사상적 신념에서도 이방인이었던 것이다.

1977년 프랑크푸르트 시가 수여하는 아도르노 상을 수상한 후, 엘리아스의 이름은 비로소 사회학을 넘어서 여러 학계에 널리 알려지게 된다. 1968년에 독일에서 재판된 그의 주저『문명화과정』은 78년 영어로 번역되고, 73년에서 75년에 걸쳐 프랑스어로 번역된다. 미국 학계의 무관심과는 달리 엘리아스의 저서는 프랑스에서 커다란 반향을 불러일으킨다. 학계는 물론 시사주간지, 일간지 등도『문명화과정』과 74년 번역된『궁정사회』에 관한 서평을 다투어 실었다.[역주3] 마침내 1970년대에 들어와서는 엘리아스의 관점에 기초한 연구 업적들이 출판되기에 이르렀으며, 독일 사회학회가 1975년 그를 명예회원으로 추대함으로써 그의 복권은 완벽하게 이루어졌다.

2. 문명이론의 사상적 배경 : 호이징가, 막스 베버, 프로이트

엘리아스는『문명화과정』의 서문에서 이 책에서 다루어진 문제들은 어떤 특정한 학문적 전통에서 나왔다기보다 현실 경험으로부터 얻어진 것이라고 말하고 있다.[역주4] 실제로 다른 이론에 대한 논의나 해석은 이 책에서 아주 드물게 발견된다. 엘리아스는 자신의 이론적・방법론적 관점을 다른 학자들의 것과 비교하여 상관관계를 밝히지도 않으며, 차이를 부각시키지도 않는다. 아마 우리는 엘리아스 이론이 소홀히 취급되고 폭넓게 수용되지 못한 이유 중의 하나로 다른 이론들과의 사상적 대결이 결여되어 있다는 점을 들 수 있을 것이다.[역주5]

[역주3] 엘리아스의 저작들이 서구 여러 나라에서 수용된 역사에 대해서는 Johan Goudsblom, "Aufnahme und Kritik der Arbeiten von Norbert Elias," P. Gleichmann, J. Goudsblom and H. Korte Hg., *Materialien zu Norbert Elias' Zivilisationstheorie* (Frankfurt am Main, 1982), pp.17~100.

[역주4] Norbert Elias, *Über den Prozeß der Zivilisation. Soziogenetische psychogenetische Untersungungen*, vol.1 (Frankfurt, 1976), p.SLXXX.

[역주5] Johan Goudsblom, "Aufnahme und Kritik der Arbeiten von Norbert Elias in England, Deutschland, den Niederlanden und Frankreich," P. Gleichmann, J. Goudsblom and H. Korte Hg., 앞의 책, 69쪽을 참조할 것.

그렇다면 『문명화과정』이 어떠한 선행연구의 도움이나 다른 학자들의 사상적 영향없이 탄생되었다는 말인가. 그것은 분명 아니다. 설사 엘리아스가 명시적으로 밝히지는 않았다 하더라도, 이 저서 곳곳에서 영향력을 행사했던 동시대의 다른 이론들과 엘리아스가 암암리에 논쟁을 벌이고 있는 흔적을 발견할 수 있다.[역주6]

엘리아스에게 사상적으로 깊은 영향을 미친 학자들로서 이 책에서 직접 이름이 언급되고 있는 학자들은 네덜란드의 역사학자 요한 호이징가와 사회학자 막스 베버, 그리고 정신분석학이라는 영역을 개척한 프로이트이다. 이 학자들로 대변되는 역사학, 사회학, 정신분석학의 상호 이질적인 세 관점은 엘리아스의 책 속에서 절묘하게 융합되어 독창적인 '문명이론'으로 발전된다. 이렇게 엘리아스는 여러 학문적 전통들의 토대 위에서 그것들을 종합하여 독창적이고 새로운 이론을 정립한 것이다.

엘리아스는 『문명화과정』에서 여러 차례에 걸쳐 네덜란드의 중세사가 호이징가의 『에라스무스 전기』와 특히 『중세의 가을』을 언급하고 있다. 제1권 「공격욕의 변화」를 다룬 장에서는 후기 중세의 도시들이 얼마나 피비린내나는 폭력으로 얼룩져 있었는가를 보여주는 몇몇 구절을 『중세의 가을』로부터 인용하고 있다. 호이징가는 이 책에서 방대한 역사자료들을 통해 극에서 극으로 동요되는 중세인들의 감정구조와 중세의 생활양식을 인상적으로 묘사하였다. 사적인 생활영역과 공적인 생활영역의 분리를 특징으로 하는 현대사회와는 달리 중세사회의 거의 모든 생활영역은 공적인 성

[역주6] 예를 들면 마르크스의 토대와 상부구조의 이론에 관하여(제1권, 388쪽), 문명과정에서 종교의 역할 (제1권, 277쪽), 그리고 이념의 과대평가에 관하여(제2권, 392쪽) 등 엘리아스에게 영향을 미친 사상과 학자들을 추적한 연구로는 Johan Goudsblom, "Zum Hintergrund der Zivilisations Theorie von Norbert Elias: Das Verhaltnis zu Huizinga, Weber und Freud," P. Gleichamnn, J. Goudsblom and H. Korte Hg., *Macht und Zivilisation* (Frankfurt am Main, 1984), pp.129~147 ; Karl-Siegbert Rehberg, "Form und Prozes," P. Gleichmann, J. Goudsblom and H. Korte Hg., *Materialien zu Norbert Elias' Zivilisationstheorie* (Frankfurt am Main, 1982), pp.101~169 참조.

격을 띠고 있었을 뿐만 아니라, 제어할 수 없는 보편적인 열정으로 점철되어 있었다는 호이징가의 중세상은 엘리아스에게 그대로 계승된다. 또한 호이징가는 중세의 생활양식을 묘사하면서 항상 우리 시대와의 커다란 차이점에 주의를 기울인다. 그 역시 인간 감정구조의 발전이 억제와 절제의 방향으로 진행되고 있다는 점을 의식하고 있었던 것이다. 이러한 내용상의 유사점을 떠나서 호이징가가 엘리아스에게 끼친 근본적인 영향은 역사에 대한 심층사적인 접근방법이었다.

호이징가는 외형적인 생활양식, 즉 일상의례와 예법의 중요성을 인식하였고, 이러한 '외형성'이 그 시대의 정신적·사회적 삶과 얼마나 밀접한 관계를 맺고 있는가를 보여주었다. 개인의 발전과 사회구조는 서로 깊이 연관되어 있다는 호이징가의 심층사적 접근방법은 엘리아스의 예법서에 관한 연구에 중요한 암시를 주었던 것 같다. 그러나 호이징가의『중세의 가을』은 방대한 사료들을 종합하여 한 시대의 생활양식에 대한 통일된 그림을 제시하고 있지만, 사회학적 시각과 포괄적인 이론적 사유는 결여되어 있다. 중세사회에 대한 호이징가의 새로운 인식과 통찰은 문학적으로 표현된 개별적인 착상의 단계에 머물러 있을 뿐 보편적인 이론적 모델의 고안에 이르지 못한다. 즉 엘리아스는 호이징가가『중세의 가을』에서 중단하였던 장소에서 자신의 연구를 시작하고 있는 것이다.

엘리아스에게 미친 막스 베버의 영향은『문명화과정』의 제2권에서 전개되고 있는 유럽의 봉건화와 국가형성에 관한 논의에서 분명하게 드러난다. 국가를 '정당한 폭력의 독점'으로 파악하는 베버의 국가관은 물리적 폭력과 납세권의 이중적 독점의 발생과 안정과정으로 이해되는 엘리아스의 국가형성 모델에 수용되어 더욱 발전되었다. '전통적 지배', '카리스마적 지배', '합리적 지배'의 이념형적 유형론을 제시한 베버의 지배이론은 주로 체계적·개념적 접근에 머물렀지만, 엘리아스는 여기서 한걸음 더 나아가 베버의 이론에서 주변적인 역할을 하는 권력문제를 유럽의 절대국가 형성에 관한 실증적 역사연구를 통해 천착해 들어간다.

또한 엘리아스가 자신의 책에서 던지고 있는 근본질문은 베버의 종교사회학의 중심을 이루는 문제제기와 뚜렷한 유사성을 보인다. 두 사람 모두의 주된 관심사는 서구 근대사회와 그와 연관된 인성구조의 기원이었다. 베버는『프로테스탄트 윤리와 자본주의 정신』에서 서구사회에서만 유일하게 발전된 근대 자본주의의 특성을 인식하고 그 기원을 설명하고자 하였다. 마르크스의 유물론적 역사관에 대한 비판에서 출발하여 베버는 인간의 경제행위에 대한 종교적 이념의 영향을 추적함으로써 반대의 인과관계, 즉 토대에 대한 이념의 영향도 검증 가능하다는 사실을 보여주고자 하였다. 그리하여 베버가 도달한 결론은 직업에 대한 비합리적인 몰두를 특징으로 하는 자본주의 정신이 금욕주의적 개신교의 직업윤리에 그 기원을 두고 있다는 사실이다. 직접적으로 역사적 유물론과의 논쟁에 얽혀 있었던 베버와는 달리 엘리아스는 토대와 상부구조의 단순한 도식에 대한 아무런 암시없이 핵심질문을 던진다. "서구의 이러한 변화, 이 '문명화'는 도대체 어떻게 이루어지는가. 이것의 동인, 원인 또는 원동력은 무엇인가."

그러나 엘리아스가 도출한 결론은 베버의 명제를 상대화시킨다. 청교도 운동에서 표출되는 종교심의 문명적 전환, 내면화와 합리화는 중산층의 구조와 상황의 특정한 변화, 다시 말하면 베버가 자신의 연구에서 배제하였던 사회적 종속관계로부터 발생하는 외부강요와 밀접하게 연관된다는 것이다.

더 나아가 엘리아스는 문명화과정에 기여한 종교적 동기의 역할을 단호하게 부인한다. "종교는 …… 그 자체로 결코 문명화하거나 감정을 억압하는 데 영향을 미치지 않는다. 종교는 그 반대로 사회나 종교를 수행하는 계층이 문명화되는 정도만큼 '문명화'될 뿐이다."[역주7]

『문명화과정』의 제1권의 한 주석에서 엘리아스는 자신이 프로이트의 정신분석학으로부터 지대한 영향을 받았음을 강조하고 있다. 즉 정신분석학 저서를 알고 있는 사람이라면 '이 연구가 프로이트와 정신분석학파의 선행 연구에 얼마나 커다란 도움을 받았는지'[역주8] 어렵지 않게 알아낼 수 있을

[역주7] 엘리아스, 앞의 책, 277쪽.

것이다. 나중에 엘리아스는 "어떤 사회학자들의 이론보다 프로이트의 이념
이 나의 사고에 더 커다란 영향을 끼쳤다"고 동료에게 보낸 편지에서 고백
한다.[역주9] 그렇다면 엘리아스는 프로이트에게서 어떤 도움을 받았는가. 프
로이트는 인간의 발달과정에서 점차 강해지는 내면적 통제가 본래 인류의
역사과정에서는 외면적 통제이며, 사람이 태어나 어른으로 성장하는 심리
발생적 과정은 개인의 차원에서 반복되는 인류역사라는 가정을 세웠다. 이
러한 개인적 특성의 사회적 기원에 관한 프로이트의 시각은 개인의 역사와
장기적인 사회의 역사를 통합하려는 엘리아스의 문명사적 분석에 중요한
출발점이 된다. 문명화과정은 엘리아스에게 개인적 심리차원에서 '외부통
제'로부터 '자기통제'로의 이행이며, 여기에서 자기통제는 그 스스로도 밝혔
듯이 프로이트가 개발한 초자아 개념과 다르지 않다.

  그러나 자기통제의 사회적 발생근거에 대한 질문은 역사적·사회학적
문제로서 프로이트에게는 관심 밖의 문제였다. 주지하다시피 그의 연구는
특히 개인의 심리발생적 발달에 치중되어 있었다. 이러한 개념장치들을 개
인심리의 차원에만 적용하지 않고 장기적인 역사과정의 연구에 응용하였다
는 점은 엘리아스의 업적이라고 할 수 있을 것이다.[역주10]

  그 밖에도 프로이트와 엘리아스에게 공통된 인식은 인간의 생활은 극히
'맹목적인 힘'에 의해 지배를 받고 있으며 학문적 연구의 과제는 이러한 힘
을 가시화하는 데 있다는 것이었다. 프로이트가 발전시킨 본능론을 엘리아
스가 전적으로 수용하지는 않았지만, 본능적 에너지와 본능표출에 관한 관
점은 그에게서도 중요한 역할을 한다. 그러나 이 점에 있어서도 프로이트
의 관심은 개인적인 본능에너지와 그 전환에 쏠려 있는 반면, 엘리아스는

[역주8] 엘리아스, 앞의 책, 324쪽, 주 77.
[역주9] P. Gleichmann and J. Goudsblom and H. Korte Hg., 앞의 책(1982), 73쪽.
[역주10] Aya는 엘리아스의 『문명화과정』에서 권위의 내면화에 대한 프로이트의 통찰이 폭력독
   점의 구체화로서 국가권위에 대한 베버의 이념과 결합되어 있다고 평가한다. Rod Aya,
   "Norbert Elias and The Civilizing Process," *Theory and Society* V (1978),
   pp.219~228.

이러한 개인적인 본능에너지도 인간들의 상호의존관계의 틀 안에서 처음부터 사회적으로 형성된 것으로 전제한다. 본능에너지의 사회적 형태는 각 사회 안에 존재하는 상호의존의 기제에 의해 달라질 수 있다는 것이다.

3. 문명이론의 연구대상과 연구방법으로서의 결합태

엘리아스가 『문명화과정』을 비롯한 모든 저서에서 추구했던 것은 구체적이고 상세한 실증연구를 통하여 장기적인 사회변동에 관한 이론을 수립하는 것이었다. 이러한 그의 작업에 사회는 인간들이 상호결합욕구 때문에 서로 형성한 상호의존의 고리로서, 끊임없는 변화의 흐름 속에 놓여 있다는 기본적인 사회인식과 아울러 인간을 사회 밖에 존재하는 고립된 개인으로 보지 않고, 수많은 상호의존관계를 통해 서로 얽혀 있는 사회 속의 개인으로 설정하는 인간관이 그 바탕을 이루고 있다. 엘리아스는 '결합태' (Figuration)란 개념을 통해 이러한 자신의 사회관과 인간관을 동시에 표현한다. 결합태는 글자 그대로 인간들이 자신의 행위를 통해 형성하는 인간관계의 구체적 형태를 의미한다. 다시 말하면 결합태는 사회 속의 개인들과 개인들로 구성된 사회를 동시에 표현하는 관계 개념인 것이다.

엘리아스는 이 개념을 통해 사회와 개인을 서로 분리된 독립항으로 가정하고 개인을 사회 위에 설정하거나 사회를 개인 위에 세우는 전통 사회학 이론들을 극복하고자 한다. 사회 저편에 고립되어 혼자 존재하는 인간이란 상상할 수 없으며, 인간은 태어나는 순간부터 상호의존의 고리, 세대들로 이어지는 연속의 질서 속에 얽혀 있다는 것이다. 마찬가지로 사회 역시 구체적인 인간들 밖에 존재하는 것으로서 개인들의 특성을 추상화한 행위체계나 역할체계가 아니라, 감정과 합리적 사고능력을 가진 인간들이 어떤 때는 서로 평화롭게, 또 어떤 때는 서로 갈등하면서 살아가는 인간들의 결합태라는 것이다. 그러므로 이 결합태 개념은 "'개인'과 '사회'의 양극화, 사회학적인 자동주의와 사회학적 집단주의의 덫으로부터의 탈출을 용이하게 해준다"고 엘리아스는 말한다.[역주11]

엘리아스의 결합태는 두 사람으로 구성된 가장 단순한 형태로부터 가족, 학교, 직장, 국가로 확대되며 구성원의 수가 증가함에 따라 상호의존의 고리는 더욱 길어지고 복잡해진다. 서로 의존하고 경쟁하는 개인들의 집합이면 무엇이든 결합태가 될 수 있는 것이다. 궁정사회도 왕과 신하들로 이루어져 서로 의존하고 구속하는 결합태이며, 축구시합 역시 두 팀의 선수들로 구성된 결합태인 것이다.

궁정사회는 절대주의시대의 왕을 정점으로 무사귀족과 법복귀족들이 서로 엮어가는 기능적 상호의존의 관계로서 독특한 '인간결합태'이다. 통상적으로 사용되는 '절대군주'라는 개념은 마치 군주의 권력이 무제한적이었다는 인상을 주지만, 엘리아스는 결합태의 관점에서 궁정사회를 분석하여 왕도 자신의 권력기회를 최대한 보존하기 위해서 귀족에게 기능적으로 의존하고 있었음을 보여준다. 왕은 점차 사회적 권위와 경제적 실력을 잃어가던 무사귀족들과 방대한 행정조직 속에서 관료적 권위를 강화해가던 법복귀족들 간의 경쟁, 적대관계를 교묘하게 조정하면서 자신의 권력을 유지한다.[역주12] 엘리아스는 바로 이러한 상호의존양상이 결합태의 가장 기본적인 속성임을 되풀이해서 강조한다.

상호의존성 외에 또 하나의 중요한 결합태의 특성은 그것은 정태적 구조가 아니라 동태적 관계라는 것이다. 개인들이 상호구성하는 결합태는 항상 흐름 속에 있다. 특히 축구시합은 결합태의 이러한 특성을 생생하게 보여준다.[역주13] 두 팀의 각 선수가 경기중에 취하는 행동은 다른 모든 선수의 행동을 규정하고 자신의 다음 행동은 반대로 이들의 행동에 의해 규정된다. 모든 선수들이 나름대로 경기의 진행에 영향을 미치기는 하지만 전체

〔역주11〕 Elias, "Notizen zum Lebenslauf," P. Gleichmann, J. Goudsblom and H. Korte Hg., 앞의 책, 64쪽.

〔역주12〕 Elias, *Die höfische Gesellschaft* (Frankfurt am Main, 1983) 참조.

〔역주13〕 결합태 개념에 관해서는 특히 엘리아스의 *Was ist Soziologie* (München, 1970), 139쪽을 참조할 것. 여기에서 엘리아스는 역사적·실증적 연구에서와는 달리 체계적이고 형식적인 추상화를 완전히 거부하고 있지는 않다.

적인 경기 흐름은 어느 특정한 선수의 통제력으로부터 벗어나 있다. 경기를 하고 있는 선수들은 경기가 어느 방향으로 진행될 것인지 가늠할 수 없지만 경기는 일정한 방향으로 흘러간다. 결합태를 구성하는 개인들의 의도적인 행동은 이 축구시합에서처럼 비의도적인 결과를 낳을 수 있으며, 전체 경기의 흐름은 이러한 비의도적 결과에 의해 영향을 받을 수 있는 것이다. 축구경기와 마찬가지로 인간결합태인 사회 역시 부단한 흐름 속에 있으며, 이러한 사회의 흐름, 즉 사회과정은 분명 일정한 방향과 구조를 가지고 있지만, 결코 미리 규정된 계획이나 목적에 따라 진행되는 것은 아니라는 것이다. 여기에서 엘리아스는 분명하게 사회를 포함한 모든 결합태의 과정적 성격을 강조한다. 그러나 동시에 사회의 변화나 발전을 진보의 과정, 목적을 향한 과정으로 간주하는 진화론을 거부한다.

개인들이 구성한 상호의존의 그물로서 결합태는 그 자신의 고유한 법칙성과 역동성을 가지고 있으며, 사회학의 근본과제는 바로 이러한 결합태 내의 상호의존양상을 분석하고 결합태의 역동성의 원인을 규명하는 것이라고 엘리아스는 주장한다. "사람들은 왜 그리고 어떤 방식으로 서로 맺어지면서 특정한 동적 결합체를 구성하는가. 이것이야말로 사회학의 중심적인 문제들 중 하나이거나 또는 가장 중심적인 문제가 아닐 수 없다. 사람들이 맺는 상호의존관계를 규정함으로써 우리는 이 문제에 답할 수 있다."[역주14]

그렇다면 엘리아스의 결합태 개념은 막스 베버의 이상형(Idealtypen) 과는 어떻게 다른가. 엘리아스가 결합태로 설명하고 있는 도시, 관료제, 국가 또는 자본주의사회는 베버의 체계적 작업이나 역사실증적 저서 속에서 이상형적 모델로서 연구되었다. 엘리아스는 결합태 개념이 기존의 다른 개념들과 구분되는 것은 바로 그 개념의 구체성, 즉 구체적인 인간들에 대한 시각이라고 역설한다. 주지하다시피 베버의 주요 관심사 중의 하나는 사회과학을 포함한 문화과학 전반의 객관성을 근거짓는 일이었다. 개괄할 수 없을 정도로 무한히 다양한 인간의 현실을 다루는 학문에서 어떻게 객관적

[역주14] 같은 책, 313쪽.

으로 유효한 진리를 얻어낼 수 있는가, 어떻게 그것의 인과적인 연관성을 파악할 수 있는가 하는 질문에 대한 해답이 바로 이상형의 모델이었다. 객관적으로 타당한 사회과학적 인식방식으로서 이상형은 '역사적 삶의 과정과 특정한 관계들을 사고 속에서 연관시켜 그 자체로는 아무런 모순도 없는 하나의 우주로 결합시킨'[역주15] 것이다.

현실의 어느 특정한 요소들을 사상적으로 고양하여 얻어지는 이상형은 결코 역사적인 사실도, 현실을 그대로 묘사한 것도 아니다. 베버는 이상형은 현실을 묘사하는 수단이라고 하면서 개념과 현실의 차이를 강조한다.[역주16] 그러나 엘리아스의 결합태는 그것을 구성하는 개인들과 마찬가지로 현실적이다. 결합태는 혼란스러운 사회행위의 다양성에 질서를 부여하고, 현상들의 인과관계를 설명하기 위하여 연구자가 관찰대상으로부터 도출해낸 인위적인 모델이 아니라, 구체적인 삶의 현장에서 인식하고 행위하는 인간들의 관계, 즉 현실 그 자체인 것이다. 엘리아스는 베버의 이상형과 대비하여 결합태를 사회적 현실로부터 출발하는 현실형(Realtypen)이라

[역주15] Max Weber, *Gesammelte Aufsätze zur Wissenschaftslehre* (Tübingen, 1985), p.190.

[역주16] 베버의 이상형은 『경제와 사회』 같은 이론적 작업에서만 사용된 것이 아니라 역사 사회학적 작업에서도 학문의 방법론으로서 적용되었다. 『프로테스탄트 윤리와 자본주의 정신』에서 그가 연구한 자본주의나 도시, 프로테스탄트 윤리 등도 하나의 이상형적 모델이다. 구체적인 현상의 인과적인 연관성을 있는 그대로 완전히 밝혀낸다는 것은 실제 불가능하기 때문에, 연구대상인 개인적 집합체의 가장 근본적인(베버가 생각하기에) 특성을 도출해낸 것이다. 즉 이상형적 개념들의 목적은 경험적인 현상이나 과정의 공통점이나 보편적인 특성을 찾아내는 것이 아니라 문화현상의 유일무이한 특성을 부각시키는 것이었다. 예컨대 베버는 근대 자본주의의 특수성을 합리적 행위와 합리적 경영조직이라고 보고 있다. 엘리아스는 이를 연구자의 이성을 통해 사회의 질서를 얻어내고자 하는 사회학적 이상주의에 불과하다고 비판한다. 그러나 마르크스의 유물사관을 비판하고자 했던 베버의 인식이해는 이념적 과정과 물질적 과정 사이에 다른 인과관계가 성립함을 증명하는 것이었다. 그러기 위해서 현실의 어느 한 단면(이상형)과 다른 단면(이상형) 간의 인과관계를 추적한 것이었다. 엘리아스의 인식 이해는 사람들이 맺는 상호의존관계와 그 관계의 변화를 규명하는 것이다. 그러므로 엘리아스는 개인이나 집단들의 관계를 경제적 요인이나 이념적 요인 등 특정한 단일변수에 의해 설명하려는 결정론적·환원론적 입장을 배격하고, 관계 자체로부터 있는 그대로 포괄적으로 설명하고자 한다.

고 명명한다.[역주17]

앞에서 살펴본 바와 같이 엘리아스의 이론적 태도는 구체성, 상호의존성과 과정의 중시로 압축될 수 있다. 엘리아스에 따르면 모든 사회학이론은 행위나 역할과 같이 인간의 행동에서 추상화된 전형적인 구조가 아니라 구체적인 인간들로부터 출발하여야 한다. 그러나 인간은 자유롭게 모든 결정을 내릴 수 있는 절대적인 자유존재도 아니고 또 익명적 사회세력의 단순한 수동적 구성원도 아니다. 인간은 자신과 마찬가지의 욕구, 목적을 가지고 결정을 내리는 다른 사람들에 의해 영향을 받고 제한받는 존재인 것이다. 그러므로 사회학이론은 한 사람의 고립된 개인이 아니라 상호의존관계에 있는 다수의 인간들로부터 출발해야 한다.

개인과 마찬가지로 개인들이 구성하는 관계 또한 끊임없이 변화한다. 과정은 개인뿐만 아니라 사회의 핵심적인 속성이며, 사회학이론은 과정을 다루어야 한다. 이러한 엘리아스의 이론적 태도가 결합태라는 개념 속에 응집되어 있는 것이다. 결합태는 엘리아스에게 연구의 주제인 동시에 연구방법이며 중요한 용어로서 '자연과학과 필연적으로 구별되는 인간과학의 토대'인 것이다. 역사적 사료를 대하는 엘리아스의 태도는 추론이나 분석이 아니라 구체적인 삶의 과정으로부터 출발하는 종합적 재구성이라고 할 수 있다.

엘리아스가 서술하는 문명화과정은 바로 이러한 결합태의 발전과 변동인 것이다. 즉 결합태에 관한 이론적 발상은 문명화과정과 궁정사회에 관한 구체적인 역사사회학적 연구로 연결되어 경험적 검증을 거치게 되고, 그러므로 더 커다란 설득력을 얻게 된다.

4. 문명화과정의 역동적 구조

인간들은 가족관계로부터 출발하여 국가간의 관계에 이르기까지 수없이 다양한 상호관계를 통해 서로 얽혀 있다. 그들은 사회적 결합태를 구성하

[역주17] Elias, *Über den Prozeß der Zivilisation*, vol.2 (Frankfurt, 1976), p.457.

며 이 결합태의 형태는 그 구성원들의 개인적 생활방식을 결정한다. 즉 개개인은 결합태의 구성원으로서 그 결합태 내에서 발달된 사회적 규범을 배운다. 이 결합태가 부단한 흐름 속에 있는 것과 마찬가지로 어느 일정한 시점에서 어떤 결합태에서 지배적인 행동과 감정 규약도 끊임없는 변화과정 속에 있다.

어느 시대 어느 특정한 사회에서 인간들이 알고 할 수 있는 것, 그들이 높이 평가하고 모범으로 받아들이는 행동, 또는 수치스럽고 불쾌하게 생각하여 거부하는 행동과 감정의 기준은 어느 날 갑자기 정해진 것이 아니라 장기간에 걸쳐 형성되어진 것이며, 미래에도 지속적으로 변해갈 것이다. 물론 이러한 사회적 행동기준의 변화는 여러 세대에 걸쳐 서서히 진행되기 때문에 개인이 사회화과정을 통해 청소년기에 겪는 사회심리적 발달과정에 견주어볼 때 보통 직접적으로 인식하기 어렵다. 사회가 분화되고 발달되면 될수록 이러한 행동수준의 발달과정을 명료화하는 작업 역시 그만큼 더 어려워지는 것이다.

엘리아스가 『문명화과정』에서 밝혀내고자 한 것은 바로 이러한 사회적 행동기준의 장기적 발전과정이다. 어린아이가 성장하면서 사회에서 통용되는 가치와 규범, 행동방식과 사고방식을 습득하여 내면화하는 과정, 즉 개인의 사회심리적 발달과정을 사회화라고 한다면, 사회나 문화의 사회심리적 발전과정이 바로 문명화과정인 것이다. 『문명화과정』 제2장의 제목은 엘리아스가 생각하는 문명화과정이 무엇인지 극명하게 말해준다. 즉 문명은 인간행동의 특수한 변화인 것이다.[역주18]

프로이트에게 의존하고 있는 엘리아스의 근본전제는 어린아이의 사회화과정이 바로 이러한 장기적인 문명화과정의 반복이라는 것이다. 예컨대 어린아이는 성장하면서 스스로의 인성 속에 잠재해 있는 공격욕을 억제하는

[역주18] 일상적 언어사용에서 '문명' 개념은 가치평가와 결합돼 있으나 엘리아스는 책의 제1장에서 '문화'나 '문명' 등의 단어들이 지닌 가치적 의미와 개념의 사회적 기능을 명시적으로 밝혔다. 엘리아스는 "서구 사회가 지난 200년 또는 300년 동안 이전의 사회나 더 원시적인 동시대 사회들보다 앞서 가지고 있었다고 믿고 있는 모든 것"으로 문명 개념을 정의하고 있다.

훈련을 받게 된다. 그는 처음에는 외부로부터의 강제에 의해 자신의 욕구 발산을 억제하지만, 훈련을 거듭해가면서 자율적 통제에 의해 스스로 자신의 욕구를 조정할 수 있게 된다. 종래에는 극히 자연스럽고 떳떳하게 여겨 거리낌없던 행위들, 손으로 식사하거나 함부로 방뇨하는 등의 행위는 이제 수치스럽고 부끄럽게 느껴지는 것이다. 이런 행위는 나중에 습관으로 형성되어 어른들에게는 '내면적인 것, 그들에게 천성으로 주어진 것'[역주19]으로 느껴지게 된다.

인류는 개인의 차원에서 전개되는 인성구조의 변화, 인간행동의 통제방식의 변화——엘리아스의 표현을 빌리자면 개인의 심리발생적 발달——를 특정한 발달단계에서 이미 거쳐왔다는 것이 프로이트의 관점이었다면, 엘리아스는 이것을 유럽사회의 발전에 국한하여 실증적인 사료분석을 통해 수백 년에 걸친 서구인들의 행동과 감정의 변화를 정확하게 서술함으로써 근대 유럽문명의 심리적·사회적 기원을 밝혀내고 있다.

행동의 외부통제에서 내부통제로의 변화과정으로서 문명의 장기적 과정을 읽어낼 수 있는 자료로서 엘리아스는 이제까지 사회학의 이론적 전통에서 거의 취급되지 않았던 일상의례에 주목하고 있다. 프로이트가 환자들과의 대담을 기록하여 무의식 속에 감추어진 충동이나 감정의 억압된 과정을 가시화하려고 하듯이, 엘리아스는 식탁에서의 행동규칙, 코 풀고 침 뱉는 방식에 관한 행동지침을 수록한 예법서의 조사를 통해 서구인의 일상의례가 12세기에서 19세기에 이르는 동안 점점 변화해왔으며, 이러한 일상의례의 변화 속에 행동의 외면적 통제에서 내면적 통제로의 전환이라는 보편적 과정이 표출되고 있음을 증명하고 있다.

우리가 나이프와 포크를 가지고 식사를 한다는 것은 특별히 문명적이라고 할 수 없을 정도로 이제 우리의 일상생활이 되어버렸다. 그러나 포크가 처음으로 식탁에 등장한 것은 그리 오래되지 않은 중세 말기였다.[역주20] 11

[역주19] 엘리아스, 앞의 책, 제1권, 173쪽.
[역주20] 같은 책, 86쪽.

세기 비잔틴의 공주가 베니치아공국의 궁정에서 조그만 포크—금으로 만들어진 삼지창—를 사용하여 음식물을 입으로 가져갔을 때, 모든 사람들은 너무나 놀랐고 이 사건은 스캔들이 되었다. 성직자들은 하느님의 천벌이 내릴 것이라 예언했고, 곧 그녀가 끔찍한 병을 앓게 되자 자신들의 예언이 적중했다고 설교했다.

포크가 유럽인의 식탁에 널리 사용되기까지는 거의 500년의 세월이 필요했음을 엘리아스는 여러 언어로 씌어진 예법서를 추적하여 밝혀내고 있다. 식탁 위의 고기를 손으로 뜯어먹는 것은 중세 상류층에게 당연한 습관이었다. 그들은 근세 초까지 음식을 같은 접시에 담아놓고 함께 먹었으며, 특히 중세 기사들은 공동체의식에 근거하여 같은 그릇에 담긴 음식을 손으로 집어다 먹고 술잔도 공동으로 사용하였다. 식탁에 한두 개밖에 없었던 칼은 커다란 접시에서 고기를 덜어낼 때에만 사용되었다. 포크는 16세기 이래 이탈리아로부터 프랑스로, 그후 영국과 독일로 퍼져나간다. 17세기까지 포크는 상류층이 전유하는 사치품이었으나 그후 오랜 세월에 걸쳐 차츰 사회의 하류층에게로 확산된다.

중세의 기사들이 겉옷자락이나 손가락에 코를 풀어도, 길거리에서 함부로 방뇨를 해도, 또 목욕할 때 하녀의 시중을 받아도 15세기에는 그다지 특별한 일이 아니었다. 나체로 젊은 남녀가 함께 목욕하거나, 도시의 좁은 골목에서 나체, 반나체의 남녀들이 공동목욕탕을 향해 뛰어가는 것은 중세에 흔히 볼 수 있는 일이었다. 엘리아스의 『문명화과정』은, 특히 제1권은 이와 같이 중세의 일상사들에 대한 흥미롭고 인상적인 묘사들로 가득 차 있다. 그러나 앞에서 언급하였듯이 엘리아스의 주된 목적은 행동변화에 대한 여러 구체적인 사료들을 종합하여 하나의 중세상을 그려내고자 하는 문화사적인 작업이 아니라 그 속에서 드러나는 행동과 감정의 변화에 있어서 구조와 일정한 방향을 포착하려는 것이다.[역주21] 그러므로 엘리아스의 구체

[역주21] 엘리아스는 프랑스와 미국에서 오랫동안 중세의 흥미로운 일화와 일상의례를 연구하는 문화사학자로 인식되었다. 그것은 프랑스에서 『문명화과정』 제1,2권이 분리되어 각기 다른

적인 실증작업에는 항상 일관된 질문들이 관통하고 있다. 왜 그리고 어떻게 서구의 지배계층은 중세에서 근대에 이르는 동안 특정한 행동기준을 발달시켰는가.

손으로 먹거나 공동의 식기로 먹는 행위가 건강에 해롭다는 합리적인 사고에서 서구인들은 칼과 포크를 사용하게 되었는가. 문명화과정은 의심의 여지없이 위생적인 생활습관을 확산시켰다. 공동의 그릇에서 먹거나 손으로 코를 후비는 행동, 땅바닥에 침을 뱉거나 담벼락에 방뇨하는 행위는 오늘날 비위생적으로 간주된다. 그러나 행동과 인성구조의 변화가 합리적인 건강관념에 기인한다고 생각한다면 그것은 명백한 오류라고 엘리아스는 강조한다.[역주22]

손으로 먹거나 공동의 식기로 먹는 행위를 수치로 생각하는 사회적 규범이 먼저 궁정의 상류층에서 발전하게 되고, 나중에 시민계급으로, 그리고 사회 전반으로 확산된다. 여기에서 문명화과정에 가장 중요한 동인은, 다시 말하면 새로운 행동과 감정수준이 발전, 확산되는 동인은 바로 권력 차이의 보존과 확대에 있다는 것이다.[역주23] 상류층은 문명화된 행동의 과시를 통해 시민계급이나 국외자에 대한 거리감을 강조하면서 동시에 권력과 위계질서의 차이를 공고히 할 수 있다. 자신들의 신분질서를 유지하기 위한 상류층의 차별화 전략이 바로 새로운 문화수준의 지속적인 발전과 확산

제목으로 출판되었고, 또 대부분의 서평자들이 주제나 서술방식에 있어서 엘리아스와 아날학파 간의 친화성에 특히 주목하여 엘리아스를 호이징가의 전통에 서 있는 문화사학자로 소개하였던 데 기인하기도 한다. 미국에서도 엘리아스의 책은 1978년 제1권만이 번역되었을 뿐이다. Johan Goudsblom, 앞의 논문 (1982)과 Hermann Korte, *Über Norbert Elias* (Frankfurt am Main, 1988), p.145 참조.

[역주22] 문명화과정에서 합리적 위생관념은 단지 이차적인 역할을 했을 뿐이라는 엘리아스의 논점을 좀더 깊이있게 다룬 논문으로는 Johan Goudsblom, "Zivilisation, Ansteckung-sangst und Hygiene. Betrachtung über einen Aspekt des europäischen Zivilisationsprozesses," P. Gleichmann, J. Goudsblom and H. Korte Hg., 앞의 책 (1982), 215~253쪽을 참조할 것.

[역주23] 엘리아스는 차별화에 기여하는 의례 전범이 권력의 유지수단으로 작용함으로써 사회통합의 중요한 축이었음을 특히 『궁정사회』에서 생생하게 보여준다.

의 원인이 되는 것이다.

이 규범은 처음에는 외부로부터 개인에게 가해지는 사회적 통제였지만, 점차 내면화되어 내면적 규범이 된다. 개인의 행위를 외부로부터 규제하는 제재가 문명화과정을 통해 이를 예견하는 개인의 내면으로 옮겨지게 되어 결국 사회에 존재하고 있는 통제와 감시장치는 개인의 내면에 형성된 통제 장치와 일치하게 된다는 것이다. "행동변화의 전체적 방향, 문명화운동의 경향은 어디에서나 마찬가지이다. 변화는 한결같이 어느 정도 자율적으로 작동하는 자기감시의 방향으로, 즉각적인 흥분을 습관처럼 된 예견의 지시 아래 종속하는 방향으로 그리고 세분되고 안정된 초자아 장치가 형성되는 방향으로 진행된다."[역주24]

그러나 이러한 '문명화된' 행동규범은 결코 합리적인 계획이나 의도에 의해서 발생한 것은 아니다. 엘리아스는 행동기준과 인격구조의 장기적 변화는 미리 정해진 합리적 계획의 산물이 아니라는 점을 거듭 강조한다. 즉 유럽의 문명화과정은 비교적 자율적인 과정으로서 일정한 방향과 구조를 지니고 있기는 하지만, 결코 미리 규정된 계획에 따라 어떤 목적을 향해 진행되는 것은 아니라는 것이다. 이러한 문명화과정을 설명하는 중요한 열쇠는 엘리아스에게 있어 사회적 결합태의 발전이다. 축구경기중에 각 선수들의 행동은 전체적으로 비의도적인 결과를 낳을 수 있으며, 경기는 각 구성원들의 의지와는 상관없이 그 나름의 역동성과 법칙성에 따라 흘러간다. 축구경기와 마찬가지로 행동기준과 인격구조의 장기적인 발전은 인간들이 상호구성하는 결합태의 '내인적 역동성'에, 즉 끊임없이 변화하는 인간 상호간의 의존관계와 권력관계에 기인한다는 것이다.

그러나 이 진술은 유럽의 특수한 변화를 설명하기에는 너무 일반적이다. 엘리아스가 생각하는 유럽 문명화과정의 원동력은 무엇인가. 엘리아스는 행동과 인격구조의 변화과정이 중세사회에서 근대사회로의 전환이라는 사회구조적 변화과정과 맞물려 있음을 발견하고, 『문명화과정』제2권

[역주24] 엘리아스, 앞의 책, 제2권, 338쪽.

에서 문명화과정의 사회발생적 기원을 추적한다. 그리고 국가형성과 그로 인한 사회의 평화가 적어도 유럽발전의 특정한 시기, 즉 12세기에서 18세기까지의 문명화과정에서 주도적인 역할을 했음을 밝혀낸다. 중세사회는 제한된 화폐 사용, 낮은 수준의 교역과 노동분화, 그리고 물리적 폭력의 지방분권화로 특징지어진다. 당시 사회의 낮은 경제수준으로 인하여 왕은 자신의 지배영토에 대한 권한을 많은 수의 영주들에게 위임할 수밖에 없었으며, 여러 지방에 웅거하는 영주들은 자기 나름의 경제적 수입원천, 무력과 행정조직을 장악하면서 비교적 자율적인 공격과 수비단위로 존재하였다.[역주25]

어느 영주도 다른 영주들을 무력으로 지배할 수 없고 또 지방에 분산된 폭력을 통제할 수 있는 중앙권력이 부재한 상황에서 이루어지는 끊임없는 무력충돌, 상호경쟁과 사회불안은 중세 봉건사회의 일상풍경이었다. 지속적인 위협 속에 사는 사람은 장기적인 계획을 수립할 수 없으며, 끊임없이 싸워야 하는 사람에게 공격욕의 문명화는 위험하거나 치명적일 수 있다. 즉 이러한 발전단계에서는 외적 통제가 사람들의 생활을 결정하는 것이다. 그러나 결합태 내의 이러한 지속적인 투쟁과 경쟁으로부터 어느 한 당사자가 조종할 수 없는 발전의 역동성이 생겨난다.

봉건제도가 해체되고 근대국가가 형성되는 과정은 바로 물리적 폭력과 조세권의 독점이 관철되는 과정이다. 서로 대립되던 영주들 가운데 어느 한 영주가 특별히 강대해져 다른 영주들을 군사적·정치적으로 통제하게 되면서 근대의 절대왕정은 성립한다. 국가의 형성과정은 사회경제적인 기능분화의 과정, 예컨대 실물경제에서 화폐경제로의 전환, 노동분화와 교역망의 증대, 도시화와 시민계급의 사회적 상승 등의 과정과 밀접하게 연관되어 있다.

국가는 물리적 폭력을 효율적으로 관리함으로써 평화로운 사회공간을

[역주25] 최재현, 「문명과정의 이론과 결합체 사회학」, 『열린 사회학의 과제』 (서울 : 창작과비평사, 1992), 24쪽.

만들며, 사람들을 평화롭게 길들이고, 다시 말하면 문명화시킨다. 따라서 국가에 의한 물리적 폭력의 독점은 개인행위에 대한 사회적 통제방식을 변화시키는 것이다. 중세의 무사들은 이해대립이나 감정대립을 해소하기 위해 즉각적으로 무기를 잡았지만 일단 물리적 폭력이 중앙정부에 의해 독점된 절대주의 국가에서는 사적인 무력행사가 금지된다. 그들은 자신들의 공격욕을 억제하지 않을 수 없다. 절대군주의 궁정에서 요구되는 행동은 투쟁이 아니라 계획인 것이다. 이와 같이 국가 내의 새로운 질서는 인간심리에 커다란 영향을 미치는 것이다.

엘리아스는 800쪽이 넘는 방대한 이 저서에서 인격구조가 형성되는 사회문화적인 과정과 아울러 중요한 사회적 제도의 분화, 즉 국가형성과정을 재구성함으로써 인격구조의 발전과 사회변동을 통합적으로 고찰한다. 엘리아스에 의하면 문명화과정은 다른 사람이 담당하던 강제의 역할을 개인이 스스로 담당하게 되는 사회적 통제의 내면화과정에 다름 아니며, 이것의 원동력은 물리적 폭력수단이 궁정으로 집중되고 사회 내부의 평화가 달성되는 국가형성과정이다. 엘리아스의 시도는 한마디로 말하면 개인의 역사와 사회의 역사를 통합하려는 것이다.

5. 사회변동에 관한 새로운 패러다임으로서 문명이론

앞에서 살펴본 바와 같이 엘리아스는 『문명화과정』에서 사회변동과 인성구조의 변화를 연결함으로써 현재 사회학이론에 부과된 시대적 과제인 미시적 관점과 거시적 관점의 통합을 이미 1930년대 실현하였다고 할 수 있다. 구체적인 상황에서 일어나는 인간들 간의 상호작용을 중시하고 일상적 생활세계에서 엿보이는 인간의 주체적인 측면을 강조하는 점에서 그의 문명이론은 미드의 상징적 상호교환이론이나 현상학적 사회학 등의 미시사회학을 선취하였다. 그러나 인간이 모든 사회현상을 결정하는 데 능동적인 자원임을 부각시키는 미시사회학은 생활세계가 유동하는 모습을 구체적으로 그려낼 수는 있지만 분석의 초점을 개인에게 맞추어 사회제도나 구조의 설명에 있어서는 논리적 한계에 부딪힐 뿐 아니라 역사적 시각이 결여되어 있다는 비판을 피할 수 없었다. 엘리아스의 문명이론은 결합태라는 개념을 통해 구체적인 일상생활에 대한 미시적 분석과 사회변동 및 사회과정에 대한 거시적 분석을 설득력 있게 통합하고 있다.

역사와 변동과 과정을 연구의 중심에 내세운 엘리아스의 사회학은, 60년대까지 강단사회학의 지배적인 패러다임으로 군림해온 파슨스의 구조기능주의에 대한 주요 비판이었던 인간에 대한 무관심, 비역사성, 정태적 분석과 실증적 연구의 부족을 극복하고 있다. 권력구조를 엄격하게 관계로 파악하고 개인-사회라는 이원론의 개념적 해체를 방법론적 토대로 한 엘리아스의 사회학은 『문명화과정』이나 『궁정사회』와 같은 역사적·경험적 연구를 통해 사회변동의 전체적인 방향을 보여줄 뿐만 아니라,[역주26] 각 집단들 간의 상호작용에서 중요한 역할을 하는 권력과 갈등의 문제를 심도있게 분석하고, 중세에서 근대까지의 사회변동에 있어서 주체세력이 권력과 문화를 동시에 주도했던 세속 상류층이었음을 알려준다. 이러한 관점에서 엘리아스의 문명이론은 분화를 사회변동과 현대화의 기본 메커니즘으로 설정하고 좀더 분화된 현대사회로 올수록 사회통합이 강화된다는 후기 파슨스의 진화론적 사회변동론이 안고 있는 문제점을 극복하는 데 기여할 수 있을 것이다.

그러나 엘리아스의 사회학은 여러 장점들에도 불구하고 체계이론과 같은 세분화된 개념장치들을 제공하지 못하고 있다. 네덜란드와 독일을 중심으로 일련의 사회학자들이 엘리아스의 이론을 토대로 경험적·이론적 연구작업을 하고 있지만 아직 국제적 토론무대에서 하나의 패러다임으로 관철

[역주26] 엘리아스는 유럽의 문명화과정이 과연 더 나은 단계로의 발전이며 진보인지에 대한 분명한 평가를 내리지 않는다. 그러나 엘리아스가 보여주는 문명화과정은 단순히 발전, 박애와 같은 긍정적인 이미지만을 연상시키는 것은 아니다. 문명 개념의 억압적인 성격은 엘리아스에게서도 발견된다. 통제의 내면화는 사회적 통제와 감시장치가 개인의 내면에 형성된 통제장치와의 일치를 뜻하며, 그런 의미에서 문명인은 사회적 통제에 알아서 복종하는 사람에 지나지 않는다. 엘리아스의 이름은 프로이트와 마찬가지로 발전뿐만 아니라 소외, 부자연성, 억압과 거짓이라는 개념과도 연관된 현대적 문명 개념의 이중성을 상징한다.

되지 못하고 있는 것 역시 정교한 방법론의 결여에 기인한다. 물론 그가 방법론적 이론체계를 발전시키지 않은 것은 막스 베버의 이상형과 같은 이론적 체계가 구체적 현실을 담아내지 못한다는 사실의 철저한 인식에 근거한다. 그렇지만 방법론을 명시적으로 제시하지 않았다고 해서 과연 방법론이 없다고 할 수 있을까. 예법과 같은 일상적 생활양식의 분석을 통한 사회변동의 탐구, 궁정사회에서의 상호의존적 권력관계의 서술, 행위의 양식을 결정하는 사회심리적 동인의 해부 등이 과연 '특정한 방법' 없이 이루어질 수 있겠는가. 엘리아스에게서 방법은 구체적 사실과 유리된 이론적 틀로서 기능하는 것이 아니라 연구대상인 구체적 현실과 밀접한 관계가 있다. 다시 말해 연구대상인 구체적 현실은 특정한 방법을 만들어내고, 이 방법은 동시에 구체적 현실의 모습을 더욱 구체적으로 드러낸다고 할 수 있다. 그렇다면 엘리아스의 역사적·사회학적 서술에서 현대사회에 적용할 수 있는 방법론적 틀을 도출해내는 것은 우리의 몫이며 과제가 아닐까.[역주27] 현실에 관해 이론적 말은 많이 하지만 현실을 드러내지 못하는 이론들이 난무하는 요즈음 엘리아스의 현실조명은 시사하는 바가 클 뿐만 아니라 신선한 충격을 주기까지 한다.

[역주27] 예컨대 차별화를 통한 권력의 재생산이라는 관점에서 궁정사회의 권력문화를 서술하고 있는 엘리아스의 이론은 현대사회에서 생산, 유통, 분배되는 문화자본을 이해하는 데 상당부분 기여할 수 있다는 의견이 제시되고 있다. 이에 관해서는 이진우, 「포스트모던 시대의 문화와 권력—노버트 엘리아스의 '문명이론'을 중심으로」, 『현상과 인식』, 1994 봄호, 115~134쪽을 참조할 것.

●머리말

　이 연구의 중심주제는 서구적으로 문명화된 사람들에게 전형적이라고 간주되는 행동양식이다. 그 주제가 던지는 질문들은 단순하기 그지없다. 서구인들은 자신들에게 전형적이며 '문명화된' 사람들의 특징이라고 생각하는 방식으로 예전부터 행동했던 것은 아니다. 서구적으로 문명화된 우리 시대의 사람이 과거의 어느 시대로, 예컨대 중세 봉건적인 시대로 돌아간다면, 그는 자신이 오늘날 다른 사회들에서 '야만적'이라고 평가하는 많은 특성들을 재발견할 것이다. 그때 느끼는 그의 감정은 서구 밖의 봉건사회 사람들의 행동이 그에게 촉발시키는 감정과 그다지 크게 차이 나지 않을 것이다. 그는 아마 자신의 처지와 취향에 따라 곧 그 사회의 상류층이 영위하는 거칠고, 자유분방하며 모험에 가득 찬 삶에 끌리거나, 아니면 그들의 '야만적인' 습관, 불결함과 조야함에 거부반응을 보일 것이다. 그가 자신의 '문명'을 어떻게 이해하든 과거 어느 시점의 서구사회는 현재의 서구사회와

동일한 의미에서 그리고 동일한 수준으로 '문명화'된 사회가 결코 아니라는
점을 그는 분명하게 감지할 것이다.

이러한 사실은 오늘날 많은 사람들의 의식에 뚜렷하게 각인되어 있으므
로 다시 부언할 필요는 없을 것이다. 그럼에도 불구하고 이 사실은 하나의
질문을 제기한다. 그 질문이 우리의 자기이해에 전혀 무의미하지 않는데
도, 그것이 오늘을 살아가는 세대의 의식 속에 선명하게 새겨져 있다고는
자신있게 말할 수 없을 것이다. 어떻게 이 변화, 즉 서구의 '문명화'가 실제
로 일어났는가. 그 내용은 무엇이었으며 그 원동력과 원인 또는 동기는 무
엇이었는가.

이 연구에서 그 해답을 찾고자 하는 주된 질문들이 바로 이것이다.

이 책의 이해를 돕기 위하여, 즉 그 질문에 대한 서론으로서 독일과 프랑
스에서 사용되는 '문명화' 개념에 담겨 있는 여러 의미들과 가치평가들을
살펴보겠다. 제1장에서 이 과제를 다룰 것이다. 이 작업은 '문화'와 '문명'의
개념을 항상 대립시키는 우리의 고정된 사고틀을 수정하는 데 도움이 될
뿐만 아니라 독일인들에게는 프랑스인과 영국인의 행동에 대한 역사적 이
해의 폭을 넓혀주고 반대로 프랑스인과 영국인들에게는 독일인들의 행동에
대한 이해를 쉽게 해줄 것이다. 마지막으로 이 작업은 문명화과정 자체의
전형적인 형태들을 명료화하는 데 이바지할 것이다.

중심문제들에 접근하기 위하여 우선 서구인들의 행동과 감정을 다스리
는 구조가 중세 이래 어떤 방식으로 변화되었는지 살펴보기로 하자. 이것
은 제2장에서 다루게 될 과제이다. 가능한 한 간단명료하게 문명화의 심리
적 과정을 이해할 수 있는 길을 제시하고자 한다. 여러 세대들로 이어지는
심리적 과정에 대한 연구작업은 현재 수준의 역사적 사유에서는 무모하고
회의적일 수도 있다.

서구 역사의 흐름에서 관찰할 수 있는 심리적 태도의 변화가 특정한 질
서와 방향을 가지고 있는가라는 문제는 순수하게 이론적으로 또는 사변적
으로 결정될 수 있는 성질의 것이 아니다. 역사적인 경험자료들의 검토만
이 무엇이 올바르며 무엇이 잘못된 것인지 가르쳐줄 수 있다. 그런 연유로

여기에서, 즉 이러한 실물자료에 대한 지식이 전제되지 않은 지금 전체 연구의 구성과 주요사상들을 간략히 제시한다는 것은 불가능하다. 그것들 자체가 단지 점차적으로, 즉 역사적인 사실들을 지속적으로 관찰함으로써, 또 나중에 관찰의 영역으로 들어온 것들을 통하여 이전에 보았던 사실들을 통제하고 수정함으로써 확고한 형상을 띠게 되는 것이다. 그러므로 이 연구의 각 부분들, 구성과 방법은 연구 전체를 시야에서 놓치지 않을 때에만 완전히 이해될 수 있다. 여기에서는 독자들의 이해를 돕기 위하여 몇 가지 문제들만 선택하여 고찰해보겠다.

독자들은 제2장에서 여러 가지 예들을 접하게 될 것이다. 이 보기들은 장면들이 빠른 속도로 스쳐가는 영화에서처럼 전체의 발전과정을 압축적으로 보여준다. 인간의 행동수준의 변화가 여러 세기에 걸쳐 항상 동일한 상황에서 특정한 방향으로 전개되는 과정을 여기에서는 단지 몇 쪽에 걸쳐 모두 볼 수 있다. 우리는 사람들이 식탁에 앉아 있는 광경을 본다. 그들이 잠자러 가거나 혹은 전투에서 적과 싸우고 있는 모습을 관찰한다. 이런저런 기초적인 활동에서 개개인이 행동하고 느끼는 방식이 천천히 변화하고 있다. 그 방식은 단계적 '문명화'의 의미에서 변하고 있는 것이다. 그러나 역사적 경험을 통해서만 이 단어가 원래 무엇을 뜻했는지 더 명확해진다. 예컨대 이 단어는 수치심과 불쾌감의 특정한 변화가 이러한 문명화과정에서 얼마나 결정적인 역할을 하는지 보여준다. 사회적으로 요구되는 것과 금지되는 것의 수준도 변한다. 이 변화에 발맞추어 사회적으로 길들여진 불쾌와 불안의 한계점도 변한다. 사회적으로 발생한 인간의 불안문제는 문명화과정의 핵심문제 중의 하나로 부상한다.

이 문제와 밀접한 연관이 있는 다른 문제들이 있다. 행동 및 전체 심리적인 구조에서 어른과 어린이의 격차는 문명화되는 과정에서 점차 커진다. 왜 많은 민족들과 민족집단들이 '더 어리거나', '어린아이와 같은지', 다른 민족들이 '더 나이 들었거나' 또는 '어른스러운가' 하는 질문에 대한 해답이 바로 여기에 있다. 내가 이런 식의 표현을 통해 말하고자 하는 바는 이 사회들이 거쳐온 문명화과정의 종류와 단계들이 각각 다르다는 점이다. 그러나 이 문제는 이 책의 테두리 안에 넣을 수 없는 문제이다.

제2장의 보기들과 설명은 우선 한 가지 사실을 분명하게 보여준다. 오늘날 서구사회의 심리학자들과 교육학자들에게 사유의 계기를 제공하는 심리적 '성장'의 특별한 과정은 문명화된 사회의 모든 청소년들을 어릴 적부터 자동적으로—물론 정도와 그 성과에 있어서는 다소 차이가 있지만—종속시키는 사회적 문명화과정의 결과에 불과하다. 다시 말하면 개인적 문명화과정은 수세기에 걸쳐 이어져온 사회적 문명화의 결과인 것이다. 그러므로 문명화된 사회에서 어른들의 행동양태의 심리적인 발생근거를 우리 '문명'의 사회적인 발생근거와 따로 분리하여 고찰해서는 안된다. 개인은 일종의 '사회발생적인 근본원칙'에 따라 자신의 짧은 개인사를 통해 사회가 긴 역사 속에서 통과하였던 과정의 일부를 다시 한 번 통과하는 셈이다.

제3장의 과제는 이러한 긴 역사의 특정한 과정을 이해시키고자 하는 것이며, 제2권의 대부분을 차지한다. 제3장에서는 정확하게 규정된 몇 개의 영역에서 어떻게 그리고 왜 서구사회의 구조가 역사의 흐름 속에서 부단히 변화하는지 밝혀내고자 한다. 그렇게 함으로써 동시에 그 영역 안에서 서구인들의 행동수준과 심리적인 태도가 변화한 까닭에 대한 해답을 찾을 수 있는 길을 제시하고자 한다.

예를 들어 여기에서 우리는 중세 초의 사회적 풍경을 보게 된다. 그곳에는 크고 작은 성들이 가득하다. 오래 전부터 도시 주거지였던 곳조차도 봉건제화되었다. 무사계급 출신 지주들의 농장과 성들이 도시의 중심을 이룬다. 문제는 어떤 사회적 관계들이 서로 얽혀 우리가 '봉건제도'라고 부르는 것이 형성되었는가 하는 것이다. 그래서 여기에서는 몇몇 '봉건제화의 기제들'을 제시하고자 한다. 더 나아가 우리는 자유로운 도시의 수공업자와 상인의 주거지를 거느린 성채의 풍경에서 부유한 대영주의 저택들이 서서히 돌출되는 과정을 보게 된다. 무사계급 내에서도 점차적으로 일종의 상류층이 뚜렷하게 형성된다. 그들의 저택이 한편으로는 연가와 중세 남프랑스 음유시인풍 트로바도르 서정시 중심지이며, 다른 한편으로는 '궁정 기사적' 행동과 대화양식의 중심지이다. 앞에서 심리적 태도변화에 대한 명확한 상을 제시하는 여러 보기들의 출발점으로 '기사적인' 행동수준을 설정하였다면, 여기에서는 이러한 기사적 행동양식의 사회발생적 근거에 접근할 수 있게 된다.

또는 우리가 '국가'라고 부르는 것의 초기 형태가 서서히 형성되는 과정을 볼 수 있다. 사람들의 행동은 '절대주의' 시대에 '예절'(Civilité)의 표어 아래, 오늘날 우리가 '예절'에서 파생된 낱말을 가지고 '문명화'된 행동이라고 표현하는 그러한 행동수준의 방향으로 변화해갔다. 문명화과정을 밝히기 위해서 우선적으로 선행되어야 할 일은 절대주의 정권과 국가의 형성과정을 분명히 인식하는 것이다. 이 작업에 요청되는 방법이 과거를 관찰하는 것만은 아니다. 현재의 여러 사실들을 관찰하여보면 '문명화된' 행동의 성립은 서구사회가 '국가들'로 조직되는 과정과 밀접하게 연관되어 있다는 추측을 불러일으킨다. 크고 작은 세력을 가진 무사들이 서구지역을 실제로 장악했던 중세 초의 지방분권적인 사회로부터 내적으로는 어느 정도 평화를 유지하지만 외부에 대해서는 무장한 사회, 즉 우리가 '국가'라 부르는 사회가 어떻게 발생하게 되었는가. 어떤 사회적 관계망으로 인해 점차적으로 넓은 지역들이 비교적 안정되고 중앙집중된 하나의 통치기구로 통합되는가.

모든 역사적 구성체들의 발생근거를 묻는 것은 일견 불필요하게 일을 복잡하게 만드는 것처럼 보인다. 그러나 모든 역사적 현상들, 인간의 태도나 사회제도들도 실제 '형성된' 것이기 때문에, 일종의 인위적인 추상화를 통해 이 현상들을 자연적 또는 역사적 흐름으로부터 분리하여, 그것으로부터 운동과 과정의 성격을 박탈하고 또 이 현상들을 발생, 변화되어가는 과정과는 무관한 하나의 정적인 구성체로서 파악하려는 사고형식들이 어떻게 이 역사적 현상들의 이해에 평이하고 적합한 것일 수 있겠는가.

다른 사유수단과 방식을 요청하는 것은 어떤 이론적 선입관이 아니라 경험 자체이다. 역사적으로 동적인 모든 것을 부동적인 것으로 또는 형성되지 않은 것으로 표현하려는 경향을 가진 '정태주의'의 호구(虎口)를 피하는 한편, 역사에서 단지 끊임없는 변화만을 보기 때문에 이 변화의 질서와 역사적 구조의 형성을 지배하는 법칙을 꿰뚫을 수 없는 '역사적 상대주의'의 용혈(龍穴)로도 빠지지 않고 우리의 의식을 이끌어갈 수 있는 사유의 길이 필요한 것이다. 바로 이것이 여기에서 시도되고 있다. 사회발생적·심리발생적 연구는 역사 변화의 질서와 법칙, 구체적인 기제를 발견하고자 하는 의도에서 출발하였다. 그러므로 오늘날 복잡한 것으로, 또는 사유불가능한 것으로 간주되었던 많은 문제들에 대한 상당히 단순하고 정확한 답변을 발견할 수 있을 것처럼 보인다.

이러한 의미에서 '국가'의 사회발생적 근거를 묻는 것이다. 국가의 형성사와 구조사의 한 측면을 말한다면, 그것은 '권력독점'의 문제이다. 이미 막스 베버도 처음에는 단순히 개념을 정의하려는 의도에서 물리적인 폭력행사의 독점이 이른바 '국가'라는 사회 조직체의 구성요소라는 사실을 지적한 바 있다. 나는 이 연구에서 폭력행사가 서로 경쟁관계에 있던 무사집단의 특권이었던 시대로부터 점차 물리적인 폭력행사와 이를 위한 수단의 중앙화와 독점화에 이르는 구체적인 역사과정을 밝혀내고자 한다. 과거 어느 시대의 독점형성 경향은 현 시대보다 덜하지도 더하지도 않다는 사실이 드러날 것이다. 마지막으로 사회적 관계들이 함께 얽혀 있는 일종의 매듭점인 육체적 폭력행위의 독점과 더불어 개인을 형성하고 각인하는 장치들, 개인에게서 사회적 태도를 조형해내는 사회적 요구와 금지의 작용 그리고 무엇보다도 개인의 삶에서 중요한 역할을 하는 불안의 형태가 결정적으로 변화한다는 사실은 그리 어렵지 않게 이해될 것이다.

전체의 개략으로서 '문명이론의 초안'은 사회구조의 변화와 심리적 태도 및 행동구조의 변화 간의 연관관계를 다시 한 번 강조한다. 제1권에서 구체적인 역사과정을 서술하면서 단지 암시할 수 있었던 문제들이 여기에서 분명하게 진술된다. 제1권에서 사료를 직접 고찰하면서 저절로 드러난 사실들로부터 도출해낸 일종의 이론적 결과로서 수치감 및 정서적 고통의 구조에 대한 짧은 개요가 마지막 장에 들어 있다. 또한 왜 이런 종류의 불안이 문명화과정의 진전과 함께 특별히 중요한 역할을 하는지에 대한 설명도 첨부되어 있다. 동시에 '초자아'의 형성을 비롯해 '문명화된' 사람들의 정신구조 속에서 의식적 충동과 무의식적 충동의 관계에 대해서도 몇 가지 사실이 밝혀진다. 또 역사적 과정의 문제도 이 결론부분에서 비로소 해답을 얻게 된다. 즉 이 모든 과정들이 개인의 행위들로만 구성되었음에도 불구하고 어떻게 어떤 한 개인의 의도와 계획에 따르지 않은 제도와 구성체들이 생성하는가 하는 질문에 대한 답변이 주어진다는 것이다. 마지막으로 여기 '개요'에서는 과거에 대한 통찰이 현재의 경험과 결합하여 하나의 그림을 그려낸다.

이 연구는 무척이나 포괄적인 문제를 제기하고 전개시키고 있다. 그러나 이 문제들을 모두 해결하려는 의도는 없다.

단지 이제까지 비교적 우리들의 관심 밖에 있었던 분야를 지적하는 한편 동시에 이 분야를 해명하기 위해 첫걸음을 내딛고 있을 뿐이다. 첫번째 걸음은 후속 연구들로 이어질 것이다.

나는 연구가 진행되면서 발생하는 많은 질문들과 문제점들을 의식적으로 추적하지 않았다. 일반적 문명이론의 공중누각을 세우고, 나중에 이 이론이 경험과 일치하는지 검증하는 것은 내가 원하는 바가 아니다. 내가 가장 시급한 과제라고 생각한 것은 우선 제한된 범위에서나마 인간행동의 고유한 변화와 과정에 대해 잃었던 관점을 회복하고, 그리고 나서는 그 원인을 이해하고 마지막으로 이런 과정에서 드러나는 이론적 인식을 모으는 일이었다. 이 방향의 후속작업과 사유를 위하여 어느 정도 확고한 기초를 마련할 수 있다면, 이 연구의 의도는 모두 실현된 셈이다. 이 연구의 진행과정에서 발생한 문제점들의 해답을 구하기 위해서는 오늘날 인위적 울타리로 서로 분리된 여러 학제 간의 협동과 많은 사람들의 사유를 필요로 한다. 이 작업은 사회학이나 역사연구의 여러 특수 분야뿐만 아니라 심리학, 문헌학, 인종학 그리고 인류학과도 연관이 있다.

그러나 문제제기 자체는 협의에서의 학문적 전통에서 생겨난 것이라기보다는 오히려 경험에서, 즉 서구문명의 위기와 격변의 경험과 도대체 '문명화'과정이 무엇을 의미하는지 이해하고자 하는 단순한 욕구에서 이루어졌다. 그러나 연구를 진행하면서 나는 문명화된 행동이 모든 인간에게 가

52

능한 행동양식 중에서 가장 발전된 것이라든가 아니면 '문명'은 가장 고약한 삶의 양식으로서 멸망을 선고받았다는 식의 선입견에 이끌렸던 것은 아니다. 오늘날 우리가 알 수 있는 사실은 단지 점진적으로 문명화됨에 따라 문명화가 낳은 일련의 난제들이 등장한다는 것이다. 그러나 왜 우리가 괴로워하는지 그 이유를 완전히 이해한다고 우리는 자신 있게 말할 수 없다. 우리는 단지 문명과 함께 덜 문명화된 사람들이 모르는 어떤 함정에 빠져들었다고 느낄 뿐이다. 그러나 우리는 덜 문명화된 사람들도 우리가 이미 극복했거나 그들만큼 겪지 않았던 그런 결핍과 고난에 고통받고 있다는 것도 알고 있다. 문명화과정이 어떤 식으로 전개되는지 이해한다면 우리는 아마 이 모든 것을 좀더 명확하게 볼 수 있을 것이다. 어찌 되었든 이것이 내가 이 연구를 시작할 때에 가지고 있던 희망 중의 하나이다. 우리는 언젠가 우리의 안팎에서 거의 자연현상처럼 일어나는 과정들, 자연의 힘을 대하는 중세인들처럼 우리가 무력하게 마주할 수밖에 없는 이 과정들을 의식적으로 조종할 수 있을 것이다.

나 스스로도 이 연구를 진행하면서 여러 점에서 사유의 전환을 해야만 한다는 점을 깨달았으며, 여러 낯선 측면들과 표현들을 독자들에게도 소개하지 않을 수 없었다. 특히 역사과정의 본질, '역사의 발전기제' 그리고 역사과정과 심리과정의 관계가 내게는 명확해졌다. 사회적 기원, 심리적 기원, 감정구조와 본능의 모형화, 외부통제와 자기통제, 정서적 고통의 한계점, 사회적 힘, 독점기제와 그 밖의 다른 개념들이 그것들이다. 이제 막 모습을 드러내는 새로운 것을 새로운 용어로 표현해야 하는 필요성에도 불구하고 되도록이면 신용어는 제한해서 사용했다.

이 연구의 주제에 대한 소개는 이것으로 마무리하겠다.

나는 이 연구와 이에 필요한 선행연구들을 시작하면서 여러 분야에서 조언과 지원을 받았다. 이 자리를 빌려 나에게 도움을 주었던 모든 사람들과 단체들에게 고마움을 전하고 싶다.

프랑스의 귀족, 왕정과 궁정사회를 다룬 방대한 연구인 나의 교수자격논문이 이 연구의 토대가 되었는데, 그것을 보충, 보완하여 확대하는 작업은 암스테르담의 스토인 기금의 지원으로 가능하였다. 또한 암스테르담의 프리다(Frijda) 교수와 파리에 체류하는 동안 커다란 친절과 관심을 보여주었던 파리의 부글레(Bouglé) 교수에게 심심한 사의를 표한다.

런던에서 연구하는 동안 나는 런던 위번하우스의 지원을 받았다. 이에 감사를 드리는 한편, 특히 런던의 긴스버그(Ginsberg) 교수, 케임브리지의 로우(H. Loewe) 교수와 런던의 마코워(Makower) 씨에게도 깊은 사의를 표한다. 그들의 도움없이는 이 연구가 완성될 수 없었을 것이다. 런던의 만하임(K. Mannheim) 교수에게도 충고와 지원에 감사 드린다. 마지막으로 많은 사태들을 보다 명확하게 만들었던 대화를 나눔으로써 나에게 도움을 주었던 친구들, 파리의 기젤 프로인트(Gisèle Freund) 박사, 케임브리지의 브라운(M. Braun) 박사, 케임브리지의 글릭스만(Glücksmann) 박사, 시카고의 로센하우프트(H. Rosenhaupt) 박사와 런던의 본윗(R. Bonwit)에게도 고마움을 전하고 싶다.

1936년 9월
노르베르트 엘리아스

●1968년판에 부치는 머리말

1. 오늘날 인간의 감정과 감정통제의 구조에 관하여 사유하고, 더 나아가 그것에 관한 이론을 정립하고자 할 때, 우리는 통상적으로 발전된 사회의 동시대인을 경험적인 근거자료로 선택하여 관찰하는 것으로 만족한다. 이 경우 우리는 무언중에 특정한 사회적 발전단계의 인간들과, 우리가 바로 지금 우리의 사회에서 관찰할 수 있는 인간들의 감정구조와 그 감정의 통제구조를 연구함으로써 인간 자체의 감정과 통제구조에 관한 이론을 세울 수 있다는 가정에서 출발하는 것이다. 그러나 발전의 여러 단계에 위치하고 있는 사회들뿐만 아니라 동일한 사회의 여러 계층간에도 감정통제의 표준과 전형이 다를 수 있다는 사실은 비교적 쉬운 관찰에서도 수없이 입증되고 있다.

수세기에 걸친 유럽 국가들의 발전과정에서 생긴 문제들이나, 지구상의 다른 대륙이, 이른바 '개발도상국'들이 당면한 문제들을 다루다 보면, 그러한 장기간의 과정에서, 즉 어느 특정한 방향으로 이루어지는 사회의 총체적 변형에서 ——이것을 표현하는 개념으로는 '발전'이라는 기술용어가 정착되었다—— 인간행위와 경험의 감정적 측면, 타율적 통제와 자율적 통제를 통한 개인의 감정규제, 그와 더불어 모든 형태의 인간적 표현의 구조가 어떻게 그리고 왜 일정한 방향으로 변화하는가 하는 의문에 부딪히게 된다.

현대사회의 사람들은 이전 사람들보다 '더 문명화되었다'거나 또는 다른 사회의 사람들은 우리 사회의 사람들보다 '덜 문명화되었다', '야만적이다'라는 일상언어의 용례들은 이런 변화를 가리키고 있는 것이다. 이 일상언어들이 가치를 강조하고 있다는 점은 분명하지만, 언어들을 통해 표현되는 사실들이 실제로 그러한 것은 아니다. 그것은 부분적으로 사회학의 현 연구수준으로는 인격구조, 특히 인간의 감정규제가 장기적으로 어떻게 변화해왔는지를 연구하기가 대단히 어렵다는 사실과 연관된다. 사회학적 관심은 현재 비교적 단기적인 과정에, 그리고 사회의 현 상태와 연관되는 문제들에 집중되어 있다. 사회구조와 인격구조의 장기적 변화과정은 대체로 관심의 영역에서 사라져버린 것이다.

이 연구는 장기적인 과정을 다루고 있다. 이 과정의 여러 유형에 대해 간략히 언급함으로써 여러분의 이해를 돕고자 한다. 우선 사회의 구조변화를 주된 두 가지 방향으로 구분할 수 있다. 분화 및 통합이 점차적으로 증대하는 방향으로의 구조변동과 감소하는 방향으로의 구조변동이 그것이다. 그 밖에도 세번째 형태로서 사회과정을 들 수 있다. 사회의 구조나 개별 측면들이 사회과정에서도 변하기는 하지만, 그 변화는 분화와 통합의 높은 단계로의 상승이나 낮은 단계로의 하강을 의미하지 않는다. 마지막으로 구조변동을 야기하지 않는 무수한 사회변화들을 꼽을 수 있다.

그 외에도 여러 종류의 혼합형이 있으며, 종종 동일한 사회에서 다양한 여러 변동형태, 심지어 반대방향의 변동을 관찰할 수 있기 때문에 앞에 언급한 것만으로 우리가 사회변동 전체를 제대로 다루고 있다고는 말할 수 없다. 그러나 이러한 간략한 스케치만으로도 이 연구가 다루고자 하는 문제들을 제시하기에는 우선 충분하다고 본다. 제1권은 어느 특정한 사회의 인간들의 감정구조와 통제구조에 있어서 여러 세대를 걸쳐 동일한 방향으로 흘러가는 장기적인 변화가 있다는, 분산된 관찰기록들에 근거하는 추측을 신빙성 있는 자료들을 통해 사실로 입증할 수 있는가 하는 문제를 다루고 있다. 다시 말하면 제1권은 사회학적 연구과정과 연구결과를 서술하고 있는데, 물리적 자연과학에서 이에 해당하는 짝이 있다면 그것은 실험과 실험결과이다. 이 책은 미연구 영역에서 무슨 일이 실제로 전개되고 있는지를 발견하고 해명하고자 한다.

여러 세대에 걸쳐서 동일한 방향으로, 즉 통제의 엄격화와 분화가 증대하는 방향으로 진행되는 인간의 감정구조 및 통제구조의 변화를 증명하는 일은 다음과 같은 질문을 유발한다. 인격구조의 장기적인 변화를, 보다 더 높은 수준의 사회분화와 통합의 방향으로 진행되는 전체 사회의 장기적 구조변화와 연관지을 수 있을까. 제2권은 이 문제를 분석대상으로 삼고 있다.

장기적으로 동일한 방향으로 흘러가는 사회구조 변화를 입증할 수 있는 경험적 자료들이 없다는 사실이 밝혀진다. 따라서 나는 제2권의 일부를 이러한 다른 형태의 사실관계를 발견하고 해명하는 데 할애할 필요가 있다고 생각한다. 또 보다 높은 수준의 분화와 통합을 향해 진행되고 있는 전체 사회의 구조변화를 신빙성 있는 경험적 증거를 통해 입증할 수 있는가 하는 의문이 생긴다. 앞으로 보게 되겠지만, 이는 가능하다. 제2권에서 논의할 국가형성과정은 이러한 구조변동의 좋은 보기이다.

마지막으로 문명화이론의 잠정적인 초안으로서, 인성구조의 장기적 변화와 인간들이 서로 구성하는 결합태의 장기적 변동 사이에 가능한 연관성의 모델을 완성하였다. 인성구조는 감정규제력의 분화와 안정화의 방향으로 진행되고 있으며, 인간의 결합태도 분화와 통합이 증대하는 단계로—예를 들면 상호의존고리가 지속적으로 분화되고 연장되며, '국가통제'도 안정되는 방향으로—나아가고 있다.

2. 사실의 연관성을 밝혀내고 그것을 설명하려는 문제접근방식(특별한 종류의 장기적인 구조변동 또는 '발전'과 연관된 경험적·이론적 접근)은

발전의 개념을 기계적 필연성의 관념이나 목적론적인 추구와 결합시키는 형이상학적 이념과의 결별을 의미한다는 점을 우리는 쉽게 알아차릴 수 있다. 제1권 제1장에서 드러나듯이, 문명의 개념도 과거에는 종종 반(半)형이상학적인 의미로 사용되었으며, 오늘날까지 불명료한 채로 남아 있다. 이미 말했듯이, 여기에서는 현재 통용되는 전(前)학문적인 문명화과정의 개념이 지시하는 사실적 핵심을 가려내고자 한다. 그 핵심은 인성구조의 변화인데, 이 변화는 수치감과 혐오감의 한계점이 낮아지는 형태로 인간의 감정통제력과 경험이 안정되고 분화되며, 식탁에서 사용되는 식기들이 분화되듯이 그들의 식사행동도 안정되고 분화되는 방향으로 진행된다는 것이다. 여러 세대에 걸쳐 이루어지는 이 변화를 입증하려고 할 때 연구자에게 부과되는 다음 과제는 그 변화의 설명이다. 설명에 대한 초안은, 이미 언급하였듯이, 제2권의 마지막에 들어 있다.

이러한 역사적 연구의 도움으로 우리는——반(半)형이상학적인 낡은 발전 개념에 집착하였던 종전의 이론유형을 대체했던 이론——오늘날 지배적인 사회변동이론과도 결별하게 된다. 이 이론들은 이제까지 언급된 사회변동의 다양한 형태를 명료하게 구분하지 못하고 있다. 특히 과정이나 발전의 형태를 가진 장기적 사회변동을 경험적인 실증을 통해 설명할 만한 이론은 전무한 상태이다.

이 책이 일반적으로 사회과정에 관한, 특수하게는 사회발전에 관한, 경험적으로 실증된 비교조적인 사회학이론을 정초하는 데 기여하리라는 생각이 이 책을 집필하는 동안 내 머릿속에 맴돌았다. 특히 제2권에서 제시되는 장기적인 국가형성과정의 모델이 사회발전의 개념으로 통칭되는 장기적인 사회동력의 모델을 확립하는 데도 도움이 될 것이라고 나는 믿는다. 나는 과거에는 이 연구의 주제가 19세기의 의미에서, 즉 자동적인 진보의 의미에서의 '진화'도 아니며 그렇다고 20세기의 의미에서의 불특정한 '사회변동'도 아니라고 굳이 명시할 필요는 없다고 생각했다. 그 당시 그것은 너무나 당연했기 때문에 나는 이론적 전제에 관하여 언급하지 않았던 것이다. 지금 생각하면 그것은 착오였던 것 같다. 재판 서문에서 나는 그 당시의 착오를 시정하고자 한다.

3. 포괄적인 사회발전의 대표적인 현상은 국가형성과정인데, 그것은 수 세기에 걸쳐 진행되고 있는 통합의 과정으로서 분화에 대한 보충과정이다. 사회발전은, 장기적으로 고찰하면, 전진과 후퇴의 반복 속에서도 여러 세대를 걸쳐 동일한 방향으로 진행되고 있다. 이와 같이 방향이 정해진 구조변화는, 가치판단과는 상관없이 하나의 사실로서 증명될 수 있다. 이 연구의 요점은 사실적 증명이다. 이를 입증하기 위한 연구수단으로서 사회변화의 개념만으로는 불충분하다. 우리가 구름이나 담배연기를 관찰할 때처럼, 단순한 변화란 어떤 때는 이렇게 보이다가 곧 다르게 보이는 것과 같다. 사회구조와 연관된 변동과 사회구조와 무관한 변동을 명확히 구분하지 않고, 또 특정한 방향이 없는 구조변동과 여러 세대를 걸쳐 동일한 방향으로 진행되는, 예를 들면 복합성이 증대되거나 감소되는 방향으로 진행되는 구조변동을 구분하지 않는 사회변동 개념은 사회학적 연구에서 미흡한 도구인 것이다.

이 연구에서 논의되는 일련의 다른 문제들도 똑같은 상황에 처해 있다. 서류와 증거자료를 조사하고, 점차적으로 명료해지는 이론적인 문제들을 사유하였던 준비작업단계를 거친 후, 그 문제들을 해결할 수 있는 길이 나에게 명확해졌을 때, 나는 이 연구가 개인의 심리구조(이른바 인성구조)와 상호의존관계에 있는 여러 개인들이 구성하는 결합태(이른바 사회구조) 간의 얽힌 문제들에 대한 해결책도 제시할지 모른다는 생각을 했다. 왜냐하면 이 연구에서 이 두 유형의 구조는 고정된 것이 아니라 장기적 발전의 상호의존적인 측면, 그리고 스스로 변화하는 구조로 설정되었기 때문이다.

4. 이 연구의 문제영역을 취급하는 여러 학문들이, 그 중에도 특히 사회학이 현재 자연과학이 도달한 학문적 성숙의 단계에 있었다면, 국가형성이나 문명화와 같은 장기적인 과정에 대한 연구는 철저한 검증과 토론, 불필요하고 반증된 부분들을 비판적으로 여과시킨 이론적인 제안들과 함께 전

체적으로, 아니면 그 일부만이라도 그 학문의 경험적·이론적 지식의 토대에 속했으리라 기대할 수도 있다. 학문적 발전은 여러 동료학자들의 공동작업과 학문적 상호교류를 통해서뿐만 아니라, 공통된 기초지식의 부단한 발전을 통해서도 이루어지기 때문에, 우리는 이 연구가 30년 후에는 해당 학문의 표준지식에 속하거나 또는 다른 학자들의 연구로 인해 이미 시대에 뒤떨어져 무덤 속에 묻히게 될 운명에 처할 수도 있다고 생각한다.

그러나 내가 발견한 사실은 한 세대가 지난 후에도 이 연구는 여전히 해당 문제 영역에서 선구적 작업의 지위를 유지하고 있으며, 30년 전과 마찬가지로 경험적·이론적인 차원에서 종합적인 후속연구를 필요로 한다는 것이다. 이 연구가 취급했던 문제들이 시급한 과제라는 사실에 대한 인식은 커졌다. 그리고 우리는 이 문제와 비슷한 방향으로 결정적으로 선회한 준비작업들을 도처에서 목격할 수 있다. 이 두 권에 수록된 경험적 자료들 및 책 말미의 문명화이론에 대한 초안이 문제해결에 기여하기도 했지만, 그 밖에 다른 시도들도 없지는 않다. 그러나 나는 이 시도들이 모두 성공을 거두었다고 생각하지는 않는다.

그 예로 오늘날 사회학의 대표적 이론가로 손꼽히고 있는 탈코트 파슨스(Talcott Parsons)가 여기 다루어진 문제들을 제기하고 해결하는 방식을 간략히 언급하겠다. 파슨스의 이론적 입장의 특징은 그 스스로 언젠가 밝혔듯이[원주1] 관찰범위 내의 여러 사회형태들을 이를 구성하는 기본요소들로 분석적으로 분해하려는 시도이다. 이러한 기본적 구성요소들의 특정한 형태를 그는 '유형변수'(Pattern variable)라고 명명한다. 이러한 행위형태 유형 중에는 '감정'과 '감정중립'의 이원론도 속한다. 하나의 사회를 도박사의 손안에 들어 있는 한 장의 카드로 생각한다고 누군가 말한다면, 그것은 파슨스의 상상에 가장 근접한 것일 것이다. 모든 사회형태는 파슨스에게 카드들의 다양한 혼합 중의 하나인 것이다. 그러나 카드 자체는 항상 동일하며, 카드의 수도 많지 않다. 게임을 하는 카드 중의 하나가 감정과 감

[원주1] T. Parsons, *Essays in Sociological Theory* (Glencoe, 1963), p.359.

정중립의 양극인 것이다.

파슨스는, 스스로 밝힌 바에 의하면, 퇴니스(Tönnies)의 사회분류 형태인 '공동사회'와 '이익사회'에서 원래 자신의 유형변수에 관한 착상을 얻었다고 한다. 그는 여러 사회형태들 간의 차이점이나 동일한 사회 안의 서로 다른 관계유형들 간의 차이점을 결정하는 데 있어 카드놀이의 다른 유형들과 마찬가지로 이 유형에도 보편적인 의미를 부여한다. 같은 맥락에서 파슨스는 사회구조와 인성구조의 관계를 다루고 있다.[원주2] 파슨스는 자신이 과거에 그 관계를 단지 밀접히 연관되어 상호작용하는 '인간행위의 체계'에 불과한 것으로 생각했다고 고백한다. 그러나 그는 이제 사회구조와 인성구조의 관계가 이론적인 의미에서 동일한 기초적 행위체계의 서로 상이한 단계이거나 측면이라고 단정할 수 있다는 것이다. 그는 예를 들어 이 점을 설명한다. 사회학적 차원에서 '감정중립'의 제도화는 인격의 차원에서는 '인격의 훈련된 조직화 및 장기적인 목표를 위하여 직접적인 욕구충족의 포기를 강요'하는 것과 근본적으로 동일하다는 것이다.

수정되지 않고 그대로 재판에 수록된 나의 시도와 최근의 시도들을 비교하는 것은 이 연구의 이해에 도움이 될 것이다. 학문적 접근방식과 사회학 이론의 과제에 대한 견해에 있어서 파슨스와 나 사이의 현격한 차이는 앞의 짧은 예에서도 극명하게 드러난다. 이 책에서 상세한 경험적인 증거자료들을 통해 '과정'으로 입증된 것을 파슨스는 불필요하게도 정태적인 개념규정을 통하여 '상태'로 축소한다. 인간의 감정통제력이 점차 증대되고 등질화되는 방향으로 진행되는──그러나 이것이 완벽한 감정중립의 상태로의 진행을 의미하지는 않는다──비교적 복잡한 과정 대신에, 파슨스에게는 두 개의 상태범주, 즉 감정과 감정중립의 단순한 대치관계가 등장한다. 감정과 감정중립은 여러 혼합물이 섞인 화학물질처럼 여러 사회형태 속에 정도를 달리하여 내재한다는 것이다.

이 책에서는 과정으로 실증되고 이론적으로 확립된 것을 두 개의 서로

[원주2] T. Parsons, 같은 책, 359쪽.

상이한 상태로 축소함으로써, 파슨스는 여러 사회들의 다양한 특색을 설명할 수 있는 가능성을 스스로 박탈해버린다. 그는 설명에 대한 질문조차 던지지 않는다. '유형변수'에서 한 쌍의 대립유형들이 지시하는 서로 상이한 상태는 그냥 단순히 주어져 있는 것처럼 보인다. 현실에서 종종 관찰할 수 있듯이 감정통제력이 증대되고 등질화되는 방향으로 진행되는 풍부한 뉘앙스의 구조변화는 이런 종류의 이론에서는 간단히 무시된다. 현실 속의 사회현상들은 변화하고 또 변화된 것으로서만 관찰될 수 있다. 서로 대립된 두 상태의 분석에만 적용될 수 있는 한 쌍의 개념으로 이런 사회현상을 해부한다는 것은 실증적 작업이나 이론적 작업에 있어서 사회학적 인식의 불필요한 빈곤을 의미한다.

모든 사회학이론의 과제가 가능한 모든 인간사회들이 공유하는 특징들을 명확히 보여준다는 데 있다는 점은 확실하다. 사회과정의 개념을 포함해 이 연구에서 사용된 모든 다른 개념들도 이런 기능을 가진 범주에 속한다. 그러나 파슨스가 선택한 근본범주들은 내게는 극히 자의적으로 보인다. 이 이론의 암묵적인 전제는 변화하는 모든 것을 개념적으로 불변적인 것으로 축소하고 복잡한 모든 현상들을 개개의 요소들로 분해하여 단순화시키는 것이 모든 학문적 이론의 과제라는 것이다.

그러나 파슨스의 이론에서 사회과정을 사회상태로, 복합적이고 이질적인 현상을 단순한 동질적 요소들로 체계적으로 축소하는 것은 사회학 분야의 이론화 작업을 쉽게 만들기보다는 오히려 복잡하게 만든다는 점을 보여준다. 이런 종류의 환원과 추상화는, 인간이 사회로서 그리고 개인으로서 자신에 대한 이해의 폭을 넓히는 데 기여할 때에만 이론형성의 한 방법으로 정당화될 수 있다. 이런 방식을 통해 형성된 이론들은 프톨레마이오스의 주천원(周天圓)이론처럼 경험적으로 확인할 수 있는 사실들과 일치하기 위해 쓸데없이 복잡한 보조구조물을 필요로 하지 않을 수 없다. 때때로 이 이론들은 검은 먹구름처럼 보인다. 여기저기 몇 줄기의 햇빛만이 그 틈을 뚫고 나와 지상을 비춰줄 뿐이다.

5. 이를 잘 드러내주는 예는 인성구조와 사회구조의 관계에 대한 이론적인 모델을 확립하려는 파슨스의 시도인데, 앞으로 상세히 논의될 것이다. 파슨스는 이 분야에서 두 가지의 서로 결합될 수 없는 이념들을 뒤섞어놓고 있다. 그의 이론은 우선 개인과 사회 —'자아'와 '체계'— 는 서로 분리되어 존재하며 그 중에서 인간은 본래의 실재이고, 사회는 모방현상이라는 관념을 전제로 하고 있다. 또 다른 한편 그의 이론은 양자는 인간에 의해 형성된 우주의 서로 다른 차원으로서 결코 분리될 수 없다는 이념도 함축하고 있다. 심지어 '자아'나 '체계'와 같은 개념들이나 개인으로서의 인간 또는 사회로서의 인간에 연관된 모든 유사한 개념들은 파슨스에게 있어 —그가 정신분석학적 범주를 사용할 때를 제외하고는— 변화하지 않는 상태를 개인과 사회의 정상상태로 설정한다. 이 관념에 영향을 받아 인간에게서 실제로 관찰할 수 있는 것을 올바로 보지 못하는 사람은 이 연구를 제대로 이해하지 못할 것이다.

'개인'과 '사회'와 같은 개념들은 분리되어 존재하는 두 개의 객체를 지시하는 것이 아니라 동일한 인간의 상이하지만 분리 불가능한 두 측면을 의미한다는 사실을 잊어버린다면 또 이 두 측면은(일반적으로 인간은) 구조적으로 변하고 있다는 사실을 잊어버린다면, 이 연구를 제대로 이해하지 못할 것이다. 개인과 사회는 모두 과정의 성격을 가지고 있으며, 인간과 관련하여 이론을 세울 경우 과정의 성격으로부터 그것을 추상화할 필요는 조금도 없다. 사회학이론을 포함한 인간에 대한 모든 이론들은 반드시 과정의 성격을 고려해야만 한다.

이 연구에서도 드러나겠지만, 개인구조와 사회구조의 관계라는 문제는, 이 두 구조가 변화하고, 형성되는 것으로 파악될 때에만 해명될 수 있다. 그렇게 할 때 우리는 비로소 경험적으로 실증할 수 있는 사실들과 어느 정도 일치하는 관계의 모델을 정립할 수 있는 것이다. 우리가 이 개념들에서 분리되어 존재하며 정지하고 있다가 나중에 서로 접촉하는 구성체를 머리에 떠올린다면, '개인'과 '사회'의 관계는 결코 제대로 파악될 수 없다는 점이 확실하다.

파슨스를 비롯하여 그와 같은 정신에서 태어난 다른 사회학자들은, 명시적으로 말하지는 않지만, 분명 '개인'과 '사회'와 같은 개념들이 지시하는 것이 따로 존재한다고 생각한다. 예를 들면 파슨스는 이미 뒤르켕이 발전시킨 사상, 즉 '개인'과 '사회'의 관계는 개별적 인간과 사회체계의 '상호침투', '상호투과'를 의미한다는 사상을 수용하고 있다. '상호투과'를 어떻게 해석하건 이 은유가 처음에는 서로 떨어져 존재하다가 나중에 어느 정도 '상호투과'가 이루어지는 상이한 두 실체를 뜻하는 게 아니라면 무엇이겠는가.[원주3]

우리는 사회학적 문제의 접근에 있어서 차이점을 여기저기서 발견한다. 이 연구에서 인성구조와 사회구조의 관계를 예리하게 분석할 수 있는 가능성은 두 구조의 변화과정을, 마치 그것이 우발적인 것이나 '단순히 역사적인 것'처럼, 추상화하는 작업을 거부하는 데서 얻어진다. 왜냐하면 인격구조와 사회구조는 서로 뗄 수 없이 밀접하게 연결되어 형성되기 때문이다. 우리는 어느 사회의 사람들이 문명화되었다고 확정적으로 말할 수 없다. 그러나 검증 가능한 자료를 바탕으로 실행한 체계적 연구를 통해 우리는 몇몇 인간집단에 대해서는 그들이 문명화되었다고(더 문명화되었다는 것이 더 낫다거나 못하다는 또는 긍정적이거나 부정적이라는 가치평가를 함축하지 않고) 확실하게 단언할 수 있다. 우리는 그리 어렵지 않게 인성구조의 변화를 사회구조형성의 특별한 측면으로 증명할 수 있다. 나는 이 책을 통해 바로 이 증명을 시도하고자 한다.

파슨스나 다른 많은 현대 사회학 이론가들이 명시적으로 사회변동을 다룬다고 할 때조차도 이를 상태로 환원시키려는 경향이 그들에게 발견되는 것은 특별히 놀라운 일이 아니다. 사회학의 지배적인 경향과 마찬가지로 파슨스는 모든 사회가 보통 항상성을 유지하는 불변의 평형상태에 있다는 가정에서 출발한다. 그의 가정에 따르면 사회적 평형의 정상상태가 사회적 규범의 손상과 통합성의 붕괴로 인해 흔들릴 때 사회는 변화한다는 것이다.[원주4] 즉 사회적 변화는 보통 평형을 이룬 사회체계의 우연적인 혼란현

[원주3] T. Parsons, *Social Structure and Personality* (Glencoe, 1963), p.82, 258.

상이며, 그 원인도 체계의 외부에 있는 것처럼 보인다. 게다가 이처럼 혼란
된 사회는 새로이 안정상태를 추구하여 언젠가는 다른 평형상태를 갖춘 다
른 '체계'가 성립되며, 그것은 다시금 모든 동요에도 불구하고 자동적으로
현 상태에서 안정을 유지한다는 것이다.

한마디로 말하면, 이 이론에서 사회변동 개념은 불변의 두 정상상태 사
이에 존립하는 과도기의 상태를 지칭한다. 이런 측면에서도 이 연구로 대
표되는 이론과 파슨스 및 그의 제자들의 이론 사이의 차이점은 더욱 분명
하게 드러난다. 이 연구는 변동이 사회의 정상적인 특징에 속한다는 생각

[원주4] 구조변동의 의미에서 사회변동은 보통 안정된 사회적 평형상태의 혼란으로 이해할 수 있
다는 생각이 파슨스의 책 여러 곳에서 발견된다. T. Parsons and N. J. Smelser,
Economy and Society (London, 1957), p.247을 참조. Robert K. Merton, *Social
Theory and Social Structure* (Glencoe, 1959), p.122에서도 이와 비슷한 생각을 발
견할 수 있다. 즉 한편에는 모순과 갈등이 없는—사실적으로 이해한 것처럼 보인다 하더라
도—이상적 사회상태와 다른 한편에는 '혼란현상' 또는 '잘못된 기능'(역기능적)으로 평가된
사회현상이 서로 대립하고 있는데, 이 현상들은 갈등없는 불변의 사회구조에 '변동'의 압력을
가한다. 이 연구에서 논의되는 문제는 통상적으로 '정역학'(靜力學)과 '동역학'(動力學)의 개
념을 사용하여 토론되는 문제와 동일하지 않다. 전래적인 논의에서는 주로 어떤 수단과 방법
을 사회현상의 연구에서 선호할 것인지, 특정한 시점에 제한하는 방법이 나은지 또는 보다 더
장기적인 과정을 다루는 방법이 나은지 등의 문제들을 논의해왔다. 이에 반해서 이 연구에서
는 사회학적 방법이나 사회학적 문제를 선별하는 것 자체는 전혀 논의되지 않는다. 여러 방법
의 사용과 문제선별의 다양한 유형들의 근거를 이루고 있는 사회에 대한 관념, 인간의 결합태
에 관한 관념이 논의의 대상인 것이다. 그러나 이 연구의 논의가 단기적인 사회상태를 사회학
적으로 연구하려는 가능성에 대해 이의를 제기하는 것은 아니다. 이와 같은 문제선별유형도
사회학적 연구에서 빼놓을 수 없는 정당한 유형이다. 이 연구의 진술은 상태에 대한 경험적
연구와 종종 결합되는—그 결합이 반드시 필수적이지는 않지만—특정한 유형의 이론적 관
념에 대항한다. 사회적 변동과 과정 그리고 이런저런 종류의 발전의 모델을 이론적 준거틀로
사용하면서 상태의 경험적 연구를 실시할 수 있다. '사회적 정역학'과 '사회적 동역학'의 관계
에 관한 토론은, 한편으로는 단기적 사회문제들 및 그에 적합한 연구방법과 다른 한편으로는
문제를 제기하고 연구결과를 서술할 때 사람들이 명시적으로 또는 비명시적으로 의존하는 이
론적 모델을 분명하게 구분하지 않는다는 점에 시달리고 있다. 불일치, 갈등과 대립은 기존의
'사회체계'의 의미에서 '역기능적'이지만 변동의 의미에서는 '도구적'이기 때문에 사회학적 체
계이론의 범위 내에서 정학과 동학 간의 단절이 다시 결합될 수 있다고 Merton은 말한다.
Merton의 이 진술은 앞의 인용문에서 그가 사용하고 있는 '정역학'과 '동역학'의 개념들이 두
문제 영역을 충분히 예리하게 구분하기에 부적합하다는 점을 분명히 보여준다.

을 풍부한 자료를 근거로 해서 다시 한 번 강조한다. 지속적인 변화의 구조적인 승계는 여기에서 하나의 특정한 시점에 고정될 수 있는 상태들을 연구하기 위한 준거틀의 역할을 한다.

이와는 반대로 사회학의 지배적 견해에서는 안정의 상태에 있다고 가정되는 사회적인 사실들이 모든 변화의 준거틀로 사용된다. 그러므로 사회는 하나의 '사회체계'로, 사회체계는 다시 '안정상태의 체계'로 간주된다. 비교적 분화되고 '고도로 발전된' 사회를 문제삼을 때에도, 그것을 자족하고 자립하는 것으로 파악하려고 한다. 어떻게, 왜 고도로 발전된 사회가 이런 수준으로 분화하게 되었는가 하는 질문은 처음부터 연구과제에 속하지도 않는다. 지배적인 체계이론의 정태적인 준거틀에 상응하여 사회변동, 사회과정, 사회발전은—국가발전이나 문명화과정도 이에 속한다—단순히 첨부된 부록으로 또는 '역사적 서론'으로 취급된다. 또한 변동에 대한 연구와 해명은 단기적인 관점에서 지금 여기에서 관찰할 수 있는 '사회체계'나 그것의 '구조'와 '기능'을 이해하는 데 반드시 필요한 것도 아니다.

현대 사회학의 '구조기능주의' 학파의 이름표 역할을 하는 '구조'나 '기능'과 같은 개념적 도구들 자체에도 변화를 상태로 환원시키는 특수한 사고방식이 깊이 각인되어 있다. 물론 이 개념의 창조자들도 안정된 상태에 있다고 추정된 사회적 '전체'나 '부분들'의 '구조들'과 '기능들'이 움직이고 변화하며, 반드시 폐쇄적이지마는 않다는 인식을 하고 있다. 그러나 그런 식으로 시야에 들어온 문제들은 보통 불변적인 체계의 문제들에 첨가되는 부록으로서 '사회변동'이라는 제목을 붙여 따로 수록됨으로써 정태적인 사고방식과 조화를 이룰 수 있는 것이다.

이런 방식으로 '사회변동'은 개념적으로도 안정상태의 속성처럼 취급되고 있다. 다른 말로 표현하면 마치 부동적인 사회현상들의 이론적인 밀랍인형 상자 옆에 '사회변동'이나 '사회과정'의 이름표를 단 몇몇 부동의 특별인형을 세워놓음으로써 그들의 상태지향적인 근본태도는 사회변화의 경험적 관찰들과 조화를 이루고 있다. 그렇게 함으로써 사회변화의 문제들은 어느 정도 동결되어 상태 사회학에 무해한 것이 된다. 이렇게 하여 '사회발

전'의 개념은 현재 사회학의 이론적 시야에서 완전히 자취를 감추었다고 할
수 있다. 역설적이게도 실제 사회생활에서 또 일부 경험적인 사회학 연구
에서 사회발전의 문제들이 종전보다 더욱 의식적으로, 한층 강도높게 다루
어지고 있는 시점에서 말이다.

　　6. 경험적인 측면과 이론적인 측면에서 현대 사회학의 일반적인 경향과
는 완전히 반대되는 서론을 쓰고자 한다면, 우리는 여기에서 제기되는 문
제들과 해결을 위한 접근방식이 지배적인——특히 무엇보다도 이론적인 사
회학의——유형들과 어떻게 그리고 왜 다른지를 독자들에게 명확하게 밝혀
야 할 의무를 떠안게 된다. 이 과제를 위해서 우리는 우선 다음의 문제를
논의해야 한다. 19세기의 사회학이——이 당시의 유명한 대가들은 장기적
인 사회과정을 주된 연구대상으로 삼았다——20세기에 완벽한 상태 사회학
으로 변하고, 따라서 장기적 사회과정에 대한 후속연구나 학문적 노력이
사라져버렸다는 사실을 어떻게 설명하는가이다.

　　이 서론의 범위 안에서 사회학의 중심 연구관심의 전이와 이와 연관된
전체 사회학의 사고방식의 변화를 자세하게 설명할 필요는 없을 것이다.
그러나 이 문제는 앞으로 다룰 내용을 이해하는 데 또 사회학의 발전을 위
해서 너무나 중요하기 때문에, 우리는 이를 그냥 지나쳐버릴 수는 없다.
그러므로 나는 여기 서문에서 사회학적 사유장치의 퇴보와 그것과 연관된
문제영역의 축소에 책임있는 조건들 중 몇 가지를 지적하는 것으로 그치
겠다.

　　장기적 사회변동이나 모든 종류의 사회구성체의 사회적 발생과 발전의
문제가 중요하다는 인식이 사회학자들에게서 완전히 사라져버리고, 발전이
라는 개념이 악명을 떨치게 된 가장 명백한 이유를 우리는 19세기의 유명
한 이론들의 특정한 부분에 대해 20세기의 대표적인 사회학 이론가들과 많
은 사회학자들이 보였던 반응에서 찾아볼 수 있다.

　　19세기에 콩트, 스펜서, 마르크스, 홉하우스와 같은 학자들이 발전시켰
던 장기적 발전의 이론적 모델은 일차적으로는 이들의 정치적·세계관적인

이상에 의하여 유지되고, 이차적으로는 사태와 관련하여 결정된 가정에 근거를 두고 있다는 사실이 밝혀졌다. 후세대들은 그들보다 훨씬 풍부한 그리고 점점 더 풍부해지는 자료들을 조사할 수 있었다. 19세기의 고전적 발전이론들은 후세대들의 보다 포괄적인 경험에 비추어보면 여러 측면에서 문제점이 있거나 또는 적어도 수정의 여지가 있어보였다. 19세기 사회학의 선구자들이 당연시하였던 신조들 중의 많은 부분은 20세기의 사회학자들에 의해 인정받지 못했다. 이 신조들 중의 하나가 사회발전은 필연적으로 보다 나은 방향으로, 즉 진보로 변화한다는 것이다. 후대의 사회학자들은 이러한 믿음을 자신들의 사회적인 경험에 근거하여 단호히 거부한다. 이 발전모델이 비교적 객관적인 관념과 이데올로기적인 관념의 혼합이라는 사실이 현 시점에서 더욱 분명히 드러나는 것이다.

학문이 좀더 성숙했다면, 우리는 아마 이런 상황에 대처하여 낡은 발전모델을 수정하고 보완하려는 작업을 시도했을 것이다. 또 우리는 낡은 모델의 어떤 부분이 현재의 광범위한 자료의 관점에서도 후속연구를 위한 토대로의 가치를 지니고 있으며, 또 어떤 부분을(그 시대에만 국한된 단순한 정치적·세계관적 편견의 표현이라는 내용의 비석 하나를 세워주면서) 낡은 교리의 묘지에 매장해야 하는가를 명백히 가릴 수 있도록 노력을 기울여야 했을 것이다.

그러나 장기적인 사회과정을 다루고 있는 모든 형태의 사회학이론에 대한 날카로운 반발만 일어났을 뿐이었다. 사회의 장기적인 발전에 관한 작업은 전적으로 배척되었고, 사회학적 관심의 중심은 정지되어 평형의 상태를 유지하고 있는 사회적 사실들의 연구로 옮겨졌다. 이와 병행하여 낡은 형태의 모든 사회학이론들과 중심개념들, 특히 사회발전의 개념에 대항하는 일련의 전형적인 표준논거가 확립되었다. 사회학자들이 발전개념의 객관적인 동기와 이데올로기적인 사유동기를 구분하려는 노력을 하지 않았기 때문에 장기적인 사회과정과 발전의 전체 문제영역은 19세기의 신념체계 중의 하나와 연결되었다. 즉 사회발전이 갈등없이 직선적으로 이루어지든 갈등을 함축하고 변증법적으로 흐르든 상관없이 그것은 자동적으로 진보의

의미에서의 변동이어야만 한다는 관념과 결합한 것이다. 이때부터 사회발
전을 다루는 작업은 거의 진부한 일로 여겨졌다. 장군들이 새로운 전쟁의
전략을 수립할 때, 그들은 지나간 전쟁의 전략을 모범으로 삼을 것이라고
들 말하곤 한다. '사회발전'이나 '사회과정'의 개념들이 필연적으로 낡은 진
보사상을 함축하리라 단정하는 것도 이와 그다지 다를 바가 없다.

　우리는 사회학의 흐름에서 지나치게 한 쪽으로 기울어진 사유에서 반대
방향으로 편향된 사유로의 이론적 반전을 보게 된다. 사회학의 이론가들이
주로 장기적 사회발전의 모델에만 매달렸던 시기가 지나가자, 이번에는 안
정과 불변상태의 사회모델을 수립하는 데만 집착하는 시기가 뒤따른 것이
다. 한때 사회학적 연구가 '모든 것은 흘러간다'는——이때 보다 좋은 방향
으로 흘러간다는 것이 당연시된다는 차이점은 있지만——헤라클레이토스적
근본전제에 근거하였다면, 이제 그것은 엘레아학파적 이념에 자신의 토대
를 둔다.

　엘레아학파는 화살의 비행을 무수한 정지상태들의 연결로 설정하였다.
원래 화살은 전혀 움직이지 않는다는 것이다. 왜냐하면 그 화살은 매순간
에 어느 일정한 장소에 있기 때문이라는 것이다. 사회는 평상시 평형상태
에 있으므로, 인류의 장구한 사회발전은 정태적인 사회형태들의 고리처럼
보인다는 현대 사회학자들의 가정은 화살의 비행에 대한 엘레아학파의 해
석을 연상시킨다. 사회학의 발전에 있어서 극단에서 극단으로 치닫는 추의
진동을 어떻게 설명할 수 있을까.

　얼핏 보기에 사회학적 관심이 전환된 결정적 이유는 사회학자들이 연구
의 학문성을 내세워 정치적·세계관적인 이상이 자신들의 이론에 미치는
영향력에 저항하고자 했기 때문인 것처럼 보인다. 현대의 사회학적 상태이
론의 대표자들도 종종 이러한 설명으로 기울어지는 경향을 보인다. 그러나
조금 깊이 들어가보면, 그것으로는 이유가 불충분하다는 사실을 우리는 발
견하게 된다. 19세기를 풍미했던 발전사회학에 대한 이런 반응은 단순히
학문적 객관성이라는 이름 아래 사회적 신앙교리가 지배하고 이상이 우선
시되는 경향 때문에 촉발되었던 것은 아니다. 그것은 또한 사회가 어떠해

야만 하는가에 관한—하루살이와 같이 단명하는—이념의 베일을 걷고
사물 연관성, 사회의 형성과 기능 자체에 진입하려는 노력의 표출도 아니다.

그것은 결국 사회학적인 이론에서 우위를 차지하고 있는 어느 특정한 이
상에 대해 부분적으로 상반되는 다른 이상의 이름으로 저항했던 것에 지나
지 않는다. 19세기에는 당위와 소망에 관한 어떤 특수한 이념—특수한 이
데올로기적 표상—이 사회의 형성과 발전에 대한 관심을 야기했다면, 20
세기에는 당위와 소망에 관한 다른 이념—다른 이데올로기적 표상—이
지도적 사회학자들의 관심을 사회의 현 존재와 상태로 돌리도록 하였다.
이로 말미암아 사회구성체의 역동성에 관한 문제는 소홀히 취급되고 장기
적인 과정과 이 문제를 연구함으로써 열리게 될 모든 설명 기회는 무관심
속에 사라져버린 것이다.

사회학의 발전과정에서 관찰되는 사회적 이상의 급격한 변화는 그러나
따로 분리된 현상이 아니다. 그것은 사회학의 주요한 작업들이 집중적으로
이루어지고 있는 나라들의 지배적 이상이 보다 포괄적으로 격변하고 있다
는 사실을 암시하는 징후인 것이다. 이러한 변화는 다시금 19세기와 20세
기의 선발 산업국가들의 국가 내적·외적인 특수한 변형과정을 말해준다.
나는 이 서문에서는 연구의 개요로서 이런 결합태 변동의 커다란 줄기만
간략히 언급하겠다.

이것은 장기적 과정의 해명을 사회학적 작업의 중심으로 설정하는 연구
를 이해하는 데 도움이 될 것이다. 그러나 그 목적은 우리 이상의 이름으로
다른 이상을 공격하는 것이 아니라, 그러한 과정의 구조 자체를 더욱 잘 이
해하기 위해 사회적인 이상과 신앙교리의 우위로부터 사회학적 연구의 이
론적 틀을 해방시키는 것이다. 왜냐하면 사회문제의 제기와 해결에 있어서
이상적인 해결책에 대한 선입관을 사안 자체에 대한 연구보다 중시하지 않
을 때 비로소 우리는 급박한 사회문제의 해결에 충분히 도움이 될 수 있는
사회학적 인식을 발견할 수 있기 때문이다.

7. 사회학의 위대한 선구적 저작들이 탄생되었던 19세기의 산업국가들

에서는 부상하는 산업계급의 사회적 믿음, 이상, 장기적인 목표와 희망을 표현하는 목소리들이 왕족, 귀족과 도시귀족으로 구성된 권력 엘리트들의 이해관계를 대변하면서 기존의 사회질서를 유지하려는 목소리를 점차 누르게 된다. 신분상승을 하고 있는 계층으로서 자신의 처지에 상응하여 보다 나은 미래에 대한 높은 기대를 가졌던 것은 바로 전자였다. 그들의 이상은 현재가 아니라 미래에 놓여 있었기 때문에, 그들은 사회의 형성과 발전에 특별한 가치를 부여하였다.

사회학자들은 부상하는 산업계급들과 연대하여 인류의 발전은 이 계급이 희망하고 소원하는 방향으로 나아갈 것이라는 확증을 찾으려고 하였다. 이를 위한 방법이 이제까지의 사회발전의 동력과 방향을 설명하는 것이었다. 그들이 이 과정에서 사회발전의 문제에 대하여 엄청나게 많은 양의 지식을 밝혔음에는 의심의 여지가 없다. 단지 지금의 시점에서 되돌아볼 때에, 한편으로 특정한 시대에 국한된 이상들로 가득 찬 타율적인 교리들과 다른 한편으로 이상과는 무관하며 오로지 실증적 사실과 관련하여 의미있는 개념적 모델을 구분하는 일은 무척 어렵게 느껴진다.

다른 한편으로 우리는 19세기의 합창 속에서 어떤 이유에서인지 산업화과정에서 일어나는 사회변화를 저지하려는 목소리들을 들을 수 있다. 그들의 사회적 신앙은 기존의 모든 것을 그대로 유지하고, 전래된 것을 보존하는 데 집중되어 있으며, 악화일로에 있는 현대와——그들의 평가에 따르면——보다 좋았던 과거의 이상형을 대비시키려고 한다. 그들은 세습국가들의 전(前)산업적 권력 엘리트들을 대변할 뿐만 아니라, 산업화과정에서 자신들의 전통적 생활양식과 기능을 상실했던 폭넓은 직업층, 특히 농업과 수공업에 종사하는 계층을 대변하였다. 그들은 부상하던 두 산업계급, 즉 산업·상업 시민계급과 산업노동자계급의 입장에서 말하는 모든 사람들과 이 계층의 사회적 상승을 목격하고 보다 나은 미래와 인류의 진보에 대한 믿음으로부터 영감을 받았던 모든 이들을 적대시하였다. 그렇게 19세기의 시대 음성들의 합창 속에서는 보다 좋았던 과거를 찬양하는 목소리와 보다 나은 미래를 찬양하는 목소리들이 서로 대립하고 있었다.

진보와 보다 나은 미래에다 자신의 사회상을 맞추었던 사회학자들 가운데는 두 산업계급의 대변인들이 발견된다. 산업 노동자계급과 스스로를 동일시하였던 마르크스와 엥겔스도 이들에 속한다. 시민계급의 사회학자로는 19세기의 콩트나 19세기에서 20세기로의 전환기에 살았던 홉하우스를 들수 있다. 상승세에 있던 두 산업계급의 대변인들은 인간의 상태가 미래에는 보다 향상될 것이라고—설령 그들이 말하는 진보와 향상이 각 계급의 처지에 따라 달랐다 하더라도—확신했다. 무엇 때문에 20세기에 들어서면서 진보에 대한 믿음이 약화되고 또 장기적인 사회발전에 대한 사회학자들의 관심이 사라졌는지 이해하려면, 우리는 우선 사회발전에 대한 관심이 19세기에는 얼마나 강했는지 인식해야 하며, 이 관심이 무엇에 근거했는가 하는 질문도 제기해야 한다.

그러나 이러한 급격한 변화를 이해하기 위해서는, 국내관계만을 고려하는 계급 결합태, 즉 국내의 사회적 관계만을 고려하는 것으로는 충분하지 않다. 19세기에 산업화과정에 있던 유럽국가들에서 산업계급의 사회적 상승은 국가 자체의 상승과 병행하였다. 즉 이들 유럽국가들은 서로 경쟁하는 한편, 지구상의 후진 국가들에 대한 지배권을 확장하는 데 혈안이 되어 있었다. 즉 국가 내의 계급들뿐만 아니라 이들 국가사회들 자체도 상승과 확장의 와중에 처해 있던 사회적 구성체들이었다.

20세기 이전에 씌어진 유럽의 저서들 속에 들어 있는 진보사상이 일차적으로 학문과 기술의 진보에서 비롯된다고 생각할 수도 있다. 그러나 그것은 만족할 만한 설명이 못된다. 학문과 기술의 진보에 대한 경험만으로는 인간조건의 지속적 향상에 대한 확고한 믿음이나 진보 자체의 이상화를 설명할 수 없다는 사실이 20세기에 더욱더 명백해진다.

학문과 기술의 진보에 있어서 실제적인 속도와 범위는 20세기에 그 전세기의 속도와 범위를 훨씬 능가한다. 제1차 산업화의 물결을 탔던 나라들에서 일반인들의 생활수준은 20세기에 들어서면서 예전과는 비교할 수 없을 정도로 향상되었다. 국민들의 보건상태는 개선되었고, 평균수명도 높아졌다. 그러나 이 시대의 전체 목소리에 있어서 진보를 가치있는 것으로 생각하고, 인간 상황의 향상을 사회적 이상의 핵심으로 간주하며 인간의 보다 나은 미래를 확신하는 목소리들은 그 앞 세기보다 훨씬 약해졌다.

이와는 반대로 이러한 모든 발전의 가치를 의심하고 인류의 향상된 미래나 자국의 미래에도 희망을 걸지 않으며, 그 대신 현재를, 자국의 유지와 보존을, 그리고 기존의 사회형태나 과거 유산과 전래 질서를 최고의 가치로 설정하여, 거기에 몰두하는 목소리들이 20세기에 증가일로에 있고, 점차 우세해지고 있다. 실제적인 진보를 감지할 수는 있었지만 그 속도가 느렸고 비교적 제한적이었던 20세기 이전의 시대에 미래의 진보를 추구하던 사상은 추종자들에게는 최고의 가치로서 이상의 성격을 가지고 있었다. 학문, 기술, 보건상태와 생활수준, 그리고 인간 불평등의 감소에 있어서 발전의 범위와 속도가 그 이전 시대를 훨씬 능가하는 20세기의 진보는 여전히 하나의 사실이지만 많은 사람들에게 이제 이상을 뜻하지는 않는다. 이 모든 실제적인 진보의 가치를 의심하는 목소리들이 거세지고 있는 것이다.

이러한 변화의 원인에는 여러 가지가 있으나 우리가 이 모두를 여기에서 고찰할 필요는 없을 것이다. 되풀이되는 전쟁들, 사라지지 않는 전쟁의 위험, 핵무기와 새로운 과학무기들의 위협은 가속된 진보와 그 가치에 대한 신뢰의 감소라는 서로 모순된 두 현상이 병존하는 데 커다란 역할을 하였다. 그러나 20세기 사람들이 19세기의 '단조로운 진보신앙' 또는 인류의 진보적인 발전이념을 말할 때 그들의 어투에서 드러나는 경멸, 장기적인 사회과정의 문제들로부터 등을 돌린 사회학자들의 태도, 사회학 관련서적들에서 사회발전의 개념이 자취를 감춘 일 등을 비롯하여 사고방향의 극단적인 전환과 같은 징조들은 비참한 전쟁의 경험이나 그와 비슷한 현상들을 인용하는 것만으로는 충분히 설명할 수 없다. 그것을 이해하기 위해서 우리는 19세기 산업강대국들의 국가 내적 구조와 국제적인 위상에 있어서의 특수한 변화를 고려해야 한다.

이들 국가들에서 두 산업계급, 즉 산업시민계급과 오래 전에 정착한 산업노동자계급이 20세기 동안 왕족과 귀족으로 구성된 이전의 군사적 권력 엘리트들을 누르고 국가의 지배적인 계급이 되었다. 두 산업계급은 불안정하고 불확실하게나마 저울의 평형을 유지하고 있었다. 물론 정착한 노동자 계급들이 약한 위치에 있었지만, 이들의 비중도 서서히 무거워지고 있었다. 이 두 계급은 국내의 전통적인 왕권 엘리트들과의 투쟁을 통해 19세기에 비로소 신분상승을 도모했고, 그렇기 때문에 발전이나 진보 또는 보다 나은 미래를 사실로서뿐만 아니라 엄청난 감정적 의미를 동반한 이상으로 받아들였다.

20세기가 흐르면서 이들은 이제 확고하게 신분상승을 이룬 산업계급이 되며, 그 대표자들은 지배적인 또는 지배에 동참하는 집단으로 제도 속에 확고하게 자리잡는다. 시민계급과 노동자계급은 때로는 동반자로 때로는 맞수로 일차 산업화 물결에 휩싸인 국가들 내에서 제1의 권력엘리트를 형성한다. 따라서 계급의식과 아울러(위장된 계급의식으로서의) 민족의식이 또 계급이상들과 함께 민족이상이 이 두 계급에게—먼저 산업시민계급에게 나중에 산업노동자계급에게—점차 최고의 가치가 된다.

그러나 하나의 이상으로 받들어진 국가는 사람들의 시선을 현재 존립하고 있는 것에 고착시킨다. 막강하고 수적으로도 우세한 두 산업계급은 이제 국가권력의 요직도 손아귀에 넣었기 때문에, 국가로 조직된 민족, 즉 민족국가는 정서적으로나 이데올로기적으로 최고의 가치로 설정된다. 더 나아가 국가는—정서적으로나 이데올로기적으로—근본특성에 있어서 영원하고 불변적인 것으로 보인다. 역사적 변화는 단지 외면적인 것에만 영향을 미칠 뿐, 민족과 민족국가는 변하지 않는 것처럼 보인다. 영국, 독일, 프랑스, 미국, 이탈리아를 비롯한 모든 민족국가들은 구성원들의 의식 속에서 영원하다. 그 국가들의 본질은 10세기에도 20세기에도 항상 동일하다.

비단 앞에서 언급한 두 계급만이 20세기에 옛 산업국가에서 사회적 상승을 이룬 것은 아니다. 유럽국가와 다른 대륙에 흩어져 살던 그들의 후손들은 수세기 동안 꾸준히 상승에 상승을 거듭했지만, 20세기로 넘어오면서 그들의 발전도 서서히 정지하게 된다. 물론 그들은 여전히 비유럽 민족보다(몇몇 예외도 있지만) 앞서 있었다. 이 국가들 간의 격차는 얼마동안 더 커지는 것 같았다. 그런데 유럽국가들의 지배권이 도전받지 않던 시대에 이들 국가를 비롯한 세계의 모든 지배집단들 내에서 하나의 이념이 생겨나 굳어졌다. 즉 그들이 다른 민족들에게 행사할 수 있는 권력은——신이나 자연으로부터 부여받은 것이든 역사적으로 규정된 것이든——영원한 사명의 표현이며 또 자신의 본질에 기인하는 우월함의 표현이라는 것이다.

자신들의 명백한 우월성에 대한 이념은 선발 산업국가의 자화상 속에 깊이 뿌리를 내리고 있었지만, 이것 역시 20세기의 실제적인 발전과정에서 심한 동요를 겪는다. 이 국가들은 민족적 이상과 사회현실의 충돌에서 오는 현실충격을 여러 국가들의 발전 정도와 민족적 자화상의 특성에 따라 다양한 방식으로 극복하였다. 독일에서는 이 충격의 포괄적인 의미가 우선 군사적 패배의 직접적인 충격에 의해 감추어졌다. 제2차 유럽·미국 전쟁의 승전국에서도 단지 소수의 인물들만이 승리 직후 두 선진국가들 간의 전쟁이 얼마나 빨리 그리고 철저하게 후진국가들에 대한 전체 선진국들의 영향력을 감소시키는지 인식하고 있었다. 우리는 이 사실에서 옛 민족이상이 얼마나 확고한지를 또 이 모든 발전이 비교적 자율적이라는 것을 알 수 있다. 대개의 경우 그렇듯이, 집권집단들은 무방비상태에서 갑작스러운 권력축소의 충격을 받는 것이다.

진보와 향상된 미래에 대한 실제적 기회에서도 선발 산업국가들은——전쟁으로 인한 퇴보 가능성을 고려하지 않는다면——예나 지금이나 훨씬 좋은 여건을 갖추고 있다. 물론 자민족의 문명이나 문화를 인류의 최고 가치로 설정하는 전통적 민족자화상에 비한다면 그들의 미래는 실망스러운 것이다. 자기 민족을 유일한 존재와 가치로 설정하는 이념은 종종 다른 민족들에 대한 지도권을 정당화하는 방편이 되었다. 그러나 선발 산업국가들의 이러한 자화상과 지배권 주장은 20세기 후반에 들어서면서 과거에 식민통치를 받았거나 현재에도 받고 있는 다른 대륙 후진국들의 권력신장에 의해 크게 흔들리게 되었다.[원주5]

[원주5] 유럽 민족국들의 증대된 통합경향은 무엇보다도 경제적·군사적 분야에서 증대되고 강화된 상호의존으로부터 그 원동력을 얻었다. 유럽 여러 나라들에서 민족중심적 전통에도 불

76

이러한 현실충격이 미래의 가능성과 관련하여 한 민족의 현 상태의 감정적 가치를 자극하는 한, 그것은 민족정서 속에 이미 들어 있는 경향을 강화할 뿐이다. 즉 민족의 본질을, 민족의 영원한 유산을 드러내주는 민족정서는 자기정당화의 수단으로서 또 민족적 가치체계와 민족 이상의 표현으로서 미래의 품에 안겨 있는 어떠한 약속이나 이상보다도 훨씬 더 높은 정서적 가치를 지닌다. '민족적 이상'은 변화하는 것으로부터 고정적이고 불변적인 것으로 관점을 전환시킨다.

유럽 국가들과 이들과 밀접한 관계를 맺고 있던 비유럽 국가들에서 이루어진 전환의 이런 측면은 지식인의 사고방식과 이념세계의 특수한 변화와 일치한다. 18세기와 19세기에 '사회'에 관해 이야기하던 철학자와 사회학자들은 일반적으로 '시민사회', 즉 국가의 왕권적·군사적 차원과 멀리 떨어져 있는 것처럼 보이는 사회생활의 측면을 생각하였다. 대체로 국가권력의 중심에서 소외된 집단의 대변인이었던 그들은 자신들이 처한 상황에 따라 사회를 모든 국가적인 경계를 초월하는 것으로 생각했다. 두 산업계급의 대표자들이 국가권력을 인수하면서, 그리고 그들의 권력 엘리트들에게서 민족적 이상이 싹터서 자라나면서, 사회학이 견지하던 사회에 대한 이념도 변화를 겪는다.

사회 전반에서 산업계급들의 계급 이상이 점차 민족 이상과 뒤섞여 서로 영향을 주고받는다. 물론 보수적이고 자유주의적인 민족 이상은 사회주의적 또는 공산주의적 민족 이상과는 다른 뉘앙스를 가진다. 그러나 정착된 산업계급이 처음에는 국가의 중심권력에서 소외되었던 집단이었다가 나중에 국가를 구성하고 국가권력을 대표하며 행사하는 집단으로 부상한 이래

구하고 주저하면서 그리고 우선 실험적으로 조금씩 자신들의 태도를 기능적 상호의존의 증대에 적응시키려는 경향이 나타난 까닭은 그 나라들이 가지고 있던 전통적인 민족 자화상이 크게 동요되었기 때문이다. 통합사업의 어려움은 바로 어린이와 어른들의 민족중심적 사회화로 인하여 자신의 민족이 이 나라 국민들의 정서에 지배적 위치를 차지하고, 그때 막 형성중이던 방대한 초국가적인 조직은 그들에게 우선 '합리적인' 의미만을 지닐 뿐 감정적 의미는 없었다는 데 있었다.

그러한 뉘앙스는 정도의 차이로서 기껏해야 국가와 민족에 대한 그들의 태도변화의 전체 윤곽에만 영향을 줄 수 있었다. 이는 20세기의 많은 사회학자들이 '사회'를 말할 때 그들이 생각하는 것은 이제 '시민사회'나 국가 저편에 있는 '인간사회'가 아니라 조금은 희석된 민족국가의 이상형이라는 사실과 일치한다.

사회를 민족국가의 현실로부터 추상화한 것으로 파악하는 일반적인 사유의 틀 안에서 우리는 다시금 앞에서 언급한 정치적·이데올로기적 뉘앙스를 발견하게 된다. 20세기 대표적인 사회학 이론가들이 가지고 있는 사회상 속에는 보수적이고 자유주의적인 색채가 강한 것과 함께 사회주의적이고 공산주의적인 색채가 강한 사회상도 들어 있다. 20세기에 들어 미국 사회학은 사회학이론의 발전을 선도하였기 때문에, 이 시대 사회학이론의 지배적 유형은 미국의 국가 이상의 특성을 반영한다. 즉 보수적인 측면과 자유주의적인 측면은 미국의 국가 이상 속에서 분명하게 구분되어 있지 않을 뿐만 아니라 독일을 비롯한[원주6] 많은 유럽국가들에서처럼 서로 대립적

[원주6] 이 차이는 여기에서 할 수 있는 것보다 더 상세한 비교연구를 필요로 한다. 그러나 대략 그 윤곽만이라도 간단하게 설명할 수 있을 것이다. 이 차이는 바로 산업사회 이전의 권력 엘리트의 가치관—이것은 앞으로 권력을 잡게 될 산업계층과 이 계층의 대표자들의 가치관에 흡수된다—의 종류 및 범위와 밀접하게 연관된다. 우리는 독일이나 유럽의 기타 대륙국가들에서 산업사회 이전의 왕족 - 농경 - 군사적 권력 엘리트들의 가치관으로부터 커다란 영향을 받은 시민계급적 보수주의를 종종 목격할 수 있다. 독일에서 보통 '사업세계'로 불리는 영역, 즉 상업과 무역을 아주 무시하는 태도나 국가와 '사회 전체'를 개별적 개인보다 우위에 두는 태도 등이 이러한 가치관에 속한다. 그러한 가치관이 산업계층의 보수주의에서 중요한 역할을 하는 곳에서는 항상 반자유주의적 경향이 공존한다는 사실은 쉽게 이해가 간다. 이런 전통으로 인하여 개인의 개성과 자발성을 높이 평가하고 상대적으로 '국가 전체'를 낮게 평가하는 태도, 다시 말하면 자유경쟁을 옹호하는 사업세계의 가치관은 대체로 부정적 감정을 유발한다. 산업화 이전의 농경엘리트들이 실제생활이나 가치관에서 상업적 운용과 상업으로 생계를 이어가는 사람들을 그리 단호하게 멀리하지 않았던 나라들에서는 그리고 국가의 중심세력으로서 군주와 궁정사회의 권력이 영국에서처럼 단지 제한된 범위 내에서 존재했거나 미국에서처럼 전혀 존재하지 않았던 나라들에서는 지배계층으로 서서히 부상하던 시민계급이 개인의 경쟁, 국가의 비간섭, 개인의 자유와 같은 자유주의적인 가치관과 외견상 잘 어울리는 유형의 보수주의를 발전시킨다. '개인'과 국가, 그리고 '국가 전체'의 동시적인 존중을 최고의 가치로 인정하는, 외견상 문제 없어보이는 이 자유주의적·보수적 민족주의에 대해서는 본문에서 몇

이지도 않다.

사회학적·철학적 논쟁에서 19세기 사회학이론의 특정한 측면—특히 사회발전과 진보 개념으로의 편향성—이 거부된 까닭은 단지 이 이론들의 불충분한 객관적 근거 때문이었다. 그러나 선발 산업국가들 내의 발전이나 상호관계의 발전의 구조적 경향을 고찰할 경우 거부의 이데올로기적인 측면이 보다 날카롭게 부각된다. 마르크스적 전통에서 발전된 이데올로기 개념에 따르면 사회발전으로부터 현재의 사회학이론에서 지배적인 상태로의 시각전환은 한 계급의 이상에 의해, 다시 말하면 자신들의 희망, 소망, 이상을 미래에 걸지 않고 오로지 기존질서의 유지에만 두고 있는 계급에 의해 결정된다고 볼 수도 있다. 그러나 사회적인 신념과 이상을 단지 계급 이상으로만 환원시키는 사회학이론은 20세기에는 불충분하다.

오늘날 사회학이론의 이데올로기적인 측면을 이해하려면, 우리는 사회계급을 초월하는 민족 이상의 발전을 고려해야 한다. 전 근대적인 소수계급에게 억압받던 두 산업계급이 국가구조에 통합된 과정, 국가 내에서 그들의 지도자적 역할, 사회적으로 미약한 존재에 불과한 산업노동자계급의 동의없이는 국가경영이 불가능한 사실과 두 계급이 가졌던 국가와의 연대감 등 이 모든 것은 국가가 인간생활의 최고의 가치라는 믿음을 사람들에게 심어주었다. 국가 간 상호작용의 연결고리가 점점 더 길어지고 밀접해지면서 국가 간의 특수한 긴장과 갈등도 높아진 점, 끝없는 전쟁과 현존하는 전쟁위험 등 이 모든 것이 민족중심적 사고유형의 확산에 기여했던 것이다.

진보의 이상을 약화시키고 보다 나은 미래와 발전으로 생각했던 과거에 대한 믿음과 소망을 약화시켰던 것은 선발 산업국가에서 이루어졌던 두 가지 발전노선, 즉 국내적 발전과 국제적 발전의 일치였다. 이 두 발전노선이 서로 결합함으로써 이런 유형의 이상은 기존질서의 보존과 방어를 목표로 하는 다른 유형의 이상으로 대체되었다. 이 이상은 현재 실현되었다고 여

가지 더 언급할 것이다.

겨지는 영원한 민족국가와 관련된 이상이다.

시대의 사회적 합창 속에서 보다 나은 미래와 인류의 진보를 이상으로 선언하던 목소리 대신 현존하는 것의 가치와, 특히 수많은 전쟁에서 많은 사람들이 목숨을 바쳐 지켜온 국가의 영원한 가치를 신봉하는 목소리들이 점점 더 커지고 있다. 이것이 커다란 윤곽만 스케치한 전체 사회의 구조변화이다. 그런데 이런 변화가 사회이론의 발전경향에도 그대로 반영되어 있다. 팽창하던 산업국가의 떠오르는 계층의 이상을 반영하던 사회이론 대신에 고도로 발전하여 그 정점에 도달하였거나 또는 그것을 이미 넘어버린 산업사회에서 사회적 상승을 마치고 안정을 이룩한 계층의 사회이론이 등장한 것이다.

이런 유형의 사회학이론에 대한 보기로서, 그 이론의 대표적 개념 중의 하나인 '사회체계'를 생각해볼 수 있다. 물론 파슨스만이 이 개념을 사용한 것은 아니지만 그가 사용하는 의미에서 살펴보자. 이 개념은 '사회'가 무엇을 의미하는지 분명하게 표현한다. '사회체계'는 '평형상태'를 이루고 있는 사회를 뜻한다. 물론 이러한 평형상태는 흔들릴 수 있다. 그러나 통상적으로 사회는 안정상태에 처해 있으며 사회의 모든 부분들은 서로 조화를 이루고 있다고 여겨진다.

사회를 구성하는 모든 개인들은 동일한 방식의 사회화과정을 통하여 동일한 규범에 맞추어져 있다. 그들은 모두 사회에 잘 통합되어 있고, 행위를 할 때에도 동일한 가치를 따르며, 아무런 어려움 없이 주어진 역할을 수행한다. 그들 사이의 갈등은 잘 발생하지 않는다. 이런 갈등도 체계의 변동처럼 방해현상인 것이다. 간략하게 말한다면, 사회체계라는 개념 속에 이론적으로 표현되어 있는 사회상은, 좀더 자세히 살펴보면, 국가의 이상형이라는 사실이 드러난다. 즉 국가에 소속된 모든 사람들은 동일한 사회화로 인하여 동일한 규범을 따르며, 동일한 가치를 추구하고, 따라서 통상적으로 잘 통합되어 서로 조화를 이루며 살고 있다는 것이다.

이 '사회체계' 개념 속에는, 달리 표현하면, 공동체로서의 국가상이 함축되어 있다. 사람들은 이런 '사회체계' 내에서 비교적 평등하다는 함의가 자명한 사실로 그 가정 속에 들어 있다. 왜냐하면 통합은 구성원들의 동일한 사회화와 가치 및 규범의 통일성에 근거를 두기 때문이다. 이 '체계'는 민주적일 것이라고 추정된 민족국가로부터 추상화된 구성체인 것이다. 어떤 방향에서 그것을 고찰하든 현실적 민족과 당위적 민족 사이의 구별은 없어져 버린다.

19세기 사회학적 발전모델에서 사람들이 소망하던(즉 당시의 사회적 이상이던) 사회의 진보가 실제 관찰과 뒤섞여 하나의 사실로 제시되었던 것처럼, 20세기 불변적 '사회체계'의 사회학적 모델에서는 국가의 모든 부분이 조화롭게 통합되었으면 하는 바람이 객관적인 관찰과 혼합되어 기존의 사실로 제시된다. 그러나 전자의 경우에 이상화된 것은 미래이고, 후자의 경우에는 지금 여기 존립하고 있는 민족국가적 질서, 즉 현재인 것이다.

원래는 특정한 유형의 사회, 즉 평등에 기초한 민족국가와 연관된 '현실'과 '당위'의 혼합, 객관적 분석과 규범적 요청의 혼합은 이제 시대와 장소를 막론하고 모든 사회들의 학문적 연구를 위한 모델로 이용될 수 있다고 주장하는 한 이론의 핵심으로 제시된다. 우리가 여기에서 제기하는 질문은 (높은 수준에 이른 '사회체계' 내의 국민통합이 당연하고 또 바람직한 상태라는 전제하에 현재의 민주적 민족국가의 현실로부터 도출된) 이런 종류의 사회학이론을 발전의 다른 단계에 처해 있으며 중앙집중화와 민주화가 덜 이루어진 사회들에도 과연 적용할 수 있는지, 있다면 어느 정도까지 가능한가 하는 것이다. 그때 우리는 우리 사회의 현 상태, 즉 교회 첨탑의 시각에서 형성된 보편적 사회이론이 얼마나 취약한가를 깨달을 수 있을 것이다. 노예와 농노들의 비율이 높은 사회나 봉건국가 또는 신분국가를 연구할 때, 다시 말하면 모든 사람들에게 동일한 법과 규범과 가치가 적용되지 않는 사회를 학문적으로 연구할 때 '사회체계'의 모델이 이론적 도구로서 적합한지를 따져본다면, 우리는 얼마나 상태 사회학적인 체계모델이 현재 중심적인가를 인식할 수 있을 것이다.

체계 개념에서 밝혀진 사실은 20세기 사회학의 다른 개념들에도 어렵지 않게 적용될 수 있다. '구조', '기능', '규범', '통합', '역할'과 같은 개념들은

모두 인류사회의 형성, 생성, 과정의 성격, 발전을 추상화하여 인간사회의
특정한 측면들을 개념화시킨 것이다. 사회의 역동적인 측면을 이데올로기
적으로 포착한 19세기의 학문적 경향을 거부한다는 것은 사실에 대한 학문
적 관심이라는 명목하에 이데올로기 비판을 수행하는 것일 뿐만 아니라,
무엇보다도 현재의 사회적 상황과 경험에 더 이상 일치하지 않는다고 부정
해버린 과거의 이상들을 현재 이상의 이름으로 비판하는 것이다. 한 이데
올로기에서 다른 이데올로기로의 전환은 20세기에 사람들이 문제시하는
것이 19세기 발전사회학의 이데올로기적 요소가 아니라, 발전 개념 자체,
즉 장기적 사회발전을 사회발생적 측면과 정신발생적 측면에서 분석하는
것 자체라는 점을 말해준다.[원주7] 한마디로 말하면, 목욕물과 함께 그 속의

[원주7] 미래지향적인 이데올로기를 현재지향적 이데올로기로 대체했다는 사실은 때때로 조그만
   사유의 간계를 통해 감추어진다. 이 간계는 이데올로기 연구에 관심을 가진 모든 사회학도들
   에게 미묘한 종류의 이데올로기 형성의 표본으로 추천할 만하다. 다양한 민족중심적 이데올
   로기들이 기존의 상태, 즉 현재 있는 것을 최고의 가치로 지향한 결과, 그러한 가치관의 대변
   인들, 특히 그 중에서 보수주의적·자유주의적 색채의 대변인들이 자신들의 세계관을 이데올
   로기로부터 자유로운 사실확인이라고 주장하는 한편, 이데올로기 개념을 기존질서의 변화,
   특히 국가 내적인 변화에 방향을 맞춘 이데올로기들에 국한하게 되었다. 독일 사회의 발전에
   서 이데올로기의 사상적 위장을 보여주는 단적인 예는 그 유명한 현실정치의 이데올로기이
   다. 이 이데올로기의 논점은 국제정치에서 모든 국가는 실제로 자신들의 잠재력을 가차없이
   그리고 무제약적으로 자국의 이익을 위해 이용해야 한다는 이념, 즉 사실확인이라고 추정된
   이념으로부터 출발한다. 이처럼 단지 외관상 사실확인으로 보이는 논점은 어느 특정한 국가
   중심적인 이상을 정당화하는 데 도움이 된다. 즉 그 이상이란 현대적 형태의 마키아벨리즘으
   로서 국제영역에서 다른 사람을 고려하지 않고 오로지 자국의 이해만을 위한 국가정치를 추
   구해야 한다는 것이다. 이 '현실정치적' 이상은 모든 국가가 오늘날 실제로 서로 의존하고 있
   기 때문에 비현실적이다. 우리는 이와 비슷한 방향의 사고를 최근에 『이데올로기의 종말』
   (New York, 1961, p.279)이라는 독특한 제목으로 출판된 미국 사회학자 다니엘 벨의 책
   에서―미국적 전통에 맞게 약간 부드러운 형태로―발견한다. 벨 역시 자기이익을 추구하
   기 위해 벌어지는 집단 간의 권력투쟁은 하나의 사실이라는 전제에서 출발한다. 그는 독일의
   현실정치가들과 비슷하게 이러한 사실로부터, 정치가는 어떠한 윤리적 의무도 없이 자기집단
   의 권력목표를 추구하면서 여러 집단들의 권력투쟁에 간섭해야 한다는 결론을 도출한다. 이
   때 그는 이러한 자신의 기도는 정치적인 신앙고백의 성격이나 선입관적인 가치체계, 다시 말
   하면 이데올로기의 성격을 가지고 있지 않다고 주장한다. 이미 말했듯이 그는 이 개념을 기존
   질서의 변화를 지향하는 정치적 신앙고백에만 국한하려고 노력한다. 그러나 그는 기존질서가
   단순한 사실로서 다루어질 뿐 아니라 감정적 토대를 지닌 가치와 당위적 이상으로 취급될 수

아이까지 쏟아버리는 격이다.

이론 사회학의 이러한 발전과정을 염두에 둔다면 사회과정을 다시 분석
대상으로 설정한 이 연구를 더욱 잘 이해할 수 있을 것이다. 20세기의 사
회적 이데올로기의 관점에서 19세기의 이데올로기를 탄핵하려는 경향은
이데올로기적 동기없이——즉 저자가 존재하는 것과 존재했던 것에 관해 말
한다고 하면서도 실제로는 자신이 믿고 원하는 것, 즉 존재해야만 하는 것
을 이야기하지 않는 방식으로——장기적 과정을 연구할 수 있다는 생각을
처음부터 배제하는 것처럼 보인다. 이 연구가 어떤 의미라도 가지고 있다
면, 그것은 아마 실제와 당위의 혼합, 학문적인 사실분석과 이상의 혼합에
반대한다는 사실과 연관이 있을 것이다. 이 연구는 사회연구를 이데올로기
의 종속에서 해방시킬 수 있는 가능성을 제시하고 있다. 그러나 정치적·

도 있다는 점을 잊어버리고 있다. 그는 한편으로 기존질서의 과학적 연구와 다른 한편으로 중
요시되는 이상의 구체화로서 기존질서의 이데올로기적 방어를 구별하지 않는다. 벨의 이상은
그가 사실로 서술하고 있는 상태인 것이다. 다른 미국 사회학자인 세이모어 마틴 립셋
(*Political Man*, New York, 1960, p.403)은 "민주주의란 다양한 집단들이 자신들의 목
적을 이루기 위해 또 좋은 사회를 추구할 때 사용하는 수단만을 의미하거나 또 일차적으로 수
단을 의미하는 것은 아니다. 그것은 기능하고 있는 좋은 사회 그 자체이다"라고 말했다. 립셋
은 나중에 이 견해를 조금 변형시켰다. 대표적인 미국 사회학자들의 이런저런 발언들은 미국
사회학계의 가장 지성적인 대표자들조차 자신들의 사회가 가하는 사상적 일치성에 대한 강한
압력에서 벗어날 수 없으며 이러한 상황이 그들의 비판적 감각을 침해하고 있다는 사실을 그
대로 보여주는 좋은 보기들이다. 이런 상황이 계속되는 한, 국가중심적 가치관과 이상이 지도
적인 미국 사회학자들의 이론적 사유를 그 정도로 지배하는 한, 또 사회학을 물리학처럼 민족
적인 관점에서 수행해서는 안된다는 생각이 그들에게 결여되어 있는 한, 그들의 지배적인 영
향력은 사회학의 세계적 발전에 엄청난 걸림돌이 될 것이다. 사회학자들에게서 '이데올로기의
종말'은 아직 보이지 않고 있다. 러시아의 사회학이 이와 비슷한 영향력을 가졌더라면, 이에
대해서도 나는 아마 비슷한 견해를 피력했을 것이다. 그러나 소련의 사회학에서 경험적 연구
는 늘고 있는 추세이지만, 이론 사회학은 없는 것으로 나는 알고 있다. 그 자리를 대신 차지
하고 있는 것은 마르크스-엥겔스의 사상체계라기보다 종교체계로 추앙된 마르크스적 사상체
계이다. 지배적인 미국의 사회이론처럼 러시아의 사회이론도 국가중심적인 사상체계이다. 이
분야를 살펴보아도 사회학적 이론형성에 있어서 이데올로기의 종말은 아직 시야에 들어오지
않는다. 그렇다고 사회의 단기적 사회이상을 영원히 타당한 사회학이론으로 항상 새로이 위
장하는 이 지속적인 자기기만을 종식시키는 데 온 노력을 경주할 필요가 없다는 이유가 되지
않는다.

철학적 이념을 배제하면서 사회문제를 연구하는 것이 사회학 연구의 결과
에 의해 정치적 사건의 흐름이 영향을 받는 가능성조차 부인하는 것을 의
미하지는 않는다. 오히려 정반대이다. 연구자의 소망과 그렇게 되어야 한
다는 믿음을 실제로 있는 것과 있었던 것의 연구에 투사함으로써 자신을
기만하지 않는다면, 사회적 실천의 도구로서 사회학 연구의 유용성은 오히
려 증대된다.

8. 사회구조와 인격구조의 장기적 변동과정을 연구할 때뿐만 아니라 이
책을 이해하는 방식에서 보여지는 현재 지배적인 사고방식과 지각방식의
장애를 이해하려면, 사회로서의 인간상, 즉 사회상의 발전과정을 추적하는
것으로는 충분하지 않다. 개인으로서의 인간상, 즉 인성구조의 발전과정을
추적하는 것도 역시 필수적이다. 전통적 인간상의 특징 중의 하나는 사람
들이 개인과 사회를 마치 분리되어 존재하는 두 현상인 것처럼 다루고 있
으며, 게다가 그 두 현상을 동일한 인간존재에 대한 두 가지의 상이한 관점
으로 보기보다는 하나를 종종 '실재적'으로, 다른 하나를 '비실재적'으로 간
주하고 있다는 것이다.

이와 같은 사유의 기이한 혼동을 이해하려면 이러한 관념의 이데올로기
적 함의를 살펴볼 필요가 있을 것이다. 인간상이 개인으로서의 인간상과
사회로서의 인간상으로 갈라진 것은 여러 갈래로 뻗어나간 하나의 뿌리에
근원을 두고 있다. 그 가지 중의 하나는 가치관과 이상의 영역에서 마주치
는 특징적인 분열이다. 이러한 분열적 경향은, 조금만 자세히 관찰하면, 발
달된 모든 민족국가에서 발견되며, 특히 강한 자유주의적인 전통을 가진
나라에서 더욱 두드러진다. 모든 민족국가들의 가치체계가 발전해온 과정
을 살펴볼 경우, 우리는 한편에서는 사회를 전체로서 간주하고 국가를 최
상의 가치로 인정하는 흐름을 발견하고, 다른 한편에서는 완전히 자신에게
만 의존하는 개개의 인간들, 즉 '닫혀진 인격'과 자유로운 개인을 최고의 가
치로 설정하는 흐름을 보게 된다. 이러한 두 개의 '최고 가치들'이 서로 조
화를 이루도록 하는 일은 항상 간단하지는 않다.

두 이상이 도저히 타협할 수 없는 상황도 가끔 발생한다. 그러나 우리는 보통 이런 문제들을 직시하지 못한다. 우리들은 종종 열정적으로 개인의 자유와 독립에 대해 말하며, 마찬가지의 열정으로 조국의 자유와 독립에 대해서도 열변을 토한다. 첫번째 이상은 한 민족국가사회의 개개 구성원은 상호의존과 종속에도 불구하고 자립할 수 있으며, 다른 사람들을 고려하지 않고 결정을 내릴 수 있다는 기대를 불러일으키며, 특히 전시에, 가끔은 평화시에도 요구되는 두번째 이상은 개개인은 자신이 소유하는 모든 것과 심지어 자신의 목숨까지도 '사회 전체'의 존속에 종속시켜야 한다는 기대를 불러일으킨다.

인간은 이러한 이상의 분열과 윤리의 내적 모순 속에서 성장한다. 사회학이론들도 이 점에 주목한다. 그중 많은 이론들은 독립적이고 자주적인 개인에서 출발하는 데 반해, 다른 이론들은 독립적인 사회 전체를 '진정한 실재'로 간주하여 이를 사회과학 본연의 연구대상으로 규정한다. 그 밖의 다른 이론들은 다시금 이 두 이념을 조화시키려는 시도를 하지만, 절대적으로 독립적이고 자유로운 개인에 대한 사상과 절대적으로 독립적이며 자유로운 '사회 전체'의 사상을 화합시킬 수 있는 방법을 제시하지는 못한다. 극복되지 않은 두 이상의 내적인 모순은 보수적·자유주의적으로 채색된 민족 이상을 가진 사회학자들의 이론에 반영되어 있다. 막스 베버의 이론적 사유와—그의 경험적 연구는 해당되지 않지만—그의 영향을 받은 톨콧 파슨스의 이론들이 그 좋은 예이다.

이 점을 명확히 하기 위해서 다시 한 번 개인과 사회, '개개의 행위자'와 '사회체계'의 관계에 대한 파슨스의 이론으로 돌아갈 필요가 있을 것이다. 이 관계의 서술에 사용되는 비유 가운데 하나인 '상호침투'는 두 측면이 서로 분리된 존재라는 생각이 여기에 얼마나 강하게 작용하고 있는지를 구체적으로 보여준다. 이상의 물화는 이 이론적 구조물에서 민족국가의 특수한 이상형을 사회체계라는 개념으로 파악하는 데서 표현될 뿐만 아니라, 다른 모든 사람들로부터 자유롭고 독립적인 개인의 이상형을 '자아'로 개념화하는 점에서도 드러난다. 여기서 언급한 두 경우에는 모두 이론가들 자신의 이상형이 부지중에 사실로 변신하고 있다. 마찬가지로 인간상에 있어서도 이론가가 이상으로 생각하는 인간의 모습, 즉 절대적으로 독립적이며 자유롭게 결정하는 개인의 이미지가 개인의 실제 모습으로 다루어지고 있는 것이다.

우리는 지금 인간에 대한 사유에서 흔히 볼 수 있는 이중성의 본질을 규명하려는 것은 아니다. 그러나 앞에서 언급한 인간상을 가지고 문명화의 문제에 접근하는 한, 이 연구에서 정말 문제되고 있는 것을 이해할 수 없을 것이다. 문명화과정이 진행되면서 개인의 구조는 하나의 특정한 방향으로 변화한다. 바로 이것이 여기에서 사용되고 있는 실제 의미에서 '문명' 개념이 뜻하는 바이다. 오늘날 널리 퍼져 있는 개인상, 즉 타인들로부터 절대적으로 자유롭고 자족적인 존재로서 개인의 이미지는 여기에서 제시된 사실들과 조화를 이루기 어렵다. 이 사상은 인간들이 개인적·사회적 차원에서 동시에 통과하는 장기적 과정의 이해에 방해가 될 뿐이다.

파슨스는 인성구조를 설명하면서 종종 행위하는 개인에 대한 비유로 '검은 상자'[원주8]를 사용한다. 말하자면 행위자는 닫혀져 있는 검은 상자이며, 특정한 개인적 과정이 그 '내면'에서 전개된다는 것이다. 이 비유는 심리학의 도구상자로부터 차용된 것이며, 인간에게서 과학적으로 관찰될 수 있는 것은 근본적으로 그의 행동뿐이라는 것을 의미한다. 우리는 그 '검은 상자'가 행위하는 것을 관찰할 수 있다. 그러나 그 상자의 내부에서 일어나는 일, 즉 우리가 '영혼'이나 '정신'으로 부르는 것 또는 영국의 철학자가 이름 지었듯이[원주9] '기계 속의 유령'은 과학적 연구의 대상이 아니라는 것이다. 따라서 우리는 오늘날 인문과학에서 커다란 역할을 하는 인간상, 즉 사회의 발전과정에서 인간에게 일어난 장기적 변화의 연구를 홀대하는 경향에 기여했던 인간상을 좀더 자세히 살펴보지 않을 수 없다.

[원주8] T. Parsons, *Societies, Evolutionary and Comparative Perspectives* (Englewood Cliffs, 1966), p.20. "이 과정은 '검은 상자', 행위자의 인격 내에서 일어난다."

[원주9] Gilbert Ryle, *The Concept of Mind* (London, 1949).

개인을 완전히 자유로운 독립적 존재로 또 '내면적'으로 자족하며 모든
다른 사람들로부터 분리된 '닫혀진 개인'으로 인식하는 인간관은 유럽사회
에서는 오랜 전통을 가지고 있다. 이 인간은 고대 철학에서 인식론적 주체
로서 무대에 등장한다. '철학적 인간'(homo philosophicus)의 역할을 맡
은 개인은 자신의 힘으로 '바깥'에 존재하는 세계에 대한 인식을 획득한다.
그는 그것을 다른 사람들에게서 배울 필요가 없는 것이다. 인간이 어린아
이로 세상에 태어난다는 사실이나 어른으로 성장하는 과정은 이 인간관에
서 비본질적인 것으로 취급된다.

인간들이 자연현상의 관계나 별의 행로, 비와 햇빛, 천둥과 번개가 비인
격적이고 맹목적이며 순전히 기계적이고 규칙적인 인과관계의 현상이라는
사실을 인식하기까지는 수천 년의 세월이 걸렸다. 철학적 인간, '닫혀진 개
인'은 이러한 기계적이고 규칙적인 인과고리를 다른 사람들에게 배울 필요
도 없이 그리고 자신이 살고 있는 사회가 도달한 지식의 수준과는 무관하
게 단순히 눈을 뜨면 알게 되는 것이다. 개인의 성장과정과 인류로서 인간
의 발달과정은 사유 속에서 하나의 과정으로 축소되었다.

개인은 어른으로 눈을 뜨는 동시에 타인의 도움없이 자신이 인지하는 모
든 객체들이 무엇인지 알 뿐만 아니라, 그것들이 생물인지 무생물인지, 돌
인지 식물인지 또는 동물인지 분류할 수 있다. 한걸음 더 나아가 그는 이
모든 것이 인과적으로 자연법적으로 서로 연결되어 있다는 사실도 직접적
으로 안다는 것이다. 철학적 질문은 단지 인간이 인과관계를 자신의 경험
을 근거로 하여 인식하는지 또는 그것이 '자신의 바깥'에 존재하는 관찰가
능한 사실들의 특성인지 또는——그것이 감각기관을 통해 '바깥에서' '안으
로' 밀려들어오는 것에 첨가되는 것으로, 인간이성이 부여하는 인간 '내면'
의 부속물인지에만 국한된다. 어린아이가 아닌 어른으로 세상에 태어난 철
학적 인간은 인식론의 막다른 골목에서 빠져나올 길이 없다.

사고는 실증주의라는 호구(虎口)와 선험주의라는 용혈(龍穴) 사이에서
의지할 데 없이 표류하고 있다. 왜냐하면 실제과정으로 관찰할 수 있는 것,
사회적 대우주의 발전과 그 내부에서 일어나는 개인적 소우주의 발전을 상

태의 사상으로 그리고 지금 여기에서 일어나고 있는 인식행위로 축소하기 때문이다. 장기적인 사회과정, 즉 상호의존적인 많은 인간들이 구성하는 결합태의 구조적인 변동을 밝혀내지 못하는 무능력이 특정한 형태의 인간관 및 자기인식과 얼마나 밀접하게 연관되는지 보여주는 좋은 보기를 우리는 바로 지금 우리 눈앞에 두고 있다.

자신의 '내면' 속의 '자아'는 '외부'의 모든 인간들과 사물들로부터 단절되어 혼자 존재한다는 이념을 당연한 것으로 받아들이는 사람들은 개인들이 어려서부터 다른 사람들과 상호의존관계에서 살아간다는 사실에 의미를 부여하기가 어렵다. 그들은 인간들이 단지 상대적으로 자립적이며 자유롭다는 사실, 즉 그들의 자립과 자유가 절대적이지는 않다는 사실을 상상하기가 힘들다. 이러한 자기경험은 이에 동의하는 사람들에게는 명백하게 보이기 때문에 그들은 이런 형태의 경험이 단지 어느 특정한 사회에만 국한되고 또 특정한 종류의 상호의존체계와의 상관관계에서만 형성된다는 점을 보여주는 사실들을 고려하기란 그리 쉽지 않다. 다시 말해 그들은 이 자기경험이 문명의 특정한 발전단계, 인간집단의 특수한 분화와 개인화의 단계에서만 볼 수 있는 구조적 특성에 속한다는 사실을 잘 인지하지 못한다.

모두들 이런 집단의 한가운데에서 성장한다면, 다른 모든 존재와 사물로부터 단절된 채 완전히 자기의존적인 개인으로서 자기자신을 체험하지 않는 사람들이 있을 수 있다는 사실을 상상조차 못할 것이다. 그렇게 되면 이런 종류의 자기경험은 영원한 인간상태의 징후로서 자명하며 모든 인간에 공통되는 지극히 정상적이며 자연적인 자기경험으로 나타난다. 개인은 '폐쇄적 인간'(homo clausus), 즉 자신만의 조그만 세계로서 바깥의 커다란 세계와는 독립적으로 존재한다는 관념이 인간상 자체를 결정하게 된다. 다른 모든 사람들도 자신과 마찬가지로 '폐쇄적 인간'이다. 자신의 핵심, 본질, 원래의 자아는 보이지 않는 높은 벽으로 둘러싸여 바깥 세계에 존재하는 모든 것으로부터 격리되어 있는 것이다.

그러나 이 장벽의 성질 자체는 이제까지 제대로 사유되고 설명되지 않았다. 육체란 그 내면에 본래적 자아를 담아놓고 있는 그릇인가. 피부는 '내면'과 '외부' 사이의 경계인가. 인간에게 있어서 캡슐은 무엇이며, 그 캡슐 속에 들어 있는 것은 무엇인가. '내면'과 '외부'에 대한 경험은 너무나 명백해서 이에 대한 질문이나 연구는 불필요했던 것이다. 공간적 비유인 '내면'과 '외부'를 사용하는 데 만족할 뿐, 그 '내면'을 진지하게 공간 속에서 보여줄 시도는 하지 않는다. 자신의 전제에 대한 조사를 포기하는 일이 학문의 방법으로서 적합하지 않음에도 불구하고, '폐쇄적 인간'이라는 인간상은 사회 전체와 인문과학의 무대를 지배하고 있었다. 전래적인 철학적 인간, 즉 고대 인식론의 인간, '경제적 인간'(homo oeconomicus), '심리학적 인간'(homo psychologicus), '역사적 인간'(homo historicus), 그리고 마지막으로 가장 현대적인 모습으로 '사회학적 인간'(homo sociologicus) 등이 그것의 변종에 속한다.

데카르트의 개인관 또는 막스 베버나 파슨스, 그 밖의 많은 사회학자들의 개인관은 모두 같은 나무로 만들어졌다. 과거의 철학자들과 마찬가지로 현재의 사회학자들은 이런 자기인식과 인간상을 아무런 생각없이 자신의 이론적 토대로 수용한다. 이들에 대적하여 그 적실성을 문제 삼으려면 그들은 우선 이런 인간상에서 한걸음 물러나야 함에도 불구하고 그들은──이렇게 표현해도 된다면──그들의 의식으로부터 이 인간상을 떨쳐버리지 못하고 있다. 결과적으로 이러한 자기인식과 개인관은 변하지 않은 채 상태로의 축소를 폐지하려는 관점과 병존한다. 예를 들면 파슨스에게서 자아와 행위하는 개인, 그리고 성장과정으로부터 추상화된 어른의 정태적 이미지는 그가 자신의 이론 속에 수용한──어른의 상태가 아니라 어른으로 성장하는 과정을 분석하며, 다른 개인들과의 의존 속에서 성장하는 열려진 과정으로 개인을 파악하는──정신분석학적 사상과 내적 연관없이 나열되어 있다. 그 결과 사회이론가들의 사상은 출구없는 막다른 골목길 속에서 옴짝달싹 못한다.

개인은, 더 정확하게 표현하면 개인이라는 개념이 지시하는 것은 항상 사회의 '외부'에 존재하는 것처럼 보인다. 마찬가지로 사회 개념이 지시하는 것도 개인들의 외부에 또는 저편에 존재하는 것이 된다. 우리는 두 가지

이론적 시도들 가운데 하나를 선택할 수밖에 없는 것 같다. 즉 사회 저편의 개인들이 진정한 의미에서 존재하고, 다시 말해 본래적 '실재'이며 사회는 마치 추상인 것처럼 생각하는 이론들과, 반대로 사회를 '체계', 즉 '순수한 사회적 사실'과 개인 저편에 존재하는 원래의 실재성으로 서술하는 이론들 중 우리는 하나를 선택해야만 한다.

우리는 기껏해야 이 상반된 두 관념들을 결합시키지 않고, 때때로 문제의 적당한 해결책으로 제시하듯이, 나란히 나열할 수 있다. 그렇게 하더라도 이 두 관념 사이의 부조화를 완전히 제거할 수는 없다. 사회학과 인문과학의 막다른 길을 통과하려면 이 두 관념, 즉 사회의 밖에 존재하는 개인에 관한 사상과 개인 너머에 존재하는 사회에 관한 사상에서 부적절성을 분명히 밝힐 필요가 있다. 자아가 자신의 내부에서 막으로 둘러싸여 고립되어 있다는 감정이 인간상의 토대를 이루는 한, 그리고 '개인'과 '사회'의 개념들을 불변적인 상태와 관련짓는 한 그것은 어려운 일이다.

'개인'과 '사회' 개념을 정태적으로 파악함으로써 걸려드는 사상적 덫으로부터 빠져나올 수 있는 방법은, 이 연구에서 수행하듯이, 경험적 연구조사를 통해 이 개념들을 과정과 연결시키는 일이다. 그러나 이러한 작업은 르네상스 시대 이래 유럽사회에서 확고한 믿음, 즉 '외부'의 모든 것으로부터 차단된 '내면'을 지닌 인간에 대한 믿음과 고립된 인간의 자기인식이 발휘하는 막강한 영향력에 의해 지연되고 있다. 사유하는 자아로서 바깥세계와 대립되는 개인이 겪는 고립의 경험은 데카르트에게서 신 개념을 통해 어느 정도 약화되었다.

현재의 사회학에서 이와 동일한 근본경험은(스스로 '타인들'인 '외부'의 인간들과 대립하고 있음을 발견하는) 행위하는 자아에서 이론적으로 표현된다. 라이프니츠의 단자론을 제외하면 서로 의존하는 다수의 인간들로부터 출발하는 이론들은 철학적·사회학적 전통에서 찾아보기 힘들다. 이런 전례로부터 출발하는 라이프니츠 역시 '폐쇄적 인간'에 관한 자신의 견해와 '창없는 모나드들'에 관한 자신의 견해를 형이상학적 구성을 통하여 서로 연결시킴으로써만 돌파구를 찾을 수 있었다. 어쨌든 단자론은 이 문제를 다룬 초기의 모델로서, 오늘날 특히 사회학에서 그 후속연구가 시급히 요청된다.

라이프니츠가 내디딘 결정적인 발걸음은 자신과 거리를 두는 것이었다. 이런 거리감 덕택에 그는 사람들이 타인들과 사물들에 대립하고 있는 '자아'로서가 아니라 타인들 중의 한 존재로서 자신을 경험할 수 있다는 생각을 할 수 있었다. 경험하는 인간에게 자신으로부터 거리를 둘 것을 요구하고 '자신을 중심으로부터 밀쳐낼 것'을 요구하는 세계관이 기껏해야 물질적 자연사건의 영역에서나 전대의 지구중심적 세계관을 폐지했다는 사실은 그 시대 경험의 특징이었다. 자기자신에 관한 인간의 사유에서는 지구중심적 세계관이 여전히 자아중심적 세계상 속에 보존되어 있었다. 이제 인간적 우주의 중심에는 개별적 인간이 모든 타인들로부터 완전히 독립한 개인으로 존재하고 있는 것이다.

사회과학에서 '사회적 인간들'이나 '경제적 인간들'이라고 복수로 말하는 대신 '사회인' 또는 '경제인'이라는 단수를 사용하는 사실만큼 개별적 인간이 인간에 대한 사유에서 출발점이 된다는 점을 더 특징적으로 보여주는 것은 없다. 이런 이론적 출발점에서 보면 사회는 결국 서로 무관한 개인들의 집합이며, 이 개인들의 진정한 본질은 내면에 갇혀 있으므로 그들 상호 간의 교류는 피상적이 될 수밖에 없다. 폐쇄적인 창없는 모나드로부터 출발하여 인간들 사이의 상호의존과 상호교류가 가능하다는 이념을 정당화하기 위해서 우리는 라이프니츠가 시도하였듯이 형이상학적 해결방안을 모색해야만 한다.

우리가 '객체'와 대립하는 '주체'로서 역할을 하는 인간을 다루든, '사회'와 대결하는 '개인' 역할의 인간을 다루든 모두 완전히 고립된 자족적—이는 현대인들이 자기를 경험하는 주된 방식으로서 객관화하는 개념 속에 결정화(結晶化)되어 있다—성인이 분석의 틀을 형성하는 것처럼 보인다. 논의의 대상은 '바깥'에 있는 것, 즉 고립된 개인과 마찬가지로 상태로 파악된 '자연'이나 '사회'에 대한 인간의 관계이다. 이것들은 실제로 존재하는가. 아니면 단지 사유작용에 의한 산물, 또는 일차적으로 사유작용에 근거를 두고 있는 것인가.

9. 지금 여기서 논의되고 있는 문제들이 무엇인지 분명히 밝혀보자. 우리는 '폐쇄적 인간'의 인간관과 그 다양한 변형들 속에 표현된 자기경험의 진실성을 의심하려는 것은 아니다. 질문은 단지 이러한 자기경험과 아무런 반성없이 무의식적으로 침전된 이 인간상이—그것이 사회학적 작업이든 철학적 작업이든—인간에 대한 적당한 이해를 얻기 위한 시도에 있어 신빙성있는 입각점이 될 수 있는가 하는 문제이다. 유럽의 지성적 전통과 언어전통에서 깊게 뿌리를 내리고 있어 인간의 자기의식에 직접 주어진 것으로 보이는 구분, 즉 인간의 '내면'과 '외부세계' 사이를 가르는 날카로운 경계선을 그 타당성의 비판적·체계적인 검증없이 철학적 인식론과 과학이론, 그리고 사회학이론의 자명한 가정으로 내세운다는 것은 과연 정당한 일인가.

이러한 이념은 인류발전의 어느 특정한 시대 동안 비상한 견고성을 유지하고 있다. 사유할 수 있고 또 자신을 사유하는 존재로서 의식하고, 더 나아가 생각하는 존재로서 자신을 고찰할 수 있는 단계에까지 구성원들의 반성능력과 자아의식이 도달했던 모든 집단들의 문헌에서 이 이념이 발견된다. 우리는 이것을 플라톤의 철학과 고대의 다른 철학 학파들에서 발견한다. '상자 속의 자아'라는 관념은 데카르트의 생각하는 자아, 라이프니츠의 창없는 모나드, 선험적인 상자로부터 '물 자체'로 진입할 수 없는 칸트의 인식 주체와 함께 근대철학의 중심주제들 중의 하나이다. 현대에 들어와서 동일한 표상은 혼자 존재하는 개인, '오성'과 '이성'으로 사물화된 사유와 인식행위, 실존철학의 다양한 변형들인 '현존재'와 '존재', 그리고 마지막으로 막스 베버의 사회이론의 출발점을 이루는 행위 등에서 확장되었다. 막스 베버는 행위를 앞에서 언급한 분열의 의미에서 사용하지만, 개인의 '사회적 행위'와 '비사회적 행위', 즉 '순수하게 개인적인 행위'를 제대로 구별하지 못하고 있다.

그러나 그것을 단지 학자들의 문헌 속에 나타나는 이념으로만 생각한다면, 우리는 자아경험과 인간관을 제대로 이해하지 못한 것이다. 창없는 모나드와 '폐쇄적 인간'을 둘러싼 문제점들을——라이프니츠와 같은 철학자는 모나드 간의 관계의 가능성을 제시하는 관념적 해결을 통해 이 문제로부터의 출구를 모색하였다——오늘날 비단 학자들에 의해서만 자명한 것으로 받아들여지는 것은 아니다. 우리는 이러한 자아경험을, 물론 덜 반성적인 형태이지만, 아름다운 문학작품들에서, 예컨대 삶의 경험의 비교류성을 인간적 고독의 원인으로 한탄하는 버지니아 울프의 작품들에서 만나게 된다. 지난 시대의 문헌들 속에서 다양하게 변형되어 자주 사용되었던 '소외'라는 개념 역시 그것의 다른 표현이다.

발달한 서구사회의 다양한 엘리트집단들과 여러 계층 속에서 이러한 자아경험의 형태가 어떻게 변형되는가를 체계적인 조사를 통하여 확인하는 것도 흥미있을 것이다. 그러나 앞에서 제시한 보기들만으로도 자신의 '자아'와 '진정한 정체성'이 '바깥'에 있는 다른 모든 사람들과 사물들에서 격리되어 '내면'에 가두어져 있는 것이라는 감정이 유럽의 근대사회에서 얼마나 확고하였는지를——물론 어느 누구도 내용물을 담고 있는 그릇과 같이 이러한 내면을 에워싸고 외부로부터 차단시키는 벽이나 담이 무엇이며, 어디에 있는지 분명하게 확인할 수는 없지만——증명하기에는 충분할 것이다. 그렇다면 우리의 관심사는 더 이상 설명할 수 없고 영원한 모든 사람들의 근본경험인가 아니면 인간들이 구성하는 결합태와 이 결합태 속의 인간들의 발전에 있어서 어느 특정한 단계에 특징적으로 두드러지는 자아경험의 형태인가.

이 책의 맥락에서 보면 이런 문제들을 해명하는 것은 두 가지 의미를 가진다. 한편으로, 이런 유형의 자아경험으로부터 벗어나 '폐쇄적 인간'의 인간관을 더 이상 자명한 것으로 받아들이지 않음으로써 이들의 문제를 명시적으로 논의에 부치지 않는 한 우리는 문명화과정을 이해할 수 없다. 다른 한편, 문명이론 자체가 이 문제를 해결할 수 있는 도구를 제공한다. 인간관에 대한 장황한 설명은 우선 문명화과정에 대한 이 연구의 이해를 돕기 위해서이다. 물론 이 책 말미에 수록된 문명화과정에 대한 포괄적인 초안을 읽을 경우 우리는 서론을 한층 더 잘 이해할 수 있을 것이다. 우선 '폐쇄적 인간'의 인간관과 문명화과정이 어떤 관계에 있는지 간략하게 짚고 넘어가겠다.

지구중심적인 세계관에서 탈피하는 데 일익을 담당했던 인간의 자아경험의 변화를 살펴본다면, 우리는 이러한 연관성을 비교적 간단한 방법으로 설명할 수 있을 것이다. 이러한 대전환은 종종 천체운동에 관한 지식의 증가와 수정에 기인하는 것으로 여겨졌다. 그러나 천체의 결합태에 관한 인간의 변화된 생각은 종전에 지배적이던 인간관의 심한 동요없이는, 스스로를 이전과는 다른 관점에서 볼 수 있는 인간의 능력없이는 가능하지 않았을 것이다. 인간 스스로를, 개인으로뿐만 아니라 집단으로서, 세계사의 중심에 세우는 경험양식은 인간에게 원초적이다. 지구중심적 세계상은 이와 같은 자발적이고 무반성적인 인간의 자아중심성의 표현에 지나지 않는다. 그런데 우리는 이 자아중심성을 자연의 영역 밖에서도, 예컨대 국가중심적 또는 개인중심적인 사회학의 사고모델에서도 마주치게 된다.

오늘날 모든 사람들은 지구중심적 경험 자체를 하나의 경험차원으로서 손쉽게 얻을 수 있다. 그것은 이제 공식적인 사유에서 지배적인 경험차원을 서술하지 않을 뿐이다. 우리가 실제로 태양이 동쪽에서 떠오르고 서쪽으로 지는 것을 '보면', 우리는 우리 자신과 우리가 서 있는 지구를 아주 자연스럽게 세계의 중심으로, 천체운동의 기준틀로 생각하게 된다. 지구중심적 세계상에서 태양중심적 세계관으로의 전환을 가능하게 하기 위해서 새로운 발견이나 인간사유의 대상물에 관한 지식의 축적된 증가가 요청되지는 않는다. 필요한 것은 무엇보다도 사유를 통해 자기자신으로부터 거리를 둘 수 있는 인간의 능력이다. 인간이 경험하는 모든 것에 아무런 반성없이 그리고 당연하게 자신을 위한 의미와 목적을 부여한다면, 학문적인 사고방식은 발전될 수 없으며 또 보편적으로 수용될 수도 없다. 다른 관점에서 보면 자연현상의 객관적 인식과 통제의 발전은 인간의 자기통제력의 증대를 의미한다.

한편으로 객체에 대한 지식획득의 다양한 학문적 형태와 다른 한편으로 자신에 대한 인간의 새로운 태도와 새로운 인성구조의 발전, 특히 점점 증대되는 자신과의 거리두기와 감정통제 사이의 관계를 여기에서 상세히 다룰 수는 없다. 우리 사회의 어린아이들에게서 언제나 볼 수 있는 자아중심적 사고를 기억한다면 이 문제의 이해에 도움이 될 것이다. 사회에서 발전되어 개인이 학습한 감정통제력, 특히 자발적인 감정통제는—관찰할 수 있는 사실과는 더 일치하지만 정서적으로는 덜 만족스러운—태양중심적 세계관을 통해 지구와 지상의 인간을 중심으로 하는 세계관을 극복하는 데 커다란 기여를 했다. 왜냐하면 그 세계관은 우주의 중심에 자리잡고 있던 인간의 위치를 어떤 중심을 축으로 회전하는 여러 행성들 중의 하나로 옮겨놓았기 때문이다. 전통적 신앙에 의해 정당성을 부여받았던 자연인식으로부터 학문적 연구에 근거하는 자연인식으로의 이행과 감정통제로의 급격한 증대는 이 연구에서 조명한 문명화과정의 한 부분을 이룬다.

그러나 인간 밖의 자연탐구를 위한, 자아중심적이기보다 사물중심적인 사유도구의 특정한 발달단계에서는 이런 문명발전 자체를, 즉 점점 더 강해지고 '내면화되는'—인간 안에서 일어나는—자기통제에로의 변동을 인식문제의 연구에 포함시켜 사유하는 것은 불가능했다. 자연에 대한 인식은 확장되었음에도 불구하고 자신들에게 일어난 일을 과학적으로 통찰할 수 없었다. 그들이 대변하는 고전적인 인식이론에서 인식론적 주체보다는 인식론적 객체, 그리고 자아인식보다는 대상인식의 문제를 더 중점적으로 다루었다는 사실은 그 당시 자아의식의 특징이었다. 그러나 후자의 측면을 인식론적인 문제제기에 포함시키지 않는다면, 이 이론적 모델도 똑같이 불충분한 대안이라는 난관에 봉착하게 된다.

지구가 태양을 중심으로 자연법칙에 따라 순수한 기계적 방식으로—즉 인간을 위한 어떤 목적에 의해 결정되지 않으며, 따라서 인간에게 더 이상 감정적 의미도 주지 않는—공전한다는 사상의 발전은 자연스러운 감정이 억제되는, 즉 인간이 체험하는 모든 것들은 자신에게서 유래하며, 자신과 관계되는 의도나 규정 또는 목적의 표현이라는 자연스러운 감정이 억제되는 방향으로 인간의 발전을 유도하며 또 그 발전의 전제조건이 된다.

우리가 '근대'라고 부르는 시대에 비로소 인간은 자기자신과 거리를 둘 수 있는 수준에 도달한다. 인간은 이때 비로소 자연사건을 아무런 의도, 목적과 규정없이 순수하게 기계적인 혹은 인과적으로 수행되는 관계로 이해하게 되며, 또 자연사건은 인간이 지식을 토대로 그것을 통제하고 인간 스스로 그것에 의미와 목적을 부여할 때에만 인간에게 의미와 목적이 된다는 점을 인식하게 된다. 그러나 이 단계에서 인간은 아직 자신과 충분한 거리를 두지 못하므로 자신의 감정억제, 즉 학문적인 자연인식을 행하는 주체로서 자신이 겸비해야 할 조건을 인식과 연구의 대상으로 만들지는 못한다.

바로 여기에 왜 학문적 인식의 문제가 오늘날 우리에게 익숙한 고전적인 유럽 인식론의 형태로 제기되는가 하는 물음에 답할 수 있는 열쇠가 주어져 있다. 사유자가 인식행위에서 객체와 거리를 두는 것과 이에 필수적인 감정통제는 이 단계에서 거리를 두는 행위로서보다는 실제 존립하는 거리로 보인다. 즉 인간 '내면'에 감추어져 있는 사유장치인 '오성'과 보이지 않는 벽으로 '바깥'의 객체들과 분리되어 있는 '이성'의 공간적인 격리로 나타나는 것이다.

우리는 이미 이상이 어떻게 사유를 통해 실존하는 것으로 변하고 또 '당위'가 어떻게 '존재'로 변하는가를 보았지만, 여기에서는 다른 종류의 물화와 마주치게 된다. 고도로 감정통제적인 사유, 특히 학문적 사유와 관찰작업에 필수적인 사유 대상으로부터의 거리두기는 이 단계의 자아경험에서는 사유 대상과 사유자 사이에 실제로 존재하는 거리로 보인다. 사유 대상과 관찰 대상에 대한 감정적 충동의 억제는 사고에 있어서의 거리두기와 병행하는데, 인간의 자아경험에서 그것은 '자아', '나' 또는 경우에 따라 '이성'과 '존재'를 개인의 '외부'에 있는 세상으로부터 분리시키는 새장, 실제로 존립하는 새장으로 등장한다.

후기 중세와 초기 르네상스 이래로, 특히 오늘날 우리가 '내면화'와 같은 개념으로 표현하는 개인적인 자기통제, 스스로 작동하는 자동기처럼 외부통제와 무관한 자기통제의 급격한 증대와 그 원인은 이 연구에서 다른 관점으로 상세하게 다루어질 것이다. 사람들 간의 외부통제가 개인의 자기통제로 변함으로써 감정충동의 자연스러운 표출은 어려워진다. 이런 식으로 공동생활에서 생성된 개인의 자율적 자기통제는, 예컨대 '합리적 사고'나 '도덕적 양심'은 이전보다 더 강하고 확고하게 한편으로는 욕망충동과 감정충동 속에 개입하고, 다른 한편으로는 근육 속으로 스며들어, 이런 통제기구의 허락없이 감정충동이 행위를 조종하지 못하게 한다.

이것이 바로 르네상스 시대 이래 보이지 않는 벽으로 외부와 단절된 개별적 '나', 닫혀진 상자 속의 '자아'와 같은 개념으로 표현되는 개인의 구조변화와 구조적 특성의 핵심이다. 이것은 일부 자동적으로 기능하는 문명화된 자기통제이며, 개인적인 자기경험에서는 하나의 벽으로――그것이 '주체'와 '객체' 사이에 있는 것이든 자신의 '자아'와 다른 사람들, 즉 '사회' 사이에 있는――경험된다.

르네상스 기간 동안 개인주의 방향으로 급격한 선회가 이루어졌다는 것은 주지의 사실이다. 이 연구는 인성구조의 발전에 대한 좀더 상세한 그림을 보여준다. 동시에 그것은 이제껏 제대로 밝혀지지 않았던 연관관계들도 지적한다. 관찰자와 마주서 있는 풍경으로서 자연을 체험하게 되는 변화, 보이지 않는 벽으로 인식주체와 분리된 인식객체로서의 자연을 체험하게 되는 변화, 인간이 스스로를 타인들과 사물들로부터 폐쇄된 자립적 개인으로 경험하게 되는 변화 등을 포함한 그 시대의 많은 발전현상들은 급격한 문명발전에서 표출되는 구조적 특징들을 지니고 있다. 그 모든 변화들은 자아의식이 다음 단계로 발전하리라는 징후이기도 하다. 그 과정에서 자율적 강제에 의한 감정통제는 강해지고, 반성적인 거리두기는 증대되며, 감정적 행동의 자연스러움은 감소된다. 그러나 사람들은 이러한 자신의 변화를 감지하지만, 사유를 통해 그것들로부터 거리를 두고 관찰하거나 연구하지는 못한다.

이로써 우리는 스스로를 '폐쇄된 인간'으로 경험하는 데 배경이 되었던 개인적인 구조특징들의 핵심에 근접하게 된다. 외부에 존재하는 모든 것으로부터 격리된 개인의 '내면'이라는 이념의 발생동기에 대해 우리가 질문을 제기한다면, 그리고 인간에게서 껍질은 무엇이며, 그 껍질 속의 내용물은 무엇이냐고 질문한다면, 그 해답을 찾을 수 있는 방향은 여기에 있다. 더욱 확고해지고, 더욱 포괄적이며 동질화된 감정억제, 그리고 통제장치가 개입할 틈도 없이 즉각적으로 행동으로 옮겨지던 감정충동을 억누르는 자율적 자기통제가 바로 껍질과 보이지 않는 벽으로 경험되는 것이며, 그것이 개인의 '내면세계'를 '외부세계'와, 또 인식주체를 객체와, '자아'를 '타인'과, '개인'을 '사회'와 분리시키는 장본인인 것이다. 운동기관으로의 직접적인 전달을 방해받은 인간의 억제된 욕망과 감정충동은 껍질에 싸여 있는 것, 타인의 시선으로부터 감추어진 본래적 자아 또는 개인성의 핵심으로 경험된다. '인간의 내면'이라는 표현은 산뜻한 비유이기는 하지만, 오류를 불러일으키는 비유이기도 하다.

인간의 두뇌는 두개골 내부에 들어 있으며, 인간의 심장은 가슴의 내부에 있다는 표현은 의미심장하다. 이 경우에 우리는 무엇이 그릇이고 무엇이 그 내용물이며, 벽의 안쪽에는 무엇이 있고, 바깥쪽에는 무엇이 있으며, 분리시키는 벽들은 무엇으로 이루어져 있는지 분명하게 말할 수 있다. 그러나 우리가 마찬가지의 언어표현을 인성구조에도 사용한다면 어색할 것이다. 본능억제와 본능충동의 관계는 공간적 관계가 아니기 때문이다. 즉 전자는 후자를 담는 그릇의 형상을 가지고 있지 않다. 인간의 사상적인 흐름에는 통제장치들인 양심이나 이성을 중요시하는 방향이 있는가 하면, 인간의 본능적이고 감정적인 동요가 더 중요하다고 생각하는 방향도 있다. 그러나 우리가 가치관의 투쟁을 벌이지 않고 있는 그대로의 사실을 탐구하는 데 만족한다면, 하나는 인간의 핵심이며, 다른 것은 껍질일 뿐이라는 언술을 정당화하는 인간 고유의 특성은 아예 없다는 점을 발견하게 된다.

엄격하게 말하면 감정과 사고, 본능적 행동과 억제행동의 긴장관계에 있어 문제되는 것은 인간의 활동이다. '감정'과 '오성'과 같은 실체 개념들 대신에 활동 개념을 사용한다면, '외면'과 '내면', 안에 무언가를 담고 있는 상자의 겉면과 같은 비유는 인간의 물리적인 측면에 적용할 수 있지, 인성구조와 살아 있는 총체적 인간의 구조에는 적용할 수 없다. 이 차원에서는 그릇과 비슷한 것, 또 인간의 '내면'과 같은 비유를 정당화할 수 있는 것은 아무엇도 없다. 인간이 '내면'에서 '외부세계'를 구분하는 벽을 느낀다 하더라도, 그리고 아무리 그 느낌이 그에게 생생하다 할지라도, 인간에게서 실제적인 벽의 성질을 가지고 있는 것은 아무것도 없다. 우리는 여기서 "자연에는 알맹이도 껍질도 없으며, 그 속에는 안도 겉도 없다"는 괴테의 표현을 상기할 수 있다. 이 말은 인간에게도 해당된다.

이 연구에서 개발하고자 하는 문명화이론은 한편으로는 우리가 근대라고 부르는 시대의 잘못된 인간관을 포기함으로써 자신의 느낌과 가치를 지향하는 인간관보다는 사유와 관찰의 대상으로서의 인간을 지향하는 인간관에 대한 작업을 비로소 시작할 수 있도록 만든다. 다른 한편으로 문명화과정을 이해하기 위해서는 근대의 인간상에 대한 비판이 필요하다. 왜냐하면 이 과정에서 개별적 인간의 구조는 변화하기 때문이다. 그들은 '더 문명화된다'. 우리가 개개의 인간을 자연으로부터 폐쇄되어 겉껍질과 내부에 감추어진 알맹이로 이루어진 하나의 상자로 생각하는 한, 수많은 인간세대를 포괄하는 문명화과정이 어떻게 가능하며, 그 과정 속에서 인간의 본성은 변하지 않으면서 개인의 인성구조는 어떻게 변화할 수 있는지 이해할 수 없다.

이것은 개인적인 자아의식의 방향전환을 유도하고 그에 상응하는 인간관을 발전시키기에 충분할 것이다. 개인 개념이 항상 닫혀진 상자 속의 '나'의 자아경험과 연결되는 한, '사회'는 창없는 모나드들이 모여 있는 집단이라고밖에 생각할 수 없다. '사회구조', '사회적 과정' 또는 '사회발전'과 같은 개념들은 기껏해야 사회학자들의 인위적 창조물로 보인다. 즉 그것은 자립적으로 행위하는 개인들이 제멋대로 무질서하게 모여 있는 것처럼 보이는 곳에, 적어도 사고 속에서나마 질서를 부여하기 위하여 학자들이 필요에 의해 만들어낸 '이상형적' 구조물인 것이다.

우리가 이제까지 살펴보았듯이, 실제 상황은 정반대이다. 자유롭게 결정하고 행위하고 '존재하는' 개인들이라는 관념 자체가 바로 인간에 의해 만들어진 예술작품이며, 인간의 자아경험의 어느 특정한 발전 단계에서 생산된 특징적 산물인 것이다. 그것은 부분적으로는 이상과 사실의 혼동에 기인하며, 또 부분적으로는 개인적인 자아통제장치의 물화에 ― 개인적인 충동을 운동장치로부터, 육체운동과 행위의 즉각적인 조정으로부터 차단하는데 ― 기인한다.

자신의 고립화, 자신의 '내면'을 '바깥'에 있는 다른 모든 사람들과 사물들로부터 차단하는 보이지 않는 벽에 대한 자기경험은 근대를 거치면서 다수의 사람들에게, 태양이 세계의 중심인 지구 주위를 공전한다는 사실이 중세인들의 확신과 마찬가지로 설득력을 가지게 된다. 이전의 지구중심적인 우주관처럼 사회적 우주의 자아중심적인 사상도 감정적으로 덜 끌리기는 하지만 좀더 객관적인 사상으로 극복될 수 있다. 감정은 남아 있을 수도 사라질 수도 있다. 고립과 소외의 감정이 얼마만큼 개인적인 자아통제의 발전에 있어서의 미숙과 무지에 기인하는지, 어느 정도 발전된 사회의 구조특성에 근거를 두는지는 아직 미결의 문제이다.

사람들의 정서와 덜 일치하는 물리적인 우주관이 공식적으로 통용된다하더라도 지구 주위를 태양이 돈다는 사적인 경험을 완전히 소멸시키지는못한 것처럼, 좀더 합리적 인간관이 공적인 사고에서 공고한 자리를 차지하더라도 자신의 '내면세계'를 외부세계와 분리시키는 보이지 않는 벽에 대한 사적인 경험을 완전히 지워버릴 수는 없다. 그러나 이러한 경험과 그에 상응하는 인간상이 인문과학의 연구에서 현재 누리고 있는 자명성을 없애는 것이 반드시 불가능한 것만은 아니다. 우리는 아래에서 편견없는 인간관찰에 더 잘 부합하는 인간관을 확립할 수 있는 관점들을 발견하게 될 것이다. 우리는 이로써 문명화나 국가형성과정처럼 낡은 인간관을 토대로 해서는 접근할 수 없는 문제들이나, 또는 개인과 사회의 관계처럼 낡은 인간관으로는 항상 불필요하게 복잡하기만 할 뿐 결코 진정한 해결책이 제시되지 않는 그러한 문제들에 쉽게 접근할 수 있을 것이다.

'닫혀진 인격'의 인간상 대신에 '열려진 인격'의 인간상이 들어선다. '열려진 인격'의 인간은 다른 사람들과의 관계에서 비교적 높거나 낮은 자율성을 가지지만 결코 절대적이고 총체적인 자율성은 갖지 않는다. 사람들은 실제로 일생 동안 다른 사람들에 맞추며 살고 그들에게 의존한다. 사람들 사이에 있는 상호의존의 그물이 바로 그들을 서로서로 연결시켜준다. 이 상호 의존성이 바로 여기에서 결합태라고 표현되는 것의 핵심을 이룬다.

인간들은 처음에는 자연에 의해, 그리고 나서는 사회적인 학습, 교육, 사회화, 사회적으로 일깨워진 욕구에 의하여 상호의존적이 되기 때문에 그들은 결합태 속에서 복수로만 등장한다. 이것이 바로 개별적 인간의 모습으로 인간들을 생각하는 것이 생산적이지 못한 이유이다. 인간상을 말할 때 항상 결합태(즉, 여러 종류의 집단과 사회들)를 구성하는 많은 상호의존적 인간들을 상상하는 것이 오히려 타당하다. 이러한 기본관점에서 보면 전통적 인간상의 모순은 사라진다. 다시 말해 마치 사회없이 존재하는 개인들이 있는 것처럼 구성된 개인상과 개인없이 존재하는 사회가 있는 것처럼 구성된 사회상의 분열이 없어진다.

결합태라는 개념을 여기에 끌어들인 이유는 그것이 사회학의 기존 개념들보다 더욱 선명하고 명료하게 우리가 '사회'라고 부르는 것이 사회없이 존재하는 개인들의 특성을 추상화한 것도, '체계'나 개인의 저편에 존재하는 '전체'도 아니며, 오히려 개인들이 구성한 상호의존의 그물 자체라는 사실을 표현해주기 때문이다. 개인들에 의해 형성된 사회체계의 개념을 사용하는 것도 물론 가능하다. 그러나 현재 사회학의 범위 내에서 사회체계라는 개념이 갖는 이미지에 따르면 그러한 표현이 강요된 것처럼 보인다. 더욱이 체계라는 개념은 불변성을 연상시킨다는 부담도 안고 있다.

결합태의 개념은 사교춤을 예로 들어 쉽게 설명할 수 있다. 마주르카나 미뉴에트, 폴로네즈나 탱고 혹은 로큰롤 등 아무 춤이나 머릿속에 그려보자. 우리가 춤추고 있는 사람들의 군상을 상호의존적인 인간들의 유동적인 결합태라고 상상한다면, 국가, 도시, 가족 혹은 자본주의와 공산주의, 봉건체제도 더 쉽게 결합태로 상상할 수 있다. 이 개념을 사용함으로써 우리는 '개인'과 '사회'라는 어휘 속에 내재하고 있는 대립성, 즉 여러 상이한 가치들과 이상들에 근거하는 대립성을 제거할 수 있다.

물론 우리는 춤 일반에 관해 말할 수 있지만 아무도 개인들 밖에 있는 구조로서의 춤이나 단순한 추상으로서의 춤을 상상하지는 않는다. 다른 개인들도 분명 동일한 춤의 결합태를 출 수 있다. 그러나 서로서로 발을 맞추고, 서로에 의존적인 복수의 개인들 없이는 춤도 있을 수 없다. 다른 사회적인 결합태와 마찬가지로 춤의 결합태는 지금 여기에 모여 있는 특별한 개인들로부터는 비교적 자유롭지만 개인들 일반에게는 예속되어 있다. 춤은 개별적 개인들에 대한 관찰을 근거로 하여, 그것을 머릿속에서 추상화한 사유의 구조물이라는 주장은 한마디로 어리석다. 다른 모든 결합태의 경우도 마찬가지이다. 작은 춤의 결합태가 때로는 천천히, 때로는 빠르게 움직이는 것과 같이, 우리가 사회라 부르는 커다란 집합체도 때로는 천천히, 때로는 빠르게 변화한다.

이 연구는 그러한 변동들을 다루고 있다. 이 연구가 국가형성과정의 연구에서 출발점으로 삼는 것은 자유경쟁관계에 있는 작은 사회단위들로 구성된 결합태이다. 이 연구의 의도는 어떻게 그리고 왜 이 결합태들이 변동하는가를 보여주는 것이다. 그것은 또한 인과적 성격을 가지지 않는 설명도 있다는 것을 보여준다. 왜냐하면 결합태의 변동은 부분적으로는 그 결합태의 내인적 동력으로, 즉 독과점을 형성하기 위하여 자유롭게 경쟁하는 단위들이 구성하는 결합태의 내재적 경향으로 설명된다. 이 연구는 수세기가 흘러가는 동안 원래의 결합태가 어떻게 다른 것으로 변하는지 보여주며, 하나의 사회적 지위, 즉 왕의 사회적 지위가 독점적인 정치적 권력기회와 결합되어 다른 사회적 지위의 사람들을 경쟁에서 배제하는 과정도 보여준다. 이 연구는 나아가 인간의 인성구조가 어떻게 그러한 결합태의 변동 속에서 마찬가지로 변화하는지도 해명해준다.

서론에서 설명이 필요한 질문들은 아직 많지만 여기에서 생략해야 할 것 같다. 그렇지 않으면 서론을 따로 책으로 엮어야 하기 때문이다. 모두 설명하기에는 한계가 있지만, 적어도 이 연구를 이해하기 위해서는 오늘날 지배적인 사회학적 사고와 상상력을 대폭 전환시켜야 한다는 사실은 이 서론에서 명확하게 드러났을 것이다. '폐쇄적 인간'이라고 스스로를 인식하는 기존틀에서 벗어난다는 일은 그리 쉽지 않다. 그러나 이 관념에서 해방되지 않고는 개인구조의 변화로서의 문명화과정을 이해하는 것은 불가능하다. 또한 자신의 상상력을 더욱 발전시켜 변화하는, 종종 하나의 특정한 방향으로 변화하는 특성을 가지고 있는 결합태를 머릿속에 그릴 수 있는 일도 그리 간단하지는 않다.

나는 이 서론에서 이 책을 이해하는 데에 필수적인 몇몇 근본문제들을 설명하였다. 여기 담겨 있는 사상들은 모두 단순하지는 않지만, 내가 할 수 있는 한 간략하게 설명하려고 노력하였다. 희망컨대, 서문이 이 책의 이해를 쉽게 하고 깊게 하며, 더 나아가 이 책을 읽는 즐거움에 보탬이 되었으면 한다.

1968년 7월
라이체스터,
노르베르트 엘리아스

제1장
독일에서 '문화'와 '문명'의 대립이 발생하게 된 사회적 기원

제1절 서론

1. '문명' 개념은 여러 가지 사실들을 지시한다. 즉 기술의 수준, 예절의 종류, 학문적 인식의 발전, 종교적 이념 그리고 관습과 연관된다. 문명 개념은 주거의 양식, 남녀의 동거생활 양식, 사법적인 처벌의 형식, 음식의 조리와 연관되며, 자세히 살펴보면 '문명화된' 형태와 '문명화되지 않은' 형태로 행해지지 않은 것은 거의 아무것도 없다. 그러므로 '문명'으로 표현될 수 있는 모든 것을 단 몇 마디 말로 요약한다는 일은 항상 어렵게 여겨진다.

그러나 '문명' 개념의 일반적인 기능이 도대체 무엇이며, 어떤 공통점 때문에 이 다양한 인간의 태도와 업적을 바로 '문명화되었다'고 표현하는지 살펴볼 경우, 우리는 아주 단순한 사실을 우선 발견하게 된다. 즉 이 개념

은 서구의 자아의식을 표현한다는 점이다. 우리는 이것을 민족의식이라고
말할 수도 있다. 서구사회가 지난 2, 3세기 동안 그 이전의 사회들, 또는
'더 원시적인' 동시대의 사회들보다 앞서 가지고 있었던 모든 것들이 이 개
념에 집약되어 있다. 서구사회는 이 개념으로 자신의 특성이 무엇인지 성
격지우려 하며, 그들이 무엇을 자랑스럽게 생각하는지 규정하려고 한다. 즉
그들이 지닌 기술의 수준, 예절의 종류, 그들의 학문적 인식 및 세계관과 이
밖에 많은 것들의 발전들을 그 개념을 통하여 표현하고자 하는 것이다.

2. 그러나 '문명'의 의미가 서구의 모든 나라에서 항상 동일하지는 않다.
특히 영국과 프랑스에서 사용되는 이 개념의 의미와 독일에서 사용되는 의
미의 차이는 현격하다. 영국과 프랑스에서 이 개념은 자국의 중요성에 대
한 자부심, 서구와 인류 전체의 진보에 대한 자부심을 담고 있다. 그 반면
독일어권에서 '문명'은 아주 유용한 것이긴 하지만 단지 이류급에 속하는
것, 다시 말하면 단지 인간의 외면과 인간 존재의 피상적인 면만을 의미한
다. 독일인들이 자기 자신을 해석하며, 자신의 업적과 자신의 존재에 대한
자부심을 표현하는 일차적인 단어는 '문화'이다.

3. 특이한 현상은 프랑스, 영국의 '문명'이나 독일의 '문화'와 같은 말들
이 그것이 사용되는 사회 내에서는 아주 명확한 것으로 보인다는 점이다.
그러나 그 사회에 속하지 않은 사람들이 그 단어 속에 세계 일부가 함축되
어 있는 방식이나 그 단어들이 특정한 영역들을 포함시키고 다른 영역들을
배척할 때의 자명성 또는 그 속에 함축된 은밀한 가치평가 등을 이해하기
란 쉽지 않다.

프랑스와 영국의 '문명' 개념은 정치적·경제적·종교적·기술적·도덕
적, 또는 사회적인 사실들을 지시한다. 독일의 '문화' 개념은 근본적으로 정
신적·예술적·종교적 사실들에 적용되며 이런 종류의 사실들과 정치적·
경제적·사회적인 사실들 간에 분명한 선을 그으려는 경향을 강하게 드러
낸다. 프랑스와 영국의 '문명' 개념은 업적을 지시하지만 마찬가지로 인간

의 태도와 '행동'──그 행동을 통한 업적의 성취 여부와는 상관없이──을 의미한다. 이와는 반대로 '행동'과의 연관성, 즉 한 인간이 특별한 업적없이 자신의 존재와 행위만으로 얻을 수 있는 가치와의 연관성은 독일의 문화 개념에서는 아주 미약하다. '문화' 개념이 가지는 독일적 특수의미는 파생어인 형용사 '문화적' 속에서 가장 순수한 형태로 표현되는데, 이 형용사는 인간의 존재가치가 아니라 인간의 특정한 생산품의 가치와 성격을 강조한다. 그래서 '문화적'이라는 개념을 프랑스어와 영어로 정확하게 번역하기는 힘들다.

'교양있음'(kultiviert)이라는 단어는 서구의 문명 개념과 아주 가깝다. 그것은 분명 '문명화됨'(Zivilisiertsein)의 가장 수준 높은 형태를 표현한다. '문화적'으로 아무것도 '성취'하지 못한 사람이나 가족도 '교양있을' 수는 있다. '문명화됨'과 마찬가지로 '교양있음'도 일차적으로는 인간의 태도와 몸짓의 형식에 관계된다. 다시 말하면 이 단어들은 인간 자체가 아니라 인간의 특정한 업적만을 강조하는 '문화적'이란 단어와는 달리 인간의 사회적인 자질, 주택, 그들의 일상의례와 언어 그리고 의복을 지시한다.

4. 이 두 개념 간에 존재하는 다른 차이도 앞의 차이와 밀접한 관계를 가지고 있다. '문명'은 하나의 과정 또는 적어도 이 과정의 결과를 표현하며 또 무언가 항상 운동 속에 있는 것, 끊임없이 '앞으로' 나아가는 것을 지시한다. 현재 사용되는 독일의 '문화' 개념은 다른 운동방향을 가지고 있다. 그것은 '들판의 꽃잎들'[원주1]처럼 거기 있는 인간의 생산품들, 예술작품과 책들, 한 민족의 특성을 표현하는 종교적·철학적 체계들과 관련된다. '문화' 개념은 경계를 분명히 짓는다.

[원주1] Oswald Spengler, *The Decline of the West* (München, 1920), vol.1, p.28. "모든 문화는 생겨나서 성숙하다 시들어버리는, 결코 반복하지 않는 자신의 고유한 표현 가능성을 가지고 있다.……가장 높은 서열의 생물체들인 이 문화들은 꽃이 들판에서 피어나듯 고귀한 무목적성 속에서 성장한다. 문화들은 들판 위의 꽃처럼 괴테의 살아 있는 자연에 속하지 뉴턴의 죽은 자연에 속하지 않는다."

문명 개념은 여러 민족들 간의 차이점들을 어느 정도 퇴색시키고, 모든 인간들에게 공통적인 것 또는——그 문명의 담지자들의 느낌으로——공통적으로 여겨지는 것들을 강조한다. 국경이 분명하고 민족적 특성이 확립되어 있어 수세기 전부터 이 문제를 더 이상 거론할 필요가 없으며 이미 오래 전부터 국경 밖으로 진출하여 다른 영토를 자신들의 식민지로 만든 민족들의 자아의식이 바로 이 개념 속에 표출되고 있는 것이다.

이와는 반대로 독일의 문화 개념은 민족적인 차이와 집단들의 특성을 유달리 부각시킨다. 그러나 이 개념은 특히 이러한 기능으로 인하여 예컨대 인류학과 인종학의 연구분야에서 독어권과 개념의 발생 상황을 넘어서는 중요한 의미를 획득했다. 그 개념의 발생상황이란 서구의 다른 민족들보다 훨씬 늦게 정치적 통일과 안정을 이루었고, 영토는 수세기 전부터 현대에 이르기까지 항상 여러 지방들로 분할되었거나 분할될 위험에 처해 있었던 한 민족의 상황이다.

식민지 국가들의 항구적인 팽창 경향을 표현하고 있는 문명 개념의 기능과는 반대로 문화 개념은 정치적인 의미에서나 정신적인 의미에서의 국경을 항상 새로 찾고 지켜야 할 뿐 아니라 "우리의 특성은 무엇인가"라는 질문을 수도 없이 던져야만 하는 한 민족의 자아의식을 반영한다. 독일의 문화 개념의 운동방향, 경계를 설정하고 집단 차이를 부각시키고 강조하는 경향은 독일민족의 역사과정과 일치한다. "무엇이 프랑스적인가, 무엇이 영국적인가"라는 질문은 이미 오래 전부터 프랑스인과 영국인들에게 중요한 쟁점이 아니었다. "무엇이 도대체 독일적인가"라는 질문은 수세기 이래 지금까지 계속되어왔다. 이러한 질문에 대한 하나의 답변이——여러 답변들 중의 하나가——'문화' 개념 속에 들어 있다.

5. '문화'나 '문명' 개념 속에 표출되는 민족의 자아의식은 아주 상이한 형태를 띤다. 그러나 자아의식이 아무리 서로 다르다 하더라도 자부심을 가지고 자신의 '문화'를 말하는 독일인들과 자부심을 가지고 자신들의 '문명'에 대해 생각하는 프랑스인과 영국인들은 모두 이 개념들이 인간세계 전

반을 고찰하고 평가할 수 있는 방법이라고 철석같이 믿고 있다. 독일인은 아마 프랑스인과 영국인에게 '문화' 개념이 무엇을 뜻하는지 설명할 수 있을 것이다. 그러나 그는 특수한 민족적 배경이나 자신에게는 자명한 이 단어의 정서적 가치를 전달할 수 없다.

마찬가지로 프랑스인과 영국인도 어떤 요소들이 '문명' 개념을 민족적 자아의식의 진수로 만드는지 자신들의 견해를 독일인에게 말할 수 있을 것이다. 그러나 이 개념이 그들에게 아무리 이성적이며 합리적으로 보일지라도, 그것은 일련의 특수한 역사적 상황에서 생성되었으며 또한 쉽게 정의할 수는 없지만, 그럼에도 불구하고 그 의미의 필수적인 요소를 나타내는 정서적이고 전통적인 분위기에 둘러싸여 있다. 독일인이 프랑스인과 영국인에게 왜 '문명' 개념이 가지는 가치는 2등급밖에 안된다고 생각하는지 설명하려 한다면, 그 토론은 아무런 결실도 가져다주지 못한다.

6. 이 두 개념은 어느 친밀한 집단, 가족이나 종파, 학급이나 '조합' 내부에서 사용되는 말들처럼 내부인들에게 많은 것을 뜻하지만, 외부인들에게는 아무런 의미도 없다. 그 개념들은 공통의 체험을 토대로 형성되었으며 그 집단과 함께 성장하고 변한다. 그 개념들이 바로 집단의 표현인 것이다. 그 집단의 상황, 그들의 역사가 그 속에 투사되어 있다. 경험을 공유하지 않으며 공통의 전통과 상황에서 말하지 않는 다른 사람들에게 그 개념은 무기력할 뿐 결코 살아 생동하지 못한다.

개념 형성에 결정적인 영향을 미치면서 '문화'나 '문명'의 배경을 이루는 집단은 가족이나 종파가 아니라, 전체 민족 또는 처음에는 아마 그 민족 내의 어느 특정한 계층이었을 것이다. 그러나 이 개념들은 소집단 내에서 오고 가는 특수 언어들과 여러 측면에서 유사하다. 즉 특수한 전통을 지니고 특수한 상황에 처한 사람들 상호간에 통용되는 개념들이라는 점이다.

수학적 개념들은 사용집단으로부터 분리될 수 있다. 삼각형은 역사적 상황을 고려하지 않고서도 설명될 수 있지만 '문화', '문명'과 같은 개념들은 그럴 수 없다. 물론 어느 개인이 자신이 속한 집단의 기존 언어자료들을 바탕으로 그 개념을 만들어냈거나, 아니면 적어도 새로운 의미를 부여했을 수도 있다. 그러나 그 개념들은 스스로 뿌리를 내리고 스스로를 관철한다. 다른 사람들은 새로운 의미와 형태를 가진 이 개념들을 수용하여, 쓰고 말하면서 그것들을 갈고 다듬는다. 그 개념은 사람들의 공통경험과 의사소통에 쓸모 있는 기구가 될 때까지 한 사람에게서 다른 사람에게로 던져진다. 그 개념은 유행어가 되며 특정한 사회의 일상어로 널리 통용되는 개념이 되는 것이다.

여기에서 그 개념들은 개인의 표현욕구뿐만 아니라 집단의 표현욕구에도 부합된다는 사실이 명확해진다. 집단의 역사가 그 속에 침전되어 있고 그들 속에서 공명하고 있다. 개인들이 이 개념을 사용할 수 있다는 사실에서 우리는 그것이 역사적 침전물이라는 것을 안다. 그는 왜 이런 의미와 저런 제한이 그 단어에 연결되어 있으며, 왜 바로 이런 뉘앙스와 저런 새로운 가능성을 그 개념으로부터 끄집어낼 수 있는지 잘 알지 못한다. 그가 그것들을 사용하는 까닭은 그 개념이 그에게 자명하게 보이기 때문에, 그리고 어렸을 때부터 그 개념의 안경을 통해 세상을 보도록 배웠기 때문이다. 그 개념의 사회적 생성과정은 이미 오래 전에 잊혀졌으며, 한 세대는 다른 세대에게 전체 변화과정을 의식하지 않은 채 그 개념을 전달할 뿐이다.

그 개념에 함축된 과거경험과 상황의 침전물들이 현실적 가치를 가질 때, 즉 사회의 현실적 존재 속에서 기능을 수행하는 한 다음 세대들이 그 말의 의미 속에서 자신들의 경험을 들을 수 있는 한 그 개념들은 생명을 유지할 것이다. 그것은 현재 사회생활의 기능이나 경험이 더 이상 그 개념과 연결되지 못할 때 소멸할 것이다. 때때로 그 개념들이나 어느 분야가 침묵을 지키다가 새로운 사회적 상황이 전개되면서 새로운 현실성을 획득하기도 한다. 사람들이 이 개념을 다시 상기하는 까닭은 사회의 현 상황 속의 어떤 측면이 그 말 속에 들어 있는 과거의 침전물을 통하여 표현될 수 있기 때문이다.

제2절 대립개념의 발전과정에 관하여[원주2]

7. '문명'에 대립되는 독일의 '문화'라는 개념의 기능이 1919년 전후에 새로 부활한 까닭은 독일과의 전쟁이 '문명'의 이름하에 치러졌으며 또 독일인의 자아의식이 평화조약으로 마련된 새 상황에 적응해야만 했기 때문이

[원주2] 독일어 용법에서 '문명'과 '문화'의 의미변화에 관한 메모. '문명과 문화' 개념의 발전경로에 대한 전체 질문은 본문에서 단지 소개 정도로 그쳤으나 보다 더 상세하게 다루어져야 한다. 그래서 몇 마디의 주해는 본문 속의 사유를 보충할 수 있을 것이다. 19세기에 특히 1870년 이후 독일이 유럽에서 강국과 동시에 신흥 식민지세력이 되면서 두 단어의 대립은 상당히 약화되었고 오늘날 영국이나 프랑스에서처럼 '문화'는 문명의 특정한 영역 또는 문명의 보다 승화된 형태를 뜻하게 되었다. 예컨대 Friedrich Jodl은 *Die Kulturgeschichtsschreibung* (Halle, 1878), p.3에서 '보편적인 문화사'를 '문명의 역사'로 정의하고 있다(Jodl, 같은 책, 25쪽 참조). G. F. Kolb는 *Geschichte der Menschheit und der Cultur* (1843, 후에는 *Cultur-Geschichte der Menschheit*란 제목으로 출판)에서 자신의 문화 개념 속에 오늘날에는 거의 추방된 진보사상을 포함시킨다. '문화'를 설명하면서 그는 명시적으로 Buckle의 '문명' 개념에 의존한다. 그러나 Jodl이 말하듯이 (같은 책, 36쪽) 그의 이상은 "정치적 · 사회적 그리고 교회적 · 종교적 자유와 관련된 현대적 개념과 요청으로부터 자신의 가장 근본적인 형태를 획득하였으며 어렵지 않게 정치적 정당강령 속에 포함될 수 있다." 달리 말하면 Kolb는 1848년 이전 시대의 '진보주의자'였으며 자유주의자였다. 그리고 이러한 상황 속에서 문화 개념은 근본적으로 '문명'에 근접하게 된다. 그래도 1897년판 마이어의 회화사전에는 다음과 같이 적혀 있다. "문명은 야만적인 민족이 산업, 예술, 학문, 사고에서 좀 더 높은 문화에 도달하기 위해 반드시 거쳐야 할 단계이다." 이 진술에서 독일의 문화 개념은 프랑스와 영국의 '문명' 개념에 다가가는 것처럼 보이지만 '문명'이 '문화'에 비해 하위의 가치에 불과하다는 감정은 이 기간 동안에도 독일에서 완전히 없어지지 않았다. 이는 '문명'의 기수로 자처하던 서구의 다른 나라들에 대한 독일의 자기주장과 그들과의 긴장관계를 표현한 것이다. 독일의 세력은 이 긴장관계의 정도와 종류에 따라 변했다. 독일어 개념의 '문화'와 '문명'의 역사는 영국, 프랑스, 독일 등 세 나라 사이의 역사와 밀접한 관계에 있다. 그 개념사를 뒷받침하는 중요한 구성요소가 바로 수많은 발전의 여러 단계를 거쳐온 정치적 환경이며, 이 환경은 독일인의 정신적 · 심리적 태도나 그들의 개념들 속에, 특히 그들의 자의식을 표현하는 개념들 속에 드러난다. 프랑스를 '문명'의 나라, 영국을 '물질적 문화'의 나라로 그리고 독일을 '이상적인 교육'의 나라로 규정했던 Conrad Hermann, *Philosophie der Geschichte* (1870)를 참조할 것. 영국과 프랑스에서 사용되는 '물질적 문화'라는 용어는 독일의 일상언어나 학문적 전문언어에서 거의 사라졌다고 할 수 있다. '문화' 개념은 일상어에서는 앞에서 언급한 '이상적인 교육'과 융합하였다. 인간이 실현한 업적들을 표현하는 기능들이 문화의 개념 속에 점차으로 강조되고 있다 하더라도 '문화'의 이상과 '교육'의 이상은 예전부터 항상 친밀한 관계에 있었다.

다. 그러나 마찬가지로 분명히 확인할 수 있는 사실은 전후 독일이 처한 이러한 역사적 상황은 훨씬 오래 전부터, 즉 18세기부터 이 두 개념 속에 표출되었던 대립관계에 새로운 자극을 가했다는 것이다.

독일의 특수한 경험과 대립을 맨 처음 유사한 개념들로 표현한 사람은 칸트였던 것 같다. 그는 1784년『세계시민적 의도에서 고찰한 보편사의 이념들』(*Ideen zu einer allgemeinen Geschichte in weltbürgerlicher Absicht*)에서 "우리는 예술과 학문에 의해 높은 수준으로 교화되었으며, 우리는 번거로울 정도로 각종 사회적인 예의범절로 문명화되었다……"라고 말하고 있다. 그는 계속해서 "도덕성의 이념은 문화에 속한다. 이 이념의 사용이 단지 명예욕을 위해 도덕의 모방과 외면적인 예절로만 흐른다면, 그것은 단순한 문명화를 의미한다"라고 말하고 있다.

대립을 서술하는 표현들이 이미 발생 시점에서 우리가 지금 쓰는 표현과 유사하게 보일지라도, 그것의 구체적인 출발점과 관련된 경험과 상황은—물론 현재 사용되는 개념의 바탕을 이루는 경험들과의 역사적인 연관성이 없지는 않다 하더라도—18세기 후반과는 무척 다르다.

그 당시 막 태동하던 독일 시민계급의 대변인, 즉 중산층 지식인은[원주3] 아직도 '세계시민적 의도를 가지고' 말하고 있지만, 그곳에서 두 개념의 대립은 단지 희미하게, 기껏해야 이차적으로 민족적인 대립과 연관된다. 그 일차적인 측면은 내부의 사회적 대립이다. 그럼에도 불구하고 이러한 내부의 사회적 대립은 특이하게 민족적 대립의 싹을 이미 품고 있다. 한편으로는 주로 프랑스어로 말하며 프랑스식의 모범에 따라 '문명화된' 귀족들과, 다른 한편으로 시민계급 출신의 '궁정신하'들, 넓은 의미에서의 관료들 그

[원주3] 지식계급의 문제에 관해서는 특히 K. Mannheim, *Ideologie und Utopie* (Bonn, 1924, 현재는 Frankfurt a. M. b. Schulte-Blumke 출판사에서 출간되고 있다) pp. 121~134를 참조할 것. 이 문제는 영어판에서 좀더 상세하게 서술되었다. *Ideology and Utopia : An Introduction to the Sociology of Knowledge* (London, 1936). 같은 주제를 다루는 책으로 K. Mannheim, *Mensch und Gesellschaft im Zeitalter des Umbruchs* (Leiden, 1935)와 H. Weil, *Die Entstehung des Deutschen Bildungsprinzips* (Bonn, 1930), ch.5, '엘리트로서의 지식인'을 참조할 것.

리고 때때로 시골 귀족의 일부에서 충원되던 독일어를 사용하는 중산층 지식인과의 대립이 그것이다.

그들은 모든 정치적 활동에서 배제되었고, 정치적·민족적 범주로 사고하지 않았으며, 자기 존재의 정당성을 정신적·학문적 또는 예술적인 업적에서만 찾았던 계층이었다. 지식인층의 맞은편에 위치하던 상류층은 이들의 관점에서 아무것도 '성취하지 못하고', 단지 남과 구별되는 특별한 행동만이 그들의 자아의식과 자기정당화의 중심을 이루고 있는 계층이었다. 칸트가 '번거로울 정도로 문명화됨', 단순한 '사회적 예의범절', 혹은 '명예심에서 관례적인 것'이라고 말할 때, 그가 염두에 두었던 계층이 바로 이 상류층이다. 칸트식의 논점이 궁정 상류지배계층의 예절에 대항하던 독일 중산층 지식인들의 논점이었으며, 이것이 문화와 문명의 개념적 대립에 커다란 역할을 하였다. 그러나 실제 논쟁은 이 두 개념들 속에 함유되어 있는 논쟁의 침전물보다 더 광범위하며 오래되었다.

8. 이 논쟁의 기원은, 비록 사상 속에 감춰져 18세기 후반보다 훨씬 약한 상태이기는 하지만, 18세기 전반보다 훨씬 오래 전으로 거슬러 올라간다. 1736년에 편찬된 『체들러의 백과사전』(Zedlerschen Universal-lexikon)[원주4]에 들어 있는 궁정, 예절바름, 궁정인에 관한 항목은——전체

[원주4] *Groβes vollständiges Universal-Lexikon aller Wissenschaften und Künste* (Leipzig and Halle, 1736)에서 '궁정인'이란 항목을 참조할 것. "군주의 궁정에서 신망받는 지위에서 봉사하는 사람. 어느 시대를 막론하고 궁정생활은 한편으로 불안한 군주의 신임과 시기하는 많은 무리들, 남모르게 중상모략하는 자들과 드러난 적들 때문에 항상 위험한 것으로 생각된다. 다른 한편으로 종종 그곳에서 마주치는 나태, 방탕과 사치 때문에 질책의 대상으로 죄악시되곤 했다." "그러나 슬기롭게 이 충격의 위험한 돌을 피하고 신중하게 죄악의 유혹을 물리쳐서 행복과 덕망을 갖춘 궁정인이라고 하기에 충분한 예로 소개될 수 있는 궁정인들도 항상 있어왔다. 그럼에도 불구하고 '궁정 가까이 있다는 것은 지옥 가까이 있다는 뜻이다'라는 말이 전혀 근거없지는 않다." '궁정'이란 항목에는 다음의 내용이 적혀 있다. "모든 신하들이 군주의 내면적인 장점 때문에 그를 존경한다고 깊이 확신한다면 외적인 과시는 필요없을 것이다. 그러나 복종하는 사람들 대부분은 외면적인 것에 너무 치중한다. 군주는 혼자 걸어가든 여러 신하들을 대동하고 걸어가든 항상 군주이다. 그럼에도 불구하고

를 여기에서 서술하기에는 너무 길지만——그것에 관한 좋은 자료를 제공한다.

'예절바름'(Höflichkeit)은 의심의 여지없이 궁정과 궁정생활에서 그 이름을 얻었다. 높은 귀족들의 궁정은 모든 사람들이 행운을 찾으려고 하는 무대였다. 군주나 귀족들의 환심을 사기만 하면, 목적을 이룰 수 있었다. 사람들은 머리에서 짜낼 수 있는 모든 수단을 다 동원하여 그들의 호의를 얻으려고 하였다. 그러기 위해서는 기회가 있을 때마다 혼신의 힘을 다하여 그들의 시중을 들 자세가 되어 있다는 것을 믿게 하는 방법밖에는 없었다. 그럼에도 불구하고 우리는 항상 그렇게 할 능력은 없으며, 또한 그렇게 하고 싶지 않은 정당한 이유가 있었다.

예절바른 행동이 이 모든 것을 보충하였다. 우리는 다른 사람들에게 바깥으로 드러난 표시를 통하여 충분한 확신을 줌으로써, 우리가 그들에게 기꺼이 섬긴다는 희망을 가지도록 하는 것이다. 이 때문에 바로 다른 사람들은 우리를 신뢰하게 되고, 그러므로 저절로 우리에 대한 사랑이 생겨나며, 그 사랑으로 인하여 우리에게 좋은 일을 하려고 혈안이 된다. 이것이 예절 바른 행위의 일반적인 결과로서 예절을 소유하고 있는 사람들에게 특별한 이익을 가져다준다. 재치와 미덕의 소유자가 원래는 우리의 존경을 받아야만 한다. 그러나 이를 올바로 알고 있는 사람들은 얼마나 적은가? 그것을 존경할 만하다고 생각하는 사람들은 더욱 적지 않은

군주가 혼자 신하들 틈에 걸어갈 때 그는 별다른 또는 전혀 아무런 주의를 끌지 못하지만 그가 신분에 걸맞게 옷을 입었다면 전혀 달리 보이는 예는 적지 않다. 그러므로 군주는 나라를 관리하는 하인들뿐만 아니라 외면적 치장도 또 자신의 시중을 드는 하인들도 필요하다." 비슷한 생각은 이미 17세기에, 예를 들면 *Discurs v.d. Höfflichkeit* (1665)에서도 표현되고 있다. 이에 관해서는 E. Cohn, *Gesellschaftsideale und Gesellschaftsroman des 17 Jahrh* (Berlin, 1921), p.12를 참조할 것. '외면적 예절'과 '내적인 장점'의 독일적인 대립은 독일의 절대주의나 그 시대 궁정집단들에 대한 독일 시민계급의 사회적 약세만큼이나 오래된 문제이다. 더구나 이 시민계급의 무력함은 그 전 시대 그들이 누렸던 막강한 세력과 비교해보면 충분히 이해할 수 있다.

가? 바깥으로 드러나는 면이 겉치레에 집착하는 사람들을 훨씬 더 감동시킨다. 특히 그들을 특별히 만족시키는 경우에는 더욱 그러하다. 예절바른 사람들이 바로 이러하다.

칸트에게서 좀더 섬세하고 심오하게 '문화와 문명화됨'의 대립으로 귀결되는 대립이 여기에서는 특정한 사회적 집단과 연관하여 철학적 해석도 없이 간단 명료하게 서술된다. 즉 기만적이고 외면적인 '공손함'과 진정한 '미덕'의 대립이 그것이다. 그러나 저자는 미덕 부분에 이르러서는 체념의 한숨이 섞인 목소리로 어물쩍 넘어가려 한다. 18세기 후반이 지나면서 어조는 점차 달라진다. 미덕과 교양을 통한 중산층의 자기정당화는 점차 명확해지고 강해지며, 궁정에서 자주 볼 수 있는 외면적이고 피상적인 거동에 대한 논쟁은 뚜렷해진다.

제3절 독일 궁정의 견해에 대한 보기들

9. 독일을 일반적으로 말한다는 것은 쉽지 않다. 왜냐하면 당시의 많은 제후국가들은 나름대로 특수성을 가지고 있었기 때문이다. 그러나 결과적으로 소수의 국가들만이 전체 발전에 결정적인 역할을 하고 다른 국가들은 이를 따랐을 뿐이다. 또한 어느 곳에서나 발견되는 일반적인 현상들도 있다.

우선 30년 전쟁(1618~48) 이후 나라가 경제적으로 극도로 황폐해지고 인구가 감소되었다는 사실을 언급해야 할 것이다. 프랑스·영국과 비교할 때 독일 전체, 특히 독일의 시민계급은 17세기와 18세기에 가난했다. 16세기에 독일의 몇 개 지역에서 힘차게 발전되었던 상업, 특히 장거리 교역은 쇠퇴하였으며, 대교역회사들의 엄청난 재산은 신대륙 발견으로 교역로가 바뀜으로써 그리고 직접적으로는 오랜 전쟁의 후유증으로 말미암아 흩어져버렸다. 남은 것이라고는 좁은 시야의 소도시 시민계급으로, 그들은 근본적으로 지방적 욕구를 채우면서 살고 있었다.

사치스러운 욕구들, 문학이나 예술을 위한 돈은 없었다. 그런 일에 쓸 돈을 항상 가지고 있던 궁정에서는 불충분한 재력으로나마 루이 14세의 궁정 생활을 모방하였고 프랑스어로 말하였다. 하류계층과 중류층 언어인 독일어는 투박하고 딱딱했다. 그 당시 위대한 독일인으로서 궁정 사회 전체에 명성을 떨쳤던 독일 유일의 궁정 철학자 라이프니츠[역주1]도 프랑스어나 라틴어로 말하고 저술활동을 하였다. 그 역시 다른 많은 사람들처럼 투박한 독일어로 무엇을 할 수 있는가 하는 언어 문제로 고심하였다.

프랑스어를 사용하는 유행은 궁정으로부터 시민계급의 상류층으로 퍼져 나갔다. '정직한' 사람들과 '사려 깊은' 사람들은 모두 프랑스어로 말했다. 프랑스어를 말한다는 것은 상류층의 신분적 상징이었다. "독일어로 편지를 쓰는 일보다 더 천한 것은 없습니다"라고 1730년 고트셰이트(Johann Christoph Gottscheid)의 약혼녀는 그에게 쓰고 있다.[원주5]

독일어로 말할 경우에도 가능한 한 프랑스어를 많이 섞어쓰면 고상한 일로 여겨졌다. "몇 년 전의 일인데, 그 당시에는 두 마디의 프랑스어를 쓰지 않고는 네 마디의 독어를 말하지 않았다"라고 1740년 모비용(E. de Mauvillon)은 『프랑스인과 독일인의 편지』(Lettres Françoises et Germaniques)에서 적고 있다. 그렇게 말하면 좋은 어법이라[원주6] 인정받았다. 그는 독일어의 야만적인 면에 대해 할 말이 많았다. 독일어의 특성은 무례하고 야만적이라는 것이다.[원주7] 어느 작센인은 "제국의 어느 다른 지방에서보다 작센에서 더 좋은 독일어를 사용한다"라고 말한다. 오스트리아인도 자신에 대해 마찬가지로 주장하며, 바이에른인, 브란덴부르크인 또는

[역주1] 라이프니츠(Gottfried Wilhelm von Leibniz, 1646~1716) : 독일의 철학자, 수학자, 물리학자, 외교관. 개신교도로서 종교화합을 위해 노력하였고 사유와 직관, 육체와 정신, 선과 악의 대립을 극복하려고 노력했다. 칸트와 독일 관념론에 지대한 영향을 끼쳤던 모나드론을 정립했다.

[원주5] Aronson, *Lessing et les classics français* (Montpellier, 1935), p.18.

[원주6] E. de Mauvillon, *Lettres Françoises et Germaniques* (Londres, 1740), p.430.

[원주7] 같은 책, 427쪽.

스위스인도 같은 주장을 하고 있다. 모비용은 계속해서 몇몇의 학자들이 언어규칙을 세우려고 하지만, "서로 독립하여 살아가는 다수의 국민들을 포함하고 있는 나라가 소수 학자들의 결정에 복종한다는 것은 어려운 일이다"라고 말한다.

많은 다른 분야에서처럼 여기에서도 힘없는 소수의 중산층 지식인들이 프랑스와 영국에서 대부분 궁정이나 귀족 상류층이 수행하는 과제를 떠맡고 있었다. 지적인 특수 계층에서 독일적인 것의 모델을 만들고, 정치적인 영역에서 아직 실현되지 않았던 독일의 통일을 적어도 이 정신적인 영역에서나마 이루려고 노력한 최초의 계층이 바로 학식있는 중산층 '제후 공복'들이었다. 문화 개념도 마찬가지의 기능을 가지고 있다.

그러나 프랑스식으로 문명화된 관찰자 모비용에게 그가 독일에서 보았던 것은 대부분 거칠고 시대에 뒤떨어진 것으로 느껴졌다. 그는 언어뿐만 아니라 문학에 대해서도 마찬가지 평을 하고 있다. "밀턴(Milton), 봘로(Boileu), 포프(Pope), 라신(Racine), 타소(Tasso), 몰리에르(Moliè-re)[역주2] 등 거의 모든 훌륭한 시인의 작품은 대부분의 유럽 언어로 번역되었지만, 당신네 시인들은 대부분 번역자에 불과할 뿐이다."

그는 계속한다. "당신들의 시단(詩壇)에서 창조적인 인물이 있다면, 자신의 재주로 명성을 얻은 작품을 쓴 독일 시인이 있다면 그 이름을 대보라고 나는 요구하겠소."[원주8]

10. 우리는 그것을 단지 방향을 잘못 잡은 일개 프랑스인의 하찮은 의견으로 생각할 수도 있다. 모비용이 이 글을 쓴 40년 후, 즉 프랑스 대혁명이

[역주2] 봘로(Nicolas Boileau, 1636~1711): 프랑스의 시인. 포프(Alexander Pope, 1688
~1744): 영국의 시인. 영국 고전주의의 대표자. 라신(Jean Racine, 1639~99): 프랑스의
비극작가. 타소(Torquato Tasso, 1544~95): 이탈리아의 시인. 몰리에르(Molière, 1622
~73): 프랑스의 작가. 프랑스 고전 희극의 완성자. 작품으로는 『연애하는 박사』(1658), 『돈
주앙』(1665) 등이 있다.
[원주8] 같은 책, 461~462쪽.

일어나기 9년 전 1780년, 당시 프랑스와 영국은 문화적·민족적 발전의 결정적 시기를 이미 뒤로 하고 있었고, 그들의 언어는 이미 오래 전에 확고한 고전적인 형식을 찾은 후였다. 이때 프리드리히 대왕(Friedrich der Große)은 『독일문학에 관하여』(De La Littérature Allemande)[원주9]라는 책 속에서 독일문학의 보잘것없는 발전을 통탄하면서 모비용이 독일어에 대해 주장한 것과 거의 비슷한 견해를 피력하는 한편, 유감스러운 이 상태를 어떻게 벗어날 수 있는지를 서술하고 있다.

독일어에 관해 그는 다음과 같이 말한다. "독일의 지방들만큼 그렇게 많은 방언들로 갈기갈기 분해된 반(半)야만적 언어를 발견한다. 지역 집단들은 제각기 자신들의 사투리가 최고라고 굳게 믿고 있다." 그는 독일문학의 침체를 기술하며, 독일학자들의 현학성과 독일학문의 후진성을 개탄하고 있다. 어쨌든 그는 그렇게 된 원인들도 덧붙여 언급하고 있는데, 계속된 전쟁으로 인한 독일의 빈곤화 및 상업과 시민계급의 불충분한 발전을 주된 원인으로 꼽고 있다. "우리가 이룩한 보잘것없는 진보를 나라의 인물이나 천재 탓으로 돌려서는 안된다. 그러나 우리를 파멸에 몰아넣고 인적 자원이나 재력에서 빈곤하게 만든 연이은 전쟁, 꼬리에 꼬리를 물고 터진 불행한 사건들에만 그 책임을 물어야 한다."

또한 그는 번영을 예고하는 부흥의 조짐이 보이기 시작한다고 말한다. "제3계급은 이제 더 이상 수치스러운 몰락 속에서 시들어가지 않는다. 아버지들은 빚을 지지 않고도 아이들을 교육시킬 수 있다. 자, 보라! 우리가 고대하던 행복한 혁명이 이미 그 첫걸음을 내딛지 않았는가." 그는 부의 증가와 함께 독일예술과 학문이 개화할 때가 올 것이며, 그와 더불어 독일인이 문명화되어 다른 민족들과 동등하게 자리잡게 되리라 예언한다. 이것이 바로 그가 말한 행복한 혁명이다. 그는 자신을 모세, 즉 자기 민족의 새로운 개화기가 다가온다고 예견하면서도 그것을 실제로 겪지 못한 모세와 비교하고 있다.

[원주9] Deutsche Literaturdenkmalen (Heilbronn, 1883), vol.16에 재수록.

11. 그의 말이 정말 맞는가?

그의 책이 출판된 지 일 년 후인 1781년 실러의 『도적들』(*Die Räuber*)과 칸트의 『순수이성비판』, 1787년 실러의 『돈 카를로스』(*Don Carlos*)와 괴테의 『이피게니』(*Iphigenie*)가 나온다. 그리고 이어 독일 문학이 만개하는 시대가 뒤따른다. 이는 우리가 익히 알고 있는 바이다. 이 모든 것이 그의 예견을 입증하는 것 같다.

그러나 새로운 개화기는 오래 전부터 준비되어온 것이다. 2, 3년 만에 독일어가 새로운 표현력을 얻은 것은 결코 아니다. 『독일문학에 관하여』가 발간된 1780년에도 이 언어는 프리드리히 대왕의 말처럼 반야만적인 지방 사투리는 아니었다. 오늘날 우리가 대단한 의미를 부여하는 일련의 문학작품들이 이미 세상에 나와 있었다. 7년 전에는 괴테의 『베를리힝엔의 괴츠』(*Götz von Berlichingen*)가 무대에 올려졌으며, 『젊은 베르테르의 슬픔』도 이미 나와 있었고, 레싱도 자신의 희곡작품과 이론적 저서의 대부분을 이미 출간했다. 그중에는 1766년의 『라오콘』(*Laokoon*)과 1767년의 『함부르크 희곡론』(*Die Hamburgische Dramaturgie*) 등이 있다. 프리드리히의 저서가 출판된 지 일 년 후인 1781년에 그는 사망하였다.

클롭슈톡[역주3]의 창작물들이 선보인 것은 이미 아주 오래 전 일이다. 그의 『메시아』(*Messias*)는 1748년에 나왔다. '질풍노도' 시대의 작품들과, 헤르더[역주4]의 작품들, 그리고 널리 읽힌 여러 소설들에 대해서는 말할 것도 없다. 소피 드 라 로슈(Sophie de la Roche)[역주5]의 『스테른하임의 처

〔역주3〕 클롭슈톡(Gottilieb Friedrich Klopstock, 1724~1803):독일 감상주의(Empfind-samkeit)의 대표적 작가, 시인. 호머와 베르길리우스 등의 그리스 작가들에 대한 풍부한 지식을 가지고 있었고 문학과 예술에 있어서 감정을 강조하고 자연을 찬양했다. 작품으로 종교 서사시 『메시아』(1748)가 있다.

〔역주4〕 헤르더(Johann Gottlied Herder, 1744~1803):독일 '질풍노도'의 중요한 저술가. 스스로 문학작품을 창작하지 않았지만, 많은 저술과 비평으로 칸트, 괴테에게 커다란 영향을 미쳤다. 저서로 『신독일문학평론단편』 『언어의 기원에 관한 논고』 등이 있다.

〔역주5〕 소피 드 라 로슈(Sophie de la Roche, 1731~1807):독일 최초의 오락소설가. 대표작인 『스테른하임의 처녀』는 자신의 명예를 지키기 위해 사랑하지 않는 사람과 결혼하는 한 소

녀』(*Fräulein von Sternhein*)도 그 한 예이다. 비교적 소수에 불과했지만, 이미 오래 전에 이 작품들에 관심을 가지는 구매자층, 즉 시민계급의 독자층이 독일에서 형성되었다. 위대한 정신적 열광의 파도가 독일을 휩쓸면서, 그 자취는 저서들, 기사들, 책들과 연극들 곳곳에 표현되었다. 독일어는 풍부해지고 유연해진다.

이 모든 사실을 프리드리히 대왕은 책 속에 언급하지 않는다. 그것들을 보지 못했든가, 아니면 아무런 의미도 부여하지 않았던 것 같다. 그가 언급한 유일한 젊은 세대의 작품은 질풍노도 시대의 위대한 작품으로서 셰익스피어에 대한 열광을 보여주는 『베를리힝엔의 괴츠』[역주6]뿐이다. 그러나 그는 그답게 이 작품도 민족의 하류층의 교육과 오락의 형식과 관련하여 언급하고 있다.

우리 시대에 이르기까지 독일을 지배해온 천박한 취미를 확인하고 싶으면 공연장에 가면 된다. 당신은 그곳에서 혐오스러운 셰익스피어의 작품이 우리말로 번역되어 무대 위에 올려진 광경을 보게 될 것이다. 온 관중은 캐나다의 미개인들에게나 어울리는 이 우스꽝스러운 익살을 듣고 기뻐 날뛴다. 내가 이런 말로 표현하는 까닭은 그들이 극장의 모든 규칙, 전혀 자의적이지 않은 그 규칙들에 어긋나는 무례를 범하기 때문이다.

문지기와 무덤을 파는 사람들이 무대 위에 올라와 그들에게 어울리는 연설을 한다. 뒤이어 왕과 왕비가 등장한다. 고귀함과 비천함, 광대짓과 비극이 마구 뒤섞인 잡동사니가 어떻게 감동을 주고 즐거움을 줄 수 있을까. 셰익스피어가 저지른 이 기이한 실수를 용서할 수도 있다. 예술의 탄생기가 결코 그것의 성숙한 시점은 아니니까. 그러나 이 저질의 영국

녀의 이야기를 다루고 있다. 가혹한 운명의 시련을 겪은 후 그녀는 애인과 결합한다.

[역주6] 1773년 괴테가 셰익스피어의 영향을 받아 쓴 희곡. 소재는 16세기 농민전쟁 때 큰 활약을 한 프랑켄의 기사 베를리힝엔의 자전적 이야기이다. 괴테는 괴츠를 충성과 의리, 정의를 추구하는 이상적 기사의 전형으로 표현했다. '질풍노도' 시인들의 찬양을 받아 이 작품을 모방한 많은 기사극이 나온다.

작품을 가증스럽게 모방한 『베를리힝엔의 괴츠』가 무대에 상연되는 것을 보아라. 관중들은 손뼉을 치면서 열광적으로 이 혐오스럽고 어리석은 작품을 다시 재연해 달라고 요구한다. 그리고 이어서 "하류층에 대해 말했으니 이제 역시 솔직하게 대학에 관해서도 언급할 필요성을 느낀다"라고 말한다.

12. 이렇게 말하고 있는 사람은 이 시기에 프로이센의 정치적·경제적 발전과 아마 간접적으로는 독일 전체의 정치적 발전을 위하여 동시대의 어느 누구보다도 더 많은 일을 한 사람이다. 그러나 그가 성장한 정신적 전통, 그의 진술의 배경을 이루는 정신적 전통은 유럽의 '좋은 사회', 전(前)민족국가적인 궁정사회의 귀족적 전통인 것이다. 그는 그들의 언어인 프랑스어로 말했다. 그들의 취미에다 독일의 정신적 삶을 재본 것이다. 그들이 규정한 모델이 그의 판단을 결정했다. 이 사회 출신의 다른 사람들도 오래전에 그와 아주 비슷한 방식으로 셰익스피어에 관해 말하였다. 볼테르[역주7]는 예를 들면 이미 1730년에 비극 『브루투스』(*Brutus*)의 서론으로 쓴 『비극에 관한 논고』(*Discours sur la tragédie*)에서 유사한 사상을 표현하고 있다.

프리드리히 대왕이 셰익스피어에 관해 말한 것은 실제로 프랑스어로 말하는 유럽 상류층의 모범적·대표적 의견이다. 그는 볼테르를 '베껴쓰지 않았고' 이른바 '표절하지 않았다'. 그가 말한 내용은 그의 정직한 개인적 확신인 것이다. 장의사나 그와 비슷한 하층민들의 '거칠고' 문명화되지 않은 농담에 그는 아무런 즐거움도 느끼지 못하며, 게다가 그 농담이 왕자나 왕의 비극적인 위대한 감정과 뒤섞일 때는 더욱 그러하다. 그 모든 것은 그의 느낌상 명료하고 간결한 형식을 가지고 있지 못하며, '하층계급의 오락'에

[역주7] 볼테르(Voltaire, 1694~1778):본명은 François Marie Arouet. 프랑스 계몽주의의 대표적 철학자, 문인. 1714년 섭정을 비판한 혐의로 투옥. 출옥 후 영국으로 건너가 로크의 경험론, 뉴턴의 자연철학에 큰 영향을 받았다. 저서로 *Zaire*, 『철학서간』(*Lettres Philosophiques ou Lettres sul les Anglais*) 등이 있다.

불과하다. 그의 발언들은 그가 쓰는 프랑스어처럼 개인적인 동시에 개인적
이지 않다고 우리는 이해할 수 있다.

그의 발언은 프랑스어와 마찬가지로 그가 어느 특정한 사회에 소속되어
있다는 증거이다. 그의 정치는 프로이센식의 정치였지만, 그의 취미는 프
랑스적, 더 정확히 말한다면 절대주의적 · 궁정적이었다는 사실 속에 들어
있는 역설은 민족적 동일성이라는 현대의 관점이 지닌 역설보다 결코 더하
지는 않다. 그러나 이 역설은 궁정사회의 독특한 구조와 무관하지 않다. 즉
궁정 사회의 정치적 제도와 관심은 내부적으로 분열되어 있었지만, 사회적
신분, 취미, 그들의 양식과 언어는 대체적으로 전 유럽에 걸쳐 동일하였던
것이다. 이러한 특이한 상황은 청년시절의 프리드리히 대왕에게 때때로 내
적인 갈등을 불러일으켰다. 프로이센 지배자로서의 관심이 프랑스 숭배와
궁정예절에 대한 자신의 애착과 항상 조화를 이룰 수 없다는 점을 그가 인
식하면서[원주10] 생겨난 내적 갈등은 지배자로서 그의 행위와, 인간으로서
철학자로서 그가 저술한 책들의 불일치를 가져왔던 것이다.

또한 그에 대한 독일 시민계급 지식인들의 감정도 모순적이었다. 왕의
정치적 · 군사적 성공은 오랫동안 박탈당했던 그들의 독일적 자의식을 고취
시켰으며, 그러므로 그는 많은 사람들에게 민족적 영웅이었다. 그러나 독
일문학에 대한 그의 저서를 비롯한 여러 곳에서 드러나는 언어와 취미문제
에 있어서 그의 태도는 독일 지성인들이, 엄밀하게 말한다면 독일 지성인
으로서 투쟁해야 했던 타도의 대상이었다.

상황은 독일의 대국들이나 군소국가들에서도 이와 거의 비슷했다. 거의
모든 국가들의 상층부에는 프랑스어로 말하며 동시에 독일의 정치를 결정
하는 사람들과 집단들이 버티고 있었다. 맞은편에는 독일어를 말하는 지식
인층, 즉 중산층사회가 있었지만, 그들은 정치적 발전에 거의 아무런 영향
력을 행사할 수 없었다. 독일이 시인과 사상가의 나라라 불리는 것은 이 집
단 출신의 사람들 덕분인 것이다. 또한 그들로부터 '교양'(Bildung)과 '문

[원주10] Arnold Berney, *Friedrich der Große* (Tübingen, 1934), p.71.

화'라는 개념들이 독특한 독일적 방향과 특성을 획득한다.

제4절 독일의 중산층과 궁정귀족

13. 프리드리히 대왕이 셰익스피어식의 비극과 『괴츠』에 본보기로 대비시키는 프랑스의 고전적 비극에서 실제로 절대주의적 궁정사회의 특수한 심리상태와 이상들이 어떻게 표현되고 있는지 살펴보는 것은 그 자체가 하나의 독립된 과제인 동시에 매력적인 작업 중의 하나일 것이다. 좋은 형식을 중요하게 생각하는 점, 모든 궁정인들의 삶에 필수적인 이성을 통한 개인적 감정의 절제, 태도의 정확성과 모든 서민적 표현의 배제, '문명화'과정의 어느 특정한 시점에 대한 표식들, 이 모든 것들이 고전적 비극을 가장 순수한 표현으로 만든다. 궁정생활에서 감추어야만 할 것들, 모든 천한 감정과 행동들, '사람들'이 입 밖에 내서는 안될 사안들은 비극에서도 나타나지 않는다.

낮은 계층의 사람들, 상류층의 정서에 저속하다 느껴지는 생각들을 위한 자리는 이 비극 속에 없다. 비극의 형식은 일상의례나 궁정생활 그 자체처럼 명확하고, 투명하며, 정확히 규정되어 있다.[원주11] 비극은 궁정의 사람들을, 그들이 되고자 원하는 대로, 동시에 절대군주가 원하는 그 모습대로 보여준다. 이러한 사회적 상황의 속박 밑에 살고 있는 사람은, 그가 영국인이든 프로이센인이든 또는 프랑스인이든 관계없이, 그들의 취미는 같은 방향으로 흐르게 된다. 포프와 더불어 가장 유명한 영국 궁정시인 중의 한 사람인 드라이든(Dryden)[역주8]은 『그라나다 정복』(*Conquest of Granada*)의 맺음말에서 영국희곡에 대해 프리드리히 대왕과 볼테르와 비슷한 말을 한다.

[원주11] Hettner, *Geschichte der Literatur im 18 Jahrhundert*, vol.1, p.10. "프랑스 희곡은 그 가장 심오한 본질에 있어서 궁정희곡, 예법희곡이다. 비극적인 영웅이 될 수 있는 특권은 입궐 자격의 엄격한 예법에 달려 있다."
[역주8] 드라이든(John Dryden, 1631~1700) : 영국의 시인, 극작가, 비평가.

풍류를 아는 왕과 그토록 화려하고 재기에 넘치는 궁중을 모범으로 가진 우아한 교양의 시대는 옛 영국 비극작가들의 거칠고 우악스러운 투에 더 이상 경의를 표하지 않는다.

사회적인 지위와의 상관관계가 특히 이 취미판단에서 분명히 드러난다. 프리드리히 역시 왕자와 여왕의 '비극적 고귀함'을 문지기와 무덤파는 사람들의 '비천함'과 함께 무대에 올리는 무취미에 거부반응을 보인다. 신분의 차이에 대항한 투쟁이 중심주제이며, 군주나 왕, 궁정의 귀족계급뿐만 아니라 사회적으로 낮은 계층 사람들의 고통도 나름의 위대함과 비극성을 가진다는 것을 보여주는 희극적·문학적 작품을 그가 무슨 수로 이해할 수 있겠는가.

시민계급은 독일에서도 점차 부유해진다. 프로이센의 왕도 이를 목격하고, 예술과 학문의 부흥, 하나의 '행복한 혁명'을 기약한다. 그러나 이 시민계급은 왕과는 다른 언어로 말한다. 시민계급 청년들의 이상과 취미, 그들의 행동방식은 왕의 것들과 정면으로 배치된다.

"우리는 프랑스 국경에 인접한 스트라스부르에서, 프랑스인의 정신에서 벗어날 수 있었다. 그들의 삶의 방식은 너무 질서정연하고 귀족적이며, 그들의 시는 차갑고, 그들의 비평은 파괴적이며, 그들의 철학은 난해하며 만족스럽지 못하다"라고 괴테는 『시와 진실』(*Dichtung und Wahrheit*) 제9서에서 적고 있다.

이러한 분위기에서 그는 『괴츠』를 썼다. 계몽주의의 영향을 받은 합리적 절대주의와 귀족적·궁정적 취미의 소유자인 프리드리히 대왕이 어떻게 그것을 이해할 수 있겠는가. 왕이 셰익스피어에게서 비판하는 바로 그 점을, 즉 그의 작품이 프랑스 대가들의 것보다 더 민중의 취향에 맞다는 점을 찬양하고 있는 레싱의 희곡이나 이론을 어찌 왕이 인정하겠는가.

"셰익스피어의 대작들을……번역하여 우리 독일인들에게 읽힌다면, 틀림없이 코르네유(Corneille)[역주9]나 라신을 그들에게 소개하는 것보다 결과적으로 유익하였을 것이다. 민중들은 이들에게서 발견할 수 없는 재미를 셰익스피어에게서 얻었을 것이다." 1759년 레싱은 『최신 문학과 관련된 서한들』(*Briefen die neueste Literatur betreffend*)에서 이렇게 쓰면서, 시민계급의 새로운 자아의식에 맞추어 시민희곡을 쓸 것을 주장한다. 왜냐하면 궁정사람들만이 위대할 수 있는 특권을 가지고 있는 것은 아니기 때문이다. 그는 계속해서 말한다. "자연은 인간들이 스스로 만들어놓은 이 혐오스러운 차이를 모른다. 자연은 마음의 자질을 귀족이나 부자들에게 특혜를 주지 않고, 골고루 나누어준다."[원주12]

18세기 후반에 일어난 모든 문학적 운동은 프리드리히의 사회적 성향과 취향에 배치되는 심미적 이상을 소유한 사회계층에 의하여 주도되었다. 그러므로 그들은 프리드리히에게 아무런 말도 하지 않았고, 또한 그도 자신의 주변에 태동하던 활력을 간과했으며, 그가 놓치지 않았던 『괴츠』와 같은 작품들을 저주했다.

클롭슈톡, 헤르더, 레싱,[역주10] '질풍노도'[역주11] 시대의 시인들, 하인분트[역주12]와 감상주의의 시인들, 청년 괴테, 청년 실러와 다른 많은 이들을 대표로 하는 독일의 문학운동은 분명 정치운동은 아니었다. 1789년까지 독일에서 몇몇 예외는 있었지만, 구체적 정치행동에 대한 이념은 찾아볼 수 없으며, 정당결성이나 정당정책을 연상시킬 수 있는 것은 아무것도 없었

〔역주9〕 코르네유(Pierre Corneille, 1606~84):루이 14세 시대의 비극작가.

〔원주12〕 Lessing, *Briefe aus dem zweiten Teil der Schriften* (Göeschen, 1753) ; Aronson, *Lessing et les classics français* (Montpellier, 1935), p.161.

〔역주10〕 레싱(Gotthold Ephraim Lessing, 1792~81):18세기 독일 계몽주의의 대표적 작가, 비평가 및 철학자. 작품으로 『사라 삼프슨 양』『17번째 문학서간집』『함부르크 희곡론』(52편의 연극 비평) 등이 있다.

〔역주11〕 1770년대 질풍과 같이 독일의 문단을 휩쓴 문학의 개혁운동으로서 계몽주의의 합리주의에 반대하는 한편 영혼과 그 깊이를 알 수 없는 자연을 강조한다. 이 사조의 시인들은 루소의 영향을 받아 자연인을 찬양하였다. 자신의 행동법칙을 스스로 결정하고 위대함에 열광하며 진심으로 사랑하고 미워하는 진짜 사나이(ein ganzer Kerl)가 이상적 인간이라는 것이다. 청년 괴테의 『베를리힝엔의 괴츠』와 청년 실러의 『도적들』에서 억압과 독재에 대항하여 싸우는 씩씩한 영웅들이 이러한 인간상을 구현한 인물들이다.

〔역주12〕 계몽주의 시대에 감정을 강조하였던 클롭슈톡을 추종하는 문학집단으로서 그들이 처음 모였던 괴팅겐 근처의 장소인 '하인'을 이름으로 하고 있다.

다. 특히 프로이센의 관료층에서는 여러 정책안들이 발견되고, 계몽주의적 절대주의의 의미에서의 개혁이 실제로 시작되는 듯이 보인다. 우리는 또한 칸트와 같은 철학자들이 지배상황과는 완전히 모순되는 일반적 원칙들을 발전시키고 있음을 보게 된다. 군주와 궁정, 귀족, 프랑스 애호가와 궁정의 비도덕성, 오성의 냉랭함에 대한 거친 증오가 하인분트의 젊은 세대들의 저서들에서 표출된다. 통일된 새로운 독일과 자연스러운 삶, 즉 궁정사회의 '부자연'과 대립되는 의미에서의 '자연스러운' 삶에 대한 막연한 동경과 자기 감정의 충일에 대한 격렬한 욕구들이 중산층의 젊은이들에게서 발견된다.

구체적 정치행위로 연결될 수 있는 사상이나 감정 등은 아무것도 없었다. 군소국가들로 이루어진 이 사회의 절대주의적 구조는 그것을 위한 어떠한 도구도 제공하지 않았다. 시민계급 구성원들의 자아의식은 증대하지만 절대국가의 근본골격은 전혀 흔들림이 없었다. 시민계급의 구성원들은 모든 정치활동에서 소외되어 있었다. 그들은 기껏해야 자립적으로 '사유하고 시작(詩作)할' 수 있었지만, 자립적으로 행위할 수는 없었다. 이러한 상황에서 쓴다는 것은 중요한 스트레스 해소법이었다. 여기에서 새로운 자신감과 현 체제에 대한 모호한 불만이 다소 은폐된 방식으로 표현된다. 바로 여기에서 절대주의적 국가기관이 어느 정도 자유를 허용한 영역에서 젊은 중산층 세대들은 스스로를, 자신들의 새로운 꿈과 궁정적 이상과 반대되는 자신들의 이상을 자신들의 언어인 독일어로 표현했다.

18세기 후반의 문학운동은 이미 말했듯이 정치적 운동은 아니었다. 그러나 그것은 가장 포괄적인 의미에서 사회운동의, 즉 사회변형의 한 표현에 다름 아니었다. 물론 시민계급 전체가 그 속에 표현되지는 않았다. 그 운동은 우선 일종의 시민적 전위집단의 자기표현이었다. 그들은 여기에서 중산층 지식인으로 명명된 사람들이었고, 전국에 흩어져 있는 비슷한 처지의 같은 사회적 출신의 사람들로서, 같은 처지에 있으므로 서로를 이해할 수 있는 사람들이었다. 이 아방가르드들은 이따금 아주 짧은 시기 동안 또는 조금 오랫동안 어느 장소에서 하나의 무리를 이룰 때도 있었다. 그러나 그들은 대부분 고립되어 외롭게 살았으며, 민중에게는 엘리트로, 궁정귀족들의 눈에는 이류급 인간으로 비쳐졌다.

우리는 그들의 작품 속에서 이러한 사회적 상황과 그들이 말하는 이상과의 관계를 거듭 발견할 수 있다. 즉 자연과 자유를 향한 사랑, 고독한 공상, '차가운 이성'에 방해받지 않고 자신의 열정에 몰두하는 것 등의 이상들은 『젊은 베르테르의 슬픔』에서 아주 명료하게 드러난다. 이 작품의 성공은 이런 감정이 특정한 세대들에게 얼마나 전형적이었는지 잘 보여주고 있다.

1771년 12월 24일자 편지에 다음과 같이 적혀 있다. "그 화려한 불행, 여기 나란히 서서 서로 쳐다보고 있는 구역질나는 족속들의 권태, 어떻게 하면 상대방의 자리를 조금이라도 더 차지할까 눈을 부릅뜨고 살펴보는 그들의 음모심……."

1월 8일자 편지에는 이렇게 쓰고 있다. "온 정신이 오로지 의례에만 쏠려 있으며, 그들의 사상과 욕망은 오랜 세월에 걸쳐 오로지 어떻게 하면 식탁에서 한자리 위의 의자를 차지할 수 있을까에만 집중되어 있는 사람들은 도대체 어떤 종류의 인간들일까."

1772년 3월 15일자 편지에는, "나는 이를 악물고 있었다. 악마 같으니라고.…… 나는 백작과 함께 식사를 한 후, 그와 함께 커다란 정원을 이리저리 거닐었다. 그들 상류사회의 시간이 점점 다가오고 있었다. 맙소사, 나는 아무것도 생각할 수 없었다'라고 씌어 있다. 그가 머무르는 동안 귀족들이 왔다. 여자들은 속삭였고 남자들은 서로 의견을 교환했다. 마침내 백작은 약간 당황해하면서 그에게 돌아가달라고 부탁했다. 귀족사회는 시민계급 출신과 함께 자리를 한 데 대해 모욕감을 느낀다는 것이다.

"'당신이 여기 있는 것을 그들이 좋아하지 않는 것 같습니다……'라고 백작이 말했다. 나는 그 고상한 사회에서 살짝 빠져나와, 언덕 위에서 일몰을 바라보다가, 율리시스가 그 탁월한 돼지사육사에게 어떻게 대접받는가를 노래하는 멋있는 호머의 시구를 읽기 위해 M으로 달려갔다."

한편에는 표피성, 허례의식, 가벼운 대화가, 다른 한편에는 내면화, 감정의 심오, 책 속으로의 침잠과 인격의 도야가 마주하고 있다. 칸트가 문화와

문명화됨을 대비하면서 표현하고자 했던 것과 동일한 대립을 하나의 특수
한 사회적 상황에 관련시킨 것이다. 동시에 괴테는 『젊은 베르테르의 슬
픔』에서 때때로 아주 분명하게 두 전선 사이에 끼어 있는 자신들의 상황을
보여준다.

"나를 가장 괴롭히는 것은 시민계급이 처해 있는 숙명적인 상황이다. 나
는 그 계급의 일원으로서 신분의 차이가 얼마나 필요하며, 그것이 나 스스
로에게도 얼마나 많은 이익을 가져다주는지 잘 알고 있지만, 단지 그것이
나를 방해해서는 안된다"라고 1771년 12월 24일자 편지에 적혀 있다.

중산층 의식의 특징을 나타내는 것으로서 이보다 더 적확한 표현은 없을
것이다. 밑으로 향하는 문은 닫혀져 있어야만 한다. 그러나 위로 향한 문은
열려야만 하는 것이다. 그러나 이 발언 역시 중산층 특유의 사고방식에 사
로잡혀 있었다. 즉 그들은 자신들과 하류층을 가로막고 있는 벽이 그 물결
에 같이 휩쓸려 파괴될 것을 두려워했기 때문에 위로 향하는 막힌 벽을 부
순다는 것은 생각할 수도 없었다.

전체운동은 신분상승을 도모하려던 사람들의 운동이었다. 괴테의 증조
부는 제철공이었고,[원주13] 그의 조부는 재단사였다가 나중에는 궁정에 많은
고객을 가지고 있는 음식점 주인이 되었는데, 상당한 재력가로서 궁정적·
시민계급적 교양을 갖추고 있었다. 그의 아버지는 황제의 고문관으로 출세
를 하며, 나중에는 부유한 시민계급의 연금생활자로서 작위까지 수여받았
고, 그의 어머니는 프랑크푸르트의 도시귀족 집안 출신이었다.

실러의 아버지는 외과의사였다가, 나중에 저임금의 소령이 되었으며, 그
의 조부, 증조부와 고조부는 제빵기술자였다. 슈바르트(Schubart), 뷔르
거(Bürger), 빈켈만(Winckelmann), 헤르더(Herder), 칸트, 프리드리
히 아우구스트 볼프(Friedrich August wolff), 피히테(Fichte)[역주13]

[원주13] 이 진술과 이어지는 진술은 모두 Lamprecht, *Deutsche Geschichte* (Freiburg,
    1906), vol.8, ch.1, p.195에 의존하였다.
[역주13] 슈바르트(Christian Friedrich Daniel Schubart, 1739~91):독일 '질풍노도' 시
    대의 시인. 뷔르거(Gottfried August Bürger, 1747~94):독일 '질풍노도' 시대의 시인.

와 이 운동의 많은 다른 사람들도 모두 비슷한 사회적 계층, 수공업자나 중간 관료계층 출신들이었다.

14. 프랑스에도 비슷한 운동이 있었다. 그곳에서도 비슷한 사회적 변동과 관련하여 다수의 훌륭한 인물들이 중산계층에서 배출되었다. 볼테르와 디드로(Diderot)도 거기에 속한다. 그러나 프랑스에서 이러한 인재들은 아무런 어려움 없이 광범위한 궁정사회, 파리의 '상류사회'에 수용되고 동화되었다. 그와 반대로 독일에서는 재능과 탁월한 정신을 가지고 태어난 부상하는 중산계층의 자식들이 대부분 궁정귀족적 삶에서 차단되어 있었다. 괴테와 같이 몇몇 소수만이 상류층으로 신분상승을 꾀할 수 있었다. 작센-바이마르왕실이 작고 비교적 가난한 사실을 고려하지 않더라도, 괴테는 예외에 속했다. 전체적으로 중산층의 지식인과 귀족 상류사회를 가로막는 벽은 서구의 다른 나라들과 비교할 때 상당히 높았다. 1740년 프랑스인 모비용은 독일의 관계를 관찰하면서 다음과 같이 메모하고 있다.[원주14]

"독일 귀족에게는 오만하다 할 수 있을 정도의 건방진 태도를 관찰할 수 있다. 이들은 자신의 혈통을 의기양양하게 뻐기면서 자신의 가계가 얼마나 긴지 언제든지 증명할 준비가 되어 있고, 또 비슷한 혈통을 지니지 않은 사람들을 무시해버린다." 이어서 그는 "그들이 어울리지 않는 결혼을 하는 경우는 드물다. 또 그들이 시민계급을 스스럼없이 친절하게 대하는 장면도 마찬가지로 보기 드물다. 그들이 시민계급과의 혼인을 경멸한다면, 아무리 시민계급의 장점이 뛰어나다 할지라도 그들과 교제하려 하지 않는 것은 당연하지 않은가"라고 말하고 있다.

작가. 뷔르거의 대표작으로는 1773년 발표된 담시 『레노레』(Lenore)가 있다. 빈켈만(Johann Joachim Winckelmann, 1717~68):괴테가 존경하였던 고전주의의 저술가. 그리스 예술양식을 '고상한 단순과 조용한 위대함'(edle Einfalt und stillen Größe)으로 표현했다. 프리드리히 아우구스트 볼프(Friedrich August Wolff, 1759~1824):독일의 고문헌학자. 피히테(Johann Gottlieb Fichte, 1762~1814):독일 관념론 철학자.
[원주14] Mauvillon, 앞의 책, 398쪽 이하.

귀족과 시민계급의 특별히 엄격한 사회적 분리에 대한 증거는 수도 없이 많다. 이는 의심의 여지없이 두 계급의 빈곤에 기인한다. 이로 인하여 귀족들은 자신들의 특권을 유지하기 위한 가장 중요한 도구로서 명문후예증명서를 만들었고, 스스로를 폐쇄하는 한편, 다른 서구국가에서 시민계급이 신분상승을 도모할 수 있었던 길, 다시 말하면 상류층과의 결혼이나 그들에게 인정받을 수 있었던 유일한 수단인 금전을 통한 길을 독일의 시민계급에게는 봉쇄했던 것이다.

특별히 강조된 분리의—의심의 여지없이 복합적인—이유가 무엇이든지 간에, 궁정귀족적인 모델 및 고유한 자질에 근거하는 '존재가치'를 시민계급의 모델 및 업적에 근거하는 가치들과 제대로 융합시키지 못한 것이 독일인의 민족 성격을 결정적으로 규정하였다. 그러므로 독일어의 주류를 이룬 독일의 교양언어, 저서에 침전된 새로운 지성적 전통이 중산 지식인층으로부터 결정적인 영향을 받아 형성되었다. 독일의 중산 지식인층은 프랑스의 지식인층이나 프랑스 지식층과 독일 지식층의 중간에 자리잡고 있는 영국 지식인층보다 더 순수하게 중산층적이었다. 독일의 문화 개념을 서구의 문명 개념과 비교하면서 드러났던 자기폐쇄의 몸짓, 특수성과 차별성의 강조는 여기에서도 다시금 독일적 발전의 한 특성임이 밝혀진다.

독일과 비교해볼 때 프랑스는 일찍부터 밖으로 영역을 확장하면서 식민지를 구축하였을 뿐만 아니라, 근대사를 보면 국가 내부에서도 종종 비슷한 운동을 전개하였다. 이와 관련하여 특히 중요한 사실로 궁정적·귀족적 예의범절의 확장운동과 다른 계층의 요소들을 동화, 흡수하거나 원한다면 식민지화하기까지 하려는 궁정귀족들의 경향을 들 수 있다. 프랑스 귀족들의 신분적 자부심은 대단하였으며, 신분차이의 강조는 그들에게 언제나 중대사항이었다. 그러나 그들을 에워싼 벽에는 여러 개의 출입문이 나 있고, 이 문들을 통한 다른 집단들의 동화는 독일에서보다 더 커다란 역할을 한다.

독일제국이 가장 광범위하게 세력을 확장했던 시기는 중세였다. 그 이후 독일제국은 서서히 축소되었다. 독일의 영토는 이미 30년 전쟁 전부터, 그

리고 그후에는 모든 방향에서 급속도로 좁혀졌으며, 거의 모든 국경으로
부터 외압이 있었다. 이와 함께 내부에서도 작은 기회를 놓고 여러 상이한
사회집단들이 벌이는 투쟁, 자신의 주장을 관철시키려는 투쟁이 가열되었
다. 따라서 차별화하고 서로 경계를 분명히 그으려는 경향은 팽창하고 있
는 서구의 다른 국가들에서보다 일반적으로 훨씬 강했다. 독일의 영토가
무수한 주권국가들로 분열된 것에 못지않게 독일 중산층으로부터 분리되어
폐쇄적인 집단을 이루었던 귀족들도 하나로 통일되어 모범이 되는 중심'사
회'의 형성에 장애가 되었다. 그런데 이러한 중심사회는 다른 나라들에서는
적어도 통일국가형성의 전초지로서 결정적 역할을 하였으며, 특정한 시기
에 언어, 예술, 정서구조와 예절에 중요한 특성을 각인하였다.

제5절 궁정인과 독일 중산층 지식인의 관계를 보여주는 문학적 보기들

15. 중산층이 재력과 자의식을 겸비하게 되었던 18세기 후반에 광범위
한 독자층을 얻는 데 성공했던 책들은 그들이 차별을 얼마나 강하게 느꼈
는가를 잘 보여준다. 동시에 이 책들은 중산층과 상류층의 삶의 차이가 행
동, 감정생활, 소망과 도덕에서의 차이와 일치하고 있다는 사실을 증명하
고 있으며, 특히 중산층의 관점에서 이러한 차이가 어떻게 보이는지—어
쩔 수 없이 일방적이긴 하지만—잘 드러난다.

소피 드 라 로슈의 가장 유명한 소설로서, 그녀를 당대의 가장 명망 높은
여성들 중의 한 명으로 만든 『스테른하임의 처녀』[원주15]는 좋은 예이다. 이
작품을 읽고 난 후 카롤리네 플라흐스란트(Caroline Flachsland)는 헤
르더에게 다음과 같이 쓰고 있다. "내가 생각한 여성의 이상형은 부드럽고,
사랑스럽고, 너그러우며, 자부심 강하고 미덕을 갖춘, 그리고 배반당한 여
성이었다. 이 책을 읽으면서 나는 정말 유쾌하고 멋있는 시간을 보냈다.

[원주15] Sophie de la Roche, *Geschichte des Fräulein von Sternheim* (1771), ed.
    Kum Ridderhoff (Berlin, 1907).

아, 나는 얼마나 나의 이상으로부터, 나 자신으로부터 멀리 떨어져 있는
가."[원주16]

카롤리네 플라흐스란트가 비슷한 처지의 다른 여성들과 마찬가지로 자
신의 고통을 사랑한다는 점, 그녀가 선망하는 이상적인 여주인공의 특성으
로 선행, 자부심과 미덕 외에도 배반당하는 속성을 꼽는다는 사실에서 드
러나는 기이한 역설은 감상적 시대의 중산층 지식인과 특히 여성들의 특성
이었다. 중산층의 여주인공은 귀족 출신의 궁정인에게 배반을 당한다. 사
회적으로 신분이 높은 '유혹자', 하지만 사회적 거리 때문에 소녀가 결혼할
수 없는 그 '유혹자'에 대한 두려움과 경계, 그러나 그가 왔으면 좋겠다는
비밀스러운 소망, 폐쇄적이며 위험스러운 집단과 교제할 수 있다는 상상이
주는 매력, 그리고 기만당한 그녀에게서 느끼는 동정적 일체감 등 이 모든
것은 귀족들에 대한 중산층의──여성들뿐만 아니라──감정이 얼마나 이
중적이었는지 잘 보여주는 좋은 본보기이다. 『스테른하임의 처녀』는 이런
의미에서 『젊은 베르테르의 슬픔』에 대한 여성적 상대물이다. 두 작품은
모두 감상벽, 감수성과 그와 비슷한 감정채색들로 표현되는 그들 계층 특
유의 혼란스러운 처지를 지적한다.

소설의 줄거리는 다음과 같다. 신분상승을 이룬 시민계급 출신의 시골귀
족의 딸인 고상한 소녀가 시골에서 궁정으로 들어온다. 어머니 쪽으로 친
척이 되는 후작은 그녀를 첩으로 삼고자 한다. 도망칠 길이 없는 그녀는 그
소설의 '악당'인 궁 안에 살고 있는 영국귀족에게로 달려간다. 이 작자는 많
은 중산층의 사람들이 '귀족 유혹자', '극악무도한 악당'이 말하리라 상상하
는 그대로 말을 하며, 그와 같은 유형의 인물에 가해지는 중산층의 비난을
자신의 생각인 양 말하기 때문에 희극적으로 비쳐진다. 그러나 여주인공은
그로부터도 자신의 미덕과 도덕적 우월성을──신분적 열등의 보상으로서
──지키며 죽는다.

여주인공인 스테른하임 출신의 처녀, 수작귀족인 대령의 딸은 다음과 같

[원주16] Herder, *Nachlaß*, vol.3, pp.67~68.

이 말한다.[원주17]

 궁정의 말투, 유행을 좇는 풍조가 천성적으로 아름다운 마음의 가장 고귀한 움직임을 얼마나 억누르는지, 유행에 맞추어 차려입은 신사와 숙녀들의 조소를 받지 않으려고 그들과 함께 웃고 그들의 비위를 맞추는 일, 이러한 일은 나를 경멸과 동정으로 가득차게 한다. 오락, 새로운 치장, 몸에 해로운 새 음식에 대한 갈망—오 나의 에밀리, 내 영혼은 얼마나 두려움에 떨고 슬퍼하는가.……그토록 비천한 음모를 거미줄처럼 엮는 그릇된 명예심, 행운 속에 몸을 숨긴 악 앞에서 비굴하게 기어다니고, 미덕과 공적을 경멸스러운 것으로 생각하며, 아무런 감정도 없이 비참하게 만드는 그 그릇된 명예심에 대해서는 말하기조차 싫다.

 며칠 동안 궁정생활을 겪은 뒤, 그녀는 말한다.[원주18] "아줌마, 궁정생활은 내 성격에는 맞지 않다는 확신이 듭니다. 나의 취미, 나의 기호는 그 모든 것 속에서 점차 사라져갑니다. 사랑하는 아줌마에게 고백하지만 여기 올 때보다 떠날 때 더욱 기쁜 마음이 들 것 같습니다."
 "사랑하는 소피, 너는 정말 가장 매력적인 소녀들 중 한 명임에 틀림없단다. 그러나 그 늙은 목사가 너에게 쓸데없는 생각들을 많이 넣어준 것 같구나. 그 생각에서 한 발자국 물러서는 것이 좋을 것 같다"라고 고모는 말한다.
 다른 곳에서 소피는 이렇게 쓰고 있다. "최근에 나는 독일에 대한 나의 사랑 때문에 어느 대화에 끼여들어, 우리 조국의 업적을 열렬히 옹호하려고 하였던 적이 있다. 그후 나의 고모는 말씀하시길, 그 대화는 내가 교수의 손녀라는 것을 잘 증명한 셈이라는 것이다.……이러한 비난은 나를 화나게 한다. 내 아버지와 할아버지의 영혼이 모욕을 당한 것이다."

[원주17] Sophie de la Roche, 앞의 책, 99쪽.
[원주18] 같은 책, 25쪽.

교수와 목사는 실제로 중산층 출신 관료지식인의 중요한 대표자들로서 독일의 새로운 교양언어의 형성과 확산에 결정적인 역할을 하였다. 우리가 이 대화에서 분명히 인식할 수 있는 점은 정신적·비정치적으로 포장된 이 집단의 막연한 민족감정이 소왕실의 귀족들에게 시민적인 것으로 비쳐진다는 것이다. 동시에 교수와 목사는 독일 중산층 문화의 가장 중요한 발생 근원지가 어디인지를 알게 해준다. 즉 그곳은 대학이었다. 그곳에서 학업을 마친 신세대들이 선생, 목사나 중간계급의 공무원으로 특정한 이념세계와 이상들을 나라 곳곳에 퍼트린 것이다. 독일 대학은 어떤 의미에서 궁정에 맞서는 중산층의 중심지였다. 궁정의 악당은 목사가 설교대에서 비난하였음직한 말로 중산층의 상상속에서 표현된다.[원주19]

여러분도 아시다시피 나는 내 감각 이외에는 어떤 다른 힘도 사랑에 허용하지 않았다. 사랑은 감각의 가장 아름다운, 그리고 가장 생생한 즐거움입니다.…… 모든 종류의 아름다움이 나를 사로잡았습니다.…… 나는 이제 그것에 싫증이 납니다.…… 도덕주의자들은 …… 온 여성들의 미덕과 자부심, 현명함이나 냉정함, 교태, 심지어 경건함까지 사로잡았던 나의 정교한 그물과 덫에 대해 이러쿵저러쿵 말들을 할 것입니다.…… 사랑의 신 아모르가 나의 허영심을 비웃고 있습니다. 그는 비참한 시골 구석에서 대령의 딸을 데리고 나왔습니다. 그녀의 모습, 정신과 성격은 너무나 매혹적이어서…….

25년 후에도 비슷한 대립관계, 유사한 이상형과 문제들이 책 한 권을 성공으로 이끈다. 1796년 실러의 『계절의 여신 호렌』(Horen)에 카롤리네 폰 볼초겐(Caroline von Wolzogen)[역주14]의 『아그네스 폰 릴리엔』

[원주19] 같은 책, 90쪽.
[역주14] 카롤리네 폰 볼초겐 (Caroline von Wolzogen, 1763~1847): 실러의 부인인 샤를로테 폰 랑에펠트(Charlotte von Langefeld)의 언니로 실러가 발행하던 잡지 Horen에 소설 『아그네스 폰 릴리엔』을 발표했다.

(*Agnes von Lilien*)[원주20]이 발표된다. 비밀스러운 이유에서 자신의 아이를 궁 밖에서 키워야만 하는 한 귀족 출신 어머니가 다음과 같이 말하고 있다.

나를 불행하게 만든 이곳으로부터 너를 격리시키도록 한 나의 신중함이 고맙게 느껴지는구나. 상류사회에서 정신이 진지하고 확고하게 형성될 가능성은 극히 드물단다. 너는 아마 세평에 따라 이리저리 춤추는 인형이 되었을 거야.

여주인공은 스스로에 대해 말한다.[원주21]

세상사람들의 언어나 관습적 삶에 관해서는 거의 아는 것이 없었다. 습관에 의해 유연해진 감각이라면 아무런 어려움없이 화해할 많은 일들이 내게는, 나의 단순한 원칙에는 역설적으로 보였다. 속은 자를 불쌍히 여기고 속인 자를 미워하며, 명예보다는 미덕을, 자신의 이익보다는 명예를 택하는 것이 낮 뒤에 밤이 오는 것처럼 나에게는 자연스러운 일이었다. 이 사회가 그 모든 개념들을 정반대로 판단하고 있음을 나는 보았다.

프랑스식으로 문명화된 군주에 관한 그녀의 스케치는 다음과 같다.[원주22]

영주의 나이는 60세에서 70세쯤 되어보였다. 그는 아직도 독일 왕족들이 프랑스 왕의 궁정에서 배워서 자신들의 영토에, 물론 조금 약화된

[원주20] Caroline von Wolzogen, *Agnes von Lilien* (*Schiller, Horen*, 1796년판에 수록, 1798년 단행본으로 출판), 이 책의 일부는 다시 *Deutsche Nationalliteratur* (Berlin and Stuttgart), vol.137, pt.2에 실려 있음. 인용문은 이곳 375쪽에 들어 있다.

[원주21] 같은 책, 363쪽.

[원주22] 같은 책, 364쪽.

형태로 심어놓았던 옛 프랑스식의 엄격한 일상의례로 스스로는 물론 남
들도 귀찮게 하고 있었다. 그는 연륜과 습관 때문에 그 예식의 거추장스
러운 무장 속에서도 거의 자연스럽게 움직였다. 그는 옛날의 기사처럼
고도로 긴장된 정중함으로 여성들을 대하는 까닭에 그의 모습은 그들에
게 비호의적으로 비치지는 않았다. 그러나 그가 견딜 만한 존재가 되기
위해서는 한순간도 정중한 태도로부터 벗어나서는 안되었다. 그의 아이
들은……아버지에게서 단지 폭군의 모습만을 발견할 뿐이었다.

　궁정귀족들의 풍자화는 때로는 우스꽝스럽게, 때로는 불쌍하여 눈물
이 나올 정도였다. 주인이 나타나자마자 즉각 가슴에서 손과 발로 불러
낼 수 있는 그들의 경외심, 마치 전기쇼크처럼 그들의 몸에 꽂히는 인자
한 시선, 혹은 화난 시선……군주의 입술에서 마지막 말이 떨어지자마
자 자신들의 의견을 굽히는 태도, 이 모든 것들을 나는 이해할 수 없다.
마치 꼭두각시놀음 앞에 서 있는 것처럼 느껴졌다.

　공손함, 순종, 세련된 예절의 반대편에는 명예보다도 미덕을 더 중요시
하는 확고한 교육이 있다. 18세기 후반의 독일 문헌들은 그와 같은 대립들
로 가득 차 있다. 1828년 10월 23일 에케르만(Eckermann)은 괴테에게
다음과 같이 말하고 있다. "대공께서 갖추신 철저한 교양은 군주들에게서는
드물게 볼 수 있는 것입니다." 괴테는 대답하기를, "아주 드뭅니다. 가능한
모든 것에 관해 아주 재치있게 이야기를 거들 수 있는 사람들은 아주 많지
만, 내면에 있는 알맹이는 보지 못하고, 단지 껍데기만 긁고 있을 뿐입니
다. 궁정생활이 가져다주는 경악스러운 산만함과 분열을 생각한다면, 그것
은 당연한 귀결이겠죠." 가끔 그는 이와 관련하여 문화라는 개념을 명시적
으로 사용하고 있다. "내 주변의 사람들은 학문에 대해 전혀 아는 바가 없
었다. 그들은 독일 궁정귀족들이었고, 이 계급들은 그 당시 최소한의 문화
도 가지고 있지 않았다."[원주23] 크니게(Knigge)[역주15]도 분명히 확언하고

[원주23] *Grimms Wörterbuch*, '궁정인'에 관한 항목.

있다. "독일의 귀족들처럼 유별난 별종은 아마 없을 것이다."

16. 앞의 모든 진술들 속에서 특정한 사회적 상황이 그려져 있다. 그것은 문화와 문명화됨이라는 칸트의 개념배치 속에서 느낄 수 있었던 것과 마찬가지의 상황이다. 그러나 이러한 개념들과는 무관하게 이 시대와 시대경험들은 독일 전통에 깊은 발자취를 남겼다. 이 문화 개념 속에, 깊이와 표피성의 배치 속에, 그리고 그와 비슷한 여러 개념들 속에 일차적으로 중산층 지식인들의 자아의식이 표출된다. 그들은 비교적 소수의 계층으로서 전지역에 분산되어 있었고, 그러므로 지극히 특이한 형식으로 개별화되어 있었다. 그들은 결코 궁정사회처럼 폐쇄적인 사교사회, 즉 '소사이어티'를 형성하지 않았다. 그들은 대부분 관료나 넓은 의미에서 국가시종들로 구성되었는데, 말하자면 몇몇 예외를 제외한다면 궁정의 '훌륭한 사회', 귀족 상류층에 속하지는 않으면서 직접, 간접으로 궁정에서 소득을 얻는 사람들이었다.

그들은 폭 넓은 시민계급의 뒷받침이 없는 식자층이었다. 독자층을 이루는 상업시민계급은 18세기 독일의 대다수 국가에서는 아직 발달되지 않았다. 번영으로의 도약은 그때 막 시작하고 있었다. 글을 쓰던 독일 지식인층은 말하자면 공중에 붕 떠 있는 상태였다. 정신과 책은 그들의 도피처 겸 안식처였고, 업적과 학문, 예술은 그들의 자존심이었다. 정치적 활동, 정치적 목표설정은 이 계층에 주어져 있지 않았다. 상업적 문제들, 경제질서와 같은 질문들은 그들의 생활과 사회여건으로 인하여 그들에게는 주변적 문제였다. 상업, 교역과 산업은 비교적 덜 발달되어 있었으며, 시급한 과제는 제재의 완화가 아니라 군주의 산업정책을 통한 보호장려였다.

18세기 중산지식인층의 정당성과 자아의식, 자존심을 근거지우는 것은

[역주15] 크니게(Adolf Franz Friedrich Freiherr von Knigge, 1752~96):1790년 루소의 자서전 『고백』(*Cofessions*)을 독일어로 번역. 그의 교육서 『교제에 관하여』(*Über den Umgeng mit menschen*)는 18세기의 가장 중요한 사회윤리적 저서이다.

경제와 정치 저편에 있었다. 즉 우리들이 바로 독일어로 '순수하게 정신적
인 것'이라 부르는 것 속에, 책, 학문, 종교, 예술, 철학의 차원에, 내면적
풍요, 책을 매개로 한 개개인의 '교양'과 인격 속에 있었다. 독일 지식인층
의 자아의식을 표현하는 '교양'(Bildung)이나 '문화'라는 표어는 앞에 열거
한 분야에서의 업적, 즉 진정 가치있는 것으로서 순수하게 정신적인 영역
과 정치적·경제적·사회적 영역들 사이에 뚜렷한 선을 그으려는 경향을
보여준다. 그리고 그들의 표어는 영국과 프랑스에서 부상하고 있던 시민계
급의 표어들과는 정면 배치된다. 독일 시민계급의 특이한 운명, 그들의 정
치적 무능력과 뒤늦은 국가통일은 항상 한 방향으로 작용하였으며, 이런
종류의 개념과 이상들을 강화시켰다. 이 개념과 이상을 우선 이런 형식으
로 세상에 선보인 주체는 다름아닌 폭 넓은 사회적 배경이 없는 특이한 독
일 지식인층이었다. 바로 이들이 독일에서 최초의 시민구성체로서 온전히
시민적인 자아의식, 특별히 중산층적인 이상과 궁정의 상류계급을 겨냥한
의미심장한 개념 병기창을 발전시켰던 것이다.

　이 식자층이 상류층의 특성 중에서 타도 대상으로, 교양과 문화의 대립
물로 보았던 것도 그들이 처한 상황과 일치한다. 그러나 그들의 공격이 궁
정귀족층이 점유한 정치적·사회적 특권을 향할 경우는 아주 드물었을 뿐
만 아니라, 설사 공격한다 하더라도 소극적이거나 대개는 체념적이었다.
공격의 목표는 주로 인간적 행동이었다.

　독일 지식인층의 구조와 프랑스 지식인층의 구조의 차이에 대한 독특한
관점을 우리는 괴테와 에케르만[역주16]과의 대화에서 발견할 수 있다. 앙페
르(Ampère)는 바이마르에 왔다. 괴테는 개인적으로 그를 알지 못했다. 그
러나 괴테는 종종 에케르만에게 그의 칭찬을 하였다. 놀랍게도 그 유명한
앙페르는 '생기발랄한 20대의 청년'으로 밝혀졌다. 에케르만이 자신의 놀라

[역주16] 에케르만(John Peter Eckermann, 1792~1854) : 1823년부터 괴테의 비서로 일했
　고, 『생애 말기 몇 년 간 괴테와의 대화』(Gespräche mit Goethe in den letzten
　Jahren seines Lebens)를 펴냈다.

움을 표현하자, 괴테는 그에게 대답했다(1827년 5월 3일 목요일).

당신들도 당신들의 땅에서 물론 쉽게 이룩한 것은 아니지만, 중부 독
일에 살고 있는 우리들은 작은 지혜를 얻기 위해서도 커다란 대가를 치
러야만 했습니다. 왜냐하면 우리는 근본적으로 소외된, 비참한 삶을 살
고 있습니다! 우리는 우리의 민중들로부터 거의 아무런 문화적 영향을
받지 못하며, 우리의 모든 인재들과 현명한 지성들은 전독일에 흩어져
있습니다. 한 사람은 비엔나, 또 한 사람은 베를린, 다른 사람은 쾨니히
스베르크, 또 다른 사람은 본이나 뒤셀도르프로, 모두 50마일에서 100
마일이나 서로 떨어져 있으므로 개인적인 교제나 사상적 교류는 예외에
속합니다. 만약 이것이 가능하다면, 알렉산더 폰 훔볼트(Alexander
von Humbolt)[역주17]와 같은 사람이 여기에 나타나 혼자라면 일 년이
걸려야 알 수 있는 것을 단 하루에 알 수 있도록 해줄 것 같은 느낌이 듭
니다.
　파리와 같은 도시를 생각해보십시오. 그곳에는 전국에서 가장 우수한
인재들이 한 지점에 모여 매일 서로 교류하고 논쟁하고 경쟁함으로써 서
로 가르침을 주고받고 발전하며, 자연과 예술의 영역에서, 온 지구상에
서 최고 수준에 있는 사람들을 매일 눈으로 보고 접할 수 있습니다. 다리
하나를 건너도 혹은 어느 장소를 지나치더라도 위대한 과거를 연상할 수
있는 저 세계적 도시를 생각해보십시오. 어둡고 단조로운 시대의 파리를
생각하지 말고, 19세기의 파리를 생각하십시오. 3세대 전부터 그곳에는
몰리에르, 볼테르, 디드로[역주18]와 같은 사람들을 통해 수많은 인재들이

[역주17] 알렉산더 폰 훔볼트(Alexander von Humbolt, 1769~1859): 베를린 대학 창시자
　　이며 뛰어난 언어연구가 및 미학자였던 빌헬름 폰 훔볼트의 동생으로서, 유명한 지리학자이
　　며 과학자이다.
[역주18] 디드로(Pantophile Diderot, 1713~84): 프랑스의 철학자, 문학자. 18세기 프랑스
　　의 대표적 계몽주의 사상가. 달랑베르와 함께 세계 최초로 백과사전을 편집, 백과전서파라고
　　도 한다.

배출되고 있는데, 이 지구상에 그것이 가능한 곳은 파리밖에 없을 것입니다. 당신은 이제 앙페르와 같은 훌륭한 두뇌가 그와 같은 풍요로움 속에 자라나서 비록 24세에 불과하지만 대단한 사람일 수 있다는 것을 이해하실 것입니다.

그리고 괴테는 메리메(Mérimée)에 관해 몇 마디 계속한다.

젊어서 그토록 성숙한 작품을 창조할 수 있는 사람은 독일에서는 아마 좀더 기다려야 나올 것 같다. 그것은 개인의 책임이 아니라, 국가의 문화수준, 고독하게 우리의 길을 헤쳐 걸어가면서 우리 모두 경험하는 커다란 난관들에 그 책임이 있다.

여기 서론에서 논거와 참조사항으로 충분한 앞의 진술들은 우리처럼 과거를 돌아보는 사람들에게 독일 지식인층의 특수한 구조, 그들의 인간적 행동과 정신적 특성이 독일의 정치적 분열과 어떻게 연관되는지 명확하게 보여준다. 프랑스에서 지식인들은 한 장소에 모여 있었다. 그들은 어느 정도 통일되어 중심을 이루는 상류사회에서 서로 교류함으로써 단합되어 있었다. 독일에서는 비교적 작은 수도들이 여기저기 흩어져 있어, 중앙의 상류사회는 있을 수 없었다. 지식인들은 전국에 분산되어 있었다. 프랑스에서 환담은 항상 가장 중요한 교제수단의 하나였으며, 거기다가 수백 년 동안 하나의 예술이었다. 독일에서 가장 중요한 의사소통수단은 책으로써 그것은 통일된 구어라기보다는 독일 지식인층이 발전시킨 통일된 문어였다. 프랑스에서 젊은이들은 풍부하고 자극적인 지성의 매개물 속에 있었던 반면 독일의 중산층 젊은이들은 고독하게 열심히 일해 성취해야만 하였다. 신분상승 기제는 두 곳에서 각각 달랐다.

마지막으로 인용한 괴테의 말은 아무런 배경없는 중산층 지식인이란 무엇을 의미하는지 아주 분명하게 보여준다. 앞에서 귀족들에게는 문화가 없다는 그의 말이 인용되었다. 이 구절에서 그는 민중에 대해 마찬가지로 말한다. 문화와 교양은 실제로 민중으로부터 두드러지는 소수 지식인층의 표어이자 특징인 것이다. 이들 위에 있는 소수의 상류층뿐만 아니라 밑에 있는 폭 넓은 계층도 자신들의 엘리트들이 기울이는 노력을 전혀 이해하지 못했다.

중산층 전위부대인 지식인층이 궁정상류층을 상대로 벌이던 투쟁이 전적으로 정치적 영역 밖에서 이루어지는 한편 그들의 공격이 주로 상류층의 인간적 태도, 즉 '피상성', '외면적 예절', '비정직성' 등을 겨냥했던 원인 중의 하나가 직업시민계층이 폭 넓게 발달하지 못했다는 사실이다. 여기서 열거한 몇몇 인용문은 이러한 연관성을 이미 명확하게 보여주었다. 그러나 그들의 공격은, 문화나 교양과 같이 독일 지식인층의 자기정당화에 기여하는 개념들에 대한 특정한 반대개념으로 자연스럽게 응축되지 않았다. 몇 안되는 상대개념 중의 하나가 칸트의 의미에서의 '문명화됨'이다.

제6절 '문화'와 '문명'의 대립관계에서 사회적 의미의 퇴색과 민족적 의미의 부각

17. 이러한 대립이 어떤 개념들로 표현되든 상관없이 한 가지 사실은 분명하다. 즉 나중에 민족적 대립을 표현하는 데 사용되었던 인간의 특정한 성격의 대조는 여기에서 일차적으로 사회적 대립을 표현한다는 것이다. '깊이'와 '피상성', '정직'과 '거짓', '외면적 예절'과 '진정한 미덕'과 같은 상대개념군의 형성에 결정적 역할을 한 경험은——이 경험으로부터 문명과 문화의 대립이 발생한다——독일 발전의 어느 특정한 시기에 나타나는 중산층 지식인과 궁정귀족 간의 갈등이었다. 여기에서 물론 궁정적과 프랑스적이란 단어가 동의어라는 의식은 항상 그 바탕에 깔려 있었다.

리히텐베르크(G. C. H. Lichtenberg)[역주19]는 그의 잠언에서 프랑스

[역주19] 리히텐베르크(Georg Christoph Lichtenberg, 1742~99) : 독일감상주의(Empfind-samkeit)의 작가. 깊은 종교심과 내면적 성찰, 일상생활과 동시대인들에 대한 날카로운 관찰

의 '약속'(promesse)과 독일어의 '약속'(Versprechung)의 차이를 언급하면서 이 점을 아주 명료하게 표현하고 있다. [원주24]

> 후자는 지켜지지만, 전자는 그렇지 못하다. 독일어에서 가지는 프랑스 단어들의 유용성, 사람들이 그것을 알아차리지 못한다는 사실이 내게는 놀라울 뿐이다. 프랑스 단어는 독일의 이념에 온통 허황된 것만 첨가하거나 또는 궁정에서 사용되는 의미를 부여한다……. 독일어의 '발명'(Erfindung)이란 무언가 새로운 것이지만, 프랑스어의 '발견'(decouverte)은 오래된 것에 새로운 이름을 달았을 뿐이다. 콜럼버스는 미국을 발견했고 베스푸티우스(Americus Vesputius)[역주20]는 이미 발견된 대륙에 아메리카란 이름을 부여했을 뿐이다. 그렇다. '취향'(gout)과 '취미'(Geschmack)는 서로 반대의 뜻을 가지고 있으므로, 취향을 가진 사람들이 심미감각을 지닌 경우는 드물다.

그러나 점차적으로, '문명'이나 이와 비슷한 개념들 속에서 독일 궁정귀족에 대한 표상은 완연히 퇴색하고, 그 반면 프랑스와 서구 강대국들에 관한 표상들이 강해지며, 특히 프랑스 대혁명 이후에는 전면에 부각된다.

하나의 일화를 들어보자. 1797년에 프랑스에서 이민온 사람인 므뉘레(Menuret)의 조그만 책자 『함부르크 시에 관한 에세이』(*Essay sur la ville d'Hambourg*)가 발간된다. 함부르크 출신 성당참사회원 마이어(Canon Mayer)는 자신의 '문집'에서 그에 관해 다음과 같이 논평한다.

> 함부르크는 아직도 뒤처져 있다. 그 유명한 시대(한 무리의 이민자들이 정착한 곳으로 충분히 유명해진) 이후 도시는 발전을 이룩했다(실제

로 가득 찬 잠언집(*Vermischte Schriften*)으로 유명하다.

[원주24] 같은 책, 같은 곳.

[역주20] 베스푸티우스(Americus Vesputius, 1451~1512):이탈리아의 항해자로 아메리카 대륙탐험을 했다. 아메리카라는 이름은 그의 라틴명 Americus Vespucius에서 유래했다.

로?). 그러나 도시의 행복은 아니더라도(이에 관해서는 신에게 청원해야 할 것이다) 도시의 문명, 과학과 예술에 있어서 진보(당신도 알다시피 이 점에 있어서 우리는 여전히 선진국이다) 또는 사치, 안락과(이 도시의 전문분야인) 경박한 언행에 있어서의 진보를 확대하고 완성하려면 아직도 여러 해가 걸릴 것이다. 아니면 새로운 외국인들이(만약 자국의 문명화된 동포들이 아닌 경우라면) 떼를 지어 이 도시로 몰려오게 할 만한 사건이 필요하거나 도시의 재정 능력이 향상되어야 한다.

'세련됨'과 '문명' 개념들은 분명하게 프랑스인에 대한 인상과 연결된다. 독일 시민계급은 처음에는 궁정귀족 상류층과 나중에는 주로 경쟁국들과 대립하면서 자기정당성을 확보해야 했다. 그러나 이들은 자신이 처한 이류계층의 위치에서 독일 민족의식의 담지자로, 그리고 마침내—아주 늦게, 그리고 제한적으로—지배계층으로 점차 부상하면서 '문화와 문명'의 대립 관계가 지닌 전체 의미와 기능도 변화한다. 즉 사회적 대립의 의미는 퇴색하고 이제 민족적 대립의 의미가 부각된 것이다.

이에 병행해서 특별히 독일적이라고 간주되는 특성들이 나타난다. 즉 중산층이 처한 사회적 상황에 의해 형성된 중산층 특유의 사회적 성향이 민족적 특성으로 격상되는 것이다. 예컨대 정직과 개방성은 독일적 성격으로서 은폐하는 경향의 예절에 대비된다. 그러나 여기에서 말하는 정직성은 원래 중산층의 행동을 속물이나 궁정인의 행동과 비교하는 과정에서 중산층의 특성으로 부각되었던 것이다. 바로 이 점도 괴테와 에케르만의 대화에서 명백히 표현된다.

1824년 5월 2일자 편지에서 에케르만은 다음과 같이 말하고 있다. "나는 보통 내가 개인적으로 좋아하는 것과 싫어하는 것을, 사랑하고 사랑받고 싶은 욕구를 지니고 사교계에 나갑니다. 나의 개인적 성향에 맞는 인격을 찾습니다. 그리고 나 자신 그에게만 몰두하고 싶으며, 다른 사람들과는 전혀 관계를 맺고 싶지 않습니다."

괴테는 대답한다. "물론 그러한 당신의 천성은 사교적이지는 않습니다.

우리가 자신의 자연적 성향을 극복하려 하지 않는다면 그 모든 교육은 무
슨 소용이 있겠습니까. 우리에게 맞추라고 다른 사람들에게 요구하는 것은
아주 어리석은 짓이므로, 나는 결코 그렇게 하지 않았습니다. 그러므로 나
는 모든 사람들과 관계할 수 있었으며, 또 그렇게 함으로써 인간 성격에 관
한 지식과 삶에서 필요한 노련함을 얻을 수 있었습니다. 왜냐하면 혐오감
을 주는 사람들을 대할 때, 그들과 그럭저럭 지내기 위해서는 우리 스스로
자제해야 하기 때문입니다. 당신도 그래야만 합니다. 그것이 아무런 도움
이 되지 않아도 당신은 사교계에 나가야 합니다. 당신은 원하는 대로 행동
할 수 있습니다."

인간행동의 사회적 발생원인과 심리적 발생원인은 전체적으로 아직 미
지의 분야이다. 이에 관한 질문 자체가 생소하게 보일 수 있다. 어쨌든 여
러 상이한 사회적 집합체의 사람들이 아주 특정한 방식으로 각각 다르게
행동한다는 점은 명확히 드러난다. 우리는 이런 사실을 아주 당연한 것으
로 받아들이곤 한다. 우리는 농부나 궁정인, 영국인 또는 독일인에 대해,
중세 사람들이나 20세기 사람들에 대해 이야기하면서 이 개념들이 지칭하
는 사회집합체의 사람들은 모든 개인적 다양성을 넘어서서 특유의 방식으
로 일률적으로—특히 그들과 대립하는 집단의 사람들과 비교해볼 때—
행동한다고 생각한다. 농부는 어느 면에서 궁정인들과는 다르게, 영국인
또는 프랑스인은 독일인들과는 다르게 행동하며, 중세인은 20세기의 사람
과는 다르게 행동한다는 것이다. 그들 모두 인간이므로 설령 공통적인 행
동은 있다 하더라도.

이런 의미에서 상이한 행동방식은 앞에서 인용한 괴테와 에케르만의 대
화에서도 두드러진다. 괴테는 분명 지극히 개인주의적인 사람이다. 다양한
사회적 기원을 가진 행동방식들이 그에게서 융화되어 하나의 조화를 이루
고 있는데, 이는 그의 사회적 운명과도 일치한다. 그 자신, 그의 의견과 행
동이 그가 거쳐간 사회적 집단과 상황에 꼭 전형적이지는 않다. 그러나 그
는 여기에서 에케르만에게 낯설 수밖에 없는 경험담을 사교인, 궁정인의
입장에서 말하고 있다. 그는 넓은 사회 '몽드'(monde), 즉 커다란 사교계

에서 교제하려면 자기감정의 자제, 호감과 혐오의 억제가 불가피하다고 보
는 것이다. 그러나 이런 성격들은 다른 사회적 상황에 처해 있고 다른 정서
구조를 가진 사람들에게는 종종 허위, 비정직으로 비쳐지게 된다. 그는 자
신을 모든 사회적 집단에서 소외된 아웃사이더로 특징짓는 이런 의식을 가
지고 개인적 감정억제의 장점 또 인간적인 측면을 강조하려는 것이다. 괴
테의 견해는 당시 독일에서 '예절'의 사회적 의미를 인식하고 사회적 처세
의 긍정적인 면을 강조한 소수의 발언에 속한다.

　'커다란 사교계', '소사이어티'가 국가 전체의 발전에 막대한 영향을 미쳤
던 프랑스와 영국에서는――괴테에게서보다 덜 반성적인 형태로지만――그
가 말하고 있는 행동경향이 더 중요한 역할을 하였다. 사람들이 서로 조화
를 이루어야 하고 상대방을 고려해야 한다는 이념, 개개인이 항상 자신의
감정에만 충실해서는 안된다는 이념은 괴테가 지적했던 특수한 사회적 의
미를 지닌 채 프랑스의 궁정문학에서도 자주 등장한다. 이러한 사상은 반
성적 사유로서 괴테의 개인적 자산이었다. 그러나 비슷한 사회적 상황, 넓
은 사회 '몽드'에서의 생활은 유럽의 어느 곳이나 비슷한 행동규칙과 비슷
한 행동양식을 초래했다.

　에케르만이 자기 행동의 특징으로 규정하고 있는 것도 마찬가지이다.
속으로는 악한 감정을 가지고 있으면서도 겉으로는 여유와 친절을 표시하
는 행동양식은 그 당시의 궁정 귀족사회에서 먼저 발전되었는데, 이에 반
해 그의 행동양식은 그 시대의 소도시적 중산층의 삶에서 비롯된다는 것
을 알 수 있다. 물론 그 행동이 독일의 중산층 생활에서만 발견되는 것은
아니다. 그러나 중산층 특유의 태도는, 그것이 지식인들을 통해 특별히 순
수하게 대변되는 독일적 상황 때문에 문학 속에 자주 등장하였던 것이다.
궁정사회와 중산층사회의 구분이 특히 독일에서 엄격하기 때문에 중산층
의 태도가 비교적 순수한 형태로 독일인의 민족적 행동 속에 반영되고 있
는 것이다.

　우리가 민족이라 부르는 사회적 집합체는 그 구성원의 감정을 다스리는
구조적 양식에 따라, 즉 개인의 감정생활이 제도화된 전통과 그때그때 상

황의 압력에 의해 변형될 때 기준이 되는 규범에 따라 판이하게 달라진다. 에케르만이 서술하는 행동의 특징은 특수한 형태의 감정운용, 즉 개인적 호감을 적나라하게 드러내는 태도이다. 괴테는 이 태도가 '커다란 사교계'에 필수적인 감정표현의 기준에 정면으로 배치된다고 생각하며, 그래서 비사교적인 것으로 간주한다.

이 태도는 몇 십 년 후 니체에게서 독일의 민족적 태도의 전형이 된다. 그것은 분명히 역사가 흐르는 동안 변형되었으며, 에케르만 시대와 더 이상 동일하지는 않다. 니체는 『선악의 피안』(*Jenseits von Gut und Böse*)[역주21]에서 이 태도를 조소하고 있다.

> 독일인은 '솔직함'과 '우직함'을 좋아한다. 솔직하고 우직하다는 것은 얼마나 편안한가. 독일적 성실성에서 보여지는 저 붙임성있고 친절한 면, 카드놀이에서 자신의 패를 펼쳐보이는 듯한 면이 바로 오늘날 독일인이 숙달해 있는 가장 위험스럽고도 가장 행복한 변장술일 것이다. 독일인은 일이 일어나는 대로 내버려두고, 게다가 자신들의 신뢰하는 듯한 파란, 하지만 공허한 독일적 눈으로 쳐다본다. 그러면 외국인은 금방 독일인들을 자신이 걸친 잠옷으로 혼동하게 된다.

우리가 이 인용문에서 지나치게 일방적인 가치판단을 도외시한다면, 이 구절은 중산층의 사회적 상승과 함께 그들의 특수한 사회성격이 민족성격으로 변하였다는 사실을 참조할 수 있는 예들 중 하나이다.

『런던에서의 어느 여름』(*Ein Sommer in London*) 중에 나오는 폰타네(Fontane)[역주22]의 영국에 대한 평가에서도 동일한 변화를 발견할 수

[역주21] 1886년에 출간된 책으로서 『도덕의 계보학』과 함께 니체의 대표적인 후기 저작이다. 이 책에서는 니체 철학의 중심 개념인 『권력에의 의지』가 서술되고 있다.
[역주22] 폰타네(Theodor Fontane, 1819~98):독일 사실주의 소설가. 1855~59년까지 영국의 특파원으로 활동했다. 작품으로 『폭풍 전』(*Vor dem Sturm*), 『얽힘과 섥임』(*Irrungen, Wirrungen*) 등이 있다.

있다.

영국과 독일은 마치 형식과 내용, 허상과 존재의 관계로 이해된다. 세상의 어느 나라와도 견줄 수 없을 정도로 그 실질적 알맹이에 충실한 영국의 물건들과는 정반대로, 영국 사람들은 형식과 지극히 외면적인 포장을 결정적인 것으로 여긴다. 너는 정말 젠틀맨이 될 필요는 없다. 단지 젠틀맨처럼 보이게 하는 도구들만 갖추면 되고, 그러면 너는 젠틀맨이 되는 거지. 정당할 필요없이, 합법의 형식을 갖추면 정당하게 되는 거다. ……곳곳에 허상만 보인다. 하나의 이름이 주는 허황한 광택과 윤기에 맹목적으로 내맡기려는 경향이 영국에서보다 더 강한 곳은 세상에 없다. 독일인은 살기 위해서 살지만, 영국인은 과시하기 위해서 산다. 독일인은 자기 자신을 위해서, 영국인은 남들 때문에 산다.

이 마지막 구절에 함축된 생각이 에케르만과 괴테의 대립과 얼마나 정확하게 일치하는지 지적할 필요가 있을 것이다. "나는 내가 개인적으로 좋아하는 것과 싫어하는 것을 정직하게 표현합니다"라고 에케르만은 말한다. "사람들은 설사 내키지 않더라도 다른 사람들과 조화롭게 살아야 합니다"라고 괴테는 생각한다.

"영국인은 수천 개의 편의시설을 가지고 있지만 안락함을 느끼지는 못합니다. 안락 대신에 명예욕이 있습니다. 그는 어느 때나 손님을 맞고, 인견(引見)할 준비가 되어 있습니다.……그는 하루에도 세 번씩 옷을 갈아입습니다. 그는 거실이나 응접실에 있는 탁자에서 규정된 예법을 지킵니다. 그는 말쑥한 신사요, 우리의 감탄을 자아내게 하는 외관을 갖추었으며, 우리가 배워야만 할 선생입니다. 그러나 경외심 한가운데로 우리의 소시민적 독일을 향한 끝없는 그리움이 밀려옵니다. 그곳에는 과시할 것은 아무것도 없지만, 정말 멋있고, 안락하고 쾌적하게 살 줄 알지요"라고 폰타네는 덧붙인다.

'문명' 개념은 언급되고 있지 않다. 또한 독일의 문화에 관한 생각도 이 서술에서는 단지 간접적으로 나타난다. 그러나 여기에서 분명히 드러나는 점은 '문화와 문명'의 독일적 대립이 그 자체만의 문제가 아니라 좀더 커다란 맥락에서 고찰되어야 한다는 것이다. 그것은 독일의 자아의식의 표현인 것이다. 이 대립은 전체 행동, 특성과 자기정당화의 측면에서 처음에는 독일 안 계층들 간의, 나중에는 독일민족과 다른 민족들 간의 차이를 지적하고 있다.

제2장
프랑스에서 문명 개념의 사회적 발생근거

제1절 프랑스의 '문명' 개념의 사회적 발생원인

1. 프랑스 시민계급의 발전이 어떤 측면에서 독일의 발전과 정반대의 방향으로 흘러가지 않았더라면, 진정한 교육과 문화에 단순한 외면적 문명을 맞세우는 독일적 대립에서 내부의 사회적 대립의 의미가 후퇴하고 민족적 대립의 의미가 우세해진 까닭을 이해할 수 없을 것이다.

프랑스에서 시민계급의 지식인들과 상층부는 비교적 일찍이 궁정사회로 흡수되었다. 과거에 독일 귀족들을 차별화하는 수단으로 사용되었다가, 나중에 시민계급의 차별수단으로 변형되어 독일의 종족법령에서 부활되었던 명문후손증명서가 프랑스에서도 전혀 없었던 것은 아니지만, '절대왕정'의 확립으로 말미암아 계층간의 장애물로서 결정적인 역할을 하지 못했다. 귀

족의 전통은 독일의 엄격한 신분구별 때문에 단지 특정한 분야, 예컨대 군
사분야에서 시민계급에 침투해 들어갈 수 있었지만, 프랑스에서는 훨씬 광
범위하게 이루어졌다. 프랑스에서는 이미 18세기에 적어도 시민계급의 상
층부와 궁정귀족들 간에 현저한 관습의 차이를 더 이상 찾아볼 수 없었다.
설사 18세기 중반부터 중산층의 신분상승이 활발해짐으로써, 다른 말로 표
현하면 상류 중산층을 흡수하여 궁정사회가 확장됨으로써 태도와 예절이
점차적으로 변하였다 하더라도, 17세기 궁정귀족의 전통은 단절없이 이어
져 내려왔다.

　궁정시민계급과 궁정귀족들은 모두 같은 언어로 말하고 같은 책들을 읽
었으며, 같은 생활양식을 가지고 있었다. 사회적·경제적 불균형이 '앙시앵
레짐'[역주1]의 제도적 틀을 폭파하였을 때, 그리하여 시민계급이 국가를 형
성하였을 때, 원래 궁정귀족 특유의 사회적 특성이었다가 나중에 궁정시민
계급의 특성으로 된 것이 점차 강렬해지는 확산운동의 물결을 타고 퍼져나
가 마침내 민족적 특성으로 변한 것이다. 표현법, 일상의례와 감정규제법,
예절의 평가, 능숙한 언어구사와 대화의 중시, 언어의 명료화 등은 처음에
는 궁정사회의 특성이었지만, 지속적으로 확산되어 나중에는 민족적 특성
이 된 것이다.

　니체는 이 차이를 아주 명확하게 보았다. 그는 『선악의 피안』(잠언,
101)에서 다음과 같이 말하고 있다.

　궁정이 있는 곳은 어디에서든, 말 잘하는 달변의 법칙과 글쟁이를 위
한 좋은 양식의 법칙이 있다. 그러나 궁정언어는 전공이 없는 아첨꾼의
언어이며, 이 아첨꾼은 전공 냄새를 풍긴다는 이유로 학문적인 문제에
관한 대화에서조차도 모든 편리한 전문용어들의 사용을 금기시한다. 그
러므로 기술적 표현과 전문가임을 폭로하는 모든 것은 궁정문화가 지배
하는 나라에서는 좋은 양식에 흠을 내는 오점이다. 그러나 모든 궁정이

[역주1] 프랑스 혁명 전의 구정치 체재를 일컫는 말이다.

희화화된 지금, 우리는 이 점에 있어서 볼테르조차 이루 말할 수 없이 불쾌하게 느껴진다는 데 놀라워한다. 볼테르가 궁정적 취향의 완성자인 반면, 우리 모두는 이제 그것에서 해방되었다!

독일에서는 학문별로 전문화된 대학에서 교육을 받고, 신분상승을 꾀하던 18세기의 중산층 지식인들이 예술과 학문에서 자신들만의 표현을 추구하고, 자신들만의 독특한 문화를 만들어내고 있었다. 프랑스 시민계급은 이미 비교할 수 없을 정도의 발전을 이룩했고, 또 그들은 부유하였다. 지식인들은 귀족들 외에도 넓은 층의 시민독자를 확보하고 있었다. 이들 지식인들도 중산층의 다른 집단들처럼 귀족계층과 동화하였다. 민족의 지배적 계층으로 부상하고 있던 독일 중산층은 처음에는 주로 자신들의 궁정에서 관찰하여 이류로 등급을 매기거나 또는 자신들의 정서에는 너무 맞지 않아 거부했던 이런 행동양식이 이웃 나라의 민족적 특성이 되는 상황을 목격하자 이를 경멸해 마지않았던 것이다.

2. 중산층과 귀족 간의 사회적 벽이 높고 사회적·사교적 접촉이 드물며, 생활양식의 차이가 현격한 독일에서 신분차이와 계층 간의 갈등이 오랫동안 정치적으로 표출되지 못한 반면, 신분장벽이 더 낮고 사회적·사교적 접촉이 빈번하며 시민계급의 정치활동이 먼저 전개되었던 프랑스에서 신분계층간의 갈등이 일찍이 정치적으로 발산되었다는 사실은 얼핏 역설적으로 보일 수도 있다.

그러나 단지 역설적으로 보일 뿐이다. 프랑스 귀족은 왕정으로 인하여 오랫동안 정치적 기능에서 소외되었지만, 시민계급은 정치와 행정에 일찍부터 참여하여 가장 높은 정부 기능에도 기용될 수 있었으며, 궁정에서 영향력을 행사하고 출세할 수 있었다. 이 상황은 다음 두 가지 결과를 낳았다. 한편으로 상이한 사회적 신분의 사람들이 사회적으로 밀접한 관계를 가지며, 다른 한편 시민계급은 정치적 훈련을 받고 정치적 범주로 사고를 하면서, 정치활동의 기회를 획득한다. 독일국가들의 상황은 전반적으로 이와 완전히 반대된다. 가장 높은 정부요직은 대개 귀족들에게만 개방되어 있었다. 프랑스에서와는 달리 귀족들은 적어도 나라의 중요한 행정직에서 결정적인 역할을 하고 있었다. 독립된 신분계층으로서 귀족들의 세력이 프랑스에서처럼 철저하게 파괴된 곳은 없었다. 그 반면 독일 시민계급의 사회적 세력은 그들의 경제적 능력에 상응하여 19세기로 들어설 때까지 미약했다. 궁정귀족과의 사회적·사교적 교류에서 독일 중산층이 프랑스의 중산층보다 더욱 소외되었던 까닭은 그들의 경제적 기반이 취약했고 또 그들이 대부분의 국가요직에서 배제되어 있었기 때문이다.

  3. 18세기 중반부터 서서히 힘을 길러온 온건 반대파가 궁정의 가장 내밀한 세력권에 성공적으로 진입할 수 있었던 것은 프랑스의 사회구조 덕분이었다. 그들의 대표자들은 아직 정당을 결성하지 않았다. 앙시앵 레짐의 제도적 구조는 다른 형태의 정치투쟁을 요구하였다. 그들은 궁정에서 하나의 집단을 이루고 있었고, 확고한 조직은 없었지만 보다 넓은 궁정사회와 나라 전체의 국민들과 단체들의 지지를 확보하고 있었다. 사회적 이해가 다양하다는 사실은 그런 궁정 안 집단들의 투쟁에서 표출된다. 물론 그 투쟁은 불분명한 형태를 가지고 있고 또 개인적 문제들과 뒤섞여 있지만, 어쨌든 투쟁은 밖으로 드러났고 또 조정되었다.
  프랑스의 문명 개념은 독일의 문화 개념과 마찬가지로 18세기 중반의 이러한 반대운동 속에서 형성되었다. 그러나 형성과정이나 그 개념의 기능과 의미는 양국의 중산층의 행동과 상황이 다른 만큼 서로 상이하다.
  우선 프랑스의 문헌에서 마주치게 되는 문명 개념이 칸트가 몇 년 후 자신의 문화 개념에 대립시키는 그 개념과 비슷하다는 사실은 흥미롭다. '문명화하다'(civiliser) 동사가 '문명'(civilisation) 개념으로 변형되었다는 사실을 증명하는 최초의 문헌은 오늘날 확인한 바에 의하면,[원주1] 1760년

[원주1] Brunot는 *Histoire de la langue française*에서 튀르고가 'civilisation'이라는 개념을 사용했다고 말한다. 그러나 튀르고 자신이 이 단어를 이미 사용했는지 확실하지 않다.

대 미라보(Mirabeau)[역주2]의 말년 작품이다.

놀랍게도 나는 우리의 학문적 관점이 모든 면에서 잘못되었을 뿐 아니라 이른바 문명에 대해서도 오류를 저지르고 있다는 사실을 발견한다. 문명이 무엇이냐는 질문을 받으면 대부분의 사람들은 다음과 같이 대답할 것이다. 태도의 온화함, 도시적 세련미, 정중한 태도 그리고 예의는 세세한 일상의례 속에 자리잡고 있다는 지식의 유포 등이 문명이라는 것이다. 이 모든 항목은 내게는 미덕의 가면으로 보일 뿐 미덕의 진정한 얼굴은 아닌 것 같다. 문명이 사회에 미덕의 겉치레뿐 아니라 그 본질까지 주지 못한다면, 사회를 위해서 아무런 의미도 없다.[원주2]

그의 작품들을 일일이 살펴보았지만 그것을 발견할 수 없었다. 단 하나의 예외로서 Dupont de Nemours와 Schell이 간행한 책의 목차에 들어 있었다. 그러나 이 목차는 튀르고가 직접 쓴 것이 아니라 Dupont de Nemour에게서 유래한다. 물론 단어에 연연하지 않고 이 단어가 지시하는 사태와 이념 자체를 찾고자 한다면, 1751년의 튀르고의 저서에서 이에 대한 충분한 자료를 발견할 수 있다. 하나의 특정한 이념이 특정한 경험으로부터 한 사람의 머릿속에 형성되며 그런 다음 서서히 이 이념과 이 관념 영역에 특수한 단어가 첨가된다는 사실을 명확히 보여줄 수 있는 예로서 앞의 사실을 언급하는 것도 그리 쓸데없는 일은 아닐 것이다. Dupont de Nemours는 튀르고의 저술을 편집하면서 '문명과 자연'을 언급하고 있다. 이 부분은 실제로 문명의 초기 이념을 담고 있는데, 나중에 서서히 이 이념에 하나의 이름이 붙은 것이다. 『한 페루여인의 편지』(Lettres d'une Peruvienne)의 발행인인 de Graffigny부인에게 보내는 서두의 편지에서 튀르고는 '야만인'과 '문명인'(OEuvres de Turgot, ed. Schelle, Paris, 1913, vol.1, p.243)의 관계에 관해 발언할 수 있는 기회를 준다. 그 페루여인은 "야만인과 문명인 양자간의 호혜적 이익을 고려해야만 한다"고 말한다. "야만인을 선호한다는 것은 어리석은 웅변이다. 그녀로 하여금 그것을 논박하게 하시오. 우리가 예절(politesse)의 생산품이라 간주하는 폐습들은 인간의 마음에 선천적으로 들어 있다는 점을 그녀에게 보여주시오." 몇 년 후 미라보는 튀르고가 사용하는 politesse의 의미에서 civilisation이라고 하는 더 포괄적이고 역동적인 용어를 사용하지만, 그에 대한 평가는 정반대이다.

〔역주2〕 미라보(Victor Riquetti Marquis Mirabeau, 1715~89):프랑스의 경제학자. 케네의 친구로서 중농주의 경제론을 제창하였다. 저서로『인간의 친구』『조세이론』이 있다.

〔원주2〕 이 부분 이하에 관해서는 *Hamburger Studien zu Volkstum und Kultur der Romanen* (Hamburg, 1930), vol.6에 수록된 J. Moras, *Ursprung und Entwicklung des Begriffs Zivilisation in Frankreich* (1756~1830), p.38을 참조할 것.

풍속을 세련되게 하고 예절과 좋은 태도를 중시하는 것, 이 모든 것은 미덕의 가면일 뿐 진정한 얼굴은 아니며, 문명이 미덕의 토대와 형태를 부여하지 못한다면 사회에 전혀 이롭지 못하다. 독일에서 들리는 궁정의 풍속에 대한 비난과 거의 비슷하다. 미라보의 지적처럼 대다수의 사람들이 문명으로 간주하는 예절과 좋은 사교형식 등은 중산층의 이상에는 정면으로 어긋났다. 중산층은 유럽 곳곳에서 그 이상의 기치를 드높게 날리며 궁정귀족 상류층과의 투쟁을 벌였고, 그 이상을 통해 자신을 정당화할 수 있었다. 그 이상은 바로 미덕이었다. 미라보도 칸트와 마찬가지로 문명 개념을 궁정귀족들의 특성과 연결시킨다. 즉 '문명인'(homme civilisé)으로 표현되는 인간형은 궁정사회의 이상적 인간형인 '교양인'(honnet homme)을 확대한 인간형과 다르지 않다.

'문명화된'(civilisé)은 '교양있는'(cultivé)이나 '세련된'(poli), '개화된'(police)처럼 궁정인들이 때로는 협의로, 때로는 광의에서 사용하면서 자신들의 행동의 독특한 점을 부각시키거나, 사회적으로 낮은 계층 사람들의 단순한 풍속과 견주어 우월한 자신들의 풍속을 강조하기 위해 사용하는 개념들 중의 하나이다. 이 개념들은 거의 동의어로 쓰인다.

'폴리테스'(politesse, 정중함)나 '시빌리테'(civilite, 예절)와 같은 개념들은 '문명' 개념이 형성되어 관철되기 전까지 이와 같은 기능을 하고 있었다. 즉 유럽 상류층은 그 개념을 통해 단순하며 미개하다고 생각되는 다른 사람들에 대하여 자신들의 우월의식을 표현하는 동시에 그 모든 미개인들과 자신을 구분해주는 특수한 행동방식을 규정했다. 미라보의 발언은 우선 문명 개념이 궁정의 자아의식을 구현한 다른 개념들을 얼마나 직접적으로 계승하고 있는지 분명히 보여준다. "'문명'이 무엇이냐고 사람들에게 물으면, 그들은 아마 '태도의 온화함'이나 '정중함' 또는 그와 비슷한 것들이라고 대답할 것이다"라고 그는 말한다.

기존의 평가는 루소에게서처럼——물론 보다 온건하지만——미라보에서도 전도된다. "너희들이 그렇게 자랑하는 그 문명이나 그것이 너희들을 단순한 사람들보다 더 고상하게 보이도록 해준다고 믿는 너희들, 모두가 그만한 가치가 있지는 않다'라고 그는 말한다. "모든 시대의……모든 언어 속에서 양떼와 개를 향한 목자의 사랑에 대한 묘사는 우리의 영혼 속에 파고들었지만, 사치와 잘못된 문명 때문에 이제 그마저 소멸되어버렸다."[원주3]

'단순한 평민'과 그들의 극단적 형태로서 '야만인'에 대한 통념은 18세기 후반에 사회 내적 대결구도 속에 처해 있던 인간의 상황에 대한 상징이었다. 루소는 가장 과격하게 지배적 가치체계를 공격하였다. 바로 그 때문에 그가 프랑스 지식인의 궁정적·중산층적인 개혁운동에 미쳤던 영향은 그가 독일의 비정치적인 그러나 정신적으로는 더 극렬하였던 중산층 지식인들에게 불러일으켰던 반향으로 미루어 짐작할 수 있는 것보다 실제로 약했다. 그러나 루소는 사회비판의 급진성에도 불구하고 여러 비난들을 한곳에 모아 응집시킬 수 있는 대립 개념을 만들어내지는 않았다. 미라보가 최초로 그것을 만들었거나 아니면 적어도 자신의 저서에서 처음 사용하였다. 아마 그 개념은 그가 사용하기 전에도 대화에서 통용되었을 것이다.

그는 '문명인'으로부터 사회의 일반적인 특성, 즉 문명을 도출해낸다. 그러나 그의 사회비판은 중농주의자들이 흔히 그러하듯이 온건하다. 그것은 현 사회체제의 틀 안에서 행해진다. 말하자면 개혁주의자들의 비판인 것이다. 독일의 중산층 지식인들은 단지 정신적으로, 즉 자신들 책 속의 몽상을 통해 상류층의 모델과는 전혀 다른 개념들을 지어내고, 이런 방식으로 정치적으로 중립적인 지대에서 모든 전투를 치르고 있었다. 왜냐하면 기존제도와 세력관계는 그들에게 정치적·사회적인 차원에서 투쟁을 치를 수 있는 도구들은커녕 공격목표조차도 허용하지 않았지만, 그들은 자신들의 책 속에서 상류층의 인간적 특성과 세련됨에 대항하여 자신들만의 새로운 이상과 행동양식을 마음껏 창조해낼 수 있었던 것이다.

프랑스의 궁정적 개혁지식인은 오랫동안 궁정의 전통 속에 묶여 있었다. 그들은 좀더 나아지기를, 변화를, 개혁을 원했다. 루소와 같은 소수의 예외를 제외한다면, 그들이 내세운 이상과 모델은 지배적 이상, 모델과 완전히

[원주3] 같은 책. 37쪽.

다른 새로운 것이 아니라 단지 그것들을 개량한 것이었다. '잘못된 문명'이란 표현 속에 이미 독일운동과의 차이점이 드러난다. 프랑스의 개혁지식인은 잘못된 문명을 진짜로 대체해야만 한다는 사상을 가지고 있다. 독일의 시민계급 지식인이 주창하는 '교양인'과 '인격'의 이념과는 달리, 그들은 '문명인'에 전적으로 다른 인간형을 대립시키지 않고, 궁정적 모델을 받아들여 그것을 변형시키려고 한다. 또한 이들은 직접 간접으로 궁정사회의 커다란 거미줄과 같은 사교망 속에서 저술하고 투쟁하는 비판적 지식인이 자신들 배후에 있음을 암시한다.

제2절 중농주의와 프랑스 개혁운동의 사회적 발생원인

4. 18세기 중반 이후 프랑스의 상황을 상기해보자.

프랑스의 통치원칙, 특히 조세 및 관세입법 원칙은 대체로 콜베르(Colbert)[역주3] 시대의 것과 동일했다. 그러나 프랑스 내부의 권력과 이해관계, 그리고 프랑스의 사회구조는 결정적으로 변화하였다. 엄격한 보호주의, 즉 외국과의 경쟁으로부터 자국공업과 상업을 보호하는 정책은 실제로 프랑스의 경제를 발전시켰고, 그와 함께 왕과 그 주변 인물들에게 무엇보다도 중요한 나라의 납세력을 결정적으로 증대시켰다. 곡물거래의 장벽, 독점, 저장체계와 지방 간의 관세장벽은 부분적으로 지역이해를 보호했고, 무엇보다도 왕과 전체 프랑스의 평화를 위해 가장 중요한 지역인 파리를 흉년과 가격폭등, 기아와 기아로 인한 폭동으로부터 지켜주었다.

그러나 그동안 나라의 자본력은 증대되고 인구는 증가했다. 교역망은 복잡해지고 확대되었으며, 산업활동은 활발해지고, 교통망은 확충되어, 프랑스지역의 경제적 연결과 상호작용은 콜베르 시대와 비교해 훨씬 긴밀해졌

[역주3] 콜베르(1619~83)는 루이 14세의 재무장관이었다. 그는 세제개혁을 통해 직접 국가가 세금을 징수하고 소금, 빵, 음료수와 의료에 대한 간접세를 올렸으며 동시에 국가의 경제력을 향상시키고 세수를 늘리기 위하여 상업과 무역을 장려했다. 국가주도형의 경제제도에서 상인들이 일차적 역할을 하기 때문에 이러한 정책을 중상주의(Merkantilismus)라 불렀다.

다. 일부 시민계급은 자신들을 이제까지 보호·육성해주었던 전통적 납세
제도와 관세제도를 귀찮은 것으로 느끼게 된다. 진보적 시골귀족과 미라보
와 같은 지주들은 곡물경제에 대한 중상주의적 제한이 농업생산을 장려하
기는커녕 오히려 그 발전을 방해한다고 여겼다. 그들은 그 당시 좀더 자유
로운 영국의 상업체계를 관찰해서 얻은 교훈으로부터 적지 않은 득을 보았
다. 더욱이 일부의 고위관료들조차 현존체제의 폐해를 인식하고 있었다.
가장 진보적인 유형, 즉 일련의 지방감독관들이 앞장서고 있었는데, 이들
은 앙시앵 레짐이 산출한 현대적 관료제 형식의 대표자들로서 통상적 관직
에서 이루어지는 매직(賣職)과 세습이 불가능한 유일한 관료기능을 수행하
였다. 행정분야의 이러한 진보적인 세력들이 나라에서 태동하고 있던 개혁
요구와 궁정 사이에서 중요한 가교역할을 하였다. 그들은 장관자리를 포함
한 정치적 요직을 차지하기 위한 궁정 내 파당들 간의 투쟁에서 직접적·
간접적으로 무시할 수 없는 역할을 했다.

이러한 투쟁이 나중에 여러 방향의 이해관계가 정당을 통해 의회 내에서
대변될 때처럼 그 정도로 비개인적이지 않았다는 사실은 이미 언급되었다.
그러나 궁정에서 영향력을 행사하고 요직을 차지하기 위하여 다양한 이유
에서 서로 투쟁하던 궁정 내의 파당들은 동시에 사회의 핵심적 결합체들이
었으며, 이들을 통해 보다 폭 넓은 집단과 계층들의 이해가 국가 중심에서
표출될 수 있었다. 이런 식으로 개혁경향도 궁정 내에서 대변될 수 있었다.

18세기 후반에 프랑스의 왕들은 이미 마음대로 결정할 수 있는 절대군주
가 아니었다. 그들은 루이 14세보다도 더 눈에 띄게 사회과정의 포로였으
며, 지방 깊숙이 그리고 중산층과 연계되어 있던 궁정 파당들의 제약을 받
고 있었다.

중농주의[역주4]는 이러한 당쟁의 이론적 표현 중의 하나로서 결코 단순한
경제적 개혁이 아니라 광범위한 정치적·사회적 개혁체계였다. 중농주의는

[역주4] 18세기 프랑스의 국민경제학이론으로서 국부의 원천은 산업이 아니라 농업에 있다고 주
장한다. 창시자는 케네이다.

추상적이고 교조적이며 극단적인 이념들을 담고 있었다. 그러나 오랫동안 재정의 최고위직에 있었던 튀르고[역주5]가 운동의 대표적 인물로 활동했기 때문에 운동 전체의 특징은 덜 추상적이며 덜 교조적인 형태, 즉 실질적 개혁요구로서 기능했던 이념이었다. 이름도 없고 통일된 조직체도 없던 이 경향을 명명하려 한다면, 개혁관료들의 노선이라고 할 수 있을 것이다. 물론 이 개혁관료들도 의심의 여지없이 지식인층과 상업에 종사하는 시민계급의 후원을 받고 있었다.

게다가 개혁의지를 가지고 있는 사람과 개혁을 요구하는 사람들도 필요한 개혁의 종류에 대해서는 현저한 견해 차이를 보이고 있었다. 그중에는 납세제도와 국가기구의 개혁은 원하지만, 중농주의자들보다 훨씬 더 보호주의적인 생각을 가지고 있던 사람들도 있었다. 포르보네(Forbonnais)는 이 방향의 대표적 인물이다. 그들이 강조한 보호무역사상 때문에 그들을 '중상주의자'[역주6]로 분류한다면, 그와 그들의 동지들을 제대로 이해했다고 할 수 없다. 포르보네와 중농주의자들 간의 논쟁은 현대 산업사회 내 견해차이의 초기 표현이라 할 수 있다. 이러한 의견차는 그때부터 끊임없이 자유무역주의적 이해집단과 보호무역주의적 이해집단 간의 투쟁을 야기했다. 그런데 이 두 집단은 모두 중산층 개혁운동의 일원이다.

한편, 전체 시민계급이 모두 개혁지향적이었고, 귀족들은 전부 개혁의 저항자였던 것은 결코 아니다. 중산층 집단 중에는 진지한 개혁시도에 강

[역주5] 튀르고(Anne Robert Jacques Turgot, 1727~81):프랑스의 정치가, 경제학자. 볼테르 및 백과전서파와 친교를 맺었고, 『백과전서』에 두 항목을 집필했다. 1774년 루이 16세로부터 재정총감에 임명된 후 국내 관세폐지, 곡물자유거래 등의 자유주의개혁을 실시했으나 귀족, 성직자와 왕비 마리 앙트와네트의 책동으로 1776년 파면되었다. 저서로 『부의 형성과 분배에 관한 고찰』(Refelxions sur la Formation et la Distribution des Richesses) 등이 있다.

[역주6] 무역과 산업을 장려한 17, 18세기까지 절대주의 왕정의 경제, 무역정책으로서 그 목적은 국부의 축적이었다. 중상주의 경제이론은 국가의 부는 귀금속자원의 양에 근거한다는 가정에서 출발한다. 외화를 국내로 끌어들이고, 국내 자금의 유출을 막기 위해 가능한 한 많은 상품을 외국에 팔아야만 하고 가능한 한 적게 수입하려고 했다. 즉 무역수지는 항상 흑자여야만 한다는 것이다.

력히 저항하던 무리들이 있었는데, 그들이 실제로 앙시앵 레짐을 개혁 전의 상태로 보존하려던 세력들이다. 특히 대다수의 고위 관료들이, 즉 법복귀족들이 여기 속한다. 오늘날 공장이나 상점이 상속할 수 있는 재산이듯이 그들의 관직도 가족 소유물이었다. 그 밖에도 수공업조합, 납세소작인들과 금융자본가들이 여기 포함된다. 프랑스에서 개혁이 실제로 실패하고, 사회의 불균형이 앙시앵 레짐의 제도적 구조를 폭력적으로 파괴한 데는 개혁에 저항한 이 집단들의 책임이 크다고 할 수 있다.

이제까지의 개요는 하나의 사실을 극명하게 보여준다. 즉 프랑스에서 시민계층은 이 당시 벌써 정치적 역할을 담당하였지만, 독일에서는 그렇지 못했다는 것이다. 독일 지식인층이 정신과 이념의 영역에만 머물러 있었던 반면, 프랑스에서는 모든 인간적 문제들과 더불어 사회적·경제적·행정적, 그리고 정치적 문제들도 궁정귀족 지식인층의 사상적 대상이 될 수 있었다. 독일의 사고체계는 프랑스와는 달리 순수한 연구였으며, 그들의 사회적인 활동장소는 대학이었다. 중농주의를 산출한 사회적 토대는 궁정과 궁정사회였다. 또 궁정사회의 특수한 임무는 왕 또는 그의 애인에게 구체적인 영향을 줄 수 있는 사상이었다.

5. 케네(Quesnay)[역주7]와 중농주의자들의 근본이념은 이미 잘 알려져 있다. 그는 자신의 『경제표』(*Tableau Économique*, 1758)에서 사회의 경제생활을 어느 정도 자율적인 과정으로 그리고 재화의 생산, 유통과 재생산의 폐쇄된 순환운동으로 보았다. 그는 이성과 조화를 이룬 공동생활의 자연스러운 법칙에 관해 말하고 있다. 케네는 이러한 이념으로부터 통치자들이 자의적으로 경제적인 흐름을 간섭하는 데 반대했다. 그는 통치자들이

[역주7] 케네(François Quesnay, 1694~1774):프랑스의 경제학자, 의사, 중농주의의 창시자. 1653년경부터 경제학을 연구, 디드로의 『백과전서』에 '곡물론' 등을 집필했다. 중상주의 조치에 반대, 프랑스 농업 재건을 위해 세제개혁과 곡물의 수출자유를 주장했다. 1758년 일국의 부가 어떻게 생산되고 분배되는가를 하나의 표에 의하여 설명한 『경제표』(*Tableau Économique*)를 저술했다.

알지도 못하면서 마음대로 법령을 제정하지 말고 경제과정을 조종하기 위하여 그 흐름의 법칙을 알기 바랐다. 그는 거래의 자유, 특히 곡물거래의 자유를 요구했다. 왜냐하면 그는 자율적인 조정, 세력의 자유로운 활동이 전통적인 위로부터의 통제와 지방과 지방, 나라와 나라 간의 수없이 많은 교역장애보다는 소비자나 생산자에게 보다 유익한 질서를 창출한다고 생각했기 때문이었다.

그러나 그는 현명하고 계몽된 관료들이 경제의 이러한 자동적 과정에 대해 충분히 알고, 이 지식에 의거해 그 과정을 조종해야 한다는 의견을 가지고 있었다. 경제활동의 자율적 조종에 관한 경험을 소화하는 방법에 있어서 프랑스의 개혁자들과 영국의 개혁자들의 차이점이 바로 여기에 있다. 케네와 그의 추종자들은 현존하는 왕정의 기본골격을 유지하고자 한다. 앙시앵 레짐의 근본요소들과 제도적 장치를 건드리지 않는다. 지식인과 관료층들은 그와 비슷한 입장을 취하였지만, 덜 추상적이고 덜 과격하였으며 실제적인 면을 더 많이 고려했다. 그러나 이들도 중농주의의 핵심집단들과 비슷한 결론에 도달했다. 근본적으로 그들 모두에게 공통된 경험과 사유과정은 아주 단순하다. 통치자들이—우리가 이렇게 표현할 수 있다면—전권을 가지고 자의적으로 모든 인간관계를 조종한다는 것은 옳지 않다. 고유의 법칙을 가진 사회와 경제는 정부와 권력의 비이성적인 영향력 행사에는 대항한다. 그러므로 계몽된 합리적 행정조직을 만들어 사회과정의 '자연법칙들', 즉 이성에 맞게 통치해야 한다는 것이다.

6. 이 개혁이념은 형성기의 '문명' 개념에 가장 잘 반영되어 있다. 여기에서 '문명인'에 대한 생각이 기존의 사회상황과 관습 전체를 특징짓는 이 개념의 착상을 가져왔다면, 이는 야권의 사회비판자들이 특별한 혜안을 가졌음을 말해주는 것이다.

거기다가 좀 다른 경험이 덧붙여진다. 즉 정부는 임의로 지시를 내릴 수 없으며, 그 지시가 사회적 세력들과 법칙성에 대한 정확한 지식에 근거하지 않을 경우 익명의 세력들이 자동적으로 저항한다는 것이다. 그것은 절대주의적 정부조차도 사회발전의 역동성에 직면하여 또 '자연에 역행하는' '비합리적'이고 자의적인 정부 조치가 야기한 재난, 가시적 혼란, 비참과 곤궁의 역동성에 직면하여 가질 수밖에 없는 무기력감의 경험이다. 이미 말했듯이 이런 경험은 사회적 사건도 자연현상처럼 법칙에 따라 진행되는 과정이라는 중농주의의 이념에서 표현되고 있다. 이 경험은 또한 옛날의 형용사 '문명화된'이 '문명'이라는 명사로 진화되는 과정에서 드러나며, 이 개념이 개인적 사용을 넘어서는 의미를 가지는 데 기여하기도 했다.

이제는 더 이상 조종과 통제의 산물로 간주될 수 없었던 산업혁명의 진통은 잠시 동안 인간이 자기 자신을 그리고 자신의 사회적 존재를 과정으로 파악하고 사유하게 해주었다. '문명' 개념이 미라보에게 어떤 의미로 사용되었는지 계속 추적해보면, 그가 이러한 경험으로 인해 그 시대의 도덕을 전혀 새로운 빛으로 보았다는 사실이 분명히 드러난다. 그는 도덕과 '문명화됨'을 하나의 순환운동으로 보며, 통치자들이 이 법칙성을 인식하고 이용할 수 있기를 바라고 있다. 바로 이것이 '문명' 개념이 사용되기 시작하던 초기 단계에 그 개념이 지녔던 의미이다.

미라보는 그의 『인간의 친구』(Ami des hommes)[원주4]에서 돈의 과다소유는 개개인의 소비가 증가하는 데 반비례하여 인구를 감소시킨다는 말을 한 적이 있다. 그의 의견에 따르면 돈의 과잉은 "산업과 예술을 추방하여 나라를 빈곤 속으로 몰아넣고, 인구를 감소시킨다." 그는 이어서 "이 사실들로 미루어 우리는 야만이 문명과 부를 거쳐 타락으로 순환되는 과정이 빈틈없고 숙련된 한 각료에 의해 역전될 수도 있으며 기계를 멈추지 않고 다시 돌릴 수 있다는 점을 깨닫게 된다."

이 문장 속에는 중농주의자들이 가지는 근본태도의 일반적인 특징들이 모두 들어 있다. 즉 경제, 인구와 전체 풍속을 아주 당연스럽게 하나의 커다란 맥락하에 고찰하는 점, 그 모든 것을 철저하게 하나의 순환, 지속적 상승과 하강으로 보는 점, 이러한 지식을 통해 결국 통치자들이 법칙성을

[원주4] 같은 책, 36쪽.

통찰함으로써 사회적 과정을 이전보다 좀더 이성적으로, 좀더 잘 조종하고 통제하기를 바라는 마음, 즉 그들의 정치적 경향과 개혁의지 등이 들어 있다.

미라보는 1760년 세제개혁에 대한 중농주의자들의 계획을 군주에게 권할 의도로 그의 『조세이론』(*Théorie de l'impôt*)을 왕에게 헌정하는데, 그 속에도 같은 사상이 담겨 있다. "당신의 제국보다 앞서 문명의 순환을 겪었던 모든 제국들의 예는 제가 방금 언급하였던 사실을 낱낱이 증명해줍니다."

부, 사치와 지배적인 도덕에 대한 시골귀족 미라보의 비판적 관점이 그의 사상에 특이한 색채를 부여한다. 진정한 문명은 돈의 과잉에서 비롯된 잘못된 문명, 즉 '퇴폐적인' 문명과 야만 사이의 순환과정 중 어느 지점에 있다고 그는 생각한다. 계몽된 정부의 과제는 사회가 야만과 퇴폐 간의 중도노선에서 번영을 이룰 수 있도록 이 자동주의를 조종하는 데 있다는 것이다. '문명'의 전체 문제점이 이 개념의 생성 순간에 벌써 드러난다. 그 당시부터 '퇴폐'와 '몰락'의 이념이 이 개념과 연결되어 있었으며, 감추어져 있거나 드러난 형태로 위기순환의 리듬 속에 항상 새로 등장하곤 하였다. 그러나 우리가 여기에서 분명히 알 수 있는 사실은 개혁의지가 현존의, 즉 위로부터 통제되는 사회체제의 틀을 그대로 유지한다는 것이다. 즉 그는 잘못되었다고 느끼는 현재의 풍속에 전적으로 새로운 개념과 전망을 대립시키는 것이 아니라, 현존하는 것을 개량하고자 한다. 그는 '잘못된 문명'이 정부의 현명하고 계몽된 조치를 통해 다시 '올바르고 진실한 문명'으로 바뀌기를 바랄 뿐이다.

7. 이 '문명' 개념에는 우선 개인적 뉘앙스가 많이 들어 있는 것처럼 보인다. 그러나 이 개념은 또한 파리 사회의 개혁적·진보적 집단들의 일반적 욕구와 경험에 일치하는 여러 요소들을 내포하고 있다. 상업화와 산업화가 진행되면서 개혁운동이 활기를 띠면 띨수록 이 개념은 더 자주 이 집단 내에서 사용되어진다.

루이 15세 시대의 말기는 낡은 체제가 눈에 띄게 약화되고 불안정하게 된 시기이다. 내부와 외부의 갈등은 증폭되면서 사회변혁의 징조는 쌓인다. 1773년 보스턴 항구에는 홍차를 담은 상자들이 바다에 버려졌고, 1775년 영국의 식민지 아메리카는 독립을 선언한다. 정부는 국민의 행복을 위해 세워졌고, 그것이 이 목적에 맞지 않을 때 국민 다수는 그 정부를 전복할 권리가 있다는 것이었다.

프랑스의 개혁지향적인 중산층은 바다 저편에서 일어나고 있는 일을 유심히 그러나 호의적으로 관찰하였다. 그들의 우두머리들은 왕정을 파괴할 생각은 꿈에도 없었지만, 그들의 사회적 개혁성향은 영국에 대한 민족적 적개심과 섞여 있었다.

동시에 1774년부터 영국과의 분쟁은 언젠가 분명 발생할 것이며 전쟁에도 대비해야 한다는 긴장감이 고조된다. 같은 해 루이 15세가 사망한다. 새 왕이 들어서자 행정과 세제제도의 개혁을 둘러싼 투쟁이 궁정의 여러 집단들 사이에 다시 격렬하게 불붙는다. 이러한 투쟁의 결과로서 같은 해 튀르고는 '재정총감독관'으로 임명되어 나라의 모든 개혁지향적·진보적 인사들에게 환영받는다.

"마침내 뒤늦게나마 정의의 시간이 도래하였다"라고 중농주의자인 보도(Baudeau)는 튀르고의 공직 임용에 대해 말하였다. 달랑베르(d'Alembert)[역주8]는 같은 사건을 보고 "선이 지금 승리하지 못한다면, 선이 불가능하기 때문이다"라고 말한다. 볼테르는 '미덕과 이성이 제자리를 찾았음'을 지켜볼 수 있는 바로 이때 죽음의 문턱에 서 있는 자신의 처지를 한탄했다.[원주5]

같은 해 처음으로 '문명' 개념은 상당히 고정된 의미를 지닌 일상적 개념으로 많은 사람들의 입에 오르내린다. 1770년에 나온 레날(Raynals)의 『인

[역주8] 달랑베르(Jean Le Rond d'Alembert, 1717~83):프랑스의 철학자, 수학자. 디드로와 함께 『백과전서』를 편찬, 서론과 수학을 담당했다. 회의론적 철학사상으로 뒤에 나타난 실증주의의 선구자가 되었다. 저서로 『역학편』 등이 있다.

[원주5] Lavisse, *Histoire de France* (Paris, 1910), vol.9, pt.1, p.23.

도에서 유럽인들의 제도와 상업의 정치철학자』(*Histoire philisophique et politique des établissments et du commerce des Européens dans les deux Indes*) 초판에 이 단어는 단 한번도 쓰인 적이 없었다. 1774년 제2판에서 그것은 "일반적으로 이해되는 필수적 용어로서 자주, 어떤 의미의 변동도 없이 사용된다."[원주6]

돌바크[역주9]가 1770년 출판한『자연의 체계』(*Systéme de la nature*) 에는 아직 문명이란 단어가 나타나지 않는다. 그러나 그의 1774년판『사회체계』(*Systéme sociale*)에서 '문명'은 자주 사용된 단어 중의 하나이다. 예컨대 돌바크는 이렇게 말한다. "사려 깊지 못한 군주들이 언제나 휘말리는 지속적인 전쟁보다 공공의 행복, 인간 이성의 진보, 인간의 전체 문명에 더 커다란 장애물은 없을 것이다."[원주7] 다른 곳에서는 "인간의 이성은 이제까지 충분히 행사되지 못했다. 인간의 문명 또한 아직 완성되지 않았다. 수도 없이 많은 장애물들이 지금까지 유익한 지식의 발전을 저해했다. 이 지식의 진보만이 유일하게 우리의 정치, 우리의 법, 교육, 우리의 제도와 도덕을 완성하는 데 기여할 것이다."[원주8]

계몽된 사회비판적 개혁운동의 근본이념은 이렇게 항상 동일하다. 즉 지식의 발전을 통해 제도, 교육, 법률의 개선을 도모하려는 것이다. 그러나 여기에서 지식의 발전은 18세기 독일적 의미에서의 '학문'을 뜻하지는 않는다. 왜냐하면 운동의 대변자들은 대학에 있는 이들이 아니라 품격 높은 사교계나 살롱이라는 매개체를 통해 단결되었던 소설가, 관료, 지식인, 여러 종류의 궁정시민계급들이기 때문이다. 즉 일차적으로 왕을 설득하고, '이성'이나 '자연'의 의미에서 통치자를 계몽함으로써, 그리고 계몽된, 다시 말하

[원주6] Moras, 같은 책, 50쪽.

[역주9] 돌바크(Paul Henri Dietrich Baron d'Holbach, 1723~89):프랑스 계몽주의 철학자. 백과전서파 중에서 가장 극단적 무신론자이면서 유물론자.

[원주7] d'Holbach, *Système sociale ou principes naturels de la morale et de la politique* (London, 1774), vol.3, p.113 ; Moras, 같은 책, 50쪽.

[원주8] d'Holbach, 같은 책, vol.3, p.162

면 개혁지향적 인사들을 요직에 기용시켜 제도, 교육, 법률의 개선을 꾀하려는 것이었다. 이러한 진보적 개혁운동 전체의 어느 특정한 측면을 지칭하는 확고한 개념 '문명'이 정착한다. 문명 개념에 관한 미라보의 개인적 ─아직 사회적으로 다듬어지지 않은─견해에서 잘 드러나듯이, 모든 개혁운동의 특징, 즉 기존체제를 반쯤은 부정하고 반쯤은 긍정하는 면이 여기에서도 보인다. 개혁운동의 견해는 다음과 같다. 사회는 '문명'의 과정에서 어느 일정한 단계에 도달하였다. 그러나 그것으로는 충분하지 않다. 그곳에 머물러서는 안된다. 그 과정은 계속되어야 하고, 계속되도록 재촉해야 한다. "인간의 문명은 아직 완성되지 않았다."

두 가지 관념이 '문명' 개념 속에 함축되어 있다. 한편으로 이 개념은 사회의 다른 단계인 '야만' 상태에 대한 대립 개념을 구성한다. 이러한 감정은 오래 전부터 궁정사회에 널리 퍼져 있었는데, '정중함'이나 '예절' 같은 용어로 표출된 것이다.

그러나 국민들은 아직 충분히 문명화되지 않았다고 궁정 중산층의 개혁운동가들은 말한다. 문명화됨은 하나의 상태일 뿐 아니라 진행되어야 할 과정이라는 것이다. 바로 이 점이 '문명' 개념의 새로운 측면이다. 그 개념은 단순하고 문명화되지 않은 사람들 또는 야만적으로 생활하는 사람들에 비해 궁정사회가 보다 고상한 사회라는 느낌을 주는 것들, 즉 '품행'과 예절의 수준 또는 도덕 이념, 다른 사람에 대한 배려 또는 이와 유사한 여러 문제군에 대한 이념들을 수용하였다. 보다 더 문명화된 사회를 만드는 데 필수적이라 여겨지는 이념은 개혁운동의 입과 중산층의 손을 통하여 더욱 확대된다. 국가, 헌법, 교육 및 넓은 계층의 국민들의 문명화 그리고 기존의 상태에서 아직도 야만적이거나 반이성적인 모든 것─형벌이든 시민계급의 신분장벽이든 또는 자유로운 상거래를 저해하는 제약늘이는─으로부터의 해방이 풍속개량과 왕의 국가평정의 뒤를 이어야 한다는 것이다.

볼테르는 루이 14세 시절에 대해 다음과 같이 말한 적이 있다. "왕은 이제까지 혼란스러웠던 국가로부터 평화로운 국민들을 만드는 데 성공했다. 그들은 단지 적들에게만 위험스러운 존재들이다.…… 태도가 부드러워졌

다. "[원주9]

내부의 평화가 실제로 문명화과정에 얼마나 지대한 역할을 하는지 앞으로 좀더 자세하게 살펴볼 것이다. 볼테르에 비해 좀더 젊은 세대에 속하는 개혁가로서 훨씬 더 야당 쪽에 기울어지던 콩도르세(Condorcet)는 볼테르의 개혁사상을 해석하면서 다음과 같이 지적한다.

"몇몇 잔학한 법률들과 그릇된 행정 원칙에도 불구하고, 의무의 증가 및 의무의 부담스러운 형태와 회계법의 가혹성에도 불구하고, 행정부의 입법을 상공업에 치중하게 만든 해로운 여러 주의(主義)들 그리고 마지막으로 개신교도들의 박해를 참작하더라도 전체적으로 왕국 내의 국민들은 법의 보호 아래 평화롭게 살고 있음을 관찰할 수 있다."

앞의 목록들에 기존질서에 대한 긍정이 전혀 들어 있지 않다고 할 수 없지만, 그것은 개혁이 요청되는 분야들이 무엇인지 알려준다. '문명' 개념이 명시적으로 사용되었든 안되었든, 이 개념은 아직도 '야만적인' 모든 것과 연관된다.

독일의 발전과정 및 독일적 개념장치와의 차이가 여기서 분명히 드러난다. 우리는 프랑스의 중산층 지식인들이 궁정귀족적 전통 안에 서 있었다는 사실을 알게 된다. 그들은 이 사회의 언어로 말하며, 그것을 계승, 발전시킨다. 그들의 행동과 감정은 특수하게 변형되긴 했지만 대체로 이 전통을 따른다. 그들의 개념과 이념은 결코 궁정귀족들의 그것에 배치되는 대립 개념이 아니다. 그들은 궁정집단 내의 자신들의 사회적 위치에 상응하여 '문명화됨'과 같은 궁정귀족적 개념을 중심으로 자신들의 정치적·경제적 요청들로부터 나온 생각들을 결정화(結晶化)시킨다. 다른 사회적 상황에 처해 있으므로 다른 경험영역을 가지고 있는 독일 지식인들에게 이러한 관념은 대부분 낯설거나, 아무튼 마찬가지로 현실성을 갖지 못한다.

정치적으로 비교적 적극적이며, 일부는 적어도 개혁지향적이고, 짧은 기

[원주9] Voltaire, *Siècle de Louis XIV*, in OEuvres Complètes (Paris : Garnier Frères, 1878), vol.14, pt.1, p.516.

간 동안 혁명적이기까지 했던 프랑스 시민계급은 행동이나 감정 면에서 궁정적 전통 속에 있었다. 귀족과 중산층의 밀접한 관계로 인하여 궁정풍속의 많은 부분이 혁명 전에 이미 중산층의 풍속이 되었기 때문에, 옛 정권의 틀이 파괴되고 난 후에도 이것은 변함이 없었다. 그러므로 프랑스의 시민혁명은 낡은 정치구조를 파괴했지만, 전통적 풍속을 근절하지는 못했다.

정치적으로 완전히 무기력하지만 정신적으로는 과격했던 독일 중산층 지식인은 궁정귀족적 전통과 모델과는 전혀 다른 자신들만의 순수한 시민적 전통을 만들 수 있었다. 19세기에 서서히 독일의 민족성격으로 등장하던 특성들 중에 시민계급에 의해 흡수된 귀족적 요소들이 없지도 않았다. 특히 시민계급과 귀족 간의 철저한 사회적 분리와 그로 인한 독일풍속의 이질성이 18세기 이후에도 지속되었기 때문에 독일의 전체 문화전통과 태도에서 이러한 중산층의 특징들이 우세했다.

프랑스의 '문명' 개념이 프랑스 시민계급의 사회적 운명을 그대로 반영하듯이, 독일의 '문화' 개념에도 독일 시민계급의 운명이 담겨 있다. '문명' 개념처럼 문화 개념도 처음에는 사회적 대립상황에서 야당측이던 중산층 계급의 도구 역할을 하였다. 또한 문화 개념도 중산층의 부상과 함께 민족의 본질, 민족적 자아의식을 표현하는 수단이 되었다. 문명 개념은 근본적으로 점진적 과정, 즉 진화를 지시하는 것으로서 원래 개혁의 표어로 쓰였던 자신의 존재의미를 부정하지 않았기 때문에, 그것은 혁명이 일어났을 때 혁명의 슬로건으로는 그리 중요한 역할을 하지 못했다.

혁명이 온건해지면서, 즉 세기말 직전 이 개념은 슬로건으로 세상에 널리 퍼진다. 그 당시 이 개념은 이미 프랑스의 민족적 확장기도와 식민지정책을 정당화하는 의미를 획득한다. 1798년 나폴레옹이 이집트로 원정을 떠나면서, 군대를 향해 "용사들이여, 너희들은 지금 문명에 예측할 수 없는 결과를 가져올 정복에 나서고 있는 것이다"라고 훈시한다. 그 개념이 생겨날 당시와는 달리 국민들은 그때부터 문명화과정이 자신의 사회 내에서 이미 완성되었다고 생각한다. 그들은 스스로를 기존의 완성된 문명을 다른 사람들에게 전달하는 문명의 전달자라고 느낀다. 이전의 전체 문명화과정

은 그들의 의식 속에서 희미한 영상으로만 남아 있을 뿐이다. 그들은 문명
의 결과를 보다 더 우수한 자신들의 재능의 표현으로 간단하게 치부해버린
다. 그들은 어떻게 수세기가 흐르는 동안 지금의 문명화된 행동을 습득하
게 되었는지 아무런 관심도 없다. 문명 개념의 정신인 '정중함'이나 '예절'이
궁정귀족 상류층의 지배를 정당화했듯이, 자신의 우월성에 대한 의식, 이
'문명'의식은 그때부터 식민지의 정복자로서 비유럽국가들에게 일종의 상류
층이 된 여러 유럽국가들의 지배를 정당화해주는 구실을 한다.

문명화과정의 중요한 단계는 이미 문명의 의식, 자기행동의 우월성에 대
한 의식 그리고 이 의식이 학문, 기술 또는 예술에서 실체화되어 서구 전체
의 국가들로 확대되던 그 시대에 실제로 끝났다.

문명화과정에 대한 의식도 또 문명의 개념도 전혀 존재하지 않았던 시기
는 다음 장에서 다룰 것이다.

제❷부
인간행동의 특수한 변화로서 '문명'에 관하여

제1장
'시빌리테' 개념의 역사

1. 중세 서구의 자아의식을 표출하는 가장 결정적인 대립은 기독교와 이교 간의 또는 좀더 자세히 말한다면 한편으로는 정통 신학적인 로마 라틴 기독교와, 다른 한편으로는 그리스 동방 기독교를 포함한 이교와 사교의 대립이다.[원주1]

중세의 서구사회는 처음에는 십자가의 이름으로, 나중에는 문명의 이름으로 자신들의 식민지전쟁과 확장전쟁을 치렀다. 세속화되었음에도 불구하

[원주1] S. R. Wallach, *Das abendländische Gemeinschaftsbewußtsein im Mittelalter* (Leipzig and Berlin, 1928);*Beiträge zur Kulturgeschichte des Mittelalters und der Renaissance*, ed. W. Goetz, vol.34, pp.25~29. 이곳에서도 '라틴민족', '어떤 나라 출신이든 상관없이 라틴족들' 등과 같은 표현들은 라틴계 기독교도들, 다시 말하면 일반적으로 서구 전체를 가리킨다.

고 '문명'이라는 슬로건에는 아직도 저 라틴 기독교와 봉건 기사적 십자가 전쟁의 여운이 남아 있다. 기사도와 로마 라틴적 신앙이 서구사회의 어느 특정한 단계, 즉 서구의 민족들이 모두 거쳐간 단계를 증명해준다는 기억 은 분명 없어지지 않았다.

'시빌리테'(civilite, 예절) 개념이 서구사회에서 중요하게 된 시기는 기 사사회가 붕괴되고 카톨릭교회의 통일이 해체되던 때였다. 이 개념은 서구 의 풍속 또는 '문명'의 형성에 있어 하나의 특수한 단계로서 이전의 봉건사 회 못지않게 중요했던 한 사회의 구체화이다. 또한 '시빌리테' 개념은 여러 민족들을 포함했을 뿐 아니라, 교회에서처럼 공용어를──처음에는 이탈리 아어, 나중에는 프랑스어──사용했던 사회구성체의 표현이며 상징이다. 이 언어들이 이제까지 라틴어가 맡았던 역할을 넘겨받았다. 새로운 사회적 토대 위에 이룩된 유럽의 통일과 새로운 사회구성체, 즉 궁정사회가 이 언 어 속에 표출되고 있다. 궁정사회의 상황, 자아의식과 특성이 '시빌리테' 개 념에서 드러난다.

2. '시빌리테' 개념이 고유한 특성과 기능을 얻은 것은 16세기 후반이다. 우리는 이 개념의 개인적 출발점을 정확하게 확인할 수 있다. 이 개념이 특 별한 의미로 각인되고 사회에 수용된 것은 1530년에 출판된 에라스무스 (Erasmus, 1465~1536)의 소책자 『어린이들의 예절에 관하여』(De civilitate morum puerilium) 덕분이라 할 수 있다. 이 책은 분명 적당 한 시기에 출판되었던 것 같다. 즉 이 책은 곧 커다란 반향을 불러일으켰으 며, 삽시간에 널리 퍼졌다. 판을 거듭하여, 책이 나온 지 6년 동안, 즉 에 라스무스가 사망할 때까지 30판 이상이 인쇄되었다.[원주2] 총 130여 판이

[원주2] *Bibliotheca Erasmiana* (Gent, 1893)은 130판 또는 1526년판을 포함시킨다면 더 정확하게 131판을 기록하고 있다. 유감스럽게도 1526년판을 구할 수 없어 그것이 그 이후 간행된 텍스트와 얼마나 일치하는지 알 수 없다. *Colloquien, Moriae Encomium, Adagia*와 *De duplici copia verborum ac rerum commentarii* 다음으로 『어린이들 의 예절에 관하여』가 에라스무스의 저서들 가운데 가장 높은 발행부수를 기록했다. 에라스무

출간되었는데, 그중 13판이 18세기에 출판되었다. 번역서, 모방본, 후속편 등은 이루 다 헤아릴 수 없을 정도로 많다. 초판이 출판된 지 2년 후 영역본이 나왔고, 4년 후 그것은 교리문답형식으로 만들어져, 그 당시 이미 소년들의 수업을 위한 교과서로 채택되었다. 독일어와 체코어 번역본도 뒤따랐고, 1537, 1559, 1569, 1613년에 각각 새로운 프랑스어 번역본이 나왔다.

에라스무스 저서와 다른 인본주의자인 요하네스 술피시우스(Johannes Sulpicius)를 함께 연구한 코르디에(Mathurin Cordier)의 프랑스어 저서에 따르면 프랑스의 어느 특정한 유형의 활자체들이 16세기에 벌써 '시빌리테'라는 이름을 얻었다고 한다. 직접 또는 간접으로 에라스무스의 저서로부터 영향을 받아 '예절'이니 '어린이 예절'이라는 제목으로 출판된 모든 장르의 책들은 18세기 말까지 이 '시빌리테식의 활자체'로 인쇄되었다는 것이다.[원주3]

스의 모든 작품들의 발행부수를 적은 도표는 Mangan, *Life, Character and Influence of Desiderius Erasmus of Rotterdam* (London, 1927), vol.2, pp.396ff을 참조할 것. 에라스무스의 예법서와 다소간의 관련을 맺고 있는 저서들의 긴 목록을 고려한다면, 다시 말하면 그 저서가 화려하게 성공하였다는 관점에서 본다면 이 예법서의 의미는 그의 다른 저서들과의 관계에 있어서도 훨씬 높이 평가해야 할 것이다. 학자의 언어에서 일반 국민의 언어로 가장 많이 번역된 저서가 바로 이 예법서라는 사실은 이 저서가 미친 직접적인 영향을 잘 말해준다. 그러나 이 방향으로 포괄적인 연구는 아직 이루어지지 않고 있다. M. Mann, *Erasme et les Débuts de la Réforme Française* (Paris, 1934), p.181에 따르면 가장 놀라운 것은——프랑스에만 국한한다면——교육 관련 저서들이 압도적으로 많다는 사실과 오락이나 풍자를 다룬 책들에 대해서는 지나치게 조심스러운 태도이다. 『바보 찬양』『대화록』 등은 …… 이 목록에 들어 있지 않다.……번역가들의 관심을 끌고 또 독자들이 요구하는 책은 『속담』『죽음에 대한 준비』『어린이들의 예법에 관하여』 등이다. 독일과 네덜란드에서의 성공사례를 분석한다면 조금 다른 결과가 나올 것이다. 이곳에서는 풍자적 저서들이 더 성공을 거두었다고 가정할 수 있다(제2부 제3장〔원주2〕와 비교할 것). 물론 『어린이들의 예법에 관하여』의 라틴어판은 독일어권에서 대단한 성공을 거두었다. Kirchhoff는(*Leipziger Sortimentshändler im 16 Jahrhundert* ; W. H. Woodward, *Desiderius Erasmus*, Cambridge, 1904, p.156, n.3에서 재인용) 1547, 1551, 1558년 3년 동안 라이프치히 서적창고에는 이 예법서가 654권이나 되었으며 에라스무스의 어떤 책도 이 정도로 판매되지 않았다.

3. 나중에 '시빌리테'라는 개념이 '문명'으로 변형될 때처럼 여기에서도 한 개인이 변화의 계기가 된다. 에라스무스는 자신의 저서를 통해 이미 잘 알려져 있었고 종종 사용되었던 '시빌리타스'(civilitas, 시민의 신분)에 새로운 자극을 준다. 그러나 그가 의식했든 안했든, 그는 당시의 사회적 욕구에 부합하는 것을 이 책을 통해 말했던 것이다. '시빌리타스'라는 개념은 이 저서의 주제를 통해 획득한 특별한 의미를 지닌 채 사람들의 의식 속에 새겨진다. 이 개념은 여러 대중언어에서 유행어로 발전되는데, 프랑스어의 '시빌리테'(civilité), 영어의 '시빌리티'(civility), 이탈리아어의 '치빌타'(civiltà), 그리고 다른 문화에서처럼 확고히 자리잡지 못했던 독일어의 '치빌리테트'(Zivilität)가 그것들이다.

어떤 언어에서 일정한 단어들의 갑작스러운 출현은 항상 사람들의 생활 자체가 변화하고 있음을 암시한다. 특히 그것이 앞의 개념처럼 갑자기 중심부에 부상하여 오랫동안 영향을 미치는 개념일 때에는 더욱 그러하다.

에라스무스는 자신의 저서 중에서 조그만 책자 『어린이들의 예절에 관하여』에 커다란 의미를 부여하지 않았던 것 같다. 그는 서문에서 젊은이들을 교육하는 방식에는 여러 가지가 있으며, '예절'은 단지 그중 하나에 불과하고 또 그것이 '철학의 가장 고상하지 못한 분야'임을 부정하지 않는다. 이 저서는 하나의 독립된 현상 또는 개인적인 작품으로서보다 변화의 징조로서, 사회적 과정의 실체화로서 특별한 의미가 있다. 우리의 주목을 끄는 것은 무엇보다도 그 책이 불러일으킨 엄청난 반향과 이 책 제목이 유럽사회의 자기해석에 있어서 중심표현으로 등장하였다는 점이다.

4. 이 저서는 도대체 무엇을 다루고 있는가.

이 책의 주제는 새로운 개념이 무엇에 대하여 그리고 어떤 의미에서 사용되는지 알려줄 뿐 아니라 그 개념을 유행어로 급부상시킨 사회적 변화와

[원주3] A. Bonneau가 펴낸 *civilité puérile*에서 예법서에 관한 그의 주석을 비교할 것(제2부 제3장의 [원주7]을 참조).

과정에 대해서도 암시해준다. 에라스무스의 책은 아주 단순한 주제를 다루
고 있다. 즉 사람들의 사회적 행동양식을, 특히 '외면적인 신체예절'을 다루
고 있다. 이 책은 귀족소년, 즉 제후의 아들에게 헌정되었으며 그를 가르칠
목적으로 씌어졌다.

조소와 풍자로 가득 찼지만 아주 진지하게 써내려간 이 책이 전달하는
사상은 극히 단순하다. 이 단순한 사상은 다듬어진 명료한 문체로 그리고
놀랄 만큼 정밀하게 기술되어 있다. 그 뒤에 나온 어떤 책들도 힘과 명료함
과 개인적인 형상화에서 이 책을 따를 수 없을 것이다. 자세히 살펴보면,
우리는 그 뒤에 하나의 세계를, 삶의 양식을 발견하게 된다. 이 세계는 우
리의 세계와 여러 면에서 비슷하지만, 다른 면에서는 상당한 거리가 있다.
우리에게서는 자취를 감춘 태도들, 대다수 사람들이 아마 '야만적'이나 '미
개하다'고 할 수 있는 태도들이 그 안에 들어 있다. 이제 입에 담아서는 안
될 사항들, 당연한 것이 되어버린 많은 것들이 들어 있다.^[원주4] 예를 들면
에라스무스는 인간의 시선에 관해 말한다. 그의 설명은 하나의 교훈이지

[원주4] 이 저서는 발표 당시의 성공에도 불구하고 근대에 올수록 에라스무스 문학 중에서 커다란
관심을 끌지 못한 축에 속했다. 이는 이 저서에서 다루어진 주제를 보면 충분히 이해할 수 있
다. 예절, 일상의례, 행동양식 등과 같은 문제들은 인간의 모형화와 인간관계를 해명하는 데
유익할지 모르지만 이념사적 관점에서 그다지 흥미롭지 않다. Ehrismann은 *Geschichte
der deutschen Literatur bis zum Ausgang des Mittelalters*, vol.6, pt.2,
p.330에서 '궁정예법'을 "지배자계급 출신의 젊은이들을 위한 교육서, 덕론으로 깊이 들어가
지 않음"이라 평가했다. 이는 이런 장르의 저서들에게 보통 내려지는 학문적 가치평가의 하
나이다. 그러나 프랑스에서는 오래 전부터 어느 특정한 시대의—17세기의—예법서들이
점차 주목을 끌고 있는데, 이 증대된 관심은 아마 제2부 제9장의 [원주16]에서 인용된 D.
Parodie의 저서와 특히 M. Magendie의 포괄적인 연구서 *La Politesse Mondaine*
(Paris, 1925)에 기인하는 것 같다. 마찬가지로 B. Groethuysen, *Origines de
l'esprit bourgeois en France* (Paris, 1927)도 인간의 변화 및 사회수준의 변형의 특정
한 발전노선을 추적하기 위하여 그 사회의 평균적인 문학작품들을 연구의 출발점으로 삼았다
(예를 들면 45쪽 이하를 참조할 것). 이 연구의 제2장에서 다루는 자료들은 방금 언급한 연
구서들의 자료보다 그 수준에 있어서 한 단계 더 낮다고 할 수 있을 것이다. 그러나 인간과 인
간관계의 구조에 있어서 커다란 변화를 이해하는 데 이 '가벼운' 저서들이 지닌 중요성을 그 자
료들 역시 증명할 것이다.

만, 동시에 그가 능숙하게 할 수 있던 인간관찰의 직접적이고도 생생한 증
거들이다.

> 눈은 모름지기 부드럽고, 수줍고, 주시해야 한다.
> 부릅뜨면 안되는데, 그것은 거칠게 보이기 때문이며,
> 눈동자를 이리저리 굴려서는 안되는데, 그것은 비이성적이기 때문이며,
> 흘겨보아서는 안되는데, 그것은 의심과 간계를 표시하기 때문이다.

어조를 대폭 변화시키지 않고는 번역하기 힘들다. 크게 뜬 눈은 어리석
음의 표시이며, 응시하는 눈은 태만을, 지나치게 날카로운 시선은 화를 잘
내는 성격임을 나타낸다. 지나치게 생동감이 있고 말이 많으면 수치심 없
는 사람의 시선이다. 조용한 정신과 존경심에 가득 찬 친절을 보인다면, 그
것이 최상의 시선이다. 옛날 사람들이 영혼의 자리는 눈이라고 말한 것은
우연이 아니다. '영혼의 자리는 눈이다'.

이 저서에서 다루고 있는 행동거지, 몸짓, 의복, 얼굴표정과 같은 '외적'
행동은 그 인간의 내면을 표현한다는 것이다. 에라스무스는 이를 인식하고
자주 명시적으로 말한다. "이런 외면적 신체예절은 잘 가다듬은 마음으로부
터 나오지만, 그럼에도 불구하고 우리는 종종 교육의 결핍으로 이 예절이
훌륭하고 배운 사람에게도 부족하다는 사실을 발견한다."

콧구멍에 콧물이 보여서는 안된다고 그는 조금 뒤에 말한다. 농부는 모
자와 상의에 코를 풀고, 소시지 만드는 사람은 팔과 팔꿈치에다 코를 푼다.
손으로 코를 떼내어 옷에다 문지르는 것도 그리 점잖치 못하다. 가장 우아
한 행동은 몸을 조금 돌려 손수건으로 코를 닦는 것이다. 두 손가락으로 코
를 풀다가 코가 땅에 조금 떨어지면, 곧 발로 지워버려야 한다. 침의 경우
에도 마찬가지이다. 여기서 상세하게 다루어지고 있는 사안들을 단순히 거
론만 해도 다른 감정구조를 지닌 나중 단계의 '문명화된' 사람들은 충격을
받을 것이다. 에라스무스는 마찬가지로 세세하게, 그리고 아주 예사로운
어조로 앉는 법과 인사하는 법을 서술하고 있다.

우리에게는 낯선 동작들도 묘사되어 있는데, 예를 들면 한 다리로 서 있기 등이다. 우리는 중세의 그림이나 조각 등에서 종종 볼 수 있는 걷거나 춤출 때의 이상한 행동들이 단순히 화가나 조각가의 '예술기법'에서 기인하는 것이 아니라 우리에게 낯설게 되어버린 실제 몸짓과 거동을 담고 있다는 점, 즉 다른 심리상태나 감정상태를 구체화하였다는 사실을 유추해볼 수 있다. 그 조그만 책자에 빠지면 빠질수록, 여러 면에서 우리와 비슷한 동시에 또 여러 면에서 우리와 다른 행동양식을 가진 한 사회의 모습이 뚜렷이 눈앞에 다가온다.

우리는 식탁에 앉아 있는 사람들을 본다. "술잔과 깨끗이 씻은 나이프는 오른편에, 빵은 왼편에 놓는다"라고 에라스무스는 말한다. 식탁 차리는 법은 이러하다. 거의 모든 사람이 나이프를 가지고 다니므로, 깨끗한 나이프는 아마 식사예법이었던 것 같다. 포크는 거의 사용하지 않았으며, 단지 가끔 큰 접시에서 고기를 덜어낼 때 쓰였다. 나이프와 스푼은 종종 공동으로 사용되었다. 개인을 위한 식기는 따로 마련되지 않았다. "너에게 국이나 물기있는 음식이 제공되면, 그것을 먹고는 스푼을 깨끗이 닦아 돌려주어라" 하고 에라스무스는 말한다.

커다란 고기접시가 들어오면, 보통 각자 한 조각씩 베어, 손으로 자기 접시 위에 놓든가, 아니면 빵 조각 위에 얹는다. 에라스무스가 쓰는 '네모난 조각'(quadrae)이라는 표현은 빵 조각이나 금속 접시를 뜻한다.

"사람들은 제대로 앉기도 전에 음식물에 손을 댄다." 많은 사람들은 자리에 채 앉기도 전에 접시에 손을 댄다라고 에라스무스는 비난한다. 늑대들이나 탐욕스런 대식가들이 그런 짓을 한다. 국에 손가락을 넣는 것은 농부나 할 짓이다. 접시를 온통 뒤적거리지 말고, 처음 집은 조각을 가지고 와라. 그릇 전체를 손으로 뒤적거리는 짓은 자제력이 부족하다는 표시이다. 좀더 큰 조각을 찾으려고 그릇 안을 이리저리 뒤적거리는 행동도 그리 점잖치 못하다.

손으로 들 수 없는 음식은 너의 '네모난 접시' 위에 놓아라. 케이크나 파이를 숟가락으로 건네주면, 너의 '네모난 접시'로 받거나, 아니면 스푼을 직접 받아 너의 '네모난 접시' 위에 놓고 스푼은 돌려주어라.

이미 말했듯이 접시도 드물었다. 이 시대나 또는 조금 전 시대의 식탁 그림은 우리에게는 낯선 모습을 보여준다. 에라스무스의 저서는 그것을 묘사하고 있다. 식탁은 때때로 헐렁한 식탁보로 덮였지만, 어떤 때는 식탁보도 없고, 그 위에는 별로 많이 얹혀져 있지 않다. 술잔들, 소금통, 나이프, 스푼이 전부이며, 이따금 빵 조각이나 네모난 접시가 보인다. 왕과 왕비에서 농부에 이르기까지 모두가 손으로 먹는다. 상류층에는 좀더 품위있는 예법이 있다. 즉 식사 전에 손을 씻어야 한다는 것이다. 그러나 비누는 거의 없었다. 대개 손님들이 손을 내밀면, 시동이 그 위로 물을 부었다. 물에서는 종종 동백이나 로즈메리 향기가 났다.[원주5] 상류사회에서는 두 손을 그릇 속에 집어넣지 않는다. 가장 고상한 태도는 한 손으로 세 손가락만 사용하는 것이다. 그것은 상류층과 하류층을 구별하는 특징 중의 하나이다. 손가락에는 기름이 묻는다. "기름 묻은 손가락을 입으로 빨거나 옷으로 닦는 것은 예의 바르지 않다"라고 에라스무스는 말한다.

종종 다른 사람에게 유리컵을 권하거나, 모두 공동의 잔으로 마신다. 에라스무스는 "마시기 전에 입을 닦으라"고 경고한다. 호의를 가진 사람에게 자기가 먹던 고기를 건네줄 수도 있다. "그렇게 하지 않는 편이 낫다. 반쯤 먹은 것을 다른 사람에게 권하는 것은 그리 점잖치 못하다." 그리고 계속하기를 "반쯤 베어먹은 빵을 다시 소스에 찍는 것은 농부들이 하는 짓이며, 씹은 음식물을 입에서 뱉어내어 접시 위에 놓는 것은 품위없는 행동이다. 삼킬 수가 없으면, 남의 눈에 띄지 않게 등을 돌려, 어디엔가 뱉어버려라."

"식사 중간에 담소하는 것도 좋다. 많은 사람들은 쉴새 없이 먹고 마시는데, 그들이 배 고프거나 목 말라서가 아니라 달리 어떻게 해야 할지 모르기 때문이다. 그들은 머리를 긁거나 이를 쑤시거나 또는 손을 이리저리 움직이거나, 나이프로 장난 치거나 또는 기침하거나 코를 풀거나 침을 뱉는다.

[원주5] 일부는 A. Franklin, *Les Repas*, p.164, 166에 재수록되어 있다. 이곳에는 이 주제에 관한 다른 인용문들도 무수히 발견된다.

이 모든 것은 실제로 촌스러운 당혹감에 기인하며, 그런 행동은 미친 짓거리처럼 보인다."

에라스무스는 "꼭 필요하지 않다면, 자연이 정숙함을 부여한 부분은 노출하지 말아라"라고 지시할 필요성을 느낀다. 이어 그는 어떤 사람들은 소년들이 "배를 눌러 방귀를 참아야 한다"고 지시하지만, 그 때문에 병을 얻을 수 있다고 말한다. 그리고 그는 다른 곳에서 이렇게 말한다. "건강보다 예절을 더 높이 평가하는 바보들은 자연의 소리를 억누른다." "구토하고 싶으면 두려워하지 말고 해라. 구토물을 네 목 안에 그대로 두는 것은 구토보다 더 더러운 일이다."

5. 에라스무스는 이 저서에서 넓은 범위의 인간행동과 사교적 사회생활의 주된 상황들을 샅샅이 훑어간다. 그는 인간관계의 가장 미묘한 부분에 관해서나, 가장 원초적인 것에 관해서도 똑같이 자연스럽게 말한다. 책의 제1장은 '품위있는 신체조건과 품위없는 조건', 제2장은 '신체교육', 제3장은 '모든 장소에서의 예의범절', 제4장은 '연회', 제5장은 '모임', 제6장은 '여흥', 그리고 제7장은 '침실'을 다루고 있다. 에라스무스는 이와 같이 여러 분야의 문제들을 다룸으로써 '시빌리타스' 개념에 새로운 자극을 가한다.

우리의 의식이 역사의 지나간 단계를 항상 아무런 주저없이 회상하는 것은 아니다. 에라스무스와 그의 시대가 인간행동의 모든 영역을 자연스럽게 말할 수 있었던 그 꾸밈없는 개방성은 우리에게서 사라져버렸다. 그가 말하는 많은 부분은 우리의 정서적 고통의 문턱을 넘어서는 것들이다.

그러나 바로 이 점이 우리가 여기에서 다루게 될 문제이다. 다양한 사회모습이 표현된 개념의 변화를 추적하면서, 그리고 '문명' 개념에서 시작해 그것의 전신인 '시빌리테'(civilite)로 거슬러 올라가면서, 우리는 갑자기 우리 스스로 문명화과정 자체의 궤도 위에, 즉 서구에서 이루어진 행동변화의 궤도 위에 서 있음을 깨닫는다. 에라스무스가 서술한 많은 문제들을 이야기하거나 단지 듣는 것만으로도 우리가 수치심을 느낀다는 사실 자체는 이러한 문명화과정의 징후 중 하나이다.

우리가 자신들의 생리적 작용을 거리낌없이 지껄이거나 감추려고 하지 않는 사람들을 대할 때, 우리에게 엄습하는 불쾌감은 '야만적'이라든가 '미개한'과 같은 판단에서 표현되는 지배적 감정 중의 하나이다. 그리고 바로 이것이 '야만에 대한 불쾌감', 또는 가치판단을 조금 배제하여 표현하면, 오늘날 우리가 '미개'하다고 부르는 사회에서 관찰할 수 있는 다른 감정구조, 다른 수치심의 수준에 대한 불쾌감이다.

여기서 제기되는 질문은 어떻게 그리고 왜 서구사회가 하나의 수준으로부터 다른 수준에 이르게 되는가, 즉 '문명화'되는가이다. 이와 같은 문명화 과정을 고찰하는 작업은 불가피하게 우리의 정서적 고통과 수치심을 자극할 수 있다. 그러나 우리는 수치감과 우월감 또는 '문명' 개념이나 '미개하다'라는 개념들과 연결된 모든 가치평가를 적어도 고찰과정에서는 반드시 배제해야만 한다. 우리의 행동양식은 이른바 '미개'한 그 행동으로부터 생겨났다. 그러나 개념들은 실제의 변화를 너무 정태적으로, 아무런 뉘앙스 없이 파악한다. 실제로 '문명화됨'과 '미개함'의 대립은 '선'과 '악'의 대립 같은 것이 아니라, 앞으로도 지속될 발전과정의 단계들이 서로 맺는 관계와 같은 것이다.

우리가 우리 선조들의 행동에서 느끼는 것과 비슷한 감정을 우리의 후손이 우리의 행동과 우리 단계의 문명에 대해 느끼게 될지도 모른다. 사회의 감정표현과 행동은 절대적 의미에서 '미개'하다고 할 수 없는, 또 최초의 출발점도 아닌 수준과 형태로부터 우리가 현재 '문명화'되었다고 성격짓는 형태로 변해왔다. 우리는 이 점을 이해하기 위해서 역사적인 회상을 통해 그것이 생성된 곳으로 되돌아가야만 한다.

우리는 '문명'을 통상 하나의 소유물로 생각하기 때문에, 문명이 지금 모습 그대로 그렇게 완성되어 우리에게 주어졌기 때문에, 우리는 어떻게 그것을 소유하게 되었는지 질문하지 않는다. 그러나 문명은 우리 스스로 포함되어 있는 하나의 과정 또는 과정의 한 부분이다. 우리가 문명으로 생각하는 모든 것들은——기계이든, 학문적 발견 또는 국가형태이든——특정한 인간관계, 사회구조와 특정한 행동양식을 증명한다. 마지막 질문은 우리가

행동의 이러한 변화, 인간의 '문명화'라는 사회과정을 적어도 그중 몇 단계
들과 가장 기초적인 형태만이라도 어느 정도 정확하게 이해할 수 있는가
하는 것이다.

제2장
중세의 일상의례

1. 에라스무스의 저서 『어린이들의 예절에 관하여』에는 특별한 종류의 사회적 행동이 서술되어 있다. '문명'과 '미개'의 단순한 대립은 이런 행동을 이해하는 데 부족하다는 점이 여기서 명확해진다. 에라스무스에 앞서 누가 있었는가. 그가 이 문제들을 최초로 다룬 사람인가. 결코 아니다. 이미 중세에도 비슷한 문제들은 취급되었고, 그리스로마시대와 그보다 훨씬 앞선 '문명들'에서도 사람들은 비슷한 문제와 씨름하였다.

출발점 없는 과정을 무한정 거슬러 올라갈 수는 없다. 어디에서 시작하든 그것은 운동이며, 그보다 앞선 과정이 있었다. 과거를 탐사하는 연구에서 우리는 실제과정의 단계들과 일치하도록 한계를 설정할 필요가 있다. 여기에서 우리는 중세의 수준에서 출발하여——그 자체는 상세한 연구의 대상은 아니지만——그로부터 시작되는 운동, 즉 새 시대로 이어지는 발전의 곡선을 추적하는 것으로 만족할 것이다. 중세는 사회적으로 허용되는 행동이 무엇인가를 알려주는 풍부한 자료들을 남기고 있다. 여기에서도 식사예법이 특히 중요한 역할을 한다. 식사와 음주는 대화와 사교적 모임이 많은 오늘날과는 달리 사교생활의 중심을 이루었다.

학식있는 성직자들은 라틴어로 행동규정을 적어놓았는데, 그것은 그들의 사회가 어떤 수준에 있었는지 보여주는 증거로서 중요하다. 성 후고 폰 빅토르(Hugo von. St. Victor)[역주1]는 그의 저서 『수도사 교육론』(De institutione novitiarum)에서 이 문제들을 다루고 있고, 세례를 받은 스페인계 유태인인 페트루스 알폰시(Petrus Alphonsi)도 12세기 초반에 나온 그의 『성직자의 규율』(Disciplina clericalis)에서 그것을 다루고 있다. 요하네스 폰 가를란트(Johannes von Garland)는 『학자의 도덕』(Morale scolarium)이란 제목이 붙은 662편의 라틴어로 된 시 중 몇 편을 일상의례, 특히 식사예법에 할애하고 있다.

라틴어로 말하는 성직자사회에서 나온 규정들 외에도 13세기부터는 여러 일반신도들의 언어로 된 증거자료들이 많이 발견되는데, 이는 특히 궁정 기사사회의 것들이었다. 세속 상류층에서 통용되는 일상의례에 관한 가장 초기 진술은 프로방스와 문화적으로 밀접한 교류를 하던 이웃나라 이탈리아에서 발견된다. 가장 초기 독일의 예법서는 벨쉬 사람인 토마신 폰 치르클라리아(Thomasin von Zirklaria)[역주2]에 의해 씌어졌으며, 『벨쉬의 손님』(Der Wälsche Gast)이라는 제목을 달고 있다. 벨쉬어로 씌어진 토마신의 다른 예법서의 독일어 제목은 '예절' 개념의 초기형태를 전하고 있다. 그는 분실된 이 저서를 '예절에 관한 책'이라 불렀다.

본비치노 다 리바(Bonvicino da Riva)의 50개의 '예법'과 탄호이저[역주3]가 기술한 『궁정예법』(Hofzucht)도 역시 궁정 기사사회에서 나왔다. 14

〔역주1〕 중세 유럽의 신학자. 독일 작센에서 출생. 저서로 『비적론』 『교육론』 외에 다수가 있다.
〔역주2〕 중세 때 귀족 출신의 이탈리아인 성직자로서 궁정예절에 관한 교육서를 독일어로 저술하였다. 저서로 『벨쉬의 손님』(Der Wälsche Gast)이 있다.
〔역주3〕 1270년경에 사망한 중세의 서정시인으로 후세에 바그너의 악극으로 유명해졌다.

세기의 『장미의 이야기』(Roman de la Rose)[원주1]와 같은 궁정 기사사회
의 서사시에서도 그러한 규정들이 발견된다. 15세기에 나왔다고 추정되는
존 러셀(John Russel)의 『훈도서』(Boke of Nurture)는 위대한 왕을 섬
기는 젊은 귀족들이 취해야 할 행동에 대한 개요를 제공한다. 이와 비슷하
지만 조금 짧은 형식으로는 『유아서』(The Babees Book)가 있다.[원주2]

그 외에도 주로 14, 15세기의 양식으로 씌어진 일련의 암기용 시들과 여
러 언어로 된 '식사예법'들이 있다. 책이 드물고 비쌌던 중세사회에서 암기
는 교육과 훈련방법으로서 오늘과는 전혀 다른 역할을 하였으며, 이 운율
에 맞춘 규정들은 사회에서, 특히 식탁에서 무엇을 해야 하고 무엇을 하지
않아야 하는지를 사람들의 기억 속에 주입시키는 방법 중의 하나였다.

2. 저자가 알려진 중세의 예법서처럼 이런 '식사예법'은 현대적 의미에서

[원주1] Frederick Furnivall (Early English Text Society, Original Series, vol.1,
32, London, 1868, pt.2)이 간행한 The Babees Book에 재수록되었다. 이 장르의 영
어, 이탈리아어, 프랑스어와 독일어 저서들에 관해서는 Early English Text Society를
참조할 것. 그 나라 '거물'들의 집에서 봉사를 통한 귀족 청년들의 적응과정은 특히 영어로 된
교육서에서 명확하게 표현되어 있다. 영국의 관습을 관찰하여 1500년경 책을 썼던 한 이탈리
아인은 이에 관해 영국인들은 자신의 아이들에게서보다 외부인들로부터 더 나은 시중을 받을
수 있기 때문에 그렇게 한다고 해석한다. "그들이 자신의 아이들을 집에 데리고 있었더라면,
자신들이 먹는 것과 똑같은 음식을 그들에게 주지 않을 수 없을 것이다"(A Fifteenth
Century Courtesy-Book, ed. R. W. Chambers, London, 1914, p.6 서문을 참조할
것). 1500년경 이탈리아 출신 관찰자가 "영국인들은 다시 말하면 대단한 향락주의자들이다"
라고 명시적으로 강조했다는 사실도 흥미롭다. 이 밖에도 M. Quennel and C. H. B.
Quennel, A History of Everyday Things in England (London, 1931), vol.1,
p.144를 참조할 것.

[원주2] F. Furnivall(위의 [원주1]을 참조)이 편집. 이 장르의 독일 문학과 다른 언어들로 된
해당 저서들에 관하여 언급되어 있다. 이에 관해서는 G. Ehrismann, Geschichte der
deutschen Literatur bis zum Ausgang des Mittelalters, 1935, vol.6, pt.2('담
화예법'에 해당되는 p.326, '식사예법'에 대해서는 p.328) 참조. 이 밖에도 P. Merker
and W. Stammler, Reallexikon der deutschen Liteaturgeschichte, vol.3, '식
사예법'에 관한 항목(P. Merker)과 H. Teske, Thomasin von Zarclaere
(Heidelberg, 1933), pp.122ff 참조.

개인적인 산물, 즉 충분히 개인주의적인 사회에서 각 개인의 착상에서 나온 것은 아니다. 문자로 우리에게 전해내려온 작품은 구술적 전통의 편린들이며, 실제로 그 사회에서 관습이었던 것을 반영한다. 이러한 편린들이 중요한 까닭은 이것이 그 사회의 위대하고 비일상적인 측면이 아니라 전형적인 측면을 전해주기 때문이다.

작가가 분명한 시들, 예컨대 탄호이저의 『궁정예법』이나 존 러셀의 『훈도서』도 그 사회에 돌아다니던 전승물들을 개인이 엮은 것에 불과하다. 이를 기술한 사람들은 이 규정을 만들어낸 자도 입법자도 아니며, 단지 사회적 금기사항과 계율을 수집하고 정리한 사람들이다. 그러므로 거의 모든 문헌들 속에는, 문학적으로 서로 연관되든 안되든 간에 항상 비슷한 규정들이 나오며, 동일한 관습이 반영된다. 따라서 이런 문헌들은 사회의 특정한 행동수준과 감정수준을 증명해주는 중요한 사료인 것이다.

우리가 좀더 깊이 연구한다면 우리는 아마 나라에 따른 관습의 차이, 한 나라 안에서 계층간의 차이, 또 동일한 전통 내에서의 어떤 변화까지도 밝혀낼 수 있을 것이다. 예를 들면 14, 15세기의 어조와 관습들은 길드조합을 결성한 시민계급의 부상과 함께 변화를 겪게 되며, 근대에 들어서 원래 궁정귀족적인 행동양식이 시민계급에 의해 계승되면서 마찬가지로 조금 변질된다.

중세적 행동양식에 있어 미세한 변화를 자세히 연구한다는 것은 그 자체가 하나의 새로운 과제이다. 그러나 나는 여기에서 이러한 중세의 수준도 내면적인 운동 속에 있었으며, 그것이 문명화과정의 '시작'이나 '가장 하급 단계'를 또는 종종 주장하듯이 '야만 상태'나 '원시성'을 의미하지는 않았다는 사실을 지적하고 기억하는 것으로 그치겠다.

어쨌든 이 시대는 현대와는 다른 기준을 가지고 있으며, 그것이 더 좋은지, 더 나쁜지는 논의의 대상이 아니다. 우리가 '잃어버린 과거'를 추구하면서 한걸음 한걸음씩 18세기에서 16세기로, 16세기에서 12, 13세기로 옮겨간다면, 이는 이미 말했듯이 우리가 문명화과정의 '시원'을 발견하리라 기대하기 때문은 아니다. 중세에서 초기 근대로 이르는 짧은 여행과 이 과정에서 인간들에게 실제로 무슨 일이 일어났는가 이해하려는 시도는 제한된 우리의 논의에 충분한 자료를 제공하기 때문이다.

3. 중세에 '좋은 태도'의 기준은 그후와 마찬가지로 하나의 특정한 개념 으로 표현된다. 중세의 세속 상류층은 이 개념을 통하여 자신들의 자아의식 을 표현한다. 이들의 자아의식과 '사회적으로 받아들일 수 있는' 행동을 총괄 하는 개념이 프랑스어로는 'coutoisie', 영어로 'courtesy', 이탈리아어로 'cortezia'──이것들 외에도 여러 표현양식들이 있는데──독일어로는 'hövescheit' 또는 'hübescheit' 또는 'zuht'라고 한다. 이 모든 개념들은 아주 직접적으로──그리고 동일한 기능을 가진 차후 개념들보다 훨씬 더 분명하게──어느 특정한 사회적 장소를 지칭한다.

이 개념들은 궁정에서는 이렇게 행동한다라고 공공연히 말한다. 세속 상 류층의 특정한 집단, 즉 기사계급 전체가 아니라 대영주들을 둘러싼 궁정 기사들이 자신들을 차별화해주는 특징이라고 느꼈던 특별한 규율과 금기를 이 개념들을 통해 표현했다. 이 특별한 규율은 처음에는 대영주의 궁정에 서 만들어졌다가, 나중에 넓은 계층으로 퍼졌다. 그러나 규율과 금기의 확 산과정은 우선 고려 대상에서 제외하자. 여기서 논의되는, 즉 특정한 '수준' 으로 명명되는 중세의 도덕적 관습과 악습의 통일성은 후대와 비교할 때 인상적이다.

이 기준은 어떤 것인가. 전형적 행동은 무엇이며, 규칙들의 일반적 성격 은 무엇인가. 우리는 우선 훗날의 수준, 행동과 비교해서 중세 기준의 단순 성과 소박성을 들 수 있다. 감정을 급격하고 직접적으로 표현하는 사회에 서 모두 그렇듯이, 심리적 뉘앙스도 적고, 사상적으로 복잡하지도 않다. 친 구와 적, 쾌락과 혐오, 선한 사람과 악한 사람이 있을 뿐이다.

> 너는 존경할 만한 사람을 따라야 하며
> 사악한 사람에게 네 분노를 풀어라

이 구절은 카토스로 통칭되어 중세 때 전해지던 행동규정인 『카토의 이
행시』(Disticha Catonis)^[원주3]의 독일어 번역본에 들어 있다. 다른 곳에
서는 다음과 같이 씌어 있다.

사랑하는 아들아, 네 동료들이 너를 화나게 하면
나중에 후회할 정도로 성급해서는 안된다.^[원주4]

모든 것이 더 단순하며, 욕망과 욕구를 자제하지 않는다. 그것은 식사에
서도 마찬가지이다.

고상한 사람은 동료들과 함께 있을 때
수저로 후루룩 소리 내어 먹지 않는다.
그것은 궁정사람들이 행동하는 짓거리.
그들은 종종 점잖치 못한 행동을 즐겨한다.

이렇게 탄호이저의 『궁정예법』^[원주5]은 적고 있다. '훌륭한 사람들'이란
고상한 '궁정' 사람들을 말하는 것이다. 『궁정예법』의 규칙들은 상류층, 즉
기사나 궁정인을 위한 것이라고 명시되어 있다. 고상한 궁정인의 태도는
항상 '상스러운 태도', 즉 농부의 행동에 대비된다.

어떤 사람들은 빵을 베어 상스럽게 그것을 음식에 적신다
고상한 사람들은 그런 나쁜 행동을 거부한다.^[원주6]

[원주3] 여기에서 사용한 독어본은 Zarncke, *Der deutsche Cato* (Leipzig, 1852)를 참조
하였음.
[원주4] 같은 책, 39쪽, 223행.
[원주5] Tannhäuser, "Die Hofzucht," *Der Dichter Tannhäuser*, ed. J. Siebert
(Halle, 1934), p.196, 1.33.
[원주6] 같은 책, 45행.

한입 벤 빵을 다시 공동의 수프그릇에 담그지 마라. 그것은 농부나 할 짓
이지 '고상한 사람들'의 태도는 아니다.

많은 사람들은 뼈를 뜯어먹고
그것을 다시 그릇에 담는다.
이는 아주 불쾌한 행동이다.[원주7]

발라 먹은 고깃뼈는 공동의 그릇에 놓지 마라. 다른 기록에 의하면 사람
들은 보통 먹고 남은 뼈를 바닥에 던졌다고 한다. 규칙들 중 하나는 다음과
같다.

식사중에 헛기침을 하는 사람,
식탁보에 코를 푸는 사람은 모두
분명히 버릇없는 사람들일 것이다.[원주8]

다른 곳에서는 이렇게 말하고 있다.

달리 어떻게 할 줄 몰라 식탁에서
손으로 코를 훔치는 사람은 틀림없이 바보일 것이다.[원주9]

손수건이 아직 없었기 때문에 손으로 코를 푸는 것은 자연스럽게 여겨졌
다. 그러나 식탁에서는 특히 조심해서 코를 풀어야 했다. 즉 식탁보에 풀어
서는 안된다는 것이다. 식사중에 쩝쩝거리거나 헐떡여서도 안된다고 규정
하고 있다.

[원주7] 같은 책, 49행.
[원주8] 같은 책, 57행.
[원주9] 같은 책, 129행.

식사하면서 바다표범처럼 킁킁거리고
바이에른 촌놈처럼 입맛을 다시는 사람은
좋은 예의범절을 모두 포기한 사람이다. [원주10]

몸을 긁어야 한다면 손으로 하지 말고 네 옷을 사용해라.

식사 도중 맨손으로 목을 긁지 마라.
정 긁고 싶다면 예절 바르게 네 옷을 사용해라. [원주11]

모든 사람이 손으로 공동 접시에서 음식을 집어다 먹는다. 그러므로 손
으로 귀나 코를 후비거나, 눈을 비벼서는 안된다.

어떤 사람들처럼 식사하면서 손가락으로
네 귀나 코를 쑤시거나 코를 후벼서는 안된다.
이 세 가지 습관은 나쁘다. [원주12]

식사 전에 손을 씻어야만 한다.

어떤 사람들은 손을 씻지 않고
식사한다고 하는데(사실이라면, 이것은 나쁜 징조이다)
그들의 손가락은 마비될지도 모르니까. [원주13]

　탄호이저의 『궁정예법』과 많은 점에서 유사한 다른 '식사예법', 즉 『식사
하는 사람에게 전하는 말』[원주14]에서는 한 손으로만 식사를 할 것이며, 다

[원주10] 같은 책, 61행.
[원주11] 같은 책, 109행.
[원주12] 같은 책, 157행.
[원주13] 같은 책, 141행.

른 사람과 같은 접시를 사용하거나, 같은 조각을 먹을 경우에는 바깥쪽에
있는 손을 사용해야 한다고 적고 있다.

너는 항상 바깥쪽의 손으로 먹어야 한다.
상대방이 네 오른쪽에 앉아 있다면
왼손을 사용해라.
두 손으로 먹지 말아라.[원주15]

손을 닦을 수건이 없으면, 옷으로 닦지 말고, 그대로 마르게 내버려두라
고 가르치고 있다. 혹은 같은 곳에서,[원주16]

어떤 경우라도 당황해서
얼굴을 붉히지 않도록 조심해라.[원주17]

식사중에 허리띠를 늦추는 것은 좋지 않다.[원주18]

여기 모든 규칙들은 어린아이뿐만 아니라, 어른에게도 해당된다. 이 규
칙들은 상류층 사람들을 위한 예법으로는 너무 초보적이라는 느낌이 든다.
그것은 심지어 오늘날 시골 농부들의 관습이나 예절보다도 훨씬 더 초보적
이다. 다른 언어로 씌어진 예법서에도 거의 비슷한 수준의 규칙들이, 조금
씩 다르긴 하지만 들어 있다.

4. 나는 이 다양한 흐름의 전통들 중에서 특정한 라틴어 예법서에서 주

[원주14] Zarncke, *Der deutsche Cato*, p.136.
[원주15] 같은 책, 137쪽, 287행.
[원주16] 같은 책, 136쪽, 258행.
[원주17] 같은 책, 136쪽, 263행.
[원주18] Tannhäuser, 앞의 책, 1.125.

로 프랑스어로, 일부는 이탈리아어와 프로방스어 식사예법으로 이어지는
전통의 명령과 금지들을──대부분의 또는 모든 역서들에서 항상 등장하는
──모아보았다.[원주19] 이는 대체로 독일어 식사예법에 들어 있는 규칙들과
동일하다.

우선 식사기도를 해야 하는 규칙은 탄호이저에서도 발견된다. 정해진 자
리에 앉아야 하며, 식탁에서 코와 귀를 만지지 말라는 지시는 어디에나 들
어 있는 사항이다. 팔꿈치를 식탁에 대지 말라는 규칙도 종종 보인다. 밝은
표정을 지어라. 말을 너무 많이 하지 말아라. 긁지 말 것이며 자리에 앉자
마자 게걸스럽게 음식에 덤벼들지 말라는 권고도 자주 등장한다. 입에 넣
었던 음식물은 다시 공동의 그릇에 담지 말라는 사항도 자주 반복된다. 식
사 전에 손을 씻을 것이며, 음식물을 소금통에 대지 말라는 경고도 적지 않
게 등장한다.

나이프로 이를 쑤시지 말며, 식탁 위에 침을 뱉지 말라. 이미 들고 가버
린 큰 접시 위의 음식을 또 요구하지 말아라. 식탁에서 제멋대로 굴지 말라
는 규칙도 흔히 등장한다. 마시기 전에 입술을 닦아라. 음식물에 대해 이러
쿵저러쿵 흉보지 말며, 다른 사람의 기분을 상하게 하는 말은 하지 말아라.
빵을 포도주에 이미 담갔다면, 그것을 다 마셔버리든가 아니면 쏟아버려
라. 식탁보로 이를 닦지 말아라. 네가 먹던 국이나, 베어먹은 빵을 다른 사
람에게 권하지 말며, 너무 큰소리로 코를 풀지 마라. 식사 도중에 잠들지
마라 등등.

악습과 양습의 동일한 규칙들이 일상의례에 관한 서로 유사한 일련의 암
기를 위한 시들 속에서 발견된다. 이 시들은 앞서 언급한 프랑스 전통과는
직접적 연관이 없다. 이 모든 것들은 인간관계의 어느 특정한 수준을 증명
할 뿐만 아니라 중세사회와 중세인의 '심리'가 어떤 구조를 지니고 있었는
가를 보여준다. 이 예법서들 간에는 사회발생적, 심리적 유사성이다. 그렇
다고 이 모든 행동규정들, 즉 프랑스, 영국, 이탈리아, 독일과 라틴어의 행

─────────

[원주19] Glixelli, *Les Contenances de Table*(제2부 제3장 [원주4] 참조).

동규정들이 언제나 문학적으로 유사할 필요는 없다. 그러나 이런 차이점은 근대에 비해 비교적 통일된 중세 상류층의 실제 행동이 보여주는 공통점에 견주어볼 때 별로 중요하지 않다.

예컨대 가장 개인적이며, 이탈리아의 발전에 상응하여 '가장 진보적'인 식사예법 중의 하나인 본비치노 다 리바의 예법서에는 이미 언급한 일련의 프랑스 예법서에 수록된 규정들 외에도 기침이나 재채기를 할 때에는 몸을 돌리며, 또 손가락을 빨지 말라는 사항이 들어 있다. 큰 접시에서 가장 좋은 조각을 집지 말 것이며, 빵을 모양 좋게 자를 것도 지시하고 있다. 손가락으로 공동의 컵 가장자리를 잡지 말며, 두 손으로 컵을 들라고 한다. 그러나 예법의 전체 흐름, 수준과 관습은 여기에서도 동일하다. 재미있는 사실은 300년 후 본비치노 다 리바의 예법서를 개정한 사람이 전체 규칙들 중에서 단지 두 가지만을 고쳤다는 것이다.[원주20] 즉 수정판은 컵이 가득 차지 않았을 경우에만 두 손으로 잡을 것이며, 여러 사람이 같은 컵으로 마실 경우에 빵을 절대로 컵에다 적시지 말 것을 충고하고 있지만, 다 리바의 예법서에는 빵을 적신 술은 버리거나 다 마셔버리라고 적혀 있다.

독일의 전통적인 예법서도 이와 비슷하다. 15세기의 독일 식사예법은 아마 13세기에 나온 탄호이저의 『궁정예법』이나 토마신 폰 치클라리아의 『벨쉬의 손님』보다 그 어조에 있어서 더 거칠다. 그러나 양습과 악습을 가늠하는 기준은 크게 변한 것 같지 않다. 우리가 이미 언급한 이전의 규정들과 여러 면에서 비슷한 이 15세기 규칙들에는 때때로 식탁 위에 침을 뱉지 말고 식탁 밑이나 벽에다 뱉으라는 새로운 경고가 들어 있다. 사람들은 이를 태도가 거칠어진 징조라고 해석하고 있다. 그러나 몇 세기 전 사람들의 행동이 이와 근본적으로 달랐는지 의심스럽다. 게다가 그보다 앞선 시기의 비슷한 규정이 프랑스 전통에서도 전해진다.

우리가 넓은 의미에서의 문학으로부터 추론할 수 있는 것들을 그림에서도 확인할 수 있다. 이 분야에서 좀더 깊이 있는 연구가 요망된다. 식사하

[원주20] *The Babees Book*과 *A Book of Precedence*.

는 사람들을 화폭에 담은 그림들은 15세기에 이르기까지, 부분적으로 많은
변화를 확인할 수 있지만, 전체적으로 식기 수가 적었다는 사실을 알려준
다. 부유한 집에서는 음식을 커다란 탁자에서 대개 어떤 특정한 순서없이
날라왔다. 각자는 먹고 싶은 것을 먹거나 가져왔다. 그리고 사람들은 공동
의 그릇을 사용했다. 고기와 같은 단단한 음식물은 손으로 집었고, 액체는
국자나 숟가락을 사용하였다. 그러나 사람들은 보통 수프나 소스를 그대로
들이마시곤 했다. 즉 접시나 대접을 그대로 입에 대고 마셨다. 오랫동안 음
식마다 따로 식기가 마련되어 있지 않았다. 공동의 나이프와 스푼을 사용
하며 공동의 컵으로 마셨다. 종종 두 사람이 같은 식사도구를 사용하였다.

이를 중세의 표준적 식사법 —이렇게 이름붙일 수 있다면—이라 할 수
있다. 이것은 그 시대의 인간관계와 감정구조의 수준에 일치한다. 물론 이
러한 표준 내에서 수많은 변형과 분화가 있다. 지위가 다른 여러 사람이 같
이 식사를 할 경우, 손을 씻거나 음식을 집을 때에도 높은 지위의 사람이
우선권을 가진다. 식기의 형태는 수백 년이 흐르면서 크게 변하였다. 유행
도 있었고 그 유행의 변동을 관통하는 특정한 '발전경향'도 있었다. 일부 세
속 상류층은 특별하게 호사스러운 식탁을 꾸미기도 하였다. 그러나 중세가
대체로 이런 수준을 유지했던 까닭은 식기들이 부족해서가 아니라 단순히
다른 것에 대한 욕구가 없었기 때문이다. 그렇게 식사하는 것이 당연시되
었고, 이 사람들의 취향에 맞았다. 그러나 마찬가지로 자신들의 부와 지위
를 다채로운 식기와 화려한 식탁장식을 통해 과시하려는 욕구도 그들의 취
향에 부합했다. 13세기 호화로운 식탁에서 스푼은 금, 수정, 산호, 사문암
석으로 만들어졌다. 문헌을 보면 종종 사순절에는 흑단으로 만든 나이프를
사용하였으며, 부활절에는 상아손잡이의 나이프를, 성심강령절에는 상아를
군데군데 박아넣은 나이프를 썼다는 기록이 있다. 스푼은 처음에는 둥글고
납작했기 때문에, 사용할 때 입을 크게 벌려야 했다. 14세기경부터 타원형
스푼이 쓰인다.

중세 말기 포크는 공동의 큰 접시에서 음식을 집어낼 때 사용하는 기구
였다. 샤를 5세의 귀중품 중에는 12벌의 포크가 눈에 띈다. 특히 화려한

식기들이 샤를 드 사부아엔(Charles de Savoyen)의 유품 중에 보이는데, 그중에 포크는 단 하나밖에 없다.[원주21]

5. "이 수준에 비해 우리는 얼마만큼 진보하였는가"라는 물음을 던질 수 있다. 물론 이 질문을 제기하는 사람은 자신에게도 공로의 일부가 돌아온다는 사실을 은연중에 암시하면서 자신을 '우리'와 동일시하기도 하지만, 여기에서 '우리'가 누구인지 명확하지 않다.

정반대로 "무엇이 변하였는가, 몇 가지 관습들 외에 변한 것은 없다"라는 판단을 내릴 수도 있다. 다수의 관찰자들은 마치 어린아이들의 습관을 평가하듯이 이러한 관습을 평가하려 할 것이다. "좀더 이성적인 사람이 이 사람들에게 그렇게 먹는 것은 비위생적이며, 식욕을 떨어지게 한다고 말하고, 나이프와 포크로 먹는 법을 가르쳤다면, 이 악습은 일찍이 사라졌을 텐데."

식사중의 행동양식만이 동떨어져 발달하는 것은 아니다. 식사태도는 사회적으로 훈련된 전체 행동양식의—아주 대표적인 단면이긴 하지만—한 단면일 뿐이다. 식사 때 행동양식의 수준은 특정한 사회구조에 상응하므로, 우리는 그 구조를 살펴보아야 할 것이다. 중세인의 행동양식은 우리의 행동방식과 사회적 규칙이 우리의 생활방식 및 사회구조와 밀접하게 연결되어 있는 것처럼 그들의 전체 생활양식과 관련되어 있다.

이따금 짧은 기록들은 이러한 관습들이 얼마나 확고했는지 그리고 이 관습들을 단순히 '부정적인 것', '문명의 결핍' 또는 '지식의 결여'로 보아서는 안되며 그 당시 사람들의 욕구에 완전히 부합했던 것으로 이해해야 한다는 점을 알려준다. 즉 그 관습들은 바로 그 형태대로 그 시대 사람들에게는 의미를 지니고 있었고 또 필수적이었다.

11세기에 베네치아 공국의 총독이 그리스 공주와 결혼했다. 그 당시 비

[원주21] A. von Gleichen Russwurm, *Die gothische Welt* (Stuttgart, 1922), pp.320ff.

잔틴 문명권에서 포크는 이미 널리 사용되고 있었다. 어쨌든 공주는 '두 갈래로 된 황금포크를 사용하여' 음식물을 입으로 가져갔다고 한다.[원주22] 이는 당시의 베네치아에서 스캔들이었다. 이 색다른 물건은 지나치게 세련된 태도의 징표로 간주되어 총독부인은 성직자들로부터 비난을 받았다. 성직자들은 그녀에게 신의 분노를 내리게 해달라고 기도하는 등 법석을 떨었다. 그후 얼마 안되어 그녀는 끔찍한 병에 걸렸고 성 보나벤투라는 주저하지 않고 신의 천벌이 그녀에게 내렸다고 천명했다.

인간관계의 구조가 변화하여, 이 도구의 사용이 일반화되기까지 500년이 걸린다. 16세기부터 포크는 이탈리아에서 처음에는 프랑스로, 그 다음 영국과 독일로 전래되고, 적어도 상류층에서는 일상적인 식기가 된다. 그 전에는 단지 단단한 음식물을 큰 접시에서 덜어내는 용도로만 쓰였다. 앙리 3세가 베네치아에서 프랑스로 포크를 들여왔을 때, 그 측근들은 '꾸민 듯한' 식사태도로 인하여 사람들의 놀림감이 되기도 했다. 그들도 이 기구를 사용하는 데 익숙하지 않았던 것 같다. 포크를 사용하여 음식물을 입으로 가져가다가 반쯤은 떨어뜨렸다는 얘기가 전해진다. 우리는 어릴 적부터 사회의 수준에 적응하였고 포크 사용에 길들여졌기 때문에 당연한 것으로 느끼는 포크는 이처럼 전체 사회로 힘겹게, 아주 서서히 보급되었던 것이다. 하찮고 무의미하게 보이는 포크사용뿐만 아니라 더욱 중요하고 근본적인 행동양식도 모두 마찬가지였다.[원주23]

17세기에도 포크는 일반적으로 상류층이 전유하는 사치품이었으며, 대체로 금, 은과 같은 귀금속으로 만들어졌다.

포크와 같이 '새로운 것'을 대하는 중세인들의 태도는 한 가지 사실을 극명하게 보여준다. 관습대로 같은 그릇에서 손으로 고기를 집어먹고, 같은 잔으로 술을 마시며, 같은 대접의 국을, 같은 접시의 음식을 함께 먹던 중

[원주22] S. A. Cabanès. *Moeurs intimes du temps passé* (Paris, 연도 미상), 1st series, p.248.
[원주23] 같은 책, 252쪽.

세인들의 상호 인간관계는 우리와는 전혀 달랐다는 것이다. 분명하고 정확하게 근거를 따질 수 있는 의식의 차원에서도 차이가 있지만 그들의 감정생활도 우리와는 다른 구조, 다른 특성을 가지고 있었다. 그들의 감정상태는 오늘날 우리에게는──우리의 교육에 상응하여──불쾌감을 불러일으키거나 적어도 덜 매력적으로 느껴지는 인간관계와 행동양식에 맞춰져 있었다. 오늘날 인간의 육체와 육체 사이를 나누듯 가로막고 있는 보이지 않는 감정의 벽은 이들의 예법 세계에는 없었다. 어쨌든 이처럼 강하게 형성되어 있지는 않았다. 오늘날 우리는 다른 사람이 단순히 접근만 해도 그 벽을 느낀다. 다른 사람의 입이나 손과 닿게 될 경우 또는 그들의 생리작용을 보거나 단지 언급하기만 해도 이 벽은 정서적 고통으로 등장하고 자신의 생리작용이 다른 사람의 시선에 노출되면 강한 수치감으로 나타난다.

제3장

르네상스 시대의 행동변화문제

1. 수치심과 정서적 고통을 느끼는 한계점이 에라스무스 시대에 와서 비로소 낮아졌는가. 그의 저서는 인간의 감수성이 높아졌고, 사람들이 서로에게 기대하는 신중함이 증가되었다는 징표를 담고 있는가. 우리는 그렇게 추측할 수 있다. 인본주의자들의 예법서는 분명 중세와 근대의 예법서를 연결하는 다리 역할을 한다. 인본주의자들의 예법서 중에서 정점을 이루는 에라스무스의 저서도 이러한 이중성을 내포하고 있다. 그것은 여러 면에서 아직 중세 선동의 흐름 속에 서 있다. 여러 갈래로 전승되어 내려오는 예법서들의 규칙과 규정들이 에라스무스에게서도 발견된다. 그러나 동시에 그에게서는 새로운 관점들이 보인다. 즉 기사적·봉건적인 예절 개념을 배척하는 새로운 개념이 점차적으로 발전하고 있는 것이다. 16세기중에 '쿠르투아지'(courtoisie, 궁정예절) 개념의 사용이 상류층에서 점점 감소함에

따라 '시빌리테'(civilité, 예절) 개념이 자주 쓰이다가 마침내 17세기에 적어도 프랑스에서 우위를 점하게 된다.

이것은 눈에 띌 정도의 행동변화가 일어났음을 말해주는 징표이다. 그러나 이 변화는 좋은 태도의 이상형이 어느 날 갑자기 전혀 다른 이상형으로 대체되는 식으로 이루어지지는 않았다. 에라스무스의 『어린이의 예절에 관하여』는 앞에서도 종종 언급했듯이 여러 면에서 아직 중세의 전통 속에 서 있다. 궁정 기사사회의 거의 모든 규정들이 이 책에 다시 등장한다. 에라스무스가 아무리 손으로 고기를 집지 말고 세 손가락만 사용할 것을 강조하더라도, 사람들은 여전히 손으로 고기를 먹는다. 대식가처럼 음식에 덤벼들지 말라는 규정도 들어 있고, 식사 전에 손씻기, 침뱉기, 코풀기와 나이프의 사용법 등에 대한 규정들도 발견된다.

에라스무스가 한두 가지의 운율적 식탁규율이나, 이 문제들을 다룬 성직자들의 저서를 알고 있었을 가능성도 있다. 이런 저서들 중 다수는 분명 잘 알려져 있었다. 말하자면 에라스무스가 그것들을 몰랐을 개연성은 거의 없다. 고대의 유산과 그의 관계는 더욱 정확하게 증명될 수 있다. 그의 저서를 비평한 동시대 해석가도 이에 관해 언급한 바 있다. 그러나 그의 저서가 교육과 예절 문제에 관한 인본주의자들의 풍부한 토론들 속에서 차지하는 위치는 아직 더 연구되어야 할 문제로 남아 있다.[원주1]

문학적인 상호 연관관계가 어떻든 간에 여기에서 우리의 주요 관심사는 사회적 원인이다. 에라스무스는 이 저서를 편찬하기 위해 여러 다른 책들로부터 얻은 자료를 모았을 뿐만 아니라 이 문제들에 관하여 생각하는 다른 사람들처럼 사회의 특정한 규율, 특별한 수준의 예법을 직접 관찰했다.

예법서는 당시의 사회생활을 관찰하여 얻어진 결과를 집대성한 것이다. 그의 저서도, 나중에 누군가 말하였듯이, "약간은 세상 전체의 작품이다". 그렇지 않다면, 그 저서의 눈부신 성공, 급속한 확산, 소년들의 교육용 교

[원주1] A. Bömer, *Anstand und Etikette in den Theorien der Humanisten, Neue Jahrbücher für das klassische Altertum*, vol.14 (Leipzig, 1904).

재로서의 기능을 어떻게 설명할 수 있겠는가. 그 책이 사회적 욕구에 부합하였으며, 그 속에 사회 전체가, 더 정확하게 말하자면, 상류층이 요구하는 시의 적절한 행동모델이 그려져 있었기 때문이 아니겠는가.

2. 르네상스 사회는 '전환기'에 있었다. 예법서 역시 마찬가지였다. 우리는 예법서의 어조와 보는 방법에서, 설사 아직 중세적 요소가 많이 남아 있다 하더라도, 이미 무언가 새로운 것이 생겨나고 있음을 느낄 수 있다. 중세의 '단순성'은 사라져버렸으며, '좋음'과 '나쁨', '숭고함'과 '악함'의 단순한 대립도 없어졌다. 사람들은 좀더 세분해서, 다시 말하자면, 자신의 감정을 자제하면서 사물을 바라보게 된다.

일부 인본주의자들의 저서, 특히 에라스무스의 저서와 중세의 궁정규율을 기록한 책들을 구별하는 것은 결코 규칙 자체, 그리고 그 규칙과 연결된 관습과 악습이 아니다. 인본주의자들의 저서는 우선 문체와 보는 시각에서 크게 달라진다. 중세 때 하나의 비인격적인 재화로서 구전되던 동일한 사회적 규칙들이 이제는 새로운 방식으로 강조되어 말해진다. 그러므로 저자가 아무리 중세나 고대의 저서들을 수용했다 하더라도 그는 전해져 내려오는 것을 단순히 전달하지 않고 개인적으로 관찰한 것을, 즉 자신의 경험을 말하고 있다고 느끼게끔 한다.

『어린이의 예절에 관하여』에서뿐만 아니라, 앞서 나온 에라스무스의 다른 저서들에서도 중세와 고대의 전통들이 그 자신의 경험과 섞여 표현되고 있는 것을 볼 수 있다. 에라스무스는 고대의 모델, 특히 루키안(Lukian)의 영향을 받은 그의 『대화록』(Collquies)에서, 그리고 대화체 작품인 『여인숙』(Diversoria, 바젤, 1523)에서 때때로 자신의 경험을 서술한다. 이 경험들은 후기작품인 『어린이의 예절에 관하여』에서 좀더 깊이 있게 다루어진다.

『여인숙』은 독일과 프랑스 여인숙의 차이점을 주제로 삼고 있다. 예컨대 그는 독일 여인숙의 손님방을 묘사하고 있다. 80~90명 정도의 사람들이 서로 나란히 앉아 있는데, 하층민들뿐만 아니라 부자와 신분이 높은 사람

들, 남자와 여자, 아이들이 서로 뒤섞여 있다는 점이 특히 강조된다. 모든
사람들은 각각 자신들이 필요하다고 생각하는 행동을 한다. 한 사람은 옷
을 빨아 젖은 빨래를 난롯가에 널고 있다. 다른 사람은 손을 씻고 있다. 그
러나 그 물그릇은 너무 깨끗해서, 두번째 사람이 손을 씻어도 될 정도라고
화자는 말한다.

마늘 냄새가 다른 불쾌한 냄새들과 뒤섞여 올라오고, 사람들은 아무데나
침을 뱉는다. 한 사람은 장화를 탁자 위에 올려놓고 닦은 후 다시 신고 있
다. 각자는 빵을 여럿이 함께 먹는 수프그릇에 담갔다가, 한입 베어먹은 후
다시 적신다. 접시는 더럽고, 포도주는 질이 낮은 것이며, 좀더 좋은 술을
요구하면, 주인은 그래도 수많은 귀족과 백작들이 여기서 잠을 잤다고 대
답한다. 네 맘에 들지 않으면, 다른 데로 가라는 배짱이다. 외국인들에게는
특히 불편했다. 우선 모든 사람들은 그 외국인을 마치 아프리카의 이상한
동물이라도 되는 듯이 내내 쳐다보았다. 그들은 자기 나라의 귀족들만 인
간으로 취급하였던 것이다.

방은 지나치게 더워서 모든 사람들이 연신 땀을 흘리고, 또 땀을 닦아내
고 있었다. 분명 그중에는 남몰래 병을 앓고 있는 사람도 있었을 것이다.
화자는 말한다.

"아마 대부분 스페인 병을 앓고 있는 것 같았어요. 이 병은 나병 못지않
게 무섭습니다."

"용감한 사람들은 이 병에 대해 농담하면서, 전혀 신경쓰지 않습니다."

"그러나 이런 만용이 많은 사람들의 목숨을 앗아갔습니다."

"그들이 무엇을 해야 합니까? 그들은 그것에 익숙해져 있으며, 용감한
사람은 자신의 습관을 쉽게 버리지 않습니다."

3. 에라스무스도 그보다 앞서 또는 뒤에 행동양식에 관해 글을 쓴 작가
들처럼 일차적으로는 자신들이 살고 있던 사회의 관습과 악습의 수집가였
다. 바로 이 사실이 저자들 간의 일치와 차이를 설명해준다. 우리는 보통
탁월한 한 인물의 비상한 이념들을 담고 있는 저서들에 각별한 관심을 기

울인다. 그러나 이와는 달리 이 저서들은 사회적 현실과 밀접하게 연관될 수밖에 없는 주제를 다루기 때문에 사회과정에 대한 정보원천으로서 특별한 의미를 지닌다.

그러나 에라스무스의 견해는 그 시대의 몇몇 소수의 저자들과 함께 예법서 전통 가운데에서도 예외에 속한다. 왜냐하면 일부 매우 오래된 규정과 규칙들의 설명 속에 개인적인 열정이 가득 차 있기 때문이다. 바로 이것이 '시대의 징표'이며, 사회적 변동의 표현인 동시에 비록 맞지 않는 개념이긴 하지만 우리가 보통 '개인화'라고 부르는 것의 징후이다. 그 밖에도 이것은 다른 사실을 지적한다. 사회에서 행동양식의 문제가 차지하는 비중이 이 시대에 비로소 커져, 비범한 재능을 가진 유명한 인재들이 자신들의 명예를 손상하지 않고도 이 문제를 다룰 수 있게 되었다는 점이다. 이 과제는 훗날 이급이나 삼급의 재능을 지닌 사람들에게 맡겨졌는데, 그들은 과거의 예법서들을 베껴쓰거나 계승하거나 늘릴 뿐이었다. 그렇게 하여 비록 중세만큼 강하지는 못했지만 다시 보다 더 비개인적인 예법서의 전통이 형성된다.

태도, 일상의례 및 수치감의 변화와 연관된 사회변화는 나중에 따로 다루어질 것이다. 예법서의 전통에서 에라스무스가 차지하는 위치를 이해하기 위해 필수적이라 생각되는 몇 가지 점들을 나는 먼저 살펴보겠다.

에라스무스의 저서가 나온 시기는 사회집단이 재편성되던 때와 일치한다. 그 책은 중세적 위계질서는 느슨해졌지만 아직 근대적 사회질서는 확립되지 못했던 그 혼란스러운 전환기의 표현이다. 즉 옛날의 기사나 봉건 영주계층은 몰락해가고 새로운 절대 궁정귀족들이 막 형성되고 있던 시기였다. 이러한 상황은 세속적인 시민계급 지식인층의 대표자인 인본주의자들에게, 그리고 에라스무스에게 명성과 정신적 권력을 얻을 수 있는 신분상승의 기회를 부여했을 뿐만 아니라, 그 이전이나 이후에는 전혀 생각할 수 없었던 공평무사와 초연함이라는 정신적 여유를 주었다.

설령 지식인층이 자연적으로 다른 계층보다는 궁정 귀족계층과 가까웠다 하더라도, 이 계층의 개인적 대표자들은 자신들을 사회의 어떤 집단과도 전적으로, 무조건적으로 동일시하지 않았다. 이 특별한 정신적 간격은 에라스무스의 『어린이의 예절에 관하여』에서도 나타난다. 에라스무스는 사회적 차이를 간과하거나 감추려고 하지 않는다. 그 역시 그 시대의 훌륭한 일상의례가 원래 군주들의 궁정에서 나왔다는 사실을 정확하게 알고 있었다. 예를 들어 그는 자신의 책을 헌정한 젊은 왕자에게 말한다. "내가 왕자님께 소년의 예절을 소개하는 것은 왕자님께 그 규정이 꼭 필요하기 때문이 아닙니다. 왕자님은 어릴 적부터 궁정사람들 밑에서 교육을 받았고, 아주 훌륭한 선생에게 일찍 배울 수 있었습니다.…… 그렇다고 이 책에서 말하고 있는 것이 모두 왕자님과 관련되는 것도 아닙니다. 왕자님은 왕족이며, 통치하기 위해 태어나셨기 때문입니다."

그러나 에라스무스는 특히 이곳에서 지식인 특유의 자아의식을 명확하게 보여준다. 즉 그들은 정신, 지식과 글을 통해 신분상승을 이루었고, 책을 통해 자신의 정당성을 획득한 인본주의적 지식인이며, 지배계층과 그들의 의견에 대해서도—아무리 그들에게 심리적으로 묶여 있다 하더라도—거리를 둘 수 있는 여유를 보인다. 어린 왕자에게 바친 책의 헌사는 다음과 같이 끝난다. "무엇보다도 겸손은 소년다운, 특히 귀족 소년다운 덕성입니다. 다른 사람들이 사자나 독수리 또는 다른 짐승들을 자신들의 문장(紋章) 위에 그려도 좋습니다. 그러나 좀더 진실한 귀족들은 예술과 학문으로 이룬 업적들을 방패 위에 새겨넣습니다."

이것이 이러한 사회발전단계에서 나타나는 지식인들의 전형적인 자아의식이며 언어이다. 이들의 사상이 '문화'나 '교양'의 개념으로 자신들을 정당화하였던 18세기 독일 지식인층의 사상과 사회적·심리적으로 유사하다는 것은 명백하다. 그러나 에라스무스를 바로 뒤이은 세대 중에서 자신의 생각을 이렇게 적나라하게, 그것도 한 귀족에게 헌정한 저서에서 밝힐 만한 대담성과 사회적 기회를 가질 수 있었던 사람은 거의 없었다. 사회적 위계질서가 안정되어가면서 그러한 발언은 무례함으로 또는 공격으로 비쳐졌을 것이다. 행동양식에서 신분의 차이를 정확하게 지키는 것은 그때부터, 적어도 프랑스에서는 궁정예절의 본질이며, '예절'의 기본적 요구사항이 되었

다. 귀족들과 시민계층의 지식인들은 서로 교류할 수 있지만, 신분의 차이
에 주의를 기울이며 이를 분명하게 표현하는 것이 사교수완의 명법이 된
다. 이와 달리 독일에서는 인본주의 시대부터 궁정귀족사회와 어느 정도
동떨어져 살아가는 시민계층의 지식인들이 생겨났는데, 그들은 온전히 중
산층적 특징을 지닌 지식인들이었다.

4. 독일 예법서의 발전과정, 그리고 프랑스 예법서와의 차이점은 이에
대해 일련의 충분한 증거들을 제공해준다. 여기에서 이 문제를 상세하게
다룰 필요는 없겠지만, 그 차이를 확인하기 위해서 데데킨트(Dedekind)
의 『시골뜨기』(*Grobianus*)^[원주2]와 이것을 카스파 샤이트(Kaspar Scheidt)

[원주2] 중세 말기와 르네상스 시대에 독일의 시민계급이 예법을 권하는 방식은 '그로비안적 전도'
를 특징으로 한다. 작가는 나쁜 행동을 권하는 것처럼 보이지만 실제로는 그것을 조롱하는 것
이다. 나중에 독일 전통에서 점차 사라지거나 또는 이급 가치로 전락한 유머와 풍자는 아직
이 시기의 독일 시민사회에 지배적이었다. 도시 시민계층 특유의 예절훈련으로서 규칙의 풍
자적 전도의 역사는 15세기까지 거슬러 올라간다. "게걸스럽게 음식에 덤벼들지 말아라" 하는
항상 반복되는 규칙은 이 시대의 짧막한 시 「장인은 어떻게 자신의 아들을 가르치는가」
(Zarncke, *Der deutsche Cato*, Leipzig, 1852, p.148)에서는 다음과 같이 노래하고
있다.

음식이 날라져오면
가장 먼저 접시에 손을 대야 함을 명심해라.
커다란 덩어리를 돼지처럼
네 목 안으로 가득 채워넣어라.

"너무 오랫동안 공동의 접시 속을 뒤적여 찾지 말아라"라는 규칙은 다음과 같은 형태로 재등
장한다.

내가 너에게 가르치고자 하는 것은
접시 속을 이리저리 뒤적여
가장 좋은 조각을 찾아내라는 것이다.
네가 가장 좋아하는 것을 낚아채어
네 접시에 담고 불만을 나타내는 사람들은
신경쓰지 말아라.

카스파 샤이트의 독역본 *Grobianus* (Worms, 1551) 신판은 *Deutsche Literaturwerke des 16 und 17 Jahrhunderts*, nos. 34 und 35 (Halle, 1882)에 다시 실렸다. 다음의 인용문은 그곳 17쪽, 223행에 실려 있는데 제때 코를 닦으라는 지시를 아래와 같이 표현한다.

금, 보석과 진주가 나는
인도와 같은 낯선 타국에서
사람들은 그것들을 코에다 건단다.
그런 행운을 우리는 가지지 못했으니,
네 코에 무엇을 걸어야 하는지 들어보아라.
처마 밑의 고드름처럼 뚝뚝 떨어지는 불결한 물방울이
네 두 코에 길게 걸려 있구나.
네 코를 멋지게 장식하고 있구나.

모든 일에도 중용을 지켜야 한다.
그 물방울이 너무 길어
입과 얼굴 위로 흘러 넘치면,
코를 닦아야 할 시간이 다가온 것이다.
양 소맷자락으로 코를 닦아
보는 사람들로 하여금
메스꺼워 구토하게 하여라.

물론 이런 표현은 경고의 본보기로서 교육적인 효과를 노린 것이다. 1551년 발행된 Worms판의 표지에는 아래와 같이 적혀 있다.

이 조그만 책자를 자주 읽고
항상 그 반대로 행동해라.

이 저서의 특수한 시민계급적 성격을 해명하기 위하여 1567년의 Helbach판의 헌사를 인용할 수 있다. "의학박사이며 프랑크푸르트 시 의사로서 덕망있고 학식 높은 Adamus Lonicerus와 이 시의 시민이고 나의 인자한 주인이며 좋은 친구인 Johanni Cnipio Andronico에게 Eckhardtshausen의 하찮은 목사 Wendelin Helbach로부터" 헌증되었다. 라틴어로 써어진 *Grobianus*의 긴 제목은, 에라스무스의 저서에서 사용되었던 의미에서의 "시빌리타스" 개념이 라틴어로 글을 쓰는 독일 지식인층 사이에 광범위하게 유행되던 시점을 확인할 수 있는 근거를 제공해준다. 1549년판 *Grobianus*의 제목에는 아직 이 단어가 나타나지 않고 있다. 여기에는 단지 "Iron······Chlevastes Studiosae juventuti······"라고 적혀 있다. 1552년에 간행된 판에는 같은 곳에 '시빌리타스' 개념이 처음 등장한다. "Iron episcoptes studiosae iuventuti civilitatem optat." 이는 1584년판까지 변함없이 지속된다. 1661년에 발간된 *Grobianus*판에는 에라스무스의 『어린이의 예절에 관하여』 초록가 번역하여 널리 알려지고 커다란 영향을 미쳤던 독일어 번역본을 살펴보 겠다.

조롱과 야유가 군데군데 섞인 독일의 '그로비안' 문학[역주1]에서는 '관습의 순화'에 대한 진지한 욕구가 표현되고 있다. 이 문학은 다른 어떤 나라의 전통보다도 더 명확하고 순수하게 개신교 목사나 선생들이었던 저자들의 중산층적 특성을 보여준다. 그 이후 독일에서 씌어진 '일상의례'나 '행실'에 대한 책들도 대개 이와 비슷하다.

일상의례의 일차적 산실로서 궁정이 차지하는 비중이 점차적으로 증대 된다. 그러나 귀족과 시민계급 간의 신분벽이 상대적으로 높았기 때문에, 그리고 예법서를 쓴 시민계급의 저자들은 그 예절들이 궁정의 관례이기 때 문에 나중에 배워야 할 어떤 낯선 것처럼 이야기한다. 이 저자들이 이 문제 를 제아무리 잘 알고 있다 하더라도 그들은 마치 국외자처럼, 눈에 띄게 어 색한 투로 말하곤 했다. 그들은 특히 30년전쟁 후 지역적·신분적·경제적 으로 열악한 여건에서, 그리고 비교적 억압적 상황에서 글을 쓰던 지식인 들이었다.

독일의 시민계급 지식인들이 18세기 후반에 가서 상업적 시민계층의 전 위부대로서 새로운 신분상승의 기회와 더 많은 활동의 자유를 얻게 되자, 비로소 이들에게서 인본주의자들, 특히 에라스무스의 것과 유사한 자의식 의 언어와 표현들이 나온다. 물론 이 지식인들은 이때에도 귀족들에게 "너 희들 문장 위에 새겨진 동물들은 '인문과학'의 장려나 예술과 학문에서의 업적만도 못하다"라고 맞대놓고 스스럼없이 말하지는 못했다. 설령 이들이

이 첨부되어 있다. 마지막으로 1708년에 나온 *Grobianus*의 새 번역본에는 다음 구절이 등 장한다. "무례한 클로츠 씨를 위하여 시적인 필봉을 휘둘렀으며 소심하고 예절 바른 심성의 모든 사람들을 웃게 하려고 소개하였다." 이 번역본은 어조에 있어서 한결 부드러워졌으며 훨씬 조심스러운 표현을 쓰고 있다. 모든 풍자에도 불구하고 아주 진지하게 여겨졌던 전 단계 의 규칙들은 문명화의 진행과 더불어 이제 단순한 웃음의 소재가 되었으며, 새로운 단계의 우 월성과 금기의 경미한 위반을 상징하고 있다.

[역주1] 당시의 거친 풍습을 풍자하기 위하여 역설적으로 그것을 권하는 양식의 풍자문학. 프리드 리히 데데킨트의 작품 이름에서 유래.

내심 종종 그렇게 생각하고 있었다 하더라도.

앞의 서론에서 18세기 후반의 운동에 관해 서술했던 문제는 훨씬 오래된 전통으로 거슬러 올라간다. 즉 중세 말기 독일 도시들과 독일 시민계급의 힘찬 발전이 시작된 이래로 독일사회의 구성법칙이 되어버린 전통에 기인한다. 프랑스와 간헐적으로 영국과 이탈리아의 시민계급 작가들은 자신들이 궁정귀족사회에 속한다고 생각하였으나, 독일작가들은 그렇지 못했다. 그곳에서 시민계층 작가들은 대부분 궁정귀족들을 위하여 글을 썼을 뿐만 아니라, 그들의 예절, 관습, 세계관에 동화되어 있었다.

지식인들이 스스로를 상류층과 동일시하는 경향은 독일에서 아주 드물었고, 있었다 하더라도 예외에 속했다. 지식인들의 애매한 위치는 주로 일상의례, 예절과 행실, 태도의 세련됨과 당당함을 통해 자기정당화를 꾀했던 상류층에 대한 불신과 함께 독일의 오랜 전통이었다. 특히 독일의 궁정귀족층은 여러 군소집단으로 분열되어 통일된 중앙 '사교계'를 가지지 못했으며 일찍이 관료화했던 관계로 일상의례, 예절과 행실 등과 같이 '고유한 자질에 근거하는 궁정귀족의 존재가치'가 다른 나라에서처럼 완벽하게 형성되지 못했기 때문에 더욱 그러했다. 한편으로는 대학에 근거한 중산층 문화의 관료적 전통, 다른 한편으로 귀족의 관료적인 군사전통 간의 분열이 서구 다른 나라들보다 더 분명하게 드러났다.

5. 에라스무스의 예법서는 독일뿐만 아니라, 영국, 프랑스, 이탈리아에도 광범위하게 영향을 미쳤다. 그의 태도와 후세 독일 지식인층의 태도 사이의 공통점은 스스로를 궁정사회와 동일시하지 않았다는 점이다. 또 '예절'에 대한 논의가 의심의 여지없이 '철학의 가장 고상하지 못한 분야'(crassissima Philosophiae pars)라는 그의 견해는 독일 전통에서 '문명'과 '문화'를 평가하는 가치기준과 유사점이 없지 않다.

따라서 에라스무스는 자신의 예법서를 어느 특정한 계층을 위한 행동규정으로 만들지 않았다. 농부나 소상인들에 대한 비판을 제외한다면, 그는 대체적으로 사회적 차이를 크게 강조하지 않는다. 규정을 어느 특정한 사회계층에만 국한시키지 않는 점, 그것을 인간의 보편적인 규칙으로 설정하는 그의 태도가 나중에 이탈리아와 프랑스에서 나오는 그것의 후속서들과 구별되는 점이다.

에라스무스는 단순하게 말한다. "발걸음은 너무 느려서도 너무 빨라서도 안된다." 조금 뒤 이탈리아인 델라 카사(Della Casa)는 『갈라테오』(Galateo)에서 똑같은 말을 한다. 그러나 이 규정은 델라 카사에게서 사회적 구별의 수단으로서 직접적이고 명백한 기능을 가진다. "귀족은 하인처럼 뛰어서는 안되며, 그렇다고 여자나 신부처럼 느리게 걸어서도 안된다." 1609년에 나온 5개 국어로 번역된 이 『갈라테오』 중에서도 독일어 번역본과 라틴어 번역본은 다른 번역본들과는 달리 상당히 의도적으로 그리고 규칙적으로 원서의 사회적 구별을 지워버리려고 애쓴다. 예를 들면 독역본에서 인용된 곳은 다음과 같이 번역되었다. "귀족이나 존경할 만한 사람은 골목길을 뛰거나, 급히 서둘러 걸어가서는 안된다. 그것은 하인이 할 짓이지, 신사에게 어울리지 않기 때문이다.…… 화려한 옷차림의 늙은 귀부인이나 젊은 신부처럼 그렇게 천천히 걸어서도 안된다."

'존경할 만한 사람'이 여기에 덧붙여져 있는데, 아마 시민계급 출신의 의원들을 가리키는 것 같다. 다른 곳에서도 비슷한 사례들이 발견된다. 이탈리아어와 프랑스어로는 단순히 '신사'(gentilhuomo, gentilhomme)라고 씌어진 것이 독일어 번역본과 라틴어 번역본에는 '예의 바르고 존경할 만한 사람'으로 되어 있다. 그 외에도 이런 예들은 수없이 많다.

에라스무스의 경우도 비슷하다. 그러므로 그가 아무런 사회적 성격을 부여하지 않았던 규정들도 프랑스 전통은 상류층에다 국한시키며, 독일 전통은, 물론 어떤 작가도 에라스무스가 가졌던 정도의 사회적 거리감을 유지하지 못했지만, 적어도 그것의 사회적 성격을 지워버리려는 경향을 강하게 보였다. 이 점에서 그는 이 주제를 가지고 책을 썼던 사람들 중에서도 유일무이한 위치를 차지한다. 그것은 에라스무스의 개인적 성격에 기인한다. 그러나 동시에 우리는 그 이유를 엄격한 사회적 위계질서로 특징지워지는 두 시대 사이의 조금은 느슨하였던 전환기에서 찾아볼 수도 있다.

이렇게 이완된 전환기 상황의 생산성은 인간을 관찰하는 방식에서 감지
될 수 있다. 에라스무스는 한편으로 '농부적인', '통속적인', '거친' 행동을
비판하지만, 그렇다고 후대의 아류들처럼 궁정귀족들의 행동거지를 무조건
적으로 받아들이지도 않는다. 물론 그는 예절 바른 행동의 원산지가 궁정
귀족사회란 사실을 인정한다. 그는 많은 궁정풍속들의 과장된 측면, 강요
된 측면들을 발견하고, 그것을 거침없이 비판한다. 예를 들면 그는 입술을
어떤 모양으로 할 것인가에 대해 다음과 같이 말한다. "가끔 입술을 쫑긋하
게 하는 태도, 즉 휘파람을 부는 것 같은 입술은 보기에 좋지 않다. 그 짓
은 군중들 틈에 산보하면서 흔히 그런 입술을 하곤 하는 저 높은 분들에게
맡겨라." 다른 곳에서는 "손으로 빵을 눌러, 손가락 끝으로 떼내는 즐거움
은 몇몇 궁정귀족들에게 맡겨라. 너는 우아하게 나이프로 빵을 잘라라."

6. 그러나 우리는 행동에 대한 지시를 내리는 방식에서 중세와 에라스무
스의 차이점을 분명하게 볼 수 있다. 예를 들면 예전에는 단순히 "빵을 부
수지 말고, 품위있게 잘라라"[원주3]라고 되어 있었다. 행동에 관한 지시명령
과 금지명령은 에라스무스에 의해 인간에 대한 관찰 및 경험과 결합된다.
항상 반복되는 관습을 반영하는 전통적 규정들은 이 관찰을 통해 일종의
화석 상태에서 깨어난다. 옛 규칙 중의 하나는 다음과 같다. "음식에 덤벼
들지 말아라."[원주4] "고기가 식탁에 오르기 전에 빵을 먹지 말아라. 게걸스
럽게 보이기 때문이다. 음료수를 마시기 전에 입을 비우고 닦는 것을 기억
해라."

에라스무스도 같은 지시를 내리지만, 그는 사람들을 직접 눈앞에 그려
보여준다. "많은 사람들은 금방 감옥에라도 끌려가는 것처럼, 아니면 도둑
이 훔쳐온 것을 먹어치우듯, 먹는다기보다는 집어삼킨다. 어떤 사람들은

[원주3] *The Babees Book*, p.344.
[원주4] Glixelli, "Les Contenances de Table," *Romania* (Paris, 1921), vol.47, p.31,
l.133ff.

입속에 너무 가득 처넣어, 풀무처럼 뺨이 불룩해진다. 또 다른 사람은 씹으면서 입술을 잔뜩 벌려, 돼지처럼 쩝쩝 소리를 낸다." 그리고 나서는 항상 되풀이되는 일반적 규칙들이 등장한다. "입안 가득하게 먹거나 마시면 적합하지도 않을 뿐더러 안전하지도 않다." 이 모든 규칙들 속에는 중세의 전통 외에도 고대의 전승물이 많이 섞여 있다. 그러나 독서는 안목을 높여주고, 높은 안목은 다시금 읽기와 쓰기의 질을 높여준다.

의복은 육체의 육체라고 종종 말한다. 우리는 옷을 입은 모습에서 영혼의 태도를 유추해낼 수 있다. 에라스무스는 어떤 옷차림이 어떤 정신상태와 연결되는지 예를 든다. 바로 여기에서 우리가 나중에 '심리학적'이라고 명명하는 관점이 시작된다. 예절과 이에 대한 서술에 있어서 새로운 단계는 '시빌리테'라는 개념으로 축약되어 심리학적 관점과 밀접하게 연관된다. '시빌리테'의 의미에서 정말 '예절 바르기' 위해서는 주변을 돌아다보며 사람들과 그들의 행동동기에 주의를 기울여야 한다. 행동을 유발하는 동기 속에 이미 인간과 인간의 새로운 관계, 새로운 통합형식이 나타나 있다.

'시빌리테'가 프랑스 상류사회에서 확고하고 안정된 행동양식으로 자리잡게 되는 150년쯤 후에, 그 상류층의 한 사람이 '처세술'(Science du monde)에 관한 논의를 전개하면서 다음과 같이 말하고 있다.[원주5] "이른바 처세술을 습득하려면 우선 인간에 관한 보편적 지식을 얻는 데 주력해야만 하고, 그리고 나서 우리가 더불어 살 수밖에 없는 사람들에 관한 특수한 지식을, 다시 말하면 그들의 의도와 좋고 나쁜 의견들, 그들의 미덕과 악덕에 관한 지식을 획득하는 데 노력을 기울여야 할 것 같다."

여기에서 아주 정확하고 명쾌하게 지적된 점들은 이미 에라스무스에게서 예고되었다. 이렇게 세부적인 규칙들을 관찰하면서 보기와 읽기를 연결시키는 사회와 작가들의 경향은 에라스무스에게서뿐만 아니라, 르네상스의 다른 예법서들과 그 밖의 다른 저서들에서도 나타난다.

[원주5] François de Callières, *De la Science du monde et des Connoissances utiles à la conduite de la vie* (Bruxelles, 1717), p.6.

7. 사람들의 행동을 관찰하는 에라스무스의 방식에서 새로운 경향이 무엇이냐는 질문을 던진다면[원주6] 바로 이것이 그중 하나이다. 인간의 상호관계에서 '예법에 맞는 행동'과 '예법에 어긋나는 행동'으로 간주되던 것들도 '르네상스'라는 개념으로 규정되는 사회의 재편성 과정에서 분명 같이 변하

[원주6] Arthur Denecke, "Beiträge zur Entwicklungsgeschichte des gesellschaftlichen Anstandsgefühls," *Zeitschrift für Deutsche Kulturgeschichte*, ed. Chr. Meyer, New Series (Berlin, 1892), vol.2, p.145, n.2 (또한 *Programm des Gymnasiums zum hl. Kreuz*, Dresden, 1891을 보라). 175쪽은 에라스무스의 책에 나오는 아래의 규칙을 새로운 것으로 소개하고 있다.

> 우리는 이제까지 보다 높은 계층의 일반국민들에게서 통용되는 식사예법의 개념들을 배웠다. 이제 에라스무스의 유명한 책 『어린이의 예절에 관하여』에서 군주의 품위있는 행동을 위한 규칙들을 접하게 된다.…… 우리는 다음과 같은 새로운 교훈을 얻게 된다. "식탁에서 냅킨을 얻으면 그것을 왼쪽 어깨 위나 왼쪽 팔에 걸쳐라.……에라스무스는 이어서 말한다. 그 나라의 관습이 금지하지 않는다면 식탁에 앉을 때는 머리에 아무것도 쓰지 말아야 한다. 접시의 오른쪽에 술잔과 나이프를 놓고 왼쪽에 빵을 놓아라. 빵은 부수지 말고 잘라야 한다. 마시면서 식사를 시작하는 것은 점잖치 않을 뿐더러 건강에도 해롭다. 손가락을 국 속에 담그는 짓은 바보 같다. 좋은 조각을 제공받으면 그 일부만 받고 나머지는 제공한 사람에게 돌려주거나 옆에 앉은 사람에게 건네준다. 딱딱한 음식을 건네주면 세 손가락이나 접시로 받고, 스푼에 떠 건네주는 국물은 입으로 받지만 돌려주기 전에 스푼을 닦는다. 차려진 음식이 네 건강에 좋지 않다 해도 '나는 그것을 먹을 수 없어요'라고 하지 말고 공손하게 감사를 표해라. 고상한 품격의 사람은 누구나 어떤 종류의 구운 고기라도 자를 수 있다. 뼈나 먹다 남은 음식을 바닥에 던져서는 안된다.……고기는 빵과 같이 먹는 것이 건강에 좋다.……많은 사람들은 음식을 마구 삼킨다.……청년은 식탁에서 반드시 필요한 경우에만 말을 한다.……식사대접을 할 경우 우선 빈약한 상차림에 대해 용서를 구해라. 다양한 음식재료의 가격을 일일이 손님들에게 열거해서는 결코 안된다. 모든 음식은 오른손으로 대접한다." 군주를 가르치는 스승으로서 조심스럽고 몇 가지 세부사항들이 세련되었음에도 불구하고 시민계급의 식사예법과 같은 정신이 이 규칙들에서도 흐르고 있음을 볼 수 있다.……에라스무스의 가르침은 사회의 나머지 계층을 고려하여 제시한 예법의 범위가 넓다는 점에서 다른 사회적 행동양식과 구별된다. 그는 적어도 그 시대의 예법은 모두 빠짐없이 묘사하려고 노력했다.

> 이 인용문들은 어떤 면에서는 앞서 전개한 논의를 보충할 수 있다. 그러나 Denecke는 일련의 독일 식사예법들에만 제한하여 비교하고 있다. 보다 확실한 결과를 얻기 위해서는 프랑스어와 영어로 된 예법서들 그리고 특히 인본주의자들의 행동지침서들과의 비교연구가 필요했을 것이다.

였을 것이다. 그러나 우리가 옛날의 행동방식과 정반대되는 새로운 방식을 요구한다고 해서, 단번에 단절이 이루어지는 것은 아니다. '쿠르투아지'(궁정예절)의 전통은 사회적으로 '좋은 행동'을 '시빌리타스' 개념으로 표현했던 사회에서 계속 이어진다.

자신과 타인들을 관찰하려는 경향이 강해진다는 사실은 행동에 관한 전체 문제들이 이제 다른 성격을 띠게 된다는 징조이다. 즉 사람들은 중세 때보다 훨씬 더 의식적으로 자신과 타인을 틀에 맞게 변화시키고자 한다.

예전에는 "이것은 하고, 저것은 하지 말라"는 식으로 표현되었다. 그러나 대체로 많은 것들이 용납되었다. 수세기 동안 사람들은 거의 똑같은 기초적 규정과 금지사항을 반복하였지만, 그 규정들이 굳건한 습관을 기르게 하지는 못하였다. 그러나 이제는 달라진다. 사람들 상호간의 강제력은 강해지며, '좋은 행동'을 요구하는 소리는 점점 커진다. 행동과 관련된 전체의 문제영역들이 중요한 사안이 된다. 에라스무스가 종전에는 주로 암송시구나, 짧은 시 또는 다른 주제를 다룬 논문들 속에서 언급했던 행동규칙들을 하나의 산문집으로 묶어내고 식사 태도뿐만 아니라 사회적 행동과 관련된 전체 문제들을 처음으로 독립된 저서에서 다룬다는 사실은 이러한 문제들의 비중이 점차 커졌음을 말해준다.[원주7] 카스티글리오네(Castiglione)의

[원주7] *"La civilité puérile"* par Erasme de Rotterdam, précédé d'une Notice sur les libres de Civilite depuis le XVI siècle par Alcide Bonneau (Paris, 1877)를 참조. "에라스무스는 모델을 가지고 있었던가? 그가 처음으로 예의범절을 창조한 것이 아니라 그보다 훨씬 오래 전부터 일반적인 규칙들이 전승해 내려왔다는 사실은 분명하다.……그럼에도 불구하고 처음으로 그 주제를 특수하고도 완벽한 방식으로 취급한 사람이 에라스무스였다. 방금 언급했던 저자들 가운데 어느 누구도 공손함이나 또는 예절이 독립된 연구의 주제로서 가능하다는 점에 착상하지 못했다. 그들은 교육, 도덕, 유행 또는 위생 등과 연관된 지침들을 여기저기서 산발적으로 적어놓았을 뿐이다." I. E. Spingarn이 펴낸 *Galateo of Manners and Behavior* (London, 1914)의 서문은 Giovanni della Casa의 *Galateo*(작가의 다른 작품이 실려 있던 1558년 초판)에 관해 이와 비슷한 소견을 피력하고 있다. 옷을 입는 법, 교회에서의 태도, 식사행동 등 에라스무스의 저서와 거의 비슷하게 광범위한 분야를 상세하게 취급한 장시(長詩)들이 영국 문학에서는 이미 15세기에 존재한다는 사실을 언급하는 것은 후속 연구에 도움이 될 것이다. 우리는 에라스무스가 이 예법서들에 대해 알았을 가능성도 배제할 수 없다. 소년교육의 문제는 물론 에라스무스의 소책자가 출판되기

『궁정인』(*Hofmanns*)이나 델라 카사의 『갈라테오』와 같은 저서들의 출판
도 동일한 방향을 암시한다. 그 배경을 이루는 사회적 과정에 대해서는 이
미 잠깐 언급한 바 있고, 앞으로 좀더 깊이 다루게 될 것이다. 옛 사회 집
단들은 완전히 붕괴되지 않았지만 그 결집력은 약화되었고 또 변동과정에
있었다. 여러 계층의 개인들이 뒤섞여 함께 소용돌이 속에 휩싸여 있었다.
사회적 순환작용, 상승과 몰락은 급작스럽게 이루어졌다.

  16세기에 시작하여 17세기에 이르기까지 거의 모든 곳에서, 어떤 곳에
서는 좀더 일찍, 다른 곳에서는 좀 늦게 시작하였다는 점에서 다를 뿐, 새
로운 사회적 계급질서 그리고 다양한 출신성분의 사람들로 구성된 신흥 상
류층과 신흥 귀족층이 형성되고 있었다. 그 때문에 하나의 통일된 행동양
식이 중심문제로 부상하게 된다. 더구나 신흥 상류층의 변화된 구조는 개
개의 구성원들에게 이제까지와는 전혀 다른 강도의 사회적 강제력을 행사
한다. 이런 상황에서 에라스무스와 카스티글리오네, 델라 카사의 예법서
등이 씌어진 것이다. 새로운 형태로 타인들과 함께 살아갈 것을 강요받은
사람들은 타인들의 행동에 더욱 민감하게 반응한다. 행동규율이 점차적으
로 엄격해지고, 타인에 대한 배려는 더욱 강하게 요구된다. 사람들은 타인
들에게 피해를 주지 않고 놀라게 하지 않기 위해 무엇을 하고 무엇을 하지
않을 것인가에 대해서 더욱 민감해지고, 사회적 규율은 새로운 지배관계와
연관되어 더 큰 구속력을 가지게 된다.

  '궁정예절'의 규칙 중에 다음과 같은 것이 있다.

  싸움을 일으키거나,
  다른 사람을 화나게 할 수 있는 말을 하지 마라.

전에도 인본주의자들 무리에서는 상당히 깊은 논의의 대상이었다. Johannes Sulpicius
의 *De moribus in mensa servandis*에 있는 시들 외에도—그중 몇 가지만 말한다면
—1525년 Brunfels의 *Disciplina et puerorum institutio*, 1529년 Hegendorff의
De instituenda vita, 1528년 S. Heyden의 *Formulae puerilium colloquiorum*이
출판되었다(Merker-Stammler, *Reallexikon*, '식사예법'에 관한 항목).

좋은 식사 매너를 지닌 사람이 되어라.
예의 바르게 행동하려거든, 아이야 기다려라.
정찬을 들려고 식탁에 앉았을 때,
사람들과 어울려 함께 있을 때,
그들이 너를 칭찬할 수 있도록
사회적으로 행동하여라.
사람들이 비난하거나 칭찬하는 것은
무릇 너의 행동거지에 달려 있기 때문이다.[원주8]

영어판 『예법서』(Book of Curtesye)[원주9]에는 이와 같이 씌어 있다. 서술되는 사실 자체로 말하자면 에라스무스가 말한 것도 이와 거의 비슷하다. 그러나 어조의 변화, 민감성의 증대, 인간관찰의 강화와 타인의 일에 대한 확대된 이해력은 착오의 여지없이 명백하다. 특기할 점은 저서의 말미에 나오는 에라스무스의 견해이다. 즉 그는 여기에서 통상적으로 좋은 행동에 동반되는 오만과 함께 '좋은 행동'의 고정된 도식을 깨고, 그것을 포괄적인 인간성과 결부시키고 있다. "상대방이 저지르는 실수에 관대하여라. 이것이 예절과 궁정예절의 주요덕목이다. 친구가 예절 바르지 못하다 해서 네가 그 친구를 덜 소중히 생각해서는 안된다. 자신의 서툰 행동을 다른 재능들로 보완하려는 사람들도 있다." 그리고 그는 이어서 말한다. "네 동료 가운데 한 명이 모르고 예를 범한다면…… 살짝, 친절하게 일러주어라. 이것이 예절이다."

이와 같은 에라스무스의 태도는 그가 궁정상류층과 가까이 지냈음에도 불구하고 그들에게 동화되지 않았으며, 그들의 규약에 대해 내면적 거리감을 유지하고 있었다는 사실을 말해준다.

[원주8] 라틴어 식사예법 *Quisquis es in mensa* V. 18, in Glixelli, *Les Contenances*, p.29.

[원주9] Caxton, *Book of Curtesye*, Early English Test Society, Extra Series, no.3, ed. Furnivall (London, 1868), p.22.

『갈라테오』란 책 제목은 에라스무스의 마지막 규칙인 "살짝, 친절하게 말하라"가 실제로 적용되어, 이런 방식으로 규칙위반이 정정되었던 사건으로부터 유래한다. 그러나 여기에서는 그러한 관습들의 긍정적 성격이 에라스무스에서보다 훨씬 더 강조되고 있다.

이야기는 다음과 같다.[원주10] 어느 날 리처드 백작이 베로나의 주교를 방문한다. 그는 주교와 그의 주변 사람들에게 '좋은 예절을 갖춘 신사'로 보인다. 손님의 한 가지 결점이 눈에 띄었지만, 주인은 아무 말도 하지 않는다. 그는 작별할 때 자신의 측량사 갈라테오(Galateo)로 하여금 배웅하게 한다. 그는 큰 제후들의 궁정에서 배운 특별히 좋은 매너로 이름을 날리는 사람이었다. 이 점이 특별히 강조되고 있다.

갈라테오는 백작을 배웅하면서 다음과 같이 말한다. "백작님, 주교님께서 작별선물을 하시고 싶답니다. 주교께서는 이제까지 백작님처럼 예절바른 분을 보시지 못했답니다. 그는 당신에게서 단 한 가지 결점만 발견하셨는데, 식사 도중 당신이 너무 큰소리로 쩝쩝대면서, 다른 사람들이 듣기에 불쾌한 소리를 내는 것이랍니다. 이런 사실을 당신께 알리는 일이 백작께 드리는 주교님의 작별선물입니다. 너무 기분 나쁘게 받아들이지 말라는 부탁도 같이 하셨습니다."

식사 때 소리를 내지 말라는 규정은 중세에도 자주 등장한다. 그러나 『갈라테오』의 서두에 나오는 사건은 무엇이 변하였는지 극명하게 보여준다. 즉 '좋은 행동'을 얼마나 중시하는지 증명할 뿐만 아니라, 특히 이 분야에서 사람들이 다른 사람들에게 가하는 압력이 얼마나 강한지를 보여준다. 겉으로 부드럽고 비교적 사려 깊은 이 교정태도가, 특히 사회적으로 윗사람이 교정할 경우, 어떠한 사회적 통제보다도 훨씬 강압적이며, 모욕이나 조롱 또는 육체적 폭력을 통한 위협보다 지속적인 습관을 기르는 데는 더 효과적이라는 사실은 명백하다.

사회는 내부의 평화를 회복한다. 낡은 행동규율은 단지 단계적으로 변할

[원주10] Della Casa, *Galateo*, pt.1, ch.1, 5.

뿐이다. 그러나 사회적 통제는 점점 더 강한 구속력을 가지게 된다. 무엇보
다도 사회에 의한 감정통제의 방식과 기제가 천천히 변화한다. 중세 동안
관습과 악습의 기준은 모든 지역적 · 사회적 차이를 고려하더라도 크게 변
하지 않았다. 수세기 동안 항상 같은 관습과 악습이 언급되었다. 또 사회적
규율이 개인의 습관으로 확고하게 자리잡는 경우는 드물었다. 그러나 지금
사회의 개혁과 함께, 인간관계의 새로운 토대 위에서 천천히 변화가 시작
된다. 즉 자기통제의 압박이 증가하는 것이다. 이와 연관되어 행동의 기준
도 움직이기 시작한다.

15세기 말에 나온 것으로 추정되는 캑스턴(Caxton)의 『예법서』(*Book
of curtesye*)도 습관과 관습, 행동규칙들이 변화의 물결 속에 있다는 느낌
을 분명하게 표현한다.[원주11]

> 한때 통용되던 일들도 지금은 버려지고,
> 새로운 것들이 매일매일 만들어진다.
> 많은 행위들은 계속 남아 있지 않는다.
> 그것들은 변하고 지속되지 않는다.
> 한때 허용되었던 일들이 지금은 비난받는다.
> 비교적 희생을 치르지 않고 사람들이 따르게 될
> 새로운 관습들이 이렇게 나타나게 될 것이다.

이것은 실제로 앞으로 일어나게 될 운동의 슬로건처럼 들린다. "한때 허
용되었던 일들이 지금은 비난받는다." 16세기 전체가 과도기였다. 100년이
나 200년 후라면 수치감과 정서적 고통없이는 말할 수 없을 뿐더러 남들에
게 보이거나 단순히 거론만 해도 경멸당했을 그러한 육체작용이나 행동에
대해 에라스무스와 그의 동시대인들은 공공연히 말할 수 있었다. 에라스무
스나 델라 카사는 고상한 도덕이나 예절의 문제를 다룰 때처럼 그렇게 단

[원주11] Caxton, *Book of Curtesye*, p.45, 1.64.

순하고 명료하게 의자 위에서 이리저리 움직이지 말라고 말한다. 그렇게 하는 사람은 "계속 방귀를 뀌거나 뀔려고 한다는 인상을 준다." 생리작용에 관해 말하면서도 거리낌없이 자연스러운 태도를 보일 수 있는 것은 중세인들의 특징이었다. 그러나 이제 이 자연스러움에 인간관찰이 덧붙여지고, "다른 사람이 어떻게 생각할까"라는 타인에 대한 고려가 첨가된다. 이런 종류의 진술들은 수없이 많다.

16세기 사람들의 '행동'과 그들의 행동규칙들을 고찰하는 우리 후세대는 두 가지의 인상 사이에서 혼란스러움을 느낀다. 즉 "그것은 아직 중세적이다"라는 인상과 "그것은 우리 자신의 감정과도 꼭 일치한다"라는 인상이 그것이다. 이러한 모순은 분명 16세기의 현실로부터 나온다. 다시 말해서 이 시대 사람들은 두 얼굴을 가지고 있었고, 전환기의 다리 위에 서 있었던 것이다. 행동과 행동규율은 변하고 있었지만, 그 변화속도는 아주 느렸다. 그리고 무엇보다도 각 단계를 고찰하는 데 필요한 확고한 기준이 없었다. 무엇이 우연적인 동요인가. 언제, 어디에서 조금 앞으로 전진하는가. 언제 그것이 후퇴하는가. 정말 변화의 방향은 일정한가. 유럽사회가 '시빌리테'의 기치 아래 실제로 '문명화된' 사회, 즉 현재 서구 '문명'의 특징으로 여겨지는 태도, 습관, 감정규제의 방향으로 나아가고 있는 것인가.

8. 이 운동을 명료하게 가시화하는 작업은 그리 만만치 않다. 왜냐하면 그 운동은 매우 서서히 진행되었고, 또 수많은 변동과 크고 작은 굴곡으로 점철되어 있었기 때문이다. 여러 자료들을 통해 관습과 풍속의 상태가 잘 알려진 단계들만 따로 분리하여 고찰하는 방법은 전체 운동을 이해하는 데 충분하지 않다. 우리는 그 운동 자체를, 적어도 그것의 커다란 단면 전체를 개괄해야 한다. 우리는 그림들을 서로 연결하여 특정한 관점에서 전체 과정을, 즉 행동양식과 감정구조의 점진적 변화, 수치감을 느끼는 한계가 낮아지는 과정 등을 전체의 맥락에서 살펴보아야 한다.

예법서들은 이런 일을 가능하게 해준다. 이 예법서들은 행동의 어떤 측면들, 예를 들면 식사습관에 관해서는 13세기부터 19, 20세기에 이르기까지의 상세한 정보들을 제공해준다. 이 분야에서 우리는 실제로 그림들을 순서대로 짜맞출 수 있으며, 그 과정의 단면들을 전체적으로 조망할 수 있다. 사회적 표준에서 벗어날 수 있는 개인적 공간이 비교적 적은 단순하고 원초적인 행동양식을 관찰하는 일은 실보다 득이 많다.

이러한 예법서와 식탁규율은 그 자체로 하나의 독특한 장르를 이룬다. 우리가 '문학적 의미'의 관점에서 이러한 장르의 과거 문헌들을 평가한다면, 그것들 대부분은 커다란 가치가 없다고 단언할 수 있을 것이다. 그러나 만약 우리가 어느 특정한 사회가 구성원들에게 기대했던 행동방식을 연구한다면 또 사회적 습관과 명령, 금기의 변동을 관찰하려 한다면, 문학적으로 무가치할지 모를 이러한 문헌들이 특별한 의미를 지니게 된다. 이 문헌들은 우리가 잘 알지 못하는 과거의 사회과정을 새로운 빛 속에 드러내주며 한 사회가 어느 시점에서 어떤 수준의 관습과 행동방식을 개인에게 요구하는지 알려준다. 사회의 구조와 상황이 요청하는 행동방식에 부합하도록 개인을 길들이는 도구, 즉 '훈련' 또는 '유형만들기'[원주12]의 직접적인 도구가 바로 이 시구들과 저서들이었던 것이다. 이 작품들은 자신들이 질책하는 행동양식과 칭송하는 행동양식을 통해 그 시대의 미풍양속과 악습 간의 차이를 보여준다.

[원주12] 미국의 행동주의 저서들에는—조금 변형하면—과거를 해명하는 데 도움이 될 뿐 아니라 필수적인 일련의 개념들이 정확하게 규정되어 있지만, 그중 일부는 독일어로 번역하기 쉽지 않다. 예컨대 socialising the child (John Watson, *Psychological care of Infant and child*, p.112)와 독일어 Konditionierung, Zurechtschneiden 또는 Modellieren에 해당하는 Habit formation, conditioning (John Watson, *Psychology from the Standpoint of a Behaviorist*, p.312) 등을 들 수 있다.

제4장
식사중의 행동

제1절 보기들

1. 당시 상류층의 행동을 상당히 순수한 형태 그대로 보여주는 보기들

A · 13세기

아래의 보기들은 궁정의 좋은 행동에 관한 탄호이저의 시구들이다.^[원주1]

1. 나는 예절 바른 사람이란 항상 좋은 예절을 분간하여 나쁜 행동을

〔원주1〕 J. Siebert, *Der Dichter Tannhäuser* (Halle, 1934), pp.195ff.

결코 보이지 않는 사람이라고 생각한다.

2. 좋은 예절에는 여러 가지 형태가 있으며, 좋은 예절은 여러 좋은 목적에 이바지한다. 이를 습득한 사람은 결코 실수하지 않는다.

25. 식사를 할 때 가난한 사람들을 잊지 말아라. 그들에게 친절하게 대하면 신께서 너에게 보답하실 것이다.

> ● 시구 25를 다음과 비교하라.[역주1]
> ① 본비치노 다 리바의 첫째 규칙.
> 첫째 규칙은 다음과 같다. 식탁에서는 우선 가난하고 빈궁한 사람들을 생각해라.
> ② 『식사중인 사람들을 향한 한마디』(*ein spruch der ze fische kêrt*)[원주2]
> 313. 그릇에 입을 대고 직접 마시지 말고, 스푼을 사용하는 것이 예절 바르다.
> 315. 일어서서 돼지처럼 혐오스럽게 음식에 덤벼드는 사람들은 농장의 가축들과 어울리는 사람들이다.
> 319. 연어처럼 씩씩거리는 것, 오소리처럼 게걸스러운 것, 식사하면서 불평하는 것—이 세 가지 행동은 아주 무례하다.
> ③ 본비치노 다 리바의 『예법서』(*Curtesion*)
> 스푼으로 먹으면서 후루룩 소리를 내지 말아라.
> 『어린이 훈도서』(*The Books of nurture and School of good manners*)[원주3]
> 201. 너의 생애 어느 때라도 결코 포타즈[역주2]를 소리내어 먹지 말아라.

33. 고상한 사람은 여러 사람과 같이 식사할 때 스푼으로 수프를 후루룩 소리내어 먹지 않아야 한다. 이것은 종종 점잖치 못한 행동을 하는 궁정사람들의 행동방식이다.

37. 그릇째 들이마시는 것은 점잖치 못하다. 오만스럽게 이 무례한 행동을 찬성하는 사람들은 마치 미친 사람처럼 접시를 집어들고 입에다

[역주1] 본문의 시구에 관한 저자의 주석이다.
[원주2] Zarncke, *Der Deutsche Cato*, pp.138ff.
[원주3] *The Babees Book*, p.76.
[역주2] 프랑스식의 걸쭉한 스프.

쏟아붓기도 하지만.

41. 식사중에 돼지처럼 음식에 덤벼드는 사람은 혐오스럽게 씩씩거리고 입맛을 다신다.

45. 어떤 사람들은 음식 조각을 베어 무례하게 그것을 음식 속에 담근다. 고상한 사람들은 이런 버릇없는 태도를 거부한다.

　● 시구 45를 다음과 비교하라.
　① 『식사중인 사람들을 향한 한마디』
　346. 발라먹은 뼈를 다시 접시 위에 놓는 사람들로부터 고상한 사람들을 보호하소서.
　② 『식사중인 사람들을 위하여』(Quisquis es in mensam)[원주4]
　이미 맛을 본 음식 조각을 다시 접시에 놓아서는 안된다.

49. 몇몇 사람들은 뼈의 고기를 발라먹고, 그 뼈를 다시 접시에 놓는다. 이것은 아주 무례한 행동이다.

53. 겨자나 소금이 필요한 사람들은 손가락을 그 속에 집어넣는 불결한 습관을 피하도록 주의를 기울여라.

57. 식사 도중 헛기침을 하거나 식탁보에 코를 푸는 사람은 분명 둘 다 예절 바르지 못한 사람들이다.

65. 식사하면서 얘기하는 사람 그리고 잠꼬대를 하는 사람은 결코 편안한 휴식을 취하지 못한다.

　● 시구 65를 다음과 비교하라.
　『식사중인 소년』(Stans puer in mensam)[원주5]
　22. 음식을 잔뜩 입에 넣고 웃거나 말하지 마라.

〔원주4〕 같은 책, 302쪽.
〔원주5〕 같은 책, 제2부, 32쪽.

69. 어떤 사람들처럼 식탁에서 시끄럽게 떠들지 말아라. 내 친구여, 어떤 일도 그보다 더 무례하지 않다는 점을 명심해라.

81. 마치 짐승처럼 한입 가득히 음식을 넣고 동시에 마시는 사람을 볼 때마다 나는 그것이 무척 예절 바르지 못한 행동이라 생각한다.

- 시구 81을 다음과 비교하라.
① 『식사중인 사람을 위하여』
15. 마시고 싶으면 우선 입을 비워라.
② 『어린이 훈육서』
149. 결코 가득 찬 입으로 마셔서는 안된다.

85. 어떤 사람들이 즐겨하듯이 음료수를 불지 말아라. 이는 반드시 피해야 할 무례한 습관이다.

- 시구 85를 다음과 비교하라.
① 『궁정예법서』[원주6]
111. 식히거나 덥히려고 음료수나 음식을 불지 마라.

94. 마시기 전에 입을 깨끗이 닦아 마실 음식을 더럽히지 않도록 해라. 이 예의는 언제나 준수되어야 한다.

- 시구 94를 다음과 비교하라.
① 『어린이 훈육서』
155. 마시기 전에는 항상 천으로 입을 깨끗이 닦아라.
② 『식사중의 행동』(contenance de table)[원주7]
마시면서 침을 흘리지 말아라. 이것은 창피스러운 습관이다.

[원주6] 같은 책, 제2부, 302쪽.
[원주7] 같은 책, 제2부, 32쪽.

105. 식사하면서 식탁에 기대는 행동은 예절 바르지 못하다. 숙녀들에게 음식을 대접할 때면 너의 투구를 들고 있어야만 한다.

  ●시구 105를 다음과 비교하라.
  『어린이 훈육서』
  146. 식탁에 기대지 마라.

109. 식사하면서 맨손으로 목을 긁지 말아라. 꼭 긁어야 한다면 예절 바르게 네 옷으로 긁어라.
113. 손을 더럽히기보다는 옷으로 비비는 것이 더 적합하다. 구경꾼들은 이렇게 행동하는 사람들을 유념해 주시한다.
117. 나이프로 네 이를 쑤시지 마라. 이것은 나쁜 습관이다.

  ●시구 117를 다음과 비교하라.
  『식사중인 소년』[원주8]
  30. 식탁에서 나이프로 네 이를 쑤시지 마라.

125. 어떤 사람이 식탁에서 허리끈을 느슨하게 푸는 버릇을 가지고 있다면, 그는 진정한 궁정인이 아니라는 생각이 든다.
129. 달리 어떻게 할 줄 몰라 손으로 코를 훔치는 사람은 틀림없이 바보일 것이다.
141. 손을 씻지 않고 먹는 사람이 있다고 들었다(정말이라면 이는 나쁜 징조이다). 그의 손가락은 마비될 것이다!

  ●시구 141을 다음과 비교하라.
  『식사중인 소년』
  11. 결코 씻지 않은 손으로 음식을 집지 마라.

[원주8] 같은 책.

157. 어떤 사람들이 즐겨하듯이 손가락으로 귀나 눈을 후비거나 식사하면서 코를 후비는 태도는 단정하지 못하다. 이 세 습관은 모두 나쁘다.

● 시구 157을 다음과 비교하라.
『식사중인 사람을 위하여』
9. 맨손으로 네 귀나 코를 만지지 마라.

여러 가지 식사 예법서나 궁정 예법서들을 훑어본 후, 그중 본문과 유사한 구절들을 일부 모아놓았다. 여기 인용구들이 결코 전부는 아니다. 이것들은 규칙의 어조와 내용들이 다양한 여러 전통들 속에서, 중세 내내 얼마나 비슷한지 대략적인 인상을 전달해줄 것이다.

B · 15세기?

『이것들이 좋은 식사예절이다』(S'ensuivent les contenances de la table)[원주9]에서 인용.

I. 이 규칙을 배워라.
II. 손톱을 자르고 청결하게 하라. 손톱 밑의 때는 긁을 경우 위험하다.
III. 아침에 일어나면 그리고 식사 전에는 반드시 손을 씻어라
VII. 맨 먼저 음식을 집지 마라.
VIII. 입안에 든 음식을 다시 접시에 뱉지 마라.
XIV. 네가 먼저 베어먹었던 음식을 다른 사람에게 권하지 마라.
XV. 네가 다시 내뱉어야 할 음식은 아예 씹지도 마라.
XVII. 음식을 소금통에 담그지 마라.

[원주9] 같은 책, 제2부, 8쪽.

XXIV. 식사중에는 평화롭게 조용히 그리고 예절 바르게 행동하라.

XXVI. 빵 부스러기가 술잔에 들어 있으면, 그것을 다 마시든가 아니면 쏟아부어라.

XXXI. 너무 과식하지 마라. 그렇게 하면 너는 예의에 어긋나는 행동을 하지 않을 수 없을 것이다.

XXXIV. 식사중에는 손이나 식탁보로 몸을 닦지 말아라.

C • 1530년

에라스무스의 『어린이들의 예절에 관하여』 제4장에서 인용.

냅킨을 받으면 네 왼쪽 어깨 위나 팔에 놓아두어라. 귀족들과 함께 자리에 앉을 경우 네 모자를 벗고 머리가 잘 빗겨 있는지 살펴라. 너의 술잔과 나이프를 제대로 씻어 오른쪽에 놓고, 네 빵은 왼쪽에 두어라. 어떤 사람들은 앉으면서 바로 접시에 손을 댄다. 늑대들이나 그런 짓을 한다.

날라져 오는 음식에 맨 먼저 손을 대서는 안된다. 너를 게걸스럽게 보이게 할 뿐 아니라, 그것은 위험하기도 하다. 왜냐하면 무심코 뜨거운 음식을 입안에 넣은 사람은 그것을 다시 뱉어내든가, 이미 삼켰다면 목구멍을 데일 것이기 때문이다. 어떤 경우에든 그는 조롱거리가 될 뿐 아니라 동정의 대상이 될 것이다.

식사를 시작하기 전에 잠깐 기다리는 것이 좋다. 그렇게 하면 소년들이 자신의 감정을 자제할 수 있는 습관을 기를 수 있다. 소스에 손가락을 담그는 일은 촌스럽다. 네가 원하는 음식을 포크나 나이프로 집어라. 미식가들처럼 온 접시를 헤적거리면서 음식을 고르지 마라. 바로 네 앞의 음식만을 집어라.

손가락으로 집을 수 없는 음식은 네 접시로 덜어라. 커다란 스푼으로 케이크나 파이가 제공되면, 네 접시를 내밀든가, 네게 건네진 스푼을 받아서 그것을 네 접시에 담고 스푼을 돌려주어라. 국물있는 음식이 제공되면, 맛을 보고는 스푼을 돌려주어라. 하지만 반드시 그 전에 냅킨으로 닦아야 한다. 기름기 묻은 손가락을 핥아먹거나 옷으로 닦는 것은 예절 바르지 못하다. 식탁보나 냅킨을 사용하는 것이 차라리 낫다.

D • 1558년

베네벤토의 대주교 지오반니 델라 카사(Giovanni della Casa)의 『갈라테오』, 5개 국어판(제네바, 1609년), 68쪽에서 인용.

코를 수프에 처박고, 음식으로부터 손을 떼지도 않거니와 한번도 머리를 들지도 눈도 돌리지 않으며, 트럼펫을 불거나 불을 지피는 사람처럼 두 뺨을 불룩하게 하고, 먹는 것이 아니라 게걸스럽게 입에 채워넣으면서, 거의 팔꿈치까지 온 팔을 더럽히고, 거기다 부엌 행주가 깨끗하게 보일 정도로 냅킨을 지저분하게 만들면서 돼지처럼 먹고 있는——우리도 가끔 볼 수 있는——사람들에 대해 대주교와 그의 휘하 귀족들이 무엇이라 말할지 생각해보셨습니까.

그럼에도 불구하고 이 돼지들은 너무 급하게 또 너무 많이 먹느라 이마와 얼굴, 목까지 흘러내리는 땀을 더럽혀진 냅킨으로 닦고 거기다 실컷 코를 풀어도 전혀 수치스럽게 생각하지 않습니다.

E • 1560년

칼비아크(C. Calviac)의 『예법서』(*Civilité*)[원주10]에서 인용(에라스무스의 책을 바탕으로 하고 있지만, 몇 개의 독립적인 주석을 담고 있다).

어린아이가 자리를 잡고 앉을 때, 냅킨이 바로 앞의 접시 위에 놓여져

[원주10] A. Franklin, *La vie privée d'autrefois, Les Repas* (Paris, 1889), pp.194ff.

있으면, 그것을 집어 그의 왼쪽 팔이나 어깨 위에 걸칠 것이다. 그 다음 빵을 왼쪽에, 나이프와 컵은 오른쪽에 놓는다. 그가 나이프와 컵을 식탁 위에 두기를 원한다면 그리고 그것들이 식탁 위에 놓여 있어도 다른 사람들을 성가시게 하지 않는다면 그래도 된다. 왜냐하면 컵이 식탁 위나 그의 오른쪽에 놓여 있으면 대개는 다른 사람에게 방해가 되기 때문이다.

어린아이는 자신이 처해 있는 상황의 요구를 이해할 수 있는 분별력을 가져야 한다. 식사가 시작되면……그는 자신의 도마 위에서 그의 손에 닿은 첫째 조각을 집어야 한다. 소스가 있을 경우 아이는 음식을 품위있게 소스에 적셔야 한다. 그러나 한 면을 적신 다음 다른 면을 돌려 적시려 해서는 안된다. 아이가 충분히 어린 나이에 양고기나 엽조류, 토끼고기 등을 자르는 법을 배울 필요가 있다. 아이가 자신이 뜯어먹은 음식이나 먹기 싫은 음식을 하인이 아닌 다른 사람에게 주는 것은 더러운 일이다.

이미 씹은 음식을 입에서 끄집어내든가 그것을 도마 위에 두는 행동은 ─후식을 기다리는 동안 시간을 보내기 위해서 뼛속까지 핥아먹은 조그만 뼈라면 몰라도─품위없다. 빨아먹은 뼈는, 버찌나 자두와 같은 과일의 씨처럼 접시 위에 놓아야 한다. 삼키거나 바닥에 던지는 것은 모두 좋지 않다.

아이는 개들처럼 상스럽게 뼈를 핥아서는 안된다. 아이가 소금을 원하면 세 손가락을 사용하지 말고 나이프 끝으로 집어야 한다. 아이는 자신의 도마 위에서 고기를 조그만 조각으로 잘라야 하며……마치 젖먹이들이 먹는 법을 배울 때 하는 짓처럼, 어떤 때는 오른손으로 다른 때는 왼손을 사용해 고기를 입으로 가져가서는 안된다. 항상 오른손을 사용해야 하며, 빵이나 고기를 품위있게 세 손가락을 사용해 잡아야 한다.

음식을 씹는 방법은 나라마다 조금씩 다르다. 독일인들은 입을 다물고 씹으며, 달리 먹으면 보기 흉하다고 생각한다. 다른 한편 프랑스인들은 반쯤 입을 벌리고 먹는데, 이들은 독일인들이 먹는 방식을 더럽다고 생각한다. 이탈리아인들은 아주 느슨한 태도로, 프랑스인들은 조금 더 활기차게 식사를 진행하며, 프랑스인들은 이탈리아인들의 방식을 너무 세심하고 깐깐하다고 생각한다.

이처럼 모든 나라는 다른 나라와 구별되는 자신의 고유한 방식을 가지고 있다. 그러므로 아이도 그가 살고 있는 장소의 관습에 맞는 절차를 따라야 한다.

그 밖에도 독일인들은 수프나 묽은 음식을 먹을 때 항상 스푼을 사용하지만, 이탈리아인들은 포크를 쓴다. 프랑스인들은 두 가지 모두 사용하는데, 이들은 그 방법이 알맞고 가장 편리하다고 생각하기 때문이다. 이탈리아인들은 일반적으로 각자 따로 나이프를 사용하는 게 더 좋다고 생각한다. 그러나 독일인들은 어떤 사람이 나이프를 빌려달라고 청하든가 자기 바로 앞에 놓인 나이프를 집어가면 심한 불쾌감을 느낄 정도로 이 점을 특히 중시한다. 프랑스 방식은 아주 다르다. 사람들로 가득 찬 식탁 위에 두 개 또는 세 개의 나이프밖에 놓여 있지 않으며, 나이프를 청하거나 또는 집든가 또는 다른 사람에게 전해주는 데 어느 누구도 이의를 제기하지 않는다. 그러므로 어떤 사람이 아이에게 나이프를 요구하면 그는 냅킨으로 닦은 다음 건네주어야 한다. 그때 나이프 끝을 잡고 손잡이를 부탁한 사람에게 내밀어야 한다. 다른 식으로 건네주면 예절 바르지 못하다.

F • 1640년에서 1680년 사이

마르키 드 쿨랑주(Marquis de Coulanges)의 노래[원주11]에서 인용.

예전에 사람들은 공동의 접시로 먹고 빵이나 손가락을 소스에 적셨다.
오늘날 사람들은 제각기 스푼과 포크, 독립된 접시를 사용하며 시종은 나이프와 포크를 수시로 식기 선반 위에서 씻는다.

[원주11] 같은 책, 42쪽.

G · 1672년

앙투앙 드 쿠르탱(Antoine de Courtin)의 『새로운 예법서』(*Nouveau
traité de Civilité*), 127, 273쪽에서 인용.

　모든 사람들이 공동의 접시로 먹는다면 너보다 높은 지위의 사람이 손
을 대기 전에 먼저 음식을 집지 않도록 조심하고, 네 맞은편에 놓인 음식
만을 가져다 먹어라. 네가 마음대로 먹기에 가장 부적당한 사람이라면,
더더구나 가장 좋은 조각을 집어서는 안된다. 다른 접시에서 음식을 덜
고 싶으면 사용한 스푼을 반드시 닦은 다음 덜어야 한다는 점을 지적해
야만 하겠다. 네 입에 집어넣었던 스푼이 담긴 수프를 먹기 싫어할 정도로
예민한 사람들이 항상 있기 마련이다.

　게다가 네가 특히 귀한 사람들과 식탁을 같이 할 경우 스푼을 닦는 것
만으로는 부족하며 다른 스푼을 청해야 한다. 많은 곳에서는 접시들이
들어올 때마다 스푼도 따라 들어오는데, 이것들은 수프나 소스를 먹을 때
만 사용된다. 대접의 수프를 직접 먹지 말고, 우선 너의 접시에 담아라.
수프가 너무 뜨거우면 스푼에 떠서 입으로 부는 것이 예의 바른 행동이
다. 수프가 식도록 기다려라.

　불행하게도 입 안을 데였을 때, 남이 눈치채지 않도록 되도록 참아야
한다. 종종 발생하는 일인데, 뜨거움을 참을 수 없을 경우에는 다른 사람
이 보기 전에 재빨리 한 손으로 네 접시를 잡고 동시에 다른 손으로 입을
가린 채 입 안의 음식을 접시에 뱉고, 그 접시를 곧 네 뒤에 서 있는 하
인에게 건네주어라. 예절은 너에게 단정한 품행을 요구하지만, 그렇다고
너 자신에게 치명적인 행동을 기대하지는 않는다.

　소스나 시럽 등 기름진 음식을 손가락으로 만지는 행동은 예의에 어긋
난다. 그와 별도로 이 행동은 너로 하여금 두 가지 또는 세 가지 다른 무
례를 범하게 만든다. 첫째, 너는 냅킨에 자주 손가락을 닦지 않을 수 없
으며 따라서 너의 냅킨은 부엌 행주처럼 더러워지고, 네가 다시 그 냅킨

으로 입을 닦는 모습을 보는 사람들은 메스꺼움을 느끼지 않을 수 없다.
둘째, 네 손가락을 빵에 닦는 행동 역시 매우 부적절하다. 셋째, 그 손가
락을 입으로 빠는 것은 가장 무례한 행동이다.

　……이미 변한 관습들도 많기 때문에 나는 이중 몇몇 관습도 미래에
변하리라 의심치 않는다. 예전에는 이미 베어먹지 않은 빵인 경우에는
그 빵을 소스에 적셔도……무방했다. 오늘날 그런 행동은 촌스럽게 여
겨진다. 입 안에 든 음식을 먹을 수 없을 때 바닥에 뱉는 행동은 능숙하
게 한다면 예전에는 용납되었다. 그 행동이 지금은 무척 혐오스럽게 여겨
진다.

H · 1717년

프랑수아 드 칼리에르(François de Callières)의 『살아가는 데 유용한 처
세술과 지식에 대하여』(De la Science du Monde et des Connoissances
utiles à la Conduite de la vie), 97, 101쪽에서 인용.

　독일과 북쪽 왕국에서는 왕이 먼저 연회의 참석자들에게 건강을 기원
하면서 술을 마시고, 그 다음 같은 컵이나 술잔에 같은 술을 가득 채워
그들에게 권하는 행위가 정중하고 예절에 맞는 행위로 여겨졌다. 같은
잔으로 술을 마시는 것은 예절의 부족이 아니라 솔직 담백함과 우정의
표시였다. 여자들도 먼저 술을 마신 다음 그 잔을 자신들이 지명한 사람
에게, 그의 건강을 기원하며 자신들이 마셨던 같은 술을 채워 건네주었
다. 그러나 흔히 우리들 사이에서 이루어지는 것처럼 그렇게 이 행동이
특별한 호의로 간주되지는 않았다.

　숙녀가 대답했다. "북쪽에서 오신 신사들을 공격하려는 것은 아니지
만, 나는 같은 잔으로 마시고 더구나 숙녀들이 남긴 술을 마시는 관습을
찬성할 수 없어요. 그 관습은 어쩐지 무례하다는 느낌이 들어서 그들이
자신들의 호방함을 다른 식으로 표현했으면 좋겠어요."

2. 라 살(La Salle)의 『기독교적 예법과 예절의 준칙』(*Les règles de la bienséance et de la civilité Chrétienne*)과 같이 궁정의 풍속과 전범이 폭 넓은 시민계층으로 확산되어가는 운동을 보여주는 보기들과 '보기 I'와 같이 순수하게 당시의 시민계급적 수준과 지역적 수준을 반영하는 책들로부터 인용된 보기들이다.

1714년 무렵의 것으로 추정되는 '보기 I'에서 사람들은 여전히 공동의 그릇으로 먹었다. 그러나 각자의 접시에 담긴 고기를 손으로 만져도 괜찮았다. 여기서 언급되고 있는 '악습'도 상류층에서는 거의 대부분 이미 사라진 것들이었다.

여기서 인용된 1780년의 『예법서』는 저질 유형의 예법서에 속하는데 48쪽의 작은 책자로서 카엔(Caen)어로 인쇄되었지만 발표연도는 나와 있지 않았다. '대영박물관'의 목록은 연도를 1780년으로 기록했지만 물음표를 붙이고 있다. 어쨌든 이 책자는 18세기 프랑스 전역에 유포되었던 그 무수한 싸구려 예법서나 예법을 다룬 소책자 중의 하나이다. 이 책의 일반적 태도로 미루어볼 때, 이 『예법서』는 분명히 지방과 도시의 일반 국민들을 대상으로 씌어진 것이다.

여기서 인용된 18세기의 '예법서들' 가운데 이 책만큼 그렇게 노골적으로 생리작용을 언급한 책은 없다. 이 책이 가리키는 수준은 여러 면에서 에라스무스의 『예법서』가 상류층에게 정해주었던 수준을 연상시킨다. 손으로 음식을 집는 일은 여기에서는 아직 당연하게 여겨진다. 그러나 이 책들은 그 밖의 다른 인용문들을 보완하는 데 도움이 되며 특히 문명의 운동이 다성(多聲)의 중층구조로, 다시 말하면 단선적이 아니라 동시에 여러 계층의 유사한 모티브들이 연속되는 일종의 푸가형태로 진행된다는 사실을 상기시키는 데 유용하다.

1786년의 '보기 M'은 위로부터 아래로 퍼져나가는 확산운동을 직접적으로 보여준다. 이 보기들이 특히 의미있는 까닭은 이제는 '문명화된 사회'에서 보편화된 관습들이 그 당시 시민계층에게는 비교적 낯선 궁정 상류층의 특수한 관습으로 비쳐지기 때문이다. 많은 관습들은 여기에서 등장하는 궁정예절의 형태를 가진 채 '문명화된 관습'으로 굳어졌다.

1859년의 인용문은 19세기에 이미 전체의 문명화운동이 잊혀졌다는 사실을 독자들에게 상기시켜준다. 우리는 이 보기들을 통해 조금 직전에야 비로소 도달했던 '문명'의 수준은 완전히 자명스러운 것으로, 그보다 앞선 수준은 '야만적'인 것으로 간주되었다는 사실을 알 수 있다.

| • 1714년

익명의 『프랑스의 예법서』(*Civilité française*, 리에주, 1714), 48쪽에서 인용.

수프를 대접째로 들이마시거나 훌쩍거리면서 먹는 행동은 점잖치 못하지만 집에서 식사할 경우 또는 커다란 덩어리를 스푼으로 건져낸 다음에는 그렇게 해도 된다. 각자의 수프그릇이 아니라 공동의 대접에서 수프를 덜어야 할 경우, 스푼을 사용해야 하며, 네 차례가 되면 덜되 마구 덤벼들지 말아라.

시골 사람들이 흔히 하듯이 나이프를 계속 손에 들고 있지 말고 필요할 때에만 집어라. 고기를 나누어주면 손으로 받지 말아라. 왼손으로 접시를 내밀고 오른손으로 나이프 또는 포크를 잡아라. 다른 사람에게 고기 냄새를 맡게 하는 행동은 점잖치 못하며, 어떤 경우에도 냄새를 맡은 고기를 공동의 접시에 다시 놓아서는 안된다.

네가 여럿이 먹는 요리에서 음식을 덜어낼 경우 제일 좋은 조각을 골라선 안된다. 그릇 위의 고기를 포크로 꼭 잡고, 한 조각을 칼로 잘라낸 다음 포크로 집어 네 접시 위에 담아라. 그때 손을 사용하면 안된다. 그러나 자기 접시 위의 고기를 손으로 건드려도 괜찮다. 뼈, 계란껍질이나 과일껍질을 바닥에 던지지 말아라. 과일씨도 마찬가지이다. 씨를 손에 뱉는 것보다는 두 손가락으로 입에서 끄집어내는 것이 더 단정한 행동이다.

J・1729년

라 살의 『기독교적 예법과 예절의 준칙』(루앙, 1729), 87쪽에서 인용.

식사중에 사용되는 물건들에 관하여

너는 식탁에서 냅킨, 접시, 나이프, 스푼과 포크를 사용해야 한다. 식사할 때 이 물건들 가운데 하나라도 없으면 예절에 완전히 어긋나는 짓이다.

일행 중 가장 높은 서열의 사람이 가장 먼저 냅킨을 펼칠 수 있으며, 다른 사람들은 그가 펼칠 때까지 기다려야 한다. 모든 사람이 거의 동등하다면 어떤 의식도 없이 동시에 펼쳐도 좋다(이것은 사회와 가정의 '민주화'와 함께 규칙이 된다. 사회구조, 즉 여기에서 서열적・귀족적 유형의 사회구조는 인간의 가장 기초적인 관계 속에서도 반영된다).

냅킨으로 얼굴을 닦는 행동은 적절하지 못하다. 그것으로 네 이를 닦는 행동은 더더욱 그러하며, 냅킨으로 코를 푸는 행위는 예절에 가장 어긋나는 짓이다.……입, 입술이나 기름 묻은 손가락을 닦든가, 빵을 자르기 전 나이프를 닦을 때 또는 사용한 스푼과 포크를 깨끗이 할 때 너는 냅킨을 사용해도 되고 사용해야만 한다(이것은 우리의 식사습관 속에 얼마나 세세한 행동규칙들이 들어 있는지를 보여주는 많은 예들 중의 하나이다. 모든 식기의 사용이 아주 정확하게 규정된 수많은 명령과 금지사항들에 의해 제한되고 정의된다. 그중 어느 하나도 후세대들이 생각하는 것처럼 그렇게 자명한 것은 없다. 식기 사용은 인간관계의 구조 및 그것의 변화와 밀접한 관련하에서 서서히 형성된다).

손가락에 기름기가 많이 묻으면 냅킨으로 닦기 전에 우선 빵 한 조각에 닦고—냅킨을 너무 더럽히지 않기 위해—그 빵은 접시에 내버려두어라. 스푼, 포크, 나이프가 더러워지거나 기름기가 있을 때 그것을 핥는 행동은 부적절하며 그것을, 다른 물건이라도, 식탁보에 닦는 행위 역시 결코 점잖다 할 수 없다. 이런 경우 또는 비슷한 경우에 냅킨을 사용해야 하며 식탁보가 항상 깨끗하도록 주의를 기울여야 한다. 물이나 술 또는 더럽힐 수 있는 어떤 음식도 그 위에 떨어뜨려서는 안된다.

접시가 더러워졌을 때 스푼이나 접시로 긁어내지 말고 또 손가락으로 큰 접시 바닥을 닦지 말아라. 이는 무척 무례한 행동이다. 이 경우 접시에 손대지 말고, 바꿀 기회가 있으면 다른 접시를 청해라. 식사중에 항상 나이프를 손에 들고 있어서는 안된다. 필요할 때 그것을 집어도 된다. 손에 들고 있는 나이프로 빵 조각을 집어 입 안에 넣는 짓 역시 무척 무례하다. 나이프 끝으로 찍어 입에 넣는다면 더더욱 그렇다. 사과, 복숭아나 다른 과일을 먹을 때도 이 점을 유념해야 한다(나이프 사용에 관련된 금기의 보기들 참조).

막대기를 잡듯이 포크나 스푼을 손 전체로 잡는 것도 예의에 어긋난다. 항상 손가락 사이로 쥐어라. 포크를 사용해서 음료수를 입으로 떠넣지 말아라.……이 경우 스푼을 사용하면 된다. 기름기 묻은 음식을 손가락으로 집는 행위는 예법상 허락되지 않기 때문에 고기를 입에 가져갈 때에는 항상 포크를 사용해야 예절 바르다. 소스나 시럽도 마찬가지이다. 어떤 사람이 그렇게 한다면, 그는 이어서 몇 가지 무례를 범하지 않을 수 없다. 즉 자주 냅킨에 손을 닦아 그것을 더럽히거나 또는 빵에 닦아 무례를 범한다든가 또는 좋은 집안 출신의 고상한 사람들에게 허용되지 않은 손가락을 핥는 것과 같은 무례를 범하게 될 것이다.

이 전체 구절은, 몇 개의 다른 인용구들처럼, 쿠르탱(A. Courtin)의 『새로운 예법서』(*Nouveau Traité*, 1672)에서 인용한 것이다. '보기 G'를 참조하라.

이 구절들은 18세기의 다른 예법서에도 다시 등장한다. 손가락으로 먹는 행위를 금지시키는 이유는 특히 많은 점을 시사한다. 쿠르탱에게도 마찬가지로 이 금지규정은 우선 기름기 많은 음식들, 특히 소스가 있는 음식들에 적용된다. 그 까닭은 이 행위가 '식욕이 떨어지게 하는' 다른 행위들을 초래하기 때문이다. 라 살에게 이 점은 그가 다른 곳에서 말하는 "네 손가락에

기름기가 묻으면……"과 완전히 일치하지는 않는다. 이 행위의 금지는 오늘
날과 같이 그렇게 당연시되지는 않았던 것이다. 우리는 얼마나 서서히 그
금지가 내면화된 습관, 즉 '자기통제'가 되는지 볼 수 있다.

K・1774년

라 살의 『기독교적 예법과 예절의 준칙』(1774), 45쪽에서 인용.

(앞에서 서술했듯이 사회변동의 외면적인 징조로서 개혁을 요구하는
목소리가 강해지는 한편 '문명' 개념이 관철되었던 루이 15세 통치 말기
의 위급한 상황에서 이제까지 수정없이 여러 판을 거듭해 출판되었던 라
살의 예법서도 개정된다. 수준의 변화는 많은 정보를 제공해준다. 그 변
화는 여러 측면에서 엄청나다. 그 변화는 또 일부 예법에 관해서는 이제
말할 필요조차 없게 되었다는 사실에서 감지된다. 여러 장이 짧아졌다.
예전에 자세히 다루어졌던 많은 '악습들'은 이제 그저 지나가면서 슬쩍
언급될 뿐이다. 원래 아주 상세하게 낱낱이 상술하였던 생리작용의 경우
도 마찬가지이다. 일반적으로 어조는 덜 부드럽고 종종 초판과 비교할
수 없을 정도로 날카롭다.)
　접시 위에 놓인 냅킨은 얼룩이나 지지 않는 음식 자국으로부터 옷을
보호하려는 용도를 가졌기 때문에 턱에 이르기까지 몸의 앞부분을 전부
가릴 수 있도록 활짝 펼쳐놓아라. 그러나 옷깃 안으로 들어가게 하지는
말아라. 스푼, 포크와 나이프는 항상 오른쪽에 놓아야 한다. 스푼은 국물
있는 음식을 먹는 데, 포크는 단단한 고기를 자르는 데 쓰인다.
　그중 하나가 더러워졌는데 새것을 얻을 수 없을 때는 냅킨으로 닦을
수 있다. 식기를 식탁보로 닦는 행동만은 피해야만 한다. 이는 용서받기
힘든 무례한 행위이다. 접시가 더러워지면 새것을 청해라. 손가락으로
스푼, 포크 또는 나이프를 닦는 짓은 불쾌감을 불러일으키는 상스러운
행위이다. 점잖은 식사 자리에서 주의 깊은 하인들은 요청하지 않아도

접시를 바꾸어준다.

손가락을 빨고 고기를 손으로 집어 입으로 가져가며 또 손가락으로 소스를 찍거나 포크로 빵을 찍어 소스에 담갔다가 빨아먹는 짓보다 더 예의에 어긋나는 행위는 없다. 손가락으로 소금을 집어서는 안된다. 아이들은 흔히 음식을 조각으로 잘라 층층이 쌓고 심지어 씹은 것을 입에서 꺼내며 손가락으로 튀기기도 한다(종전에 이 모든 행동은 일반적인 악습으로 언급되었지만 여기에서는 단지 아이들의 '나쁜' 행실로 간주된다. 어른들은 이제 그런 행동은 하지 않는다). 냄새를 맡으려고 고기를 코에 대는 것보다 더 무례한 행동은 없다. 남에게 냄새를 맡게 하는 짓은 식탁의 주인에게는 더더욱 무례하다. 음식에서 불결한 것을 발견하면 그것을 보이지 말고 음식을 치워버려라.

L · 1780년?

작자 미상의 작품, 『어린이를 위한 바른 예절』(*La Civilité honete pour les Enfants*, 카엥, 출판연도 미상), 35쪽에서 인용.

그후 그는 냅킨을 몸에 펼치고, 빵은 왼쪽에 나이프는 오른쪽에 놓아두며, 고기를 찢지 않고 자른다(여기에서 기술된 순서는 여러 곳에서 증명된다. 예전에 상류층에서도 흔히 볼 수 있던 가장 기초적 과정은 손으로 고기를 찢는 것이었다. 이 예법서가 고기를 나이프로 자르도록 지시하고 있다면 그것은 그 다음 단계를 서술하고 있는 것이다. 포크의 사용은 아직 언급되지 않는다. 고기를 찢는 행동은 농부의 특성으로, 나이프로 잘게 자르는 것은 도시적 행동으로 간주된다). 나이프를 입 안에 집어넣지 않게 조심해야 한다. 접시 위에 손을 올려두지 말아야 하고······ 그 위에 팔꿈치를 괴서도 안된다. 이런 짓은 늙은 사람이나 허약한 사람들만 하기 때문이다.

예절 바른 아이들은 손윗사람들과 함께 있는 자리에서는 결코 마음대로 음식을 먹지 않을 것이다. ……다음에, 고기가 있으면 조심스럽게 나이프로 잘라 빵과 함께 먹어야 한다. 씹은 고기를 입에서 꺼내 접시 위에 놓는 짓은 촌스럽고 불결하다. 접시에서 한번 집은 것은 다시 놓지 말아야 한다.

M • 1786년

시인 들릴(Delille)과 신부 코송(Cosson)의 대화[원주12]에서 인용.

얼마 전 마자랭(Mazarin) 대학의 문예학 교수인 코송 신부는 자신이 며칠 전 베르사유 궁정사람들과 함께 했던 저녁식사에 관한 이야기를 내게 해주었다.

"내가 장담을 하건대, 당신은 틀림없이 백 가지의 잘못을 저질렀을 거요"라고 나는 그에게 말했다.

"무슨 말씀입니까?" 신부는 아주 당황하여 바로 물었다.

"나는 다른 사람들이 하는 방식대로 했다고 믿는데요."

"주제 넘은 소리! 당신은 결코 남들이 하는 방식대로 하지 않았다는데 내기를 걸겠소. 그러나 우선 그 저녁식사에만 국한해서 살펴봅시다. 우선 당신은 자리에 앉은 후 냅킨을 어떻게 했습니까?"

"내 냅킨으로? 나는 모든 사람들이 하는 그대로 했습니다. 그것을 집어서 펼치고 한쪽 구석의 단추구멍에 꽂았습니다."

"여보게, 그렇게 한 사람은 당신밖에 없소. 사람들은 냅킨을 펼치지 않고 무릎 위에 그대로 둡니다. 그건 그렇고 수프를 어떻게 먹었소?"

"모든 사람들처럼 먹었다고 생각하는데. 한 손에 스푼을, 다른 손에는 포크를 들었고……."

"당신의 포크를, 원 세상에! 어느 누구도 수프를 떠먹는데 포크를 쓰

[원주12] 같은 책, 283쪽.

지는 않아요.……그럼 어떻게 빵을 먹었는지 말해보시오."

"분명히 다른 사람들처럼 먹었소. 나이프로 솜씨 좋게 잘랐지."

"오, 이 친구야, 빵은 뜯어먹는 것이지, 그것을 자르면 안되는데…….
계속해봅시다. 커피는 어떻게 마셨소?"

"틀림없이 다른 사람들이 하듯이. 커피가 너무 뜨거워 조금씩 컵에서
떠서 내 받침접시에 담았지."

"그러면 당신은 분명 다른 사람들처럼 마시지 않았군요. 누구나 컵에
서 직접 마시지, 절대로 받침접시에 담아 마시지는 않습니다."

N • 1859년

『상류 사회의 습관』(The Habits of Good society, 런던, 1859, 2판,
1889), 257쪽에서 인용.

포크는 의심의 여지없이 손가락보다 늦게 발명되었지만, 우리는 식인
종이 아니기 때문에 나는 포크가 좋은 물건이라 생각하고 싶다.

제2절 보기에 대한 몇 가지 생각들

인용된 저서의 대상이었던 사회에 대한 개요

1. 앞의 인용문들은 인간 행동변화의 실질적 과정을 명확하게 보여주기
위해 모아놓은 것이다. 일반적으로 특정한 사회집단이나 계층에 전형적인
보기들이 선택되었다. 에라스무스와 같은 뛰어난 천재라 할지라도 자신이
살고 있던 시대의 '예의범절'을 혼자서 고안할 수는 없었다.

우리는 여기에서 서로 다른 시대의 사람들이 거의 동일한 대상에 관해
말하는 것을 들었다. 이렇게 함으로써 변화는 우리 자신의 언어로 서술하
는 것보다 더욱 명확하게 드러난다. 적어도 16세기부터 이미 사회적 규율

과 금지사항들은 변하기 시작했다. 이 운동은 결코 직선적이지는 않지만, 모든 굴곡과 진동에도 불구하고 수세기에 걸친 목소리들을 서로 연관시켜 들어보면 특정한 '경향'과 운동방향을 인지할 수 있다.

16세기의 예법서들은 다양한 사회계층으로부터 새로이 구성된 궁정귀족들의 구체적 표현이라 할 수 있다. 이 신흥귀족들의 형성과 함께 스스로를 다른 계층과 구분하려는 이들 귀족들의 행동규율이 생겨난다. 17세기 후반 무렵 드 쿠르텡은 확고하게 자리잡은 루이 14세의 궁정사회의 관점에서, 궁정에서 거주하지 않지만 궁정풍속과 관습을 익히려는 높은 신분의 사람들을 대상으로 하여 말한다.

그는 서론에서 다음과 같이 말한다. "이 논문의 출판 목적이 궁정에 보내 공부를 마치게 할까 생각중인, 아들에게 예절에 관한 몇 가지 가르침을 달라고 친구로서 부탁하는 지방의 신사들을 만족시키려는 데만 있지는 않다. ……그(저자)는 오로지 예절 바른 사람들을 위해서 이 책을 기획하였다. 이 책은 단지 그들을 대상으로 한다. 그리고 특히 조언을 담은 이 조그만 책자로부터 몇 가지 실익을 얻을 수 있는 젊은이들을 대상으로 한다. 예절의 훌륭한 장점을 얻기 위해 파리의 궁정에서 배울 수 있는 기회나 재산을 누구나 다 가질 수는 없기 때문이다."

모범이 되는 집단에서 살고 있는 사람들은 '자신이' 어떻게 처신해야 하는지 알기 위해서 책을 필요로 하지 않는다. 그러므로 좁은 범위의 궁정귀족 집단의 특징적인 비밀을 기술하고 있는 이 지침서가 어떤 의도에서 누구를 대상으로 씌어졌는지를 확인하는 일이 중요하다.

여기에서 확산방향은 명확하다. 이 책은 '예절 바른 사람', 즉 대체로 상류층 사람들을 대상으로 한다는 점을 강조한다. 이 책은 일차적으로 궁정의 행동양식을 알고 싶어하는 지방귀족들의 욕구를 염두에 두고 있으며, 그 다음으로는 높은 신분의 외국인들의 욕구에 부합하고자 한다. 그러나 우리는 이 책이 적지 않은 성공을 거둔 이유가 시민계급 상층부의 관심에도 있다고 가정할 수 있다. 이 시기에 궁정의 관습, 행동양식과 유행이 끊임없이 상위 중산층에게 침투되어, 그곳에서 모방되었고 다른 사회적 상황에 맞춰 조금씩 변형되었다는 증거를 우리는 여러 곳에서 찾아볼 수 있다. 그렇게 하여 이러한 궁정의 관습은 상류층을 구분하는 수단으로서의 성격 을 다소 잃어버린다. 즉 그것은 평가절하된 것이다. 이는 다시금 상류층에 게 자신들의 관습을 한층 더 세련되게, 더욱 발전시키라는 압력이 된다.

상류층의 행동방식은 이러한 메커니즘으로부터, 즉 궁정관습의 발전, 밑 으로의 확산, 가벼운 사회적 변형, 구분되는 특징으로서 평가절하 등의 메 커니즘으로부터 지속적으로 운동할 수 있는 원동력을 얻는다. 여기에서 중 요한 사실은 일견 비규칙적이며 우연적으로 보이는 궁정 행동의 형성과정 이 장기적 안목에서 바라볼 때 일정한 방향과 발전노선을 가지고 있다는 것이다. 우리는 이 방향을 수치감과 불쾌감의 벽이 높아진다고 표현할 수 도 있고 또는 '세련화', '문명화'라고 표현할 수도 있다. 특정한 사회적 동력 은 특정한 정신적 동력을 이끌어내며, 이 정신적 동력은 자체의 법칙을 가 지고 있다.

2. 18세기에 들어서면서 사회가 부유해지는 동시에 시민계층의 신분상 승의 기회도 증대된다. 사회적 신분의 격차는 없어지지 않았지만, 이제 궁 정의 사교집단에 귀족 외에도 다수의 시민계급이 속하게 된다. 그러나 사 회적으로 약화되어가던 귀족들의 폐쇄적 성향은 혁명 직전에 다시 한 번 강해진다.

이 확대된 귀족사회 안에는 궁정귀족 출신들과 궁정 시민계급 출신들이 서로 교류했고 밑으로의 경계가 엄격하지 않았다. 그러므로 우리는 이 확 대된 귀족사회 전체를 고찰해야 한다. 이들이 바로 엄격한 신분계급 사회 의 엘리트들이다. 사회가 전체적으로 부유해지고 계층간의 상호교류가 활 발해지면서 이 엘리트층에 편입하거나, 아니면 적어도 이들을 모방하고자 하는 욕구가 더욱 커진다. 특히 성직자들은 궁정관습을 유행시키는 대표적 집단이었다. 감정규제, 전체 행동의 통제 및 형식화는 '시빌리테'라는 이름 하에 처음에는 순수하게 세속적·사회적 현상으로 상류층에서 형성되었으 나 점차적으로 교회의 전통적 행동방향과 일치하게 된다. 즉 '시빌리테'는 기독교적 토대를 갖게 된다. 교회가 여러 모델들을 전파하는 중요한 기관 중의 하나라는 사실이 다시금 확인된다.

라 살 신부님은 기독교인의 예절에 관한 자신의 준칙에서 다음과 같이 말한다. "대부분의 기독교인들이 품위와 예절을 오로지 순수하게 인간적·세속적 자질로 간주하며 자신들의 마음을 숭고하게 도야하려 하지 않고 그 자질을 신과 우리의 이웃, 우리 자신과 연관된 미덕으로 생각하지 않는다는 사실은 아주 놀라운 일이다."

프랑스에서 교육과 수업은 대부분 교회의 소관이었으므로, 그때부터 교회를 매개로 하여 예법관련 서적들이 쏟아져나온다. 그것은 어린이를 위한 기초교육의 교재로 쓰였으며, 종종 읽기와 쓰기용 교재와 함께 인쇄, 배포되었다. 그와 함께 '시빌리테' 개념은 사회적 엘리트들에게 점점 더 그 가치를 잃는다. 봉건적인 '쿠르투아지' 개념이 겪었던 것과 비슷한 과정이 '시빌리테' 개념에서도 시작된 것이다.

'시빌리테' 개념과 '쿠르투아지' 개념의 부흥과 몰락에 관한 부언설명

3. '쿠르투아지'는 원래 기사적 영주의 궁정에서 형성되었던 행동양식을 가리키는 개념이었다. 그러나 중세가 지나면서 원래 가지고 있던 의미 중에서 '쿠르'(cour), 즉 '궁정'에만 국한시키는 측면이 없어져버렸다. 16세기와 17세기 동안 기사적·봉건적 전사귀족들이 몰락하고, 절대왕정귀족들이 형성되면서 '시빌리테' 개념이 사회적으로 용인된 행동의 표현으로 부상한다. '쿠르투아지' 개념과 '시빌리테' 개념은 16세기 프랑스의 전환기에 반쯤은 기사적·영주적 성격을, 반쯤은 절대왕정적 성격을 지닌 채 한동안 공존하였다. 1700년대에 이르러 '쿠르투아지' 개념은 점차 한물가버린 개념이 된다.

1676년 한 프랑스 작가는 다음과 같이 말한다.[원주13] "'쿠르투아'(courtois,

[원주13] Dom. Bouhours, *Remarques nouvelles sur la langue française* (Paris,

궁정적)란 말과 '쿠르투아지'는 이제 나이를 먹기 시작했고 더 이상 좋은 어법
이 아니다. 우리는 '시빌'(civil, 예의 바른), '오네트'(honneste, 점잖은)와
'시빌리테'(civilité, 예절), '오네테'(honnesteté)라고 말한다."

  '쿠르투아지' 개념은 이제 시민계급적 개념이 되어버렸다. "나의 이웃인
시민계급은……파리 시민계급의 언어에 따라 '아파블'(affable, 정중한),
'쿠르투와'라고 말한다.……이 말들이 상류사회의 사람들 사이에 거의 통용
되지 않기 때문에 그는 스스로 예절 바르게 표현할 수 없다는 것이다. '시
빌리테', '오네테'가 '쿠르투아지', '아파빌리테'를 대체했듯이, '시빌리테'와
'오네테'란 단어들도 앞의 단어들을 대체했다는 것이다"라는 사실을 『자기 표
현에 있어서 좋은 어법과 나쁜 어법에 관하여. 시민계급의 화법에 관하여』
(Du bon et du mauvais usage dans les manieres de s'exprimer.
Des Façons de parler bourgeoises, 1694, p.110)라는 제목이 붙은 드
칼리에르(F. de Callières)의 대화록을 통해 알게 된다.

  이와 아주 유사하게 '시빌리테' 개념은 18세기가 흐르면서 절대왕정의 상
류귀족층에게서 그 중요성을 잃어간다. 이 계층 자체도 느린 속도의 변동
과정, 즉 시민계급화 과정에 처해 있었으며, 이것은 적어도 1750년까지는
시민계급의 궁정화현상과 맞물려 있었다. 1745년 제도인(Gedoyn) 신부
는 논문 「로마의 도시성에 관하여」(De l'urbanité Romaine)에서 '도시
성'(urbanité) 개념은 아주 아름다운 것을 표현하는데도 왜 자신의 사회에
서 '예의 바름'을 뜻하는 '시빌리테', '후마니테', '폴리테스' 또는 '갈랑트리'
처럼 자주 사용되지 않는가 하는 문제를 토론한다. 그는 아래와 같이 대답
한다.

  '우르바니타스'(Urbanitas)는 언어와 정신 그리고 품행의 단정함이
'우릅스'(Urbs, 도시) 자체로 불리던 로마에만 연관된다는 점을 알린다.
그런데 이 단정한 품행이 특별히 어느 도시의 특권도, 수도의 특권도 아

니고 오로지 궁정의 특권으로 인식되는 우리들에게 이 단어 '도시성'은
꼭 필요한 단어가 아니다.

'도시'는 그 당시 소수집단인 궁정사회와 구별되는 '시민계급의 상류사회'
를 상징했다는 것을 안다면, 이 질문의 시사적 중요성을 쉽게 인식할 수 있
을 것이다.

이 시대의 대부분 문헌들에서 '시빌리테' 개념은 '폴리테스'보다 덜 사용
되며, 전체 개념군이 '인간성'(humanité)이란 단어와 동일화되는 경향이
강해진다. 볼테르(Voltaire)는 1733년에 이미 자신의 『제르』(Zaïre)를
시민계급 출신의 폴크너(A.M. Faulkner)라는 영국의 한 상인에게 헌정
하면서 이 경향을 분명한 어조로 표현하고 있다.

오스트리아의 앤(Anne)이 통치한 이래로 프랑스인들은 이 세상에서
가장 상냥하고 가장 정중한 민족으로 꼽힌다. 이러한 정중함은 '시빌리
테'라 불리는 것처럼 자의적인 문제가 아니라 천성의 법칙인데, 다행스
럽게도 프랑스인들이 다른 민족들보다 이를 더 개발한 것이다.

예전의 '쿠르투아지'처럼 이제 '시빌리테' 개념이 몰락하기 시작한 것이
다. 그후 이 속에 담긴 내용들은 하나의 새로운 개념 속에 수용되어 자아의
식의 새로운 형태를 표현하는데, 그것이 바로 '시빌리자숑'(civilisation,
문명)이다. '쿠르투아지', '시빌리테', '시빌리자숑'은 사회발전의 세 단계를
구별한다. 즉 이 개념들은 어떤 사회계층이 어떤 사회계층을 대상으로 말
하는지 알려준다. 상류층 행동의 실제적 변화, 즉 우리가 '문명화'되었다고
부르는 행동의 모델은 앞서 언급한 세 단계 가운데 중간단계에서 형성되었
다. 19세기에 사용되는 '문명' 개념은 문명화과정이, 정확하게 말한다면 이
과정의 한 단면이 이미 완성되어 잊혀졌음을 알려준다. 사람들은 이제 이
과정이 다른 민족들에게서, 일정기간 동안 자기 사회의 하층민들에게서도
완성되기를 바란다. '문명'은 이제 상류층과 중산층에게 하나의 확고한 소

유물이 된 것처럼 보인다. 사람들은 그것을 확산시키고, 도달한 수준의 범위 내에서 계승, 발전시키고자 한다.

앞에서 인용된 보기들은 이 문명화운동이 이보다 앞선 절대왕정시대에 이러한 수준에 이르는 과정을 보여주고 있다.

식사습관의 '문명화' 곡선에 관한 개요

4. 혁명이 일어나기 직전 18세기 말에 프랑스의 상류층은 오늘날 '문명화된' 사회에서 통용되는 식사습관의 수준에 거의 다가간다. 1786년의 '보기 M'은 이러한 사실을 충분히 말하고 있다.

이제는 모든 문명화된 시민계급사회에서 사용하는 냅킨은 그 당시 아직 귀족들만의 전유물이었다. 수프를 먹을 때 포크의 사용을 금지한다는 사실도 이 보기에서 드러난다. 우리가 그 당시 프랑스의 수프에는 지금보다 더 많은 건더기가 들어 있었다는 것을 상기한다면 왜 포크를 사용했는지 이해할 수 있다. 나아가 이 보기는 식탁에서 각자의 빵을 나이프로 자르지 않고 떼서 먹는 궁정의 관습을 준칙으로 제시하는데, 이 관습은 그동안 민주화되었다. 커피를 마시는 방식도 마찬가지이다.

이것들은 우리의 일상의례가 어떻게 형성되었는지를 보여주는 몇 가지 예들이다. 우리가 일련의 그림들을 현재까지 연결시킨다면, 몇 가지 세부사항들은 앞으로 더 변할 것이다. 즉 새로운 규정이 첨가되고, 옛 것은 느슨해진다. 식사예법의 민족적·사회적 변형들이 수없이 생겨난다. 문명과 욕구규제의 획일적인 의례가 침투되는 강도는 계층에 따라, 즉 중산층, 노동자, 농부들에게서 다르다. 그러나 문명화된 사회에서 요구되는 것과 금지된 것, 식사법의 표준, 나이프와 포크, 스푼, 접시, 냅킨과 그 외의 식기를 사용하는 법 등의 본질적인 특징은 대체로 변하지 않았다. 새로운 에너지원의 도입으로 요리기술을 포함한 여러 분야에서 기술의 발전이 이루어졌지만 식사법과 다른 일상의례의 근본적인 면은 거의 그대로 남아 있었다. 우리가 조금 더 자세히 살펴볼 경우, 그 흐름에 일정한 발전경향이 있다는 사실을 발견할 수 있다.

아직도 변할 수 있는 것은 무엇보다도 생산기술이었다. 소비기술은 다시는 도달할 수 없을 정도로 높은 수준의 소비계층이었던 사회적 구성체로부터 개발되고 유지되었다. 그들의 사회적 몰락과 더불어 급속하고 강력한 소비기술의 정교화 작업은 중단되고, 이것은 이제 삶의 사적 영역(직업생활과 대비되는)으로 넘어간다. 따라서 궁정시대에는 비교적 빨랐던 이 영역의 변화와 운동의 속도는 이제 다시 느려진다.

접시와 그릇, 나이프와 포크, 스푼 등과 같은 식기의 형태조차도 이제는 18세기와 그 이전의 주제를 변형한 것에 불과하다. 물론 세세한 부분에서는 많은 변화가 이루어졌다. 그 한 예가 기구들의 세분화이다. 많은 경우에 식사의 코스마다 접시뿐만 아니라 식기까지 바뀌어졌다. 손 대신에 나이프와 포크와 스푼으로 먹는 것만으로 충분치 않았다.

상류층은 점차 음식에 따라 특별한 식기를 사용하게 되었다. 수프용 스푼, 생선용 나이프, 고기용 나이프가 접시의 한편에 놓여졌다. 전채(前菜)를 위한 포크, 생선과 고기를 위한 포크가 다른 편에 놓여졌다. 접시의 위쪽에는 단 음식을 위한 포크, 스푼이나 나이프가 놓여졌고, 디저트와 과일을 위한 식기들이 따로 나왔다. 이 식기들은 각각 다른 형태로 만들어졌다. 어떤 때는 좀 컸고, 어떤 때는 작아졌으며, 때로는 둥글거나 뾰족하기도 했다. 그러나 좀더 자세히 들여다보면 그것들은 정말 새로운 것이 아니다. 그것들은 동일한 주제의 변형일 뿐이며, 동일한 수준 내에서의 세분화이다. 단지 몇 가지 점에서, 예를 들면 나이프의 사용에서는 도달한 수준을 넘어서는 완만한 변화가 엿보인다.

5. 어떤 의미에서는 15세기까지의 흐름도 이와 비슷하다. 식사법의 수준, 사회적 금지사항과 허가사항, 인간 상호간의 행동과 자기 자신에 대한 태도 등에서 근본 줄기는 대체적으로 그때까지 — 물론 전혀 다른 이유에서 — 크게 변하지 않았다. 물론 여기에서도 유행, 조그만 변동들, 지역적·사회적 변형과 특정한 방향으로의 완만한 운동이 전혀 없었던 것은 아니

었다.

그러나 우리는 언제 한 단계에서 다른 단계로 옮겨갔는지 정확하게 집어 낼 수는 없다. 흐름은 어느 곳에서 조금 빨랐고, 어떤 곳에서는 조금 느렸 으며, 곳곳에 조그만 도약들이 있었다. 그럼에도 불구하고 곡선의 형태는 대체로 동일하였다. 기사적·궁정적 전성기를 정점으로 하는 중세의 특징 은 손으로 식사하는 관습이다. 16, 17세기와 18세기를 아우르는 급변의 시 대에 식사행동의 발전에 대한 압력은 부단히 한 방향으로, 즉 식사예법의 새로운 수준을 향해 가해진다.

그때부터 한번 도달한 수준은 그대로 유지되지만 일정한 방향으로 완만 한 운동이 시작된다. 일상행동의 정교화작업은 이 운동 속에서도 사회적 차별의 도구로서 그 중요성을 완전히 상실하지 않지만, 예전과 같은 역할 을 더 이상 하지 못한다. 사회적 차별의 근거로서 돈의 비중이 이전보다 더 커진다. 인간의 실제 업적과 생산물이 그들의 태도보다 더 중요하게 된다.

6. 우리가 앞의 보기들을 서로 연관지어 살펴본다면, 우리는 운동이 어 떻게 진행되는지 명확하게 알 수 있다. 궁정기사사회를 포함한 중세사회 전체의 금기사항들도 감정생활에는 커다란 제약을 가하지 않았다. 사회적 통제는 후세와 비교해볼 때 부드러운 편이었으며, 예절은 후세에 비하면 말 그대로 비강제적이었다. 식사중에 쩝쩝거리지 말고 코를 풀지 마라. 식 탁 위에 침을 뱉지 말며, (기름 묻은 손가락을 닦는 데 쓰이는) 식탁보에 코를 풀지 마라. 또는 (공동의 접시에서 음식을 집어내는) 손가락으로 코 를 풀지 마라. 다른 사람과 같은 그릇을 사용하는 것은 당연한 일이었다. 단지 돼지처럼 음식에 덤비지 말며, 한 번 베어먹은 음식을 다시 공동의 소 스에 적시지 않으면 된다.

이러한 습관들 중 많은 부분이 에라스무스와 칼비아크의 수정본에서 언 급되고 있다. 우리가 전체의 운동을 개괄한다면 당대의 관습들만 개별적으 로 서술한 연구들을 고찰하는 것보다 운동 자체가 어떻게 전개되고 있는지 더 분명하게 알 수 있을 것이다. 식기들은 여전히 제한적이다. 왼쪽에 빵,

오른쪽에 컵과 나이프, 그것이 전부이다. 포크는 가끔 언급되지만, 공동의 접시에서 음식물을 드러낼 때 쓰이는 기구로서 제한된 기능을 가지고 있다. 코를 푸는 수건과 냅킨도 가끔 언급되지만, 그것은 전환기의 상징으로서 필수용구가 아니라 선택용구이다. 손수건이 있으면 손으로 코를 푸는 것보다는 훨씬 낫다고 씌어 있다. 냅킨이 나오면, 그것을 왼쪽 어깨 위에다 걸쳐라. 150년 후에 냅킨과 손수건, 그리고 포크는 궁정계층에서는 없어서는 안될 물품이 된다.

다른 습관과 관습의 운동곡선도 이와 비슷하다. 처음에 사람들은 공동의 대접이나 여러 사람이 사용하는 국자에 입을 대고 수프를 마셨다. 예법서에는 스푼을 사용하라고 명시되어 있다. 그러나 스푼도 처음에는 여러 사람이 공동으로 사용하였다. 1560년 칼비아크의 인용문은 여기에서 한걸음 더 나아갔다는 사실을 보여준다. 독일인의 관습은 손님 각자에게 자신의 스푼을 제공하는 것이라고 그는 언급한다. 우리는 그 다음 단계를 1672년 쿠르탱의 서술에서 볼 수 있다.

이제 사람들은 더 이상 공동의 대접에 입을 대고 수프를 마시지 않고, 자신의 스푼으로 자신의 접시 위에 조금 떠서 마신다. 손님들 가운데는 예민한 사람도 있어 다른 사람이 스푼을 담근 수프대접에서는 먹지 않으려 한다는 것이다. 그러므로 대접에 담그기 전에 자신의 스푼을 냅킨으로 닦을 필요가 있다는 것이다. 그러나 많은 사람들에게는 그것으로도 충분치 않았다. 그런 곳에서는 한 번 사용한 스푼은 결코 공동의 대접에 담그면 안되고, 그 대신 새로운 스푼을 요구할 수 있었다.

이와 같은 진술들은 인간의 공동생활에 관련된 전체 의례가 동요하고 있을 뿐만 아니라 사람들이 이 운동 자체를 감지하기 시작했다는 것을 보여준다. 각자 자신의 접시와 스푼으로 수프를 먹는 방식은 이제 당연시되지만, 그 당시에는 한걸음 한걸음씩 서서히 정착하고 있었다. 수프는 전용기구로 각자에게 분배된다. 음식은 사교의 새로운 욕구에 부합하는 새로운 양식을 갖추게 된다.

식탁의 어떤 행동양식에도 자명스러운 것은 없으며 또 그것은 '자연스러

운' 감각의 산물이 아니다. 분명히 인지할 수 있는 목적과 분명한 사용방법
이 명시된 기술적 도구로서 스푼, 포크, 냅킨이 어느 날 한 개인에 의하여
고안된 것이 아니다. 그 도구들은 수세기에 걸쳐 사회에서 직접 사용되면
서 그 기능이 점차 제한되고 그 형태가 확립된 것이다. 우리에게 아주 기초
적인 것으로 보이는, 또는 단순히 '합리적'으로 보이는 습관, 예를 들면 수
프를 스푼으로 떠먹는 행동도 이루 말할 수 없을 정도로 천천히 사회에 정
착되었다.

스푼, 나이프와 포크를 쥐고 사용하는 방식도 한걸음 한걸음씩 표준화되
었다. 표준화의 사회적 기제 자체는 우리가 일련의 자료들을 전체적으로
개괄할 때 그 윤곽이 드러난다. 어느 정도 제한된 범위의 궁정 집단이 있
다. 이들은 자신의 사회적 상황의 요구와 이 상황과 일치하는 심리상태에
적합한 모델을 만들어낸다. 프랑스 사회의 구조와 발전으로 인해 점차적으
로 보다 폭 넓은 계층들이 상부에서 발전된 모델을 수용할 수 있는 욕구와
능력을 갖게 된다. 이 모델들은 서서히 사회 전체로 확산되는데, 물론 그
과정에서 계층에 맞게 조금씩 변형된다.

모델의 수용, 하나의 사회단위에서 다른 단위로 모델의 이동——한 사회
의 중심부에서 외곽지대로의 이동, 예를 들면 파리의 궁정에서 다른 궁정
으로 또는 동일한 정치적 사회집단 내에서의 이동, 즉 프랑스나 작센의 상
층부에서 하층부로, 하층부에서 다시 상층부로의 이동——은 문명화의 전
체과정에서 중요한 개별운동에 속한다. 예문들 속에 드러나는 것은 단지
전체 운동의 제한된 단면에 불과하다.

식사방식뿐만 아니라 사고와 언어의 방식, 간략하게 말하면 일반적인 행
동양식이 프랑스에서 비슷한 방식으로 조형되었다. 우리는 사회와 정신의
전체 발전과정에서 인간관계의 특정한 의례가 형성되는 과정만을——물론
여기에서는 첫번째 시도로서 하나의 흐름을 추적할 수 있다 하더라도——
따로 분리할 수 없다. 언어의 '문명화'과정에 관한 짧은 예는 우리가 일상의
례와 이것의 변화를 관찰할 경우 이 사회의 행동양식의 포괄적인 변화 가
운데 단지 단순하고 쉽게 접근할 수 있는 단면만이 우리의 시야에 들어온

다는 사실을 상기시켜준다.

언어의 궁정적 모형에 관한 부언설명

7. 언어에 있어서도 우선 소수의 집단이 특정한 표준을 만든다. 독일에
서와 비슷하게 프랑스에서도 궁정사회는 시민계급과는 다른 언어를 구사하
였다. 당시 많이 읽혀졌던 칼리에르의 단편 『유행어』(*Mots à la mode*)의
1693년판(46쪽)에서 우리는 다음과 같은 구절을 찾아낸다. "시민계급들은
우리와는 아주 다르게 말한다는 사실을 당신은 알고 있어요."

우리가 여기에서 무엇이 시민계급의 표현으로, 무엇이 궁정상류층의 표
현으로 분류되는지 자세히 살펴볼 경우, 우리는 식사습관과 일상의례의 보
기들에서 일반적으로 관찰할 수 있는 것과 동일한 현상에 부딪히게 된다.
17세기와 부분적으로 18세기 궁정사회의 독특한 표현양식과 언어 중 많은
것이 점차적으로 프랑스의 민족어가 된다. 시민계급 출신의 젊은 티보(M.
Thibault) 씨는 우리를 방문하는 동안 조그만 귀족 사교계에 소개되었다.
집주인 여자는 그에게 아버지의 근황을 물었다. "부인, 그는 당신의 겸손한
종입니다. 당신이 여러 번 그의 안부를 물으려고 사람을 보내셨기 때문에
잘 아시다시피 그는 아직도 병약합니다."

상황은 명백하다. 귀족사회와 시민계급의 가족들 간의 교류는 분명 있었
다. 집주인 여자는 이 사실을 그전에 언급하였다. 또 그녀는 그의 아버지
티보 씨가 아주 친절한 사람이라고 말하면서, 그 사람들은 돈을 많이 가지
고 있으므로[원주14] 그러한 교류는 이제 아주 유익하다는 사실도 빼놓지 않

[원주14] François de Callières, *Du bon et du mauvais usage dans les manieres
de s'exprimer. Des facons de parler bourgeoises : en quoy elles sont
differentes de celles de la Cour* (Paris, 1694), p.12. 그리고 난 후 하인이 들어와
귀부인에게 젊은 티보 씨가 그녀를 뵙자는 전갈을 전한다. "좋아"라고 그녀는 대답한다. "그러
나 그를 만나기 전에 나는 너에게 티보 씨가 누구인지 말해야겠어. 그는 파리에 사는 시민계
급출신인 내 친구의 아들인데, 시민계급 부자들 중 한 사람이야. 그들과의 친교는 특히 돈을
빌릴 경우 우리 귀족들에게 도움이 되지. 그 아들은 공직에서 일할 의도로 공부하고 있지만

고 언급한다. 그러나 그 당시 계층간의 교류는 일부 시민계급의 지식인층을 제외하고는 그리 긴밀하지 못하여, 언어적 차이는 완전히 상쇄되지 않았다. 젊은 티보가 말하는 두 마디 말 중 한마디는 궁정사회의 의미에서 졸렬하고 조야하며, '입 가득히 시민계급'의 냄새가 난다는 것이다. 궁정사회에서는 '당신도 잘 아시다시피'(Comme bien sçavez)나 '종종' (souventes fois) 또는 '병약한'(maladif)이라는 표현을 쓰지 않는다.

귀족들은 이어지는 대화에서 티보 씨처럼 "청컨대 너그럽게 봐주십시요"(Je vous demande excuse)라고 말하지 않는다. 그들은 그 당시 오늘날 시민들처럼 "실례합니다"(Je vous demande pardon)라고 말했다. 그리고 티보 씨는 궁정에서 사용하는 "un de mes amis, un de mes parents"라는 표현 대신에 "un mien ami, un mien parent, un mien cousin"(나의 친구, 나의 부모, 나의 사촌)이라 말한다. 그리고 그는 죽은 사람에 관해 말할 때 "deffunct mon père, le pauvre deffunct"라고 말한다.

그 단어 또한 "고상한 언어를 쓰는 사람들의 표현은 아니다. 상류사회 사람들은 어떤 사람이 죽었다는 뜻으로 '그 사람은 떠났다'(deffunct)라고 표현하지 않는다"는 가르침을 받는다. 그 단어는 "죽은 사람을 위해 하나님께 기도합시다"라고 말할 때 가장 많이 쓰인다. 그러나 말을 잘하는 사람은 그보다는 "고인이 된 아버지"(feu mon pere), "고인이 된 공작"(le feu Duc)이라는 표현을 선호한다. "불쌍한 망자를 위해"(Pour le pauvre deffunct)라는 말은 '시민계급식의 변형'이라고 지적한다.

8. 일상의례에서처럼 여기에서도 일종의 이중적인 운동이 있다. 시민계급 사람들의 궁정화, 궁정인들의 시민계급화가 그것이다. 좀더 정확하게 말한다면 시민계급의 행동은 궁정인들의 행동에, 궁정인들의 행동은 시민계급의 행동에 영향을 준다. 아래로부터 위로 미치는 영향은 프랑스에서

우선 시민계급의 단점과 언어를 말끔히 벗어버려야 할 거야."

17세기에는 분명 18세기보다 약했다. 그러나 그러한 영향을 확인할 수 있는 사례가 전혀 없지는 않다. 예를 들면 시민계급 출신 재정감독관인 니콜라 푸케(Nicolas Fouquet)의 성인 보-르 비콩트(Vaux-le Vicomte)는 시간적으로 베르사유 궁전보다 앞서 건축되었는데, 여러 면에서 베르사유의 모범이 되었다.

시민계급 최상부의 부는 상류층 사람들의 경쟁을 유발한다. 시민계급이 궁정사회로 부단히 유입됨으로써 언어의 과정에도 특별한 운동이 생긴다. 새로운 인적 자원과 함께 새로운 언어자료, 시민계급의 '은어'들이 궁정사회로 흘러들어와 궁정언어 속에서 새로이 다듬어지고, 세련되어지고 변형된다. 그 언어들은 한마디로 말해서 '궁정적'으로, 즉 궁정사회의 감각과 감정수준에 맞게 변한 것이다. 이렇게 하여 이 언어들은 시민계급과 '궁정인'을 구분하는 수단이 되고, 얼마 후에는 다시 시민계층으로 파고들어 '특별히 시민적인 언어'가 된다.

칼리에르의 『좋은 어법과 나쁜 어법』(Du bon et du mauvais usage)에서 인용된 대화에서 공작은 "파리의 시민계급과 시민계급 출신의 궁정인들 중에서 흔히 상용되는 화법이 있다"고 말한다. "그들은 '가서 보자' (voyons voir)라고 말한다. 여기서 '가서'라는 말은 아무런 쓸모도 없고 적합하지도 않은 데도 '보자'(voyons)라 하지 않고 그렇게 말한다." 이어 공작은 최근에 '좋지 못한 표현방식'이 통용되기 시작했다고 말한다. "그 말은 먼저 가장 하류층의 사람들 사이에서 쓰이다가 궁정에서 사용될 수 있는 행운을 잡았다. 지난날 아무런 공적도 없이 궁정에서 자신들의 지위를 상승시켰던 그 행운아들처럼. 그것은 'il en sçait bien long'인데 어떤 사람이 교활하고 영리하다는 뜻이다. 궁정의 숙녀들까지 그 말을 쓰기 시작했다."

나쁜 용례들이 이어진다. 시민계급뿐 아니라 몇몇 궁정인들도 "우리는 그것을 해야 한다"라고 말할 때, "il faut que nous fassions cela" 대신 "il faut que nous faisions cela"라는 표현을 쓴다. 어떤 사람들은 궁정에서 쓰이는 "l'on a"(우리들은 가지고 있다), "l'on est"(우리들은…… 이다) 대신 "l'on za"나 "l'on zest"라고 말한다. 여기에서 궁정적인 것으로

등장하는 언어형식들은 거의 모든 경우에 실제로 민족적 어법이 된다. 그
러나 궁정언어가 '너무 세련되고', '너무 꾸밈이 많아' 점차적으로 소멸해버
린 실례들도 있다.

9. 지금까지 말한 용례들은 먼저 언급한 독일의 민족성격과 프랑스의 민
족성격의 사회발생적 차이에 대한 설명을 제공해준다. 우리가 '민족성'을
느낄 수 있는 것들 중에서 언어는 가장 쉽게 접근할 수 있는 표현에 속한
다. 우리는 여기에서 구체적인 예들을 통해 어떻게 독특하고 전형적인 민
족성이 특정한 사회구성체와 관련하여 형성되는지 인식할 수 있다. 프랑스
어에 결정적 영향을 준 곳은 궁정과 궁정사회였다. 독일어의 경우에 황실
과 내각이 얼마동안 이와 비슷한 역할을 하였지만 프랑스 궁정만큼의 영향
력은 결코 행사하지 못했다.

1643년에 어떤 사람은 자신들 언어가 "스파이어(Speyer) 의회의 문서
들을 표준으로 삼기 때문에" 모범적이라고 자랑하고 있다.[원주15] 그 다음으
로 독일의 교육과 언어에 있어서 프랑스의 궁정과 거의 비슷한 의미를 획
득한 곳은 대학들이었다. 그러나 사회적으로 유사한 조직인 내각과 대학은
구어보다는 오히려 문어에 영향을 미쳤다. 즉 두 조직들은 대화를 통해서
가 아니라 서류, 편지와 책들을 통해서 독일의 '문어'를 형성하였다. 니체가
독일인들의 축배노래조차도 현학적이라고 가끔 비아냥거리거나 또는 궁정
출신의 볼테르도 전문용어들을 사용하지 않는데 독일인들은 그 반대라고
하면서 두 나라를 대비시킨 것은 그가 이렇게 상이한 역사적 발전의 결과
를 통찰했기 때문이었다.

10. 프랑스에서 '궁정사람들'이 "이것은 잘 말해졌고, 이것은 잘못 말해
졌다"라고 한다면, 하나의 질문이 제기된다. 이 질문은 우리의 사고에 넓은

[원주15] Andressen and Stephan, *Beiträge zur Geschichte der Gottdorffer
Hofund Staastsverwaltung von 1594~1659* (Kiel, 1928), vol.1, p.26, n.1.

시야를 열어주므로 여기에서 적어도 아주 간단하게나마 언급해야 할 것 같다. 즉 "그들은 무슨 기준에 따라 언어의 좋은 점과 나쁜 점을 판별하는가. 언어적 선택, 표현의 도태와 변화에 대한 그들의 관점은 무엇인가" 하는 질문들이다.

가끔 그들 자신도 이 문제를 심사숙고하기도 한다. 그들의 의견은 언뜻 보기에 놀랍지만, 아무튼 언어의 영역을 넘어설 정도로 의미심장하다. 즉 어떤 관용어, 단어, 뉘앙스가 좋은 까닭은 자신들이, 즉 사회의 엘리트들이 사용하기 때문이며, 나쁜 이유는 낮은 사회신분의 사람들이 말하기 때문이라는 것이다.

티보 씨는 앞에서 인용된 대담에서 이런 저런 표현이 나쁘다는 충고를 들으며 가끔 항의하기도 한다.

"부인, 저를 가르쳐주시는 당신의 노고에 대해 무척 감사하게 생각합니다. 그러나 '떠났다'(deffunt)란 말은 예의 바른 사람들도 무척 많이 사용하여 이제 확고하게 정착된 단어인 것 같습니다."(『좋은 어법과 나쁜 어법』, 23쪽)

"물론 예절 바른 사람들 중에는 우리 언어의 묘미를 충분히 알지 못하는 사람도 있을 수 있지요.…… 극히 소수의, 말 잘하는 사람들만이 이 묘미를 알고 있는데, 이들은 '누가 죽었다'를 표현하기 위해 '떠났다'란 말을 쓰진 않아요"라고 부인은 대답한다.

소수의 집단은 언어의 묘미를 이해한다. 그들이 말하는 방식은 올바른 것이며, 다른 사람들이 말하는 방식은 인정되지 않는다. 판단은 자명한 것이다. "우리, 엘리트들은 이렇게 말하며, 우리만이 언어적 감각을 가지고 있다" 외에는 다른 근거를 그들은 필요로 하지 않으며 알지도 못한다. "좋은 어법을 위반하는 실수에 관해서는 절대적 규칙이 없기 때문에 소수의 예의 바른 사람들의 일치된 견해에 의존한다. 이들의 귀는 올바른 화법에 익숙하여 그것을 잘 골라낸다."(98쪽) 그리고 피해야만 할 단어들이 열거된다.

시대에 뒤떨어진 단어들은 통상적인, 진지한 담화에는 적합하지 않다.

아주 최신의 단어들은 분명 꾸민 듯하고 잘난 체한다는 의혹, 다른 말로 표현하면 속물근성의 의혹을 불러일으킨다. 라틴어와 그리스어의 냄새를 풍기는 학문적 단어들은 모든 상류층 사람들에게 의심을 불러일으킨다. 동일한 사항을 단순하게 표현하는 잘 알려진 다른 단어가 있음에도 불구하고, 굳이 그 단어들을 사용하는 사람들의 주변에는 현학적인 분위기가 감돈다.

일반 국민들이 사용하는 저속한 말을 피해야 한다. 왜냐하면 그 말을 쓰는 사람들은 자신들의 '낮은 교육수준'을 드러내기 때문이다. "우리는 단지 이러한 맥락에서만 이 말, 즉 저속한 말을 사용한다"라고 궁정인 화자는 말한다——궁정언어와 시민언어를 서로 대치시킬 때를 뜻하는 것이다. 그는 언어에서 '나쁜 요소들'을 제거하는 근거로서 '섬세한 감각', 즉 문명의 전체 과정에서 적지 않은 역할을 하였던 감정의 세련을 들고 있다. 그러나 이러한 섬세함은 소수 집단의 소유물이다. 어떤 사람은 섬세한 감각을 가지고 있고, 어떤 사람은 가지고 있지 않다라는 것이 그 화자의 태도이다. 이러한 민감한 감각을 소유하고 있는 사람들은 소수이며, 그들이 서로 합의해서 무엇이 좋고 나쁜 표현인지 규정하는 것이다. 표현의 선택에 대한 모든 합리적 근거들보다 사회적 논점, 즉 어떤 것이 더 나은 이유는 그것이 상류층이나 또는 상류층 가운데 단지 엘리트가 사용하기 때문이라는 사회적 근거가 훨씬 지배적이다.

'오래된 말', 즉 유행에 뒤떨어진 말은 늙은 세대들이나, 지속적으로 궁정생활에 참여하지 않은 사람들, 즉 대열에서 빠진 사람들이 사용하는 말이다. '지나치게 새로운 말'은 이제 막 출세하려는 젊은이들이 사용하는데, 그들은 자신들만의 특별한 '은어'로 말을 한다. 그 은어들 중의 일부는 아마 미래에 새로운 유행어가 될 것이다. '지성적 말'은 독일에서는 대학 교육을 받은 사람들, 특히 법률가들과 고위 관료들이 또 프랑스에서는 법복귀족들이 사용한다. '저속한 표현들'은 시민계급과 '하층민'들이 사용하는 모든 말들을 뜻한다. 언어적 논쟁은 특정한, 아주 특징적인 사회계층과 일치한다. 즉 그것은 이 순간 언어에 대한 지배를 행사하고 있는 집단과, 그들의 한계를 드러내준다.

넓은 의미에서 '궁정인', 좁은 의미에서는 당시 궁중에서 영향력을 행사하고 있는 극소수의 귀족층은 사회적으로 신분상승을 이룬 시민계급 출신의 궁정인과 '시대에 뒤진 사람들', 상승하는 세대들의 '속물적' 경쟁자들인 '젊은 사람들', 그리고는 마침내 대학 출신의 관료전문가들과 조심스럽게 스스로를 구분하면서 하나의 집단을 형성하고 있었다. 바로 이 집단이 그 시대의 언어흐름을 근본적으로 주도하고 있었다. 좁은 범위와 또는 넓은 범위의 궁정사회가 말하는 식대로 '말해야만 하며', 그렇게 말하는 것이 '정확한 어법'이 된다. 여기에서 말하기의 본보기가 형성되어 길고 짧은 파도를 타고 확산되는 것이다. 언어의 발전과 형성방식은 특정한 사회구조방식과 일치한다.

18세기 중반부터 프랑스어에서 시민계급적 영향은 점점 더 강해진다. 그러나 중산계급의 지식인층을 통과한 자취가 오늘날의 독일어에 여전히 남아 있듯이, 우리는 현재의 프랑스어에서 이 오랜 궁정귀족시대를 거친 흔적을 찾아볼 수 있다. 그 이후 프랑스의 시민사회 내에서 엘리트들이나 사이비 엘리트들이 형성되면 그들은 언제나 자신들의 언어흐름 속에 들어 있는 이 차별화 경향으로 되돌아갔다.

'나쁜' 태도와 '좋은' 태도를 구별할 때 사람들이 내세우는 근거

11. 언어는 사회생활 또는 정신생활을 구체화한 것 중의 하나이다. 언어의 변화방식에서 관찰할 수 있는 많은 측면들이 사회의 다른 실체들의 연구에서도 그대로 나타난다. 예컨대 왜 이 식사태도가 또는 이 식사예법이 저것보다 더 나은지 사람들이 근거짓는 방식은 왜 이 언어표현은 저것보다 더 나은가를 근거짓는 방식과 거의 다르지 않다.

이러한 사실은 20세기의 관찰자들이 가질 수도 있는 기대에는 꼭 들어맞지 않는다. 예를 들면 그는 '맨손을 사용하는 식사'의 폐지, 포크, 개인적인 식사도구의 사용, 현재 수준의 모든 다른 예법들이 '위생적인 이유'에서 설명되기를 기대할 것이다. 왜냐하면 그것이 이러한 관습들을 일반적으로 설명하는 자신의 방식이기 때문이다. 그러나 우리는 18세기 중반에 이르기까지 사람들의 자발적인 자제를 유발하기 위한 동기들 중에서 이러한 방향을 암시하는 것들을 거의 발견할 수 없다. 이러한 이른바 '합리적 근거들'은 다른 근거들과 비교할 때 적어도 두드러지지는 않았다.

문명화의 초기단계에서 자제를 요구할 때 대개 "이것은 하고, 저것은 하지 마라. 왜냐하면 그것은 '궁정식'이 아니며, '고상한' 사람은 그런 짓을 하지 않기 때문이다"라는 이유를 들었다. 기껏해야 다른 사람들의 수치감에 대한 고려가 제시된 이유의 전부였다. 예컨대 탄호이저의 『궁정예법』에는 다음과 같이 씌어 있다. "공동의 접시를 만진 손으로 몸을 긁지 말아라. 같이 식사하는 사람들이 그것을 알아차릴 수 있다. 긁고 싶을 때는 네 옷을 사용해라."('보기 A', 113 이하 참조) 분명한 점은 여기에서 수치감의 한계가 다음 시대와는 달랐다는 것이다.

나중에도 아주 비슷한 근거들이 제시된다. 즉 그것을 하지 말아라. 그것은 '점잖치' 않으며 '격에 맞지' 않기 때문이다. 또는 금지의 근거로서 사회적으로 지위가 높은 사람들에게 마땅히 보내야 하는 존경이 언급되고 있다. 말하는 어법의 모형과 마찬가지로 다른 사회적 행동들의 모형에 있어서도 사회적 동기와 지도적 집단을 본뜬 행동이 훨씬 더 중요한 역할을 한다. '좋은 식사태도'를 유발하기 위해 사용되는 표현들조차도 '좋은 언어'를 사용하도록 동기유발하는 표현들과 동일하다.

예컨대 칼리에르는 『좋은 어법과 나쁜 어법』에서 이런저런 표현에 대해 "좋은 말을 사용하는 사람들의 예법이 소개한 것"이라고 언급하고 있다. 쿠르탱과 라 살도 좋은 태도와 나쁜 태도를 구분하려고 할 때 항상 '시빌리테' 개념을 사용한다. 칼리에르가 여기에서 '말을 잘하는' 사람들에 관해 단순히 언급하듯이 쿠르탱('보기 G'의 끝부분에서)도, "예전에 '사람들은' 이런저런 것을 할 수 있었지만, 오늘날에는 더 이상 할 수 없다"라고 간략하게 말한다. 1694년 칼리에르는 "우리 언어의 '묘미'(délicatesse)를 충분히 알지 못하는 사람들이 아직 많다"라고 말한다. 1672년 쿠르탱도 같은 표현을 쓰고 있다. 스푼을 이미 사용했다면, 공동 대접에 다시 집어넣기 전에 항상 닦아야 한다. "어떤 사람들은 너무 민감해서(délicate) 네 입에 가져갔던 스푼을 수프에 다시 넣으면 그 수프를 먹지 않으려 한다."('보기 G')

이와 같은 '섬세함'과 민감성 그리고 '언짢은 것'에 대해 특히 잘 발달된 감각 등은 처음에 조그만 궁정집단을 구별하는 특징이었다가, 나중에 궁정 사회 전체의 특징이 되었다. 식사습관에 적용되는 것은 마찬가지로 언어에도 적용된다. 그러나 사람들은 이 섬세함이 어디에 근거하는지, 또 왜 그것이 어떤 행동은 허용하고 어떤 행동은 금지하는지 묻지도 않을 뿐더러 대답도 하지 않는다. 단순히 '섬세함', 달리 표현하면 수치심의 한계점이 낮아졌다는 사실이 드러날 뿐이다. 특정한 사회적 상황과의 밀접한 연관하에 감각과 감정상태는 일차적으로 상류층에서 변화하며, 전체 사회의 구조는 이렇게 변화된 감정 수준을 서서히 사회 전반으로 확산시킨다. 감정상태, 감수성의 정도가 '명백한, 합리적 근거들'이라 불리는 이유들로 인해, 다시 말해 특정한 인과관계에 대한 증명가능한 인식으로 인해 변화한다고 암시하는 자료는 전혀 없다.

쿠르탱은 어떤 사람들이 공동의 그릇에 든 수프를 먹는 일을 '비위생적' 또는 '건강에 해롭다'고 느낀다고——후세의 사람들은 아마 이렇게 말할 것이다——말하지 않았다. 사람들이 상호교류에서 점차 스스로에게 부과했던 대부분의 금기들은——우리가 흔히 생각하는 것과는 달리——'위생'과 아무런 관계가 없으며, 단지 '정서적 고통'과 상관있을 뿐이다. 어쨌든 이 과정은 어떤 측면에서는 우리가 오늘날 추측하는 것과는 정반대의 방향으로 전개되었다. 인간관계나 사회가 특정한 방향으로 변화하면서 정서적 고통의 문턱도 장기간에 걸쳐 서서히 낮아진 것이다. 감정의 구조, 감수성과 인간 행동은 여러 가지 불안정한 동요에도 불구하고 하나의 특정한 방향으로 나아간다. 어느 특정한 시점에 이르러, 이 행동은 '위생적으로 올바른' 것으로 인식되고, 인과적 관계에 대한 보다 분명한 인식을 통해 정당화되며, 그리하여 지속적으로 같은 방향으로 진전하거나, 또는 확고하게 굳어지게 된다.

정서적 고통을 느낄 수 있는 범위가 넓어진다는 사실은 일면 어떤 질병들의 전염 가능성에 대한——다소 불분명한, 우선은 합리적 설명이 불가능한——경험들과 연관이 있는 듯이 보인다. 자세히 말하자면 그것은 불분명하고 합리적으로 구별할 수 없는 공포심과 불안감——이 감정들의 실체는 훗날에야 비로소 명확한 인식을 통해 밝혀진다——과 유관하다는 것이다. 그러나 '합리적 인식'은 식사나 다른 행동양식의 '문명화'에 있어서 원동력이 아니다. 식사의 '문명화'와 언어의 '문명화' 사이의 유사점들은 이러한 관점에서 실제로 많은 것을 시사해준다. 그것은 식사행동의 변화가 인간의 감정과 태도의 아주 포괄적인 변화의 일부라는 사실을 분명히 보여준다.

더 나아가 그것은 이러한 발전의 동력이 얼마만큼이나 사회구조, 인간의 통합형태와 관계형태에서 비롯되는지를 명료하게 드러낸다. 우리는 우선 비교적 작은 집단이 운동의 중심부를 형성하고 그 과정이 서서히 다른 계층들로 확산되는 것을 분명하게 볼 수 있다. 그러나 이 확산 자체는 아주 특정한 형태의 교류를, 다시 말하면 사회의 특정한 구조를 전제로 한다. 그러나 이 전범 형성 집단들뿐 아니라 폭 넓은 계층들에게 삶의 조건이 되는 사회적 상황, 달리 표현한다면 감정과 행동양식의 점차적 변화를 유발하고, 정서적 고통의 한계점을 낮추는 사회적 상황이 없었더라면, 이러한 확산은 결코 가능하지 않았을 것이다.

여기서 전개되는 과정은 그 본질이 아니라 그 형태면에서 전체가 변화의 조건, 예컨대 결정(結晶)의 조건하에 있는 액체에서 일어나는 화학작용과 비슷하다. 우선 조그만 핵심이 변화하여 결정체를 형성하고, 이 핵심을 중심으로 하여 그 주변부는 그 이후 서서히 결정해나간다. 그런데 여기서 우리가 결정체의 핵 자체를 변화의 원인으로 간주한다면, 이보다 더 커다란 오류는 없을 것이다.

하나의 특정한 사회계층이 사회발전의 이런 저런 단계에서 과정의 중심을 이루게 되고, 그와 함께 다른 계층들의 모델이 된다는 사실 그리고 이 모델들이 다른 계층들에게로 전파되어 수용된다는 사실 자체도 이미 전체 사회의 특별한 상황과 구조를 전제로 한다. 다시 말하면 이러한 특별한 상황과 구조 때문에 한 집단은 모델의 기능을 가지고 다른 집단들은 그것을 전파하고 수용해야만 하는 기능을 떠맡게 된다는 것이다. 이러한 행동변화를 가동시키는 사회적 통합의 변화는 나중에 상세히 논의될 것이다.

고기를 먹을 경우

1. 우리가 인간적 현상들을, 즉 태도, 소망 또는 인간행위의 산물들을 인간의 사회생활과 분리하여 고찰한다 하더라도, 그것은 본질상 인간관계와 인간행위의 실체화이며, 사회와 정신의 구체화이다. 음성화된 인간관계에 다름아닌 '언어'뿐만 아니라, 예술, 학문, 경제, 정치 등과 같이 우리 삶속의 또는 우리 머릿속의 가치질서에 의해 높이 평가되는 현상들도 그러하지만, 이러한 가치질서에 따르면 하찮고 사소하게 보이는 다른 현상들도 마찬가지이다. 그러나 사소하게 보이는 이 현상들이 전자가 밝혀내지 못하는 '정신'의 구조와 발전, 관계에 관하여 종종 명쾌하고 단순한 설명을 해준다. 예컨대 육식에 대한 인간의 태도는 인간관계와 정신구조의 역동성을 이해하는 데 극히 유익하다.

중세사람들은 육식에 관한 세 가지의 상이한 태도를 취하였다. 수많은 다른 현상들에서처럼 여기에서도 근대와 비교할 때 중세사회의 특징이라 할 수 있는 행동의 극단적 비통합성이 드러난다. 중세사회는 어느 특정한 사회적 중심지에서 발전된 전범적 행동이 전체 사회로 침투해 들어가기 어려운 구조를 가지고 있었다. 특정한 행동양식은 전체의 서구사회에 걸쳐 하나의 특정한 사회계층에만 통용되었으며, 계층과 신분계급에 따라 행동은 극히 달랐다. 그러므로 같은 지역의 서로 다른 계층들 간의 행동차이는 지역적으로 떨어진 동일한 계층들 간 행동의 차이보다 훨씬 더 컸다. 행동양식이 하나의 계층으로부터 다른 계층으로 퍼져갈 경우, 그 신분계층들의 폐쇄성에 상응하여 극단적으로 변형되었다.

중세사회에서 육식을 대하는 사람들의 태도는 양극 사이를 움직였다. 즉 세속 상류층의 육류소비는 우리 시대의 수준과 비교할 때 훨씬 더 많았다. 우리에게는 종종 환상적인 느낌을 줄 정도로 많은 양의 고기를 소비하는 경향이 지배적이었다. 일부 수도원의 성직자들은 육식을 금욕적으로 포기하였는데, 그것은 결핍에서라기보다는 자율에 의한 포기였다. 그들은 종종 음식 자체를 극단적으로 비하하거나 제한하기도 했다. 세속 상류층의 '포식'에 대한 강한 거부감을 담은 발언들도 이러한 집단으로부터 나온다.

하류층과 농부들의 육류소비도 극도로 제한되어 있었다. 그러나 그들은 신과 내세를 생각하여 스스로 육식을 하지 않았던 것이 아니라, 순전히 없어서 먹지 못했던 것이다. 일반적으로 가축이 귀했던 까닭에 육류는 오랫동안 지배층의 식탁을 위한 것이었다. "농부가 가축을 사육하면, 그것은 대부분 특권층인 귀족과 시민계급을 위한 것이었다"는 말들을 했다.[원주16] 우리는 물론 그 특권층에 성직자들이 포함된다는 사실을 잊어서는 안된다.

극단적 금욕생활을 하는 성직자로부터 시작해 여러 층의 성직자들이 있었는데, 그중에는 세속 상류층과 흡사한 태도를 보여주는 성직자들도 있었다. 중세와 근세 초기 상류층의 육류소비에 관한 정확한 자료는 드물다. 물론 육류소비에 있어서도 가난한 기사들과 부유한 영주들 사이에는 분명 엄청난 차이가 있었다. 가난한 기사들의 생활수준은 농부들과 크게 다를 바가 없었다.

중세 말기에 가까운 17세기 북부 독일 어느 궁정의 육류소비에 대한 통계를 보면 1인당 하루 육류소비는 2파운드에 이르렀다. 거기다가 엄청난 양의 야생동물, 조류와 물고기들이 첨가되었다.[원주17] 향료들은 중요한 역할을 하였지만, 채소류는 상대적으로 덜 중요하였다. 다른 자료들도 거의 동일한 방향을 가리킨다. 물론 세부사항들은 앞으로 더 자세히 검토해야 할 과제이다.

2. 다른 변화는 좀더 정확하게 검증된다. 고기가 식탁 위에 올려지는 방

[원주16] Leon Sahler, *Montbéliard à table, Memoires de la Société d'Emulation de Montbéliard* (Montbéliard, 1907), vol.34, p.156.

[원주17] Andressen and Stephan, 앞의 책, 제1권, 12쪽.

식은 중세로부터 근대에 이르기까지 엄청난 변화를 겪었다. 이와 같은 변화의 곡선은 많은 점을 시사한다. 중세사회의 상류층에서는 종종 죽은 동물이나 동물의 커다란 부위 전체가 식탁 위에 올려졌다. 생선과 일부 조류는 깃털까지 포함하여 통째로, 토끼나 양도 한 마리 전체가, 송아지는 4등분하여 한 토막이 식탁 위에 차려졌다. 물론 사냥한 짐승고기나 꼬치에 꿰어 통째로 구운 돼지나 황소 등은 말할 필요도 없다.[원주18]

짐승은 상 위에서 잘려졌다. 17세기에 이르기까지, 그리고 가끔 18세기에도 예법서는 고기를 잘 자르는 것이 교양있는 사람에게 중요하다는 지적을 하고 있다. "고기를 자르는 정확한 방법을 어릴 적부터 가르쳐야 한다 ……"라고 1530년 에라스무스는 말했다. 쿠르탱은 1672년 다음과 같이 말한다.

언제나 가장 큰 몫은 남겨놓고 가장 작은 조각을 가져와야 하며 포크를 사용하지 않고는 음식에 손대지 마라. 높은 지위의 사람이 네 바로 앞에 놓인 음식을 달라고 청할 때, 어떻게 해야 예의 바르고 올바른 방식으로 고기를 자를 수 있는지를 또 그들에게 예를 갖춰 대접하기 위해서 어떤 것이 가장 좋은 몫인지를 아는 일이 중요하기 때문이다. 고기를 자르는 방법은 하나의 독립된 책에서 다루어져야 할 주제인 까닭에 여기에서

[원주18] 이에 관해서는 Platina, *De honesta voluptate et valitudine* (1475), vol.6, p.14를 참고하라. 이러한 전체 '문명화곡선'은 『타임스』가 1937년 5월 8일 영국 왕의 즉위식 직전 「황소구이의 애매한 점들」이란 제목으로 발표한, 편집인에게 보내는 편지에서 뚜렷이 드러난다. 이 편지는 분명 과거의 비슷한 행사에 대한 기억에 자극을 받았던 것 같다. "이런 경우에는 으레 빠지지 않던 행사로 황소를 통째로 어떻게 하면 잘 구울 수 있을지 궁금해서 나는 스미스필드 시장에 가서 물어보았다. 그러나 스미스필드에서는 아무도 내가 궁금해하는 점을 알지 못했다. 더구나 황소 한 마리를 어떻게 쇠꼬챙이에 꿰고 굽고 자르며 또 어떻게 먹는지도……그 모든 일은 아주 실망스러웠다." 5월 14일 『타임스』의 같은 면에는 황소를 통째로 굽는 방법에 대한 스트랜드의 심프슨가 주방장의 조언과 쇠꼬챙이에 꿰어진 황소 사진이 같은 호에 실려 있다. 『타임스』의 지면을 통해 불붙은, 오래 지속된 이 논쟁은 동물을 통째로 굽는 관습이—전통적인 방식을 되도록이면 고수하려고 노력을 기울이는 행사에서조차—서서히 사라지고 있음을 명백히 보여준다.

는 서술하지 않겠다.

고기를 자르기 위해 우선 포크로 고기의 어떤 부분을 고정시켜야 하는지—우리가 여기서 말하듯이 먹을 때조차도 고기가 …… 손에 닿아서는 안 되기 때문에—또 어떤 것을 맨 먼저 집어야 하는지 …… 어떤 부위가 가장 좋은지 그리고 가장 좋은 부위를 가장 높은 서열의 사람에게 대접해야 한다는 사실 등을 보여주기 위해서 고기의 모든 부위가 그 책 속에서 상세히 설명되어야 할 것이다. 서너 번쯤 점잖은 자리에서 식사를 했다면 고기를 자르는 법을 쉽게 배울 것이다. 자신이 할 수 없을 때에는 용서를 구하면서 다른 사람에게 그 일을 넘겨도 마찬가지 이유에서 명예가 손상되지 않는다.

독일에서도 유사한 책이 있는데 『고기 자르는 법에 관한 입문서 개정 증보판』(New vermehrtes Trincier-Büchlein, 린텔렌, 1650)에는 다음과 같이 적혀 있다.

군주의 궁정에서 고기를 잘라 나누어주는 임무는 그중에서 가장 비천한 것이 아니라 가장 명예로운 일로 간주된다. 그러므로 그 임무를 맡은 사람은 귀족이거나 또는 좋은 집안 출신이어야 하고 균형 잡히고 곧은 체격의 소유자여야 하며 또 잘 뻗은 팔과 민첩한 손을 가져야 한다. 공적으로 고기를 자르는 경우에 그는 …… 과장된 동작이나 무의미하고 바보스러운 의례를 삼가야 하고 …… 자신이 결코 불안하지 않다는 점을 확인해야 한다. 그래서 몸이나 손을 떨어 망신당하는 일이 없어야 한다. 이런 행동은 결코 군주의 식탁에서 식사하는 사람들에게 어울리지 않기 때문이다.

식탁 위에서 고기를 잘라 나누어주는 것은 특별히 영광스러운 일이다. 그 일은 보통 집주인이나, 주인의 부탁으로 명망있는 손님이 맡곤 한다. "젊거나 지위가 낮은 사람은 식사를 대접하는 일에 끼어들어서는 안되며 자

기 차례에 음식을 가져다 먹기만 하면 된다"고 1714년 작자불명의 한『프
랑스 예법서』(*Civilité francaise*)에 씌어 있다.

17세기 프랑스 상류층에서는 식탁 위에서 고기를 자르는 일이 사냥, 펜
싱이나 춤과 같이 사교적인 남성에게 필수적인 능력으로 꼽히지 않게 된
다. 쿠르탱의 인용문은 이 사실을 지적하고 있다.

3. 커다란 고깃덩어리를 식탁 위에서 직접 자르는 풍습이 서서히 사라진
것은 분명 몇 가지 사실들과 관련있다. 그중 하나는 가족 단위가 점차 축소
되는 과정에서 가계의 규모 역시 서서히 작아졌고,[원주19] 그 다음으로 직조,
방적, 도살과 같은 생산과 제조활동이 가계로부터 분리되어, 수공업자들,
상인들, 기업가들과 같이 직업상 그 일을 처리하는 전문가들에게로 넘어간
것이다. 그 반면 가계는 근본적으로 소비의 단위가 되어버렸다.

어쨌든 여기에서도 거시적 사회과정의 흐름과 심리적 경향은 일치한다.
즉 오늘날 대부분의 사람들은 식탁 위에서 송아지나 돼지를 반토막으로 자
르든가 깃털로 장식된 꿩에서 고기를 잘라내야만 한다면 또는 그 광경을
목격한다면, 그들은 상당히 불쾌한 감정을 느낄 것이다.

도살된 동물들이 널려 있는 정육점만 봐도 불쾌해지는 '민감한 사람들'도
있으며——쿠르탱의 이 표현을 반복하는 까닭은 실제로 비슷한 과정이 문
제되기 때문이다——다소 합리적으로 치장된 혐오감에서 육식 자체를 거부
하는 사람들이 있다. 그러나 이것은 20세기 문명화된 사회의 혐오감 수준
조차 넘어서는 것이기 때문에 '비정상적'으로 간주되었다. 그럼에도 불구하
고 이것이 과거에 수준의 변화를 야기하였던 것과 같은 종류의 추진력이라
는 사실을(이것이 일반적인 사회발전의 방향과 일치할 경우에) 간과해서는
안된다. 또 이러한 혐오감의 돌출이 이제까지의 운동을 같은 방향으로 계

[원주19] Gred Freudenthal, *Gestaltwandel der bürgerlichen und proletarischen
Hauswirtschaft mit besonderer Berücksichtigung des Typenwandels von
Frau und Familie von 1760 bis zur Gegenwart*, Dissertation Frankfurt a.
Main (Würzburg, 1934).

승한다는 사실도 잊어서는 안된다.

　방향은 분명하다. 도살된 동물을 식탁 위에서 직접 자르는 행위를 봐도 식욕을 느끼거나 또는 전혀 혐오감을 느끼지 않는 수준으로부터 고기요리는 도살된 동물과 연관된다는 기억을 되도록이면 피하고자 하는 수준으로 발전된 것이다. 오늘날 고기요리는 대부분 조리기술을 통하여 원래 동물의 형태가 변형되기 때문에 식사할 때 그 요리의 기원이 연상되지는 않는다. 사람들은 문명화과정에서 자신들에게서 '동물성'을 느끼게 할 수 있는 것은 모두 제거하려 했다는 사실이 앞으로 드러날 것이다. 마찬가지로 사람들은 자신들의 음식에서도 이런 측면을 배제했다.

　이 분야의 발전이 어느 곳에서나 고르게 이루어진 것은 아니다. 예컨대 대륙보다도 더 많은 분야에서 옛 풍습이 그대로 남아 있는 영국에서는 커다란 고깃덩어리를 식탁에서 직접 자르는 풍습을 '조인트'(joint)라 부르는데, 그때 고기를 자르는 의무는 집주인에게 돌아간다. 이러한 풍습은 독일이나 프랑스의 도시계층에서보다 영국에서 더 잘 보존되어 있다. 그러나 오늘날의 '조인트'가 커다란 고깃덩어리를 식탁 위에 올리는 형태로서는 아주 부드러운 축에 속한다는 사실을 도외시한다 하더라도, 그것을 대하는 사람들의 거부반응은 없지 않았다. 우리는 그 반응에서 혐오감의 문턱이 낮아졌다는 사실을 확인할 수 있다. 19세기 중반에는 '러시아식 제도'가 사회의 식사예법에 수용되었는데, 그것도 이러한 방향으로 작용했다. 영국의 예법서 『상류사회의 습관들』(*The Habits of Good Society*, 1859)에 다음과 같이 씌어 있다.

　　새로운 제도에 대해서 우리가 주로 고마워하는 점은 그것이 보기 흉한 야만적 행위인 조인트를 추방하였다는 것이다. 어떤 식으로도 조인트는 고상하게 보이지 않는다. 그것은 집주인을 곤혹스럽게 하고, 그에게 고기를 자르는 고통스러운 일을 하게끔 한다.…… 우리의 식욕이 아주 강하지 않다면 육즙의 냄새를 풍기는 고기를 보는 것만으로도 식욕은 완전히 사라져버릴 것이다. 특히 거대한 조인트는 미식가에게 혐오감을 불러일으키기에 알맞다. 조인트를 조금이라도 먹었다면, 그후에는 그것이 보이지 않도록 보조탁자 위에 놓아두어야 한다.(314쪽)

극히 드문 예외의 경우를 제외한다면 이러한 불쾌한 행위를 사회의 시야로부터 추방하는 현상은 요리된 고기 전체를 식탁 위에서 자르는 것에도 해당된다. 고기를 자르는 행위는 인용문에서 드러나듯이 이전에는 상류층 사회생활의 일부였다. 그 이후 고기 자르는 행위를 본다는 것은 점점 더 불쾌하게 느껴졌다. 자르는 것 자체는 고기를 먹기 위해서 필수적인 행위이기 때문에 없어지지는 않았다. 그러나 그 불쾌한 행위는 사회생활의 무대 뒤로 옮겨졌다. 즉 상점이나 부엌에서 전문가들에 의해 처리되었다. 이러한 격리의 역할, 즉 불쾌한 것을 '무대 뒤로 옮기는 일'이 이른바 '문명화'과정 전체의 특징을 얼마나 잘 드러내는지 우리는 앞으로 계속 고찰할 것이다. 식탁 위에서 커다란 고깃덩어리나 고기 전체를 자르는 것에서 시작하여 죽은 동물을 보면서 느끼는 불쾌감의 증가를 거쳐 고기 자르는 것을 전문화된 영역으로 이전(移轉)하기까지의 곡선은 전형적인 문명화 곡선이다.

다른 사회의 비슷한 현상들 뒤에 이와 비슷한 과정이 얼마나 숨겨져 있는지를 고찰하는 것은 앞으로의 과제이다. 특히 중국의 고대 '문명'에서 고기를 자르는 행위는 서구보다 훨씬 먼저, 그리고 훨씬 더 급격하게 무대 뒤로 옮겨졌다. 문명화과정은 중국에서 고기가 사회의 무대 뒤에서 잘라지고 썰어지므로 식탁 위에서 나이프의 사용 자체가 완전히 사라지게 될 정도로까지 진전되어 있었다.

식사중 나이프의 사용에 관하여

4. 나이프가 사회적으로 사용되는 방식은 가변적인 충동과 소망을 포함한 인간성 전체의 변화를 반영한다. 즉 그것은 역사적 상황과 사회적 구성 법칙을 구체화한 것이다. 현대 서구사회에서 식기로서 나이프의 사용은 특히 한 가지 점에서 특징적이다. 즉 그것과 관련된 금지사항과 금기들이 수

도 없이 많다는 것이다.

분명 나이프는 이성적인 의미에서 위험한 도구임에 틀림없다. 나이프는 공격용 무기인 것이다. 그것은 상처를 내고, 죽은 동물을 자른다. 그러나 이러한 명백한 위험성에는 감정이 결합되어 있다. 나이프는 여러 종류의 감정을 상징한다. 이 감정들은 나이프의 목적과 형태와 유관하지만, '논리 적으로' 나이프의 목적으로부터 추론될 수 없다. 나이프가 불러일으키는 불 안은 이성적인 불안을 넘어서며, 그것은 '예상할 수 있는' 개연적 위험보다 더 크다. 나이프를 사용하는 즐거움과 보고 느끼는 즐거움도——이 측면은 오늘날에는 덜 명백하지만——마찬가지이다.

우리 사회의 구조에 상응하여 나이프 사용에 관한 일상의례는 즐거움보 다는 불쾌감과 두려움에 의해 결정된다. 그러므로 식사를 위한 나이프의 사용조차도 수많은 금지사항으로 제한되어 있다. 이 금지들은 이미 말했듯 이 '순수하게 목적에 합당한 금지'를 훨씬 넘어선다. 그러나 그 금지사항들 마다 각각 합리적인 설명이——물론 대개는 애매한 것이고 검증하기 어려 운 것들이지만——널리 퍼져 있다. 그러나 이러한 금기를 좀더 넓은 맥락에 서 관찰할 경우, 나이프에 대한 사회적 태도와 식사중 나이프를 사용하는 규칙들, 특히 그것을 에워싸고 있는 금기들은 근본적으로 감정적 성격을 가지고 있다는 추측이 든다. 두려움, 불쾌감, 죄책감, 여러 가지 상이한 종 류의 감정들과 연상작용들이 함께 섞여 개연적인 위험을 증대시킨다. 바로 이 때문에 그러한 금지사항은 우리의 영혼에 깊이 각인되며 또 '금기'적 성 격을 획득한다.

5. 항시 전투태세를 갖춘 전사들이 상류층을 구성하였던 중세에는 감정 극복의 수준이 낮고 충동에 대한 규제가 비교적 느슨했기 때문에 나이프에 대한 금지도 그리 많지 않았다. "나이프로 이를 쑤시지 마라"라는 금지사항 이 종종 눈에 띈다. 이것이 나이프와 관련하여 유일하게 중요한 금지사항 이다. 그러나 이 조항은 훗날 등장할 금지사항들의 방향을 가늠케 해준다. 그 밖에 나이프는 가장 중요한 식사도구이므로 입에 갖다댄다는 것은 당연

하였다.

중세 말기의 사료들은, 후대의 사료들보다 더 직접적으로 나이프를 사용할 때 조심하라는 요청이 상처를 입힐 수 있다는 합리적 고려에 바탕을 둔 것이 아니라 무엇보다도 자신의 얼굴로 향해 있는 나이프를 볼 때 발생하는 감정적 동요가 더 중요한 원인으로 작용하고 있다는 점을 암시한다.

나이프를 상대방의 얼굴 쪽으로 향하게 하지 마라.
그렇게 하면 심한 공포를 불러일으킨다.

캑스턴의 『예법서』(28행)에 적혀 있는 이러한 경고는 합리적으로 예상할 수 있는 위험과 어느 정도 관계가 있다. 그러나 사회가 점차 내적 평화를 이룩하면서 칼이 불러일으키는 불쾌감이 즐거움을 능가하게 되었다. 결국 나이프의 사용을 사회적으로 배제하도록 만든 것은 죽음과 위험에 대한 일반적 기억과 연상이었으며, 또 이 도구가 가지는 상징적 의미였다. 자신의 얼굴로 향해 있는 나이프를 보기만 해도 불안해지는 것이다. "나이프를 상대방 얼굴 쪽으로 향하게 하지 마라. 왜냐하면 그것은 심한 공포를 불러일으키므로." 우리는 여기에서 나이프를 입에 대서는 안된다는 후대의 그 엄격한 금기의 감정적 토대를 보고 있다.

일련의 보기들 중에서 칼비아크가 처음으로 1560년 언급한 금지사항들도('보기 E'의 말미에서) 이와 비슷하다. "네가 다른 사람에게 나이프를 건네줄 때, 나이프 끝을 네 손에 오게 하고 손잡이를 상대에게 보여라. 달리 한다면 점잖치 못하기 때문이다."

어린아이들에게 금지사항에 대한 '합리적' 근거를 일일이 일러주는 단계에 이르기까지 사회적 일상의례에 대해 "다른 식으로 하면 예의에 어긋난다" 외에는 달리 아무런 설명도 하지 않았다. 그러나 이 명령의 감정적 의미가 어떤 것인지 어렵지 않게 찾아낼 수 있다. 즉 공격할 때처럼 나이프 끝을 다른 사람에게 향하게 해서는 안된다. 이 행위의 단순한 상징, 즉 전쟁의 위협에 대한 기억은 불쾌한 것이다. 여기에서도 역시 나이프 의례는 합리적 일면을 가지고 있다. 누군가가 나이프를 건네주는 척하면서 갑자기 상대를 찌를 수도 있다는 것이다. 위험한 몸짓은 불쾌감의 일반적인 근원으로서 또 죽음과 위험의 상징으로서 감정적 차원에 자리잡기 때문에 사회적 의례는 이러한 위험에서 생겨난다. 인간에게 실제로 위협이 되는 것을 점차적으로 제한하고 개개인의 감정구조도 이에 맞게 변형시키기 시작하던 사회는 위협의 상징들, 위협의 몸짓과 도구들 역시 울타리 속에 가두어두고자 하였다. 칼의 사용을 둘러싼 제한과 금지사항들도 늘어난다.

  6. 우리가 이러한 발전의 세부적인 면들을 제쳐두고 그 결과인 현재 수준의 나이프 의례만을 고찰할 경우, 실제로 가볍고 무거운 금기들이 놀라울 정도로 많다는 사실을 알게 된다. 나이프를 결코 입에 대지 말라는 명령은 가장 무거운 금기에 속하며, 동시에 가장 잘 알려진 것이다. 그것이 실제적이고 개연적인 위험을 훨씬 과장한다는 점은 말할 필요도 없을 것이다. 왜냐하면 나이프로 식사하는 데 익숙한 사회계층이 나이프로 입에 상처를 입히는 경우는 아주 드물기 때문이다.

  금지는 사회적 차별화의 수단이 되어버렸다. 나이프를 입에 가져가는 사람을 그저 보기만 해도 우리가 느끼게 되는 불편한 감정 속에는 다음과 같은 요소들이 혼재한다. 즉 위험한 상징이 일깨우는 일반적 불안과 아울러 좀더 특수한 사회적 불안, 다시 말하면 부모와 교육자들이 칼을 입에 가져갈 때 "그렇게 하면 안돼"라는 말로 일찍이 새겨준 사회적 폄하에 대한 공포들이 그것이다. 그러나 육체에 미치는 직접적 위험과는 아무런 상관이 없거나 또 있다 하더라도 아주 미미한 다른 금지사항들이 있는데, 이것들은 전쟁과 연관되지 않은 칼의 다른 상징적 의미를 지시하는 것 같다.

  생선을 나이프로 먹지 말라는 상당히 엄한 금지의(생선용 나이프가 따로 있어 이 금지는 오늘날 변형되었다) 감정적 의미는——설령 정신분석학적 이론이 이 사실의 해명에 적어도 특정한 방향을 제시한다 하더라도——우선 그 진의를 알기가 상당히 어렵다. 식기를 그중에서 특히 나이프를 손 전체로 잡지 말라는 명령은 이미 잘 알려져 있었다. 라 살도 우선 포크와 스푼 사용에 관하여 '막대기를 잡듯이' 손 전체로 잡아서는 안된다는 말을 했다. 그 밖에도 원형 또는 계란형의 물체에 나이프를 대지 못하게 금지하거나 적어도 제한하는 경향이 상당히 강했다. 이 경우 가장 친숙한 동시에 가장 엄격한 금지사항은 나이프로 감자를 자르지 말라는 것이다. 이보다 조금 약한 금지사항은 둥근 클뢰스[역주3]를 나이프로 먹지 말고 삶은 계란의 껍질을 나이프로 벗기지 말라는 사항이다. 특히 예민한 계층은 나이프로 사과나 오렌지를 자르지 않는 경향을 가끔 보인다. "어떤 미식가도 사과에 나이프를 대지 않았다는 사실을, 그리고 스푼으로 오렌지 껍질을 벗겨야 한다는 사실을 지적하고 싶다"라고 1859년판과 1889년판의 『상류사회의 습관들』에 씌어 있다.

7. 그러나 이러한 다소 엄격한 개별적 금지사항들은――열거목록은 더 길어질 수도 있다――나이프 사용의 예에서 분명하게 드러나는 전체적 발전 경향의 한 흐름에 불과하다. 기존 식사법의 범위 내에서 우선 나이프 사용을 제한하고, 되도록이면 완전히 배제하려는 경향이 문명화된 사회의 상층부에서 하층부로 서서히 침투했다.

이러한 경향은 진부하고 당연한 것으로 보이는 '보기 I'의 규정에서 이미 예고되었다. "마을 사람들이 하듯이 나이프를 항상 손에 들고 있지 말고, 네가 사용할 때에만 손에 쥐어라." "너에게 규칙을 한 가지 일러준다면 나이프 없이 자를 수 있는 것은 모두 포크만 가지고 잘라라"라고 씌어 있는 영국의 예법서 『상류사회의 습관들』이 출판되었던 19세기 중반에 이미 이 경향은 아주 강해진다. 이 사실을 확인하기 위해서는 현재 나이프를 어떻게 사용하는지를 관찰하면 된다.

궁정사회에서 이룩한 수준을 넘어서는 식사법과 식사의례로 발전할 수 있는――몇 안되는, 그렇지만 분명히 인지할 수 있는――관점을 우리는 여기에서 볼 수 있다. 그러나 이렇게 말한다고 해서 서구의 '문명'이 실제로

―――――

[역주3] 감잣가루나 밀가루 반죽을 둥글게 만들어 뜨거운 물 등에 익힌 요리.

이 방향으로 계속 흘러갈 것이라고 주장하는 것은 아니다. 그것은 모든 사회에서나 흔히 볼 수 있는 하나의 시작, 하나의 가능성일 뿐이다. 어쨌든 우리는 부엌에서 조리하는 과정이 한 방향으로 계속 발전할 것이며, 따라서 사교적 모임의 식탁에서 나이프 사용이 점점 더 강하게 제한되고 '무대 뒤의' 특별한 영역으로 옮겨질 것이라고 생각해볼 수도 있다.

물론 강한 퇴행적 운동도 불가능하지 않다. 예를 들면 전시의 생활양식이 자동적으로 평화시의 문명에서 통용되던 가벼운 또는 무거운 금기들의 파괴를 강요한다는 사실은 익히 알려져 있다. 장교들과 군인들은 참호 속에서 필요하다면 다시 나이프와 손으로 먹지 않을 수 없었다. 수치심을 느낄 수 있는 범위가 불가피한 상황의 압박하에서 비교적 빠르게 수축되었던 것이다. 언제든 닥칠 수 있는, 또 항상 다시금 기존의 금기사항들을 공고화하는 이런 예외 상황을 제외한다면 나이프 사용에 있어서 발전곡선은 아주 명확하다.[원주20]

이 문명곡선을 살펴보면서 나는 이 서구의 방향이 중국의 오랜 관습과 유사하다는 사실을 지적하지 않을 수 없다. 이미 언급하였듯이 중국인들은 실제로 몇 백 년 전부터 식탁에서 나이프를 사용하지 않았다. 유럽인들의 식사방식은 많은 중국인들의 정서에 문명화되지 않은 것으로 여겨졌다. 중국인들은 가끔 "유럽인들은 야만인들이다, 그들은 칼을 가지고 먹는다"라고 말한다. 추측컨대 중국의 이 관습은 기사층이 아닌 평화적인 계층, 즉 학자 관료사회가 전형적인 상류층을 형성하였던 사실과 관련이 있는 것 같다.

식사할 때 포크의 사용에 관하여

8. 포크는 도대체 무엇에 필요한가. 그것은 작게 잘라진 음식을 입에 가져가는 데 쓰인다. 왜 우리는 음식을 입에 가져가는 데 포크를 사용하는가.

[원주20] Andresen and Stephan, 앞의 책, 10쪽에는 포크의 사용이 북유럽 국가들의 상류사회에 침투하기 시작한 시기를 17세기 초로 확인하고 있다.

왜 우리는 맨손을 사용하지 않는가. 1859년 『상류사회의 습관』의 익명의 저자인 '클럽 창가의 남자'가 말했듯이 그것은 '식인종과 같기' 때문이다. 왜 손으로 먹는 것이 식인종과 같은가. 그것은 질문도 안된다. 그것은 당연히 식인종과 같은 행위이며, 야만적이고 문명화되지 않은 태도이다. 그러나 지금 더 중요한 문제는 왜 포크로 식사하는 태도가 더 문명화되었다고 생각하는가라는 것이다.

식사할 때 맨손을 사용하는 것은 비위생적이기 때문이다. 이 대답은 그럴듯하게 들린다. 여러 사람이 한 접시에 손가락을 댄다면 다른 사람과의 접촉으로 병을 얻을 위험이 있다. 그러므로 맨손으로 먹는 일이 비위생적으로 느껴질 수 있을 것이다. 우리 모두는 다른 사람들이 질병을 가지고 있지 않을까 두려워하는 것 같다. 그러나 이 설명은 어딘가 석연치 않다. 오늘날 우리는 같은 그릇으로 먹지 않는다. 각자는 자신의 그릇에 담긴 음식을 입으로 가져간다. 케이크, 빵, 초콜릿 또는 그 외 무슨 음식이든 자신의 그릇에 담긴 음식을 자신의 손가락으로 먹는 행위는 '비위생적'일 수가 없다. 그런데 도대체 무엇 때문에 포크가 필요한가. 왜 손가락으로 각자의 접시에서 음식을 입에 가져가는 것이 '야만적'이며 '문명화되지 않았는가'.

그 이유는 손가락을 더럽히거나 또는 더럽고 기름기 있는 손가락을 사교모임에서 보이는 일이 수치스러운 감정을 불러일으키기 때문이다. 손가락으로 자신의 접시 위의 음식을 먹는 일을 금지시키는 관습은 질병의 위험, 즉 '합리적인 이유'와는 아무런 상관이 없다. 포크의례에 대한 우리의 감정을 관찰하면서 우리는 무엇이 식탁에서 '문명화된' 행동이고 무엇이 '문명화되지 않은' 행동인지를 결정하는 근본기관은 우리의 혐오감이라는 점을 분명히 알게 된다. 포크는 특정한 감정 수준과 특정한 혐오감 수준이 구체적으로 표현된 것이다. 중세부터 근대까지 식사법의 변화 뒤에는 다른 종류의 구체화를 분석하면서 드러났던 것과 동일한 현상이 있다. 즉 그것은 충동구조와 감정구조의 변동이다.

중세 때는 전혀 수치스럽게 느껴지지 않았던 행동양식이 점점 더 불쾌감과 연관된다. 정서적 고통의 수준은 사회적 금지사항들로 표현된다. 이러한 금기들은——그것이 드러나는 한——불쾌감, 수치감, 혐오감, 불안감이 의례나 제도로 변한 것에 불과하다. 이 감정은 무엇보다도 특수한 의례, 사교형태 속에서 제도적으로 확립되었기 때문에 사회적 훈련을 통해 끊임없이 재생산된다.

여러 사례들은, 물론 그것들은 하나의 좁은 단면이고 비교적 우연히 선택된 개개인의 진술들이지만, 포크의 사용이 아직 당연시되지 않던 발전단계에서 우선 좁은 범위의 무리들에서 형성된 수치감이 서서히 확산되는 과정을 분명하게 보여준다. 1672년의 쿠르탱의 '보기 G'에는 다음과 같이 씌어 있다.

기름진 것, 소스나 시럽을 손가락으로 만지는 것은 볼썽사나운 일이다. 그 행동은 다른 것들은 도외시한다 하더라도 연이어 두세 가지 무례한 행동을 하지 않을 수 없게 만든다. 예를 들면 자주 손을 냅킨에 닦게 하여 그것을 부엌 행주처럼 더럽히며, 그 더러운 냅킨을 입에 가져가는 행동을 하고, 보는 사람으로 하여금 속이 메스껍게 만든다. 그렇지 않으면 빵에 손을 닦아야 하는데, 이 행동 역시 예의 바르지 않다(쿠르탱이 사용하고 있으며 하나의 독립된 장에서 설명하고 있는 프랑스어 개념 'propre'와 'malpropre'는 독일어 개념인 'sauber', 'unsauber'와 일치한다기보다 예전에 종종 사용되었던 'proper'와 더 가깝다). 마지막으로 손가락을 입으로 핥을 가능성이 있는데, 그것은 '무례'의 극치이다.

상류층의 행동을 폭 넓게 다루고 있는 1729년판 라 살의 『기독교적 예법과 예절의 준칙』은 한편으로 다음과 같이 말한다. "너의 손가락에 기름이 잔뜩 묻었으면, 우선 빵 조각에 문질러 닦아라." 이것은 쿠르탱이 수십 년 전에 서술한 그 수치감의 수준이 아직 그때까지 보편화되지 않았다는 것을 보여준다.

라 살은 다른 한편 쿠르탱의 규정을 그대로 수용하고 있다. "'예절'은 기름진 음식 또는 소스나 시럽을 손가락으로 만지는 것을 허용하지 않는다."

그리고 그는 쿠르탱과 마찬가지로 냅킨을 더럽히고, 게다가 손을 빵에 닦거나 손가락을 핥는 행위를 무례하다고 규정한다.

우리는 지금까지 모든 것이 아직 변화상태에 있다는 사실을 목격했다. 새로운 수준이란 급작스럽게 등장하지 않는다. 특정한 행동양식은 금지되지만, 그것이 건강에 해로워서가 아니라, 수치스러운 광경으로 또 수치스러운 연상작용으로 이어지기 때문이다. 그러한 모습을 보이는 데 대한 수치심과 그러한 연상작용을 불러일으키는 데 대한 두려움이 모범집단으로부터 나중에는 여러 기관과 제도들을 통해 넓은 범위의 사람들에게 확산된다. 그러나 이러한 감정이 한번 일깨워지고 특정한 의례, 예컨대 포크의례를 통해 사회에서 일반적으로 확립되면, 인간관계의 구조가 근본적으로 변하지 않는 한 그것은 항상 재생산된다. 이 행동수준을 당연시하는 구세대는 그러한 감정을 지니지 않은 채 세상에 태어난 어린이들에게 이 수준과 일치하도록 또 자신의 충동이나 성벽을 억제하도록 때로는 강하게, 때로는 부드럽게 강요한다. 어린아이가 끈적거리는 음식, 축축한 음식, 기름진 음식을 손으로 만지면, 우리는 이렇게 말한다. "그렇게 하면 안돼, 사람들은 그렇게 하지 않아." 그런 식으로 어른들이 심어주는 그 행동에 대한 불쾌감은 마침내 습관처럼 되어버린다.

아이의 행동과 욕구생활은 예컨대 어른 사회에서 나이프와 포크의 사용이 완전히 관철됨으로써, 다시 말하면 주변의 실례들을 접함으로써 아무런 지시가 없어도 동일한 양식과 동일한 방향으로 변하지 않을 수 없다. 개별적인 어른들의 압력과 강요는 전체 주변세계의 압력과 본보기와 결합하기 때문에, 대부분 성장하는 사람들은 자신의 수치심과 당혹감, 쾌감과 불쾌감이 외부의 압력과 강요에 의해 조형되어 어느 특정한 수준에 이르게 되었다는 사실을 일찍 잊어버리거나 심리적으로 억압한다. 그들은 그 모든 감정들을 가장 개인적인 것, '내면적인 것', 태어날 때부터 본성으로 주어진 것으로 여기게 된다.

어른들은 상대방을 고려하여 '공손함'에서, 다시 말하면 다른 사람들에게 불쾌한 모습을 보이지 않게 하는 한편 스스로 '소스가 묻은' 손을 남에게 보인다는 수치심을 갖지 않기 위해서 손가락으로 먹지 않는다는 사실이 쿠르 탱과 라 살의 말 속에서 직접적으로 드러나는 반면, 나중에 그것은 점차적 으로 내면적인 자동주의가 된다. 즉 내면 속에 새겨진 사회의 지문, 초자아 가 되어 포크를 사용하지 않고 먹는 것을 개개인에게 금한다. 개인이 처음 에는 외부의 강요에 의해, 타율적으로 적응하였던 사회적 수준은 결국 내 면 속에서 거의 아무런 마찰없이 자율적으로 재생산된다. 설령 그 개인이 의식적으로는 원치 않는다 하더라도, 이러한 자기강제는 어느 정도까지는 작동한다.

이런 방식으로 수백 년에 걸친 역사적 · 사회적 과정이 완성된다. 그 과 정 속에서 수치감과 혐오감의 수준은 서서히 높아지며, 개인들은 축소된 형태로 새로이 그 과정을 겪는다. 반복되는 과정을 구태여 법칙으로 표현 하고자 한다면, 생물발생 반복적 법칙에 빗대어 사회발생학적 법칙과 심리 발생학적 근본법칙이라 명명할 수 있을 것이다.

제5장

생리적 욕구에 대한 태도의 변화

제1절 보기들

A · 15세기?

『이것이 좋은 식사예절이다』에서 인용.

   Ⅷ. 자리에 앉기 전에 네 자리가 더럽지 않은지 확인하라.

B · 15세기?

『식사중인 사람들을 향한 한마디』[원주1]에서 인용.

네 옷 속으로 맨손을 넣어 몸을 만지지 마라.

C · 1530년

에라스무스의 『어린이의 예절에 관하여』에서 인용. 이 주석들은(아마 직접적으로 학습목적을 위해 씌어진) 1530년 쾰른판에서 인용하였다. 제목 옆에 다음과 같은 주석이 달려 있다. "저자의 허락을 받아, 기스베르투스 롱골리우스 울트라트라익티누스(Gisbertus Longolius Ultratraiectinus)의 주해(쾰른, 1530)를 첨부했음." 이 문제들이 교과서에 이런 식으로 논의된다는 사실은 특히 후대의 태도와의 차이점을 분명하게 보여준다.

소변이나 대변을 보는 사람에게 인사하는 것은 예의에 어긋난다. 예절 바른 사람은 자연적으로 수치심과 결부된 신체 부분을 불필요하게 노출하는 일을 삼가야 한다. 불가피하게 그렇게 해야 한다면, 설사 보는 사람이 없다 하더라도 단정하고 조심스럽게 해야 한다. 왜냐하면 천사들은 항상 그곳에 있기 때문이다. 아이들의 수치심 그리고 동반자나 감시자의 신중한 행동보다 천사들에게 더 환영받는 것은 없다. 신체 부위를 남에게 보이기만 해도 수치심을 느끼는데, 더구나 남이 만지게 한다면 더 말할 나위도 없을 것이다.

소변을 참으면 건강에 해롭다. 은밀하게 소변을 보는 것이 좋다. 소년은 배를 눌러 방귀를 참아야 한다고 가르치는 사람들이 있다. 세련되게 보이려고 노력하다가 병에 걸린다면 좋지 않다. 가능하다면 방귀를 참고, 혼자 있을 때 뀌어라. 참을 수 없다면 고대로부터 전해내려오는 격언처럼 기침을 해서 소리를 감추어라. 장을 압축하는 것보다 방귀를 참는 일이 더 위험한데도 왜 같은 책들은 소년들이 대변을 봐서는 안된다고 가르치지는 않는가.

〔원주1〕 Zarnche, *Der deutsche Cato*, p.138.

이에 관해 주석에는(33쪽) 다음과 같이 적혀 있다.

병에 걸리려면 방귀에 관한 옛 격언을 들어라. 소리없이 방귀를 뀌는 것이 가장 좋다. 그러나 참는 것보다 소리를 내는 것이 차라리 낫다. 그러나 이때 당혹감을 누르고 네 몸을 진정시키든가——모든 의사들의 조언에 따라서——또는 네 궁둥이를 누르고 아에톤(Aethon)의 경구에 따라 행동하는 것이 유익하다. 즉 그는 신성한 장소에서 큰소리로 방귀를 뀌지 않도록 조심해야 했지만, 그럼에도 불구하고 궁둥이를 누르고 제우스에게 기도했다. 방귀소리는, 특히 높은 장소에 서 있는 사람들의 방귀소리는 끔찍하다. 꼭 누른 궁둥이로 신에게 제물을 바쳐야 한다.

폭발적인 소리를 감추기 위해 기침을 해라. 당황해서 폭발적인 방귀소리를 낼 수밖에 없는 사람은 일부러 기침을 해라. 방귀를 기침으로 대체하라는 킬리아데스(Chiliades)의 법칙을 따라라. 방귀를 참으면 건강에 해롭다. 니카르코스(Nicharchos)는 경구집 제2권에서 참은 방귀로 인해 생기는 병을 서술하고 있지만 이 부분은 누구나 다 인용했기 때문에 나는 그에 관해 더 이상 설명하지 않겠다.

이제는 극히 사적인 문제가 되어 사회생활에서 엄격하게 금지된 이 문제들을 아주 진지하고 스스럼없이 공적으로 토론하는 이 시대의 태도는 수치감의 한계가 변화하고 특정한 방향으로 앞당겨지고 있음을 극명하게 말해준다. 토론에서 종종 수치감이 명시적으로 언급된다는 사실 자체가 이 시대의 수치감 수준이 다르다는 점을 강조한다.

D · 1558년

베네벤트 대주교, 지오바니 델라 카사의 5개 국어판 『갈라테오』(제네바, 1609)에서 인용.

그 밖에도 다른 사람들 앞에서 용변을 보거나 또는 용변을 마친 후 그들 앞에서 다시 옷을 입는 것은 예의 바르고 존경할 만한 사람들이 하는 짓이 아니다. 마찬가지로 으슥한 곳에서 용변을 보고 점잖은 사람들이 많은 곳으로 와서 손을 씻어서도 안된다. 왜냐하면 손을 씻는 이유가 사람들에게 불쾌한 생각을 불러일으키기 때문이다. 마찬가지 이유로 길거리에서 불쾌한 일과 마주칠 때—이런 일은 종종 일어난다—갑자기 동행자에게 몸을 돌려 그 일을 가리키는 행동 또한 고상한 습관은 아니다.

냄새가 나는 물건을 다른 사람에게 맡아보라고 내미는 행동도—어떤 사람들은 그렇게 하는 버릇을 가지고 있는데—예의 바르지 못하다. 그들은 악취가 나는 물건을 코에 대고 "냄새가 얼마나 심한지 알고 싶어"라고 말하면서 다른 사람들도 냄새를 맡으라고 재촉하기까지 한다. 이 경우 "냄새가 고약하므로 차라리 맡지 말라"고 말하는 게 더 나을 것이다.

E·1570년

1570년 베니게로데(Wernigerode) 궁정규칙에서 인용.[원주2]

한번도 궁정에 와보지 못했고 또 고상하고 존경할 만한 사람들 틈에 살아보지 못한 촌놈처럼 수줍음도 거리낌도 없이 숙녀들 앞이나 또는 문앞에서 또는 궁정의 접견실이나 다른 방에서 용변을 봐서는 안된다. 언제 어디서나 이성적이고 예절 바르며 언행에서 품위있게 보여야만 한다.

[원주2] Kurt Treusche von Buttlar, "Das tägliche Leben an den deutschen Fürstenhöfen des 16 Jahrhunderts," *Zeitschrift für Kulturgeschichte* (Weimar, 1897), vol.4, p.13의 주석을 볼 것.

F · 1589년

1589년 브라운슈바이크(Braunschweig) 궁정규정[원주3]에서 인용.

누구를 막론하고 식사중, 식사 전후에, 밤늦게 또는 이른 아침에, 나
선형 계단, 층계, 복도나 방을 소변이나 다른 오물로 더럽혀서는 안된다.
그런 용무를 위해서는 지정된 적합한 장소로 가라.

G · 1619년

리처드 웨스트(Richard Weste)의 『좋은 품행 및 모임에서 나쁜 품행의 승
인과 금지에 관한 책』(The Booke of Demeanor and the Allowance and
Disallowance of certaine Misdemeanors in Companie)에서 인용.[원주4]

신체의 일부분을 남이 보도록 노출하지 마라.
그것은 가장 수치스럽고 혐오스러우며
밉살스럽고 무례한 행동이다.
소변이나 방귀를 참지 말아라.
그것은 육체를 괴롭히는 일이다.
그러나 남들이 당황하지 않도록
은밀하게 용무를 처리해라.

H · 1694년

오를레앙 공작의 부인 서신에서 인용(1694년 10월 9일. 다른 자료에 따

[원주3] 같은 책.
[원주4] The Babees Book, p.295.

르면 1718년 8월 25일).

진흙냄새는 끔찍하다. 파리는 몹시 불쾌한 곳이다. 거리는 온통 지독한 냄새로 가득 차 외출을 할 수 없을 정도이다. 혹심한 더위로 엄청난 양의 고기와 생선이 부패하고 이것이 거리의 인파와 섞여 참을 수 없을 정도로 혐오스러운 냄새를 만들어낸다.

| • 1729년

라 살의 『기독교적 예법과 예절의 준칙』(루앙, 1729), 45쪽에서 인용.

머리와 손을 제외하고 몸 전체를 가리는 것은 품위와 겸손의 일부이다. 되도록이면 보통 가려져 있는 신체의 일부분을 맨손으로 만지지 않도록 조심해라. 어쩔 수 없이 만져야 한다면 아주 조심스럽게 해야 한다. 몸을 비비꼬거나 문지르거나 또는 긁지 말고 조그만 불편을 참는 데 익숙해져야 한다.

신이 너 자신의 것이라 할지라도 보지 말도록 금지한, 다른 사람의, 특히 이성의 신체 부분을 만지거나 똑바로 주시하는 것은 예의에 크게 어긋나는 행동이다. 소변을 보고 싶으면 항상 사람의 통행이 적은 장소로 가야 한다. 다른 생리욕구도 보이지 않는 곳에서 처리하는 것이(어린아이들에게도) 예의 바른 행동이다.

윗사람들이나 아랫사람들과 함께 어울리는 자리에서, 설사 소리없이 한다 하더라도 방귀를 뀌는 것은 무척 무례하다(이 규칙은 근래의 관습으로서 '보기 C'와 '보기 G'에서 서술된 것과 정반대이다). 남에게 소리가 들리도록 방귀를 뀌는 행동은 수치스럽고 상스럽다. 감추어야만 할 신체 부분에 대해, 또 본능적으로 주어진 생리욕구들에 관해 이야기하든가 그것들을 단순히 언급하는 것조차 결코 예의 바르지 못하다.

J · 1731년

요한 크리스티안 바르트(Johann Christian Barth)의 『정중한 윤리』
(*Die galanthe Ethica*, 드레스덴과 라이프치히, 1931, 제4판), 288쪽에
서 인용.

이 책은 어떻게 젊은이가 예의 바르고 공손한 언행으로 정중한 사회의
마음을 끌 수 있는지를 보여준다. 오늘날의 모든 예절 애호가들에게 특별
한 즐거움과 이익을 주기 위해 출판되었다.

(독일어의 발달은 프랑스어보다 조금 더 서서히 이루어졌다. 아래 인용
문은 늦어도 18세기 전반에 앞에서 인용된 에라스무스의 구절, 즉 "소변이
나 대변을 보는 사람에게 인사하는 행동은 무례하다"와 동일한 예절의 수준
을 시사하는 예법규정이 있었음을 보여준다.)

마침 용무를 보고 있는 사람 곁을 지나가면 그를 못 본 척하라. 그에
게 인사하는 것은 예의에 어긋난다.

K · 1774년

라 살의 『기독교적 예법과 예절의 준칙』(1774), 24쪽에서 인용.
('감추어져야만 하는 신체 부분과 자연적 욕구에 관해서'라는 장은 옛 판
에서는 2쪽 반에 이르렀으나 1774년판에서는 1쪽 반밖에 되지 않는다. "만
지지 않도록……조심해라" 등의 구절이 삭제되었다. 예전에 표현될 수 있었
고 표현되어야만 했던 많은 부분들은 이제 더 이상 언급되지 않고 있다.)

머리와 손을 제외한 신체의 모든 부분을 가리는 것은 품위와 겸손의
일부이다. 자연적 욕구에 관련되는 한, 보이지 않는 장소에서만 처리해
야(어린아이들이라 할지라도) 예의 바르다. 항상 감추어져야 할 신체 부
분에 관해 말하거나 또는 본능적으로 주어진 어떤 신체적 욕구에 관해

말하거나 그것을 언급한다면 그것조차 예의에 어긋난다.

L · 1768년

뒤 드팡(du Deffand) 부인이 드 슈아쥘(de Choiseul) 부인에게 보낸
편지(1768년 5월 9일)[원주5]에서 인용.
도구가 지닌 위신의 가치에 관한 보기이다.

사랑하는 할머니, 대주교님께 말씀드렸듯이, 어제 아침 할머니가 보내
신 커다란 짐을 침대에서 받아보고 제가 얼마나 놀랐는지 알리고 싶어
요. 저는 서둘러 그것을 열고 손을 집어넣어 녹색 완두콩 조금과······ 단
지 하나를 빨리 끄집어냈어요. 그것은 실내용 변기였어요. 그러나 그것
은 너무 아름답고 화려해서 우리집 사람들은 이구동성으로 그것을 소스
그릇으로 사용해야 한다는 거예요. 이 변기를 어제 저녁 내내 전시했는
데 모든 사람들이 다 감탄해 마지않았어요. 완두콩은······ 하나도 남기지
않고 다 먹어치웠어요.

제2절 앞의 보기들과 이러한 변동에 관한 몇 가지 견해

1. 봉건기사시대의 시구들은 이 주제에 관해 많은 것을 말하지 않는다.
이러한 생활영역에 관한 사회적 명령과 금지들은 비교적 적다. 이 영역에
있어서도 모든 것은, 적어도 세속사회에서는 우선 비강제적으로 이루어진
다. 생리적 용무 자체나, 그것에 관한 언급 또는 연상도 후세처럼 그렇게
내밀하고 사적이지 않으며, 또 그렇게 커다란 수치심과 불쾌감을 동반하지
않는다.
에라스무스의 저서는 이 영역에 있어서도 문명곡선의 한 분기점을 표시

[원주5] Cabanès, *Moeurs*, p.292.

한다. 한편으로 앞서간 시대와 비교하여 수치심을 느끼는 한계점이 눈에
띄게 낮아졌지만, 다음 시대와 비교해보면 자연적 용무에 관한 언급에서
스스럼없는 태도, 즉 '수치심의 결여'를 관찰할 수 있다. 오늘날 많은 사람
들은 이러한 자연스러운 태도를 이해하지 못할 것이며, 종종 '당혹감'을 느
낄 것이다.

그러나 동시에 이 책이 바로 수치감을 가르치려는 기능을 가지고 있다는
사실은 명확해진다. 생리욕구를 자제하도록 어린아이를 훈련시키면서 내세
우는, 천사들은 어디에나 있다는 말은 그 시대의 특징이라 할 수 있다. 젊
은이들이 사회적 행동수준에 맞게 젊은이들이 자신의 욕구표출을 억압하도
록 그들에게 심어주는 불안의 근거는 수백 년이 경과하면서 변한다. 여기
에서 사람들은 본능적 만족의 포기와 연관된 불안을 외부의 영혼들에 대한
두려움으로 자신과 다른 사람들에게 설명한다. 이보다 조금 뒤에 강요된
제한, 위반에 대한 두려움, 수치감, 불쾌감은 적어도 상류층 내에서는, 즉
궁정귀족계층에서는 종종 사회적 강제와 수치감, 그리고 다른 사람들에 대
한 두려움으로 나타난다.

그 외의 폭 넓은 계층에서는 어린아이들을 훈련시키는 도구로서 수호천
사를 언급하는 관습이 오랫동안 지켜져 내려왔다. 일정한 수준으로 본능을
억제하고 감정을 자제하는 수단으로서 건강, 즉 '위생적인 근거'가 더욱 강
조되면서 그 관습은 점차 없어져버린다. 물론 위생적 근거들은 '문명'에 대
한 어른들의 이념 속에서 의미심장한 역할을 하였지만 이것이 어린아이들
을 훈련시키는 도구가 될 수 있다는 사실은 보통 인식하지 못했다. 어쨌든
우리가 이러한 사실을 인식할 때, 우리는 비로소 그 근거들 중 사실상 합리
적인 것과 겉으로만 합리적으로 보이는 것을, 즉 일차적으로 어른들의 수
치감과 혐오감에 기인하는 것을 구별할 수 있을 것이다.

2. 한편으로 에라스무스는 자신의 저서를 통해 우선 서구의 상류층에서
서서히 형성되기 시작하던 수치심과 혐오감의 새로운 수준을 준비한 선구
자라 할 수 있다. 다른 한편으로 그는 이제 언급 자체가 불쾌하게 느껴지는

일들을 아주 천연스럽게 당당히 말하고 있다. 자신이 섬세한 감각의 소유자임을 저서 곳곳에서 증명하고 있는 에라스무스가 오늘날의 감정억제 수준에서는, 그리고 예법서에서는 결코 언급해서는 안될 생리적 기능들의 명칭을 부르고 있는 것이다. 그러나 그의 섬세한 감각과 이 스스럼없는 태도는 서로 모순되지 않는다. 그는 감정극복과 감정억제의 다른 단계에서 말하고 있는 것이다.

에라스무스의 시대에 '소변이나 대변을' 보고 있는 사람과 마주치는 것이 얼마나 평범한 일이었는지를 우리가 책에서 읽는다면, 그 시대에 통용되던 다른 수준이 우리에게 명확해질 것이다. 자신의 생리적 욕구를 다른 사람 앞에서 해결하고, 또 그것에 관해 스스럼없이 말하는 그 시대의 자연스러운 태도는 오늘날 아직 동양에서는 도처에서 보게 되는 행동양식을 연상시킨다. 섬세한 감각은 이런 상황에 처해 있는 사람을 만날 때 인사하지 않을 것을 명한다.

세련되게 보이려다가 병을 얻을 수 있기 때문에 젊은이에게 "방귀를 참으라"고 요구하는 것은 옳지 않다는 에라스무스의 진술을 통해서도 우리는 그 시대의 다른 수준을 명확하게 알 수 있다. 그는 재채기나 이와 유사한 작용에 관해서도 아주 비슷한 말을 한다.

건강상의 논거들은 이 저서에서 자주 발견되지 않는다. 이러한 논거들은 대개 생리기능을 억제하라는 요구에 반대하기 위한 경우에 제시된다. 그러나 이 논거들은 나중에, 특히 19세기에 들어와서 오히려 본능적 만족의 억제와 포기를 강요하는 데 쓰인다. 20세기에 비로소 이 문제에 있어서 가벼운 전환이 일어난다.

3. 사람들이 얼마나 민감해졌는지 증명하기 위해서 라 살의 책에서 인용한 보기들로도 충분할 것이다.

1729년판과 1774년판 사이의 차이점은 다시금 많은 것을 시사해준다.

물론 좀더 오래된 판은 벌써 에라스무스의 저서와는 전혀 다른 혐오감의 수준을 형상화하고 있다. 다른 사람들 앞에서 모든 생리적 욕구를 삼갈 것

을 분명히 요청하고 있는데, 이로 미루어볼 때 그 당시 사람들의 실제 행동
은——아이들의 행동은 말할 것도 없고 어른들의 행동도——이 요청에 미치
지 못했다는 사실을 알 수 있다. 생리작용이나 해당 신체 부위에 관해 말한
다는 것은 점잖치 못한 일이라고 라 살 스스로 말하고 있긴 하지만, 그의
진술도 우리의 느낌으로는 놀라울 정도로 상세하다. 1672년 쿠르탱이 상
류층을 위하여 기술한 『예법서』에서도 이것을 다룬 장이나 표현들은 찾아
볼 수 없는 반면, 라 살은 일일이 이름을 대고 있다.

좀더 후에 출판된 라 살의 책도 세부사항에 관한 자세한 언급을 피하고
있다. 이러한 불가피한 용무에 대해서 점차적으로 '침묵의 명령'이 떨어진
것이다. 사람들은 아주 가깝지 않은 사람의 면전에서 그 용무를 단순히 기
억만 해도 불쾌감을 느꼈으며, 그러므로 사교모임에서 그것을 기억나게 하
거나 연상시키는 말이나 행동을 모두 피했다. 동시에 앞의 예들은 이러한
용무가 사회생활에서 배제되는 실제과정 자체가 얼마나 서서히 완성되었는
지를 인식하게 해준다.

과거에는 '침묵의 명령'이 전혀 존재하지 않았거나 그리 엄격하지 않았던
까닭에 이에 관해 충분한 사료들이 전해 내려온다.[원주6] 그 당시 사람들은
이런 종류의 사료들이 호기심을 자극하는 이상의 가치를 지니고 있다고 생
각하지 않았기 때문에 그 사료들을 전체적으로 관찰하여 일정한 방향을 가
진 하나의 그림을 그려내지 못했던 것이다. 그러나 만약 우리가 그것들을
종합적인 시각에서 관찰한다면, 전형적인 문명곡선이 드러날 것이다.

4. 생리적 용무와 그것을 보는 일은 처음에는 단지 가벼운 수치심과 불
쾌감을 동반했고, 따라서 단지 가벼운 격리나 억제를 강요받았을 뿐이다.

[원주6] 이 주제에 관한 가장 훌륭하고 간략한 입문서는 A. Franklin, *Les Soins de la*
toilette (Paris, 1877)와 *La Civilité* (Paris, 1908), vol.2의 부록이다. 저자는 일련의
교훈적인 인용구들을 일목요연하게 모아놓았다. 그러나 어느 특정한 시대의 전형적인 관습과
그 시대에도 예외로 간주되던 관습이 항상 분명하게 구분되지 않기 때문에 저자가 인용문에
덧붙인 해석 중 다수는 비판적으로 읽어야 할 것이다.

그것은 머리를 빗거나 신발을 신는 일처럼 당연한 일이었다. 어린아이들의
훈련도 이런 관점에 따라 이루어졌다.

『마투랭 코르디에의 학생을 위한 대화록』[원주7]이라는 교과서에서 선생은
학생 중의 한 명에게 말한다. "아침에 일어나서 식사할 때까지 무엇을 했는
지 순서대로 말해봐라. 다른 아이들은 잘 듣고, 너희 동급생을 그대로 따라
하도록 해라." 그러자 그 학생은 다음과 같이 대답한다. "아침에 일어나서,
침대에서 나와 속옷을 입고, 양말과 신발을 신고 혁대를 맸습니다. 담벼락
에다 오줌을 누고 물통에서 깨끗한 물을 떠서 손과 얼굴을 씻고 수건에 닦
았습니다."

이후의 시대였다면 마당에서 소변을 보는 일이 하나의 모범적 예로 교과
서나 교육서에 이처럼 제시되지 않았을 뿐더러, 단순히 '하찮은' 일로서 언
급조차 되지 않았을 것이다. 이 용무는 특별히 '하찮은' 일도 아니고 그렇다
고 특별히 '중요한' 일도 아니다. 그것은 다른 일들과 마찬가지로 그저 당연
한 일일 뿐이다.

오늘날 이 용무에 관해 보고하려는 학생이 있다면, 그는 농담투로 선생
의 요구를 '문자 그대로' 받아들여 얘기하거나, 또는 일반적으로 돌려서 말
할 것이다. 그는 미소를 지어 자신의 당혹감을 감추려 할 것이고, 다른 학
생들은 가벼운 금기 침해라는 표현으로서 '이해한다는 뜻'의 미소로 그의
미소에 답할 것이다.

어른들의 행동은 이와 같은 다양한 종류의 훈련에 상응한다. 길거리뿐만
아니라, 마침 머물고 있는 거의 모든 장소는 오랫동안 마당의 담벼락과 같
거나 비슷한 목적에 사용되어왔다. 욕구가 생길 때 계단이나 방구석, 성의
벽에 걸쳐진 융단장식에 소변을 보는 것은 아주 유별난 행동으로 여겨지지
않았다. '보기 E'와 '보기 F'는 이러한 사실을 명확하게 보여준다. 그러나

[원주7] Mathurin Cordier, *Colloquiorum Scholasticorum Libri Quatuor* (Paris,
1568), vol.2, Colloquium 54 (*Exemplum ad pueros in simplici narratione
exercendos*).

그 예들은 동시에 사회적으로 종속된 다수의 사람들이 궁정에서 지속적으로 함께 살면서 위로부터의 압력이 엄격한 충동규제와 욕구자제를 어떻게 강화하였는지를 보여주고 있다.

우선 사회적으로 높은 위치의 사람들이 낮은 지위나 동등한 지위의 사람들에게 정확하게 자신들의 충동을 규제하고 욕구를 포기하며 또 감정을 자제할 것을 이런 저런 방식으로 요구하고 강요한다. 사회적으로 동등한 위치에 있는 사람들로 구성된 시민계층이 상류층, 지배계층으로 부상하는 후대에 이르러 가정이 욕구포기의 일차적인 그리고 유력한 생산지가 된다. 그때 비로소 부모에 대한 어린아이의 사회적 의존성이 가장 초기의, 그리고 가장 중요하고 강력한 감정조절과 감정조형의 원동력이 된다.

궁정기사시대와 뒤이은 절대주의 궁정시대에는 궁정 자체가 상류계층을 위해 이러한 기능을 수행하고 있었다. 즉 사회적 교류가 직접 그런 기능을 가지고 있었다. 말하자면 우리에게 '제2의 천성'이 되어버린 행동들이 이 시대에는 아직 자동적으로 기능하는 자기통제로서, 다시 말하면 혼자 있을 때에도 어느 정도까지는 작용하는 습관으로 주입되지는 않았다. 이 시대의 사람들은 항상 다른 사람에 대하여, 즉 사회적인 이유에서 의식적으로 자신의 충동과 욕구를 억제할 것을 스스로에게 의무로 부과하였던 것이다.

자제의 방식이나 정도는 의무를 짊어진 사람의 사회적 지위에 따라 달라졌는데, 그 지위는 그 의무의 대상이 되는 사람의 사회적 지위에 견주어 결정되었다. 사람들이 사회적으로 서로 가까워지고 종속관계의 등급, 즉 사회의 위계질서적 성격이 그 엄격성과 선명성을 잃어가는 정도에 따라 이러한 사실도 변한다. 사회적 분화가 가속화되면서 인간관계도 더 복잡하게 얽히게 되고, 사회적으로 높은 지위의 사람들도 낮은 지위의 사람들과 약한 사람들에게 의존하게 된다. 극적으로 표현하자면, 사회적 강자들도 낮은 지위의 사람들 앞에서 수치심을 느끼게 될 정도로 이들은 동등하게 되었다. 그렇게 하여 욕구생활을 둘러싼 무장태세는 오늘날 산업민주사회의 사람들에게 자명하게 여겨지는 수준에서 종결된다.

특히 분명하게 차이점을 부각시킬 수 있으며, 올바로 관찰만 한다면 전

체 발전과정을 밝혀줄 수 있는 예를 하나 선택한다면, 다음의 예가 될 것이
다. 델라 카사는 『갈라테오』에서 가끔 사람이 삼가야만 하는 일련의 악습
을 제시하고 있다. 사교모임에서 잠들어서는 안된다고 그는 말한다. 편지
를 끄집어내서 읽어서도 안되며, 손톱을 자르거나 손질해서도 안된다. "거
기다가 다른 사람에게 등이나 엉덩이를 보이게 앉아서도 안된다. 아무리
합당하게 옷으로 가린다 하더라도, 신체의 사지가 노출될 정도로 허벅지를
높이 쳐들어서는 안된다. 왜냐하면 사람들은 부끄러워할 필요가 없는 사람들
과 함께 있는 경우가 아니라면 보통 이런 행위를 하지 않기 때문이다. 높은 귀
족은 하인 앞이나 낮은 지위의 친구 앞에서 이런 자세로 있기도 한다. 그는 그
렇게 하여 그들에게 자신이 거만하지 않고, 오히려 사랑스럽고 친절하다는 인
상을 줄 수 있다."

우리는 앞의 예에서 꺼려하는 사람들이 있는 반면, 부끄러워할 필요가
없는 사람들도 있다는 사실을 알 수 있다. 여기에서 수치감은 분명히 하나
의 사회적 기능을 가지고 있으며 사회적인 구조에 상응하여 변화한다. 이
러한 사실은 그다지 명백하게 드러나지는 않지만 이에 대한 역사적 증거들
은 우리에게 무수히 전해진다. 프랑스의 왕들과 귀족들은 17세기에도 여전
히, 황제라도 혼자 처리해야만 한다고 후일 독일의 속담이 말하는 그런 상
황에서도 특별히 좋아하는 신하들을 접견하곤 하였다.[원주8]

[원주8] 그리 쉽게 접근할 수 없는 다수의 자료들이 De Laborde, *Le Palais Mazarin*
(Paris, 1846)에 들어 있다. 예를 들면 주석 337에는 "세부사항으로 들어갈 필요가 있을까.
이 시기(17세기) 내내 실내용 변기가 수행했던 거의 정치적이라 할 수 있는 역할로 인하여
우리는 그릇된 수치심을 느끼지 않고도 실내용 변기에 관해 말할 수 있고 또 사람들이 이 용
기에 복종당했다는 주장도 세울 수 있다. 앙리 4세의 애인 중 한 사람이었던 마담 de
Verneuil은 자신의 목욕탕에 실내용 변기를 두기 원했다. 우리 시대라면 이 행위를 무례하
다고 비난하겠지만, 그 시대에 그것은 조금 태연한 자유 이상은 아니었다." 시대마다 달라지
는 여러 계층들의 수준을 개괄하려면 이 주석의 중요한 언급들도 좀더 정확한 검증을 거쳐야
한다. 그러한 수준을 추적할 수 있는 수단은 유산목록을 좀더 자세히 살펴보는 일일 것이다.
예컨대 에라스무스의 유품에는—오늘날 확인할 수 있는 한—엄청나게 많은 수의 손수건,
즉 39장의 손수건이 들어 있지만 그에 반해 금 포크 1개, 은 포크 1개만이 발견되었다는 점
을 코푸는 방식을 다룬 단락과 관련지어 기록할 수 있다. *Inventarium über die*

예컨대 잠자리에서 막 일어나서 옷을 입을 때 또는 잠자리에 들려고 할 때 신하들을 접견하는 일은 그 시대 전체에 걸쳐 하나의 자명한 관습이었다. 볼테르의 애인인 후작부인 드 샤틀레(de Chatelet)는 목욕할 때 하인이 당황해할 정도로 자신의 알몸을 스스럼없이 드러내면서도 전혀 개의치 않고 그가 뜨거운 물을 제대로 붓지 않는다고 꾸짖었다. 우리는 이 사실로 미루어 이 시대 역시 동일한 수치감의 수준을 가지고 있었다는 것을 알 수 있다.[원주9]

민주화된 산업사회에서 항상 금기시되거나 다양한 수준의 훈련된 수치감과 혐오감을 동반하는 행동양식들도 그 당시에는 단지 그 일부만 그러한 감정을 유발한다. 사람들은 자신보다 더 높은 지위의 사람들이나 동등한 사람들과 함께 자리를 할 때 결코 그렇게 행동하지 않는다. 즉 그들은 앞의 식사예법에서 관찰할 수 있던 동일한 도식에 따라 스스로 통제하고 자제하는 것이다. 다음과 같은 구절이 종종 『갈라테오』에서 눈에 띈다.

여러 손님들을 위한 공동의 그릇에서 음식을 떠서 한 사람에게 대접하는 행동은 그리 예절 바르지 않다는 생각이 든다. 음식을 대접하는 사람이 높은 지위의 사람이라면, 다시 말하면 음식을 제공받는 사람에게 그것이 명예가 된다면 괜찮겠지만, 그러한 일이 동등한 지위의 사람들 사이에서 일어난다면, 대접하는 사람이 스스로를 다른 사람들보다 더 높다고 생각하는 것처럼 보이기 때문이다.

이와 같이 계급적으로 구성된 사회에서 많은 사람들 앞에서 행해지는 모

Hinterlassenschaft des Erasmus, ed. L. Sieber (Basel, 1889), *Zeitschrift für Kulturgeschichte* (Weimar, 1897), vol.4에 재수록, p.434 참조. 그 밖에도 Rabelais, *Gargantua und Pantagruel*, 특히 '생리적 기능'의 문제에 대해서는 제1권, 제13장을 참조할 것.
[원주9] Georg Brandes는 *Voltaire* (Berlin, vol.1, pp.340, 341)에서 이 회상 부분을 인용하면서 다음과 같이 해석하고 있다. "그녀는 하인이 자신의 벌거벗은 몸을 보아도 아무렇지도 않았다. 그녀는 그를 여성으로서의 자신과 관련된 남성으로 보지 않았다."

든 행위는 위신의 가치라는 의미를 지닌다. 그러므로 우리가 '공손함'이라 부르는 감정절제도 외적인 서열의 차이가 거의 평준화된 후세와는 전혀 다른 형태를 띤다. 동등한 사람들의 사교모임에서 한 사람이 다른 사람에게 음식을 덜어주지 않는 것이 여기에서는 예외의 경우로 언급되고 있지만, 이런 일은 나중에 와서는 일반적인 관습이 된다. 즉 사교모임에서 손님들은 각자 스스로 음식을 덜고, 또 동시에 식사를 시작한다.

신체노출의 경우도 이와 비슷하다. 우선 어떤 식으로든 높은 지위나 동등한 지위의 사람에게 벗은 모습을 보이는 일은 미풍양속에 어긋나는 불쾌한 위반이었다. 그러나 똑같은 행위가 낮은 지위의 사람들 앞에서는 오히려 선의의 표현으로 해석되었다. 그러다가 모든 사람들이 사회적으로 동등해지면서, 그것도 점차 일반적인 위반이 된다. 그와 함께 수치감과 불쾌감의 사회적 연관성은 사람들의 의식에서 사라져버린다. 벗은 모습과 생리적 용무를 남에게 보이지 말라는 사회적 명령이 이제 모든 사람들에게 적용되고 이런 형태로 어린아이들에게 주입되기 때문에, 그것은 어른들에게 자기 내면의 명령으로 보이게 되며 또 자동적으로 작용하는 총체적인 자기강제의 형태를 갖게 된다.

5. 그러나 이러한 본능적 용무를 공공생활로부터 격리하고 욕구생활을 이에 맞춰 규제하고 조형하는 일은, 감수성의 증가와 함께 그 기능을 사회적 생활로부터 분리하여 무대 뒤로 옮길 수 있는 기술적 장치들이 발전됨으로써 가능해졌다. 식사법의 경우와 다르지 않은 상황인 것이다. 물론 우리는 정신적 변화과정을, 즉 수치심과 불쾌감의 한계점이 낮아지는 것을 한 측면에서만, 그리고 기술의 발전과 과학적 발견만으로 설명할 수 없다. 정반대로 과학적 발명과 발견의 사회발생학 및 정신발생학을 밝혀내는 일은 그리 어렵지 않을 것이다. 그러나 인간관계의 전반적인 변화와 함께 인간욕구의 변형이 한번 시작된 후에는 변화된 수준에 상응하는 기술적 장치의 발전은 변화된 습관이 뿌리내리는 데 이바지한다. 또한 이 기술적 장치는 행동수준의 끊임없는 재생산과 확산에 유용하게 쓰인다.

이러한 행동수준이 정착되어 당연시되는 오늘날, 특히 19세기와 비교하여 적어도 본능적 용무에 관한 발언에 있어서 다시 조금 느슨해지고 있는 경향을 관찰하는 것은 흥미롭다. 생리욕구를 말할 때의 자유스러움, 거리낌없는 태도, 당황하지 않고 미소를 억누르지 않으며, 금기를 위반한다는 어색한 웃음조차 동반하지 않는 태도는 전후에 분명히 확산되고 있다. 최근의 목욕풍속이나 댄스풍속처럼 이 영역에 있어 자연스러운 태도가 가능해진 까닭은 습관이나 기술적·제도적으로 확립된 자기통제, 높아진 불쾌감의 수준에 걸맞게 욕구생활과 행동을 자제할 수 있는 사람들의 능력이 전반적으로 확고하기 때문이다. 즉 한번 도달한 수준의 범위 내에서 조금 느슨해진 것일 뿐이다.

6. 우리의 문명화 단계에서 형성된 수준은 이른바 '어른'의 행동과 어린 아이들의 행동 사이의 현격한 거리를 특징으로 한다. 어린아이들은 비교적 짧은 기간 안에 수세기에 걸쳐 형성된 수치감과 불쾌감의 수준에 도달해야만 한다. 그들의 욕구생활은 우리 사회의 특징으로서 수백 년에 걸쳐 서서히 발달해온 저 엄격한 규제와 특수한 모형에 아주 급격하게 적응해야만 한다. 그 경우 부모는 종종 불충분한 도구이고 훈련의 일차적인 집행자에 불과하다. 부모를 포함한 수천의 다른 도구들을 이용해 자라나는 아이들에게 압력을 행사하고, 좀더 완벽하게 또는 완벽하지 못하게 꼴을 부여하는 것은 인간들의 조직망인 사회 전체이다.

조형의 기제나 집행기관 또는 훈련기관이 중세, 특히 상류층의 경우에는 현재와 판이하게 달랐다 하더라도——이 점에 대해서는 앞으로 더욱 상세하게 다룰 것이다——형성의 주체는 전체 사회였다. 무엇보다도 어른의 욕구생활을 종속하는 중세의 규제나 억제는 문명화의 다음 단계보다 훨씬 적었으며, 그 결과 어른과 아이의 행동에 있어서 차이도 많지 않았다.

우리는 중세의 예법서들이 극복하고자 했던 개인적 성향이나 경향들을 오늘날의 어린아이들에게서 볼 수 있다. 어쨌든 중세 때 흔히 볼 수 있던 특정한 '악습'들은 오늘날 충분히 일찍 규제되므로, 사회생활에서는 거의 밖으로 드러나지 않는다.

오늘날 어른들은 아무리 먹고 싶어도, 식탁 위의 음식을 금방 집지 말라고 아이들에게 주의를 주며, 식탁에서 몸을 긁지 말고 코나 귀, 눈 또는 신체의 다른 부분을 만지지 말 것을 엄하게 가르친다. 아이들은 입에 음식을 가득 넣고 말해서도, 마셔도 안되며, 식탁 위에서 '무례한 짓'을 해서도 안된다고 배운다. 이러한 규칙들 대부분은 예컨대 탄호이저의 『궁정예법』에도 들어 있지만, 이 책의 대상은 어린아이들뿐만 아니라 어른들이다. 이는 어른들이 과거에 생리적 용무를 치르는 방식을 살펴보면 더욱 명확해진다. 보기들에서 알 수 있듯이, 그 당시 어른들은 오늘날 어린아이들이 용무를 치르는 방식으로 일을 보았다. 그들은 장소와 시간을 가리지 않고 용무를 보았다. 어른들이 서로에게서 기대하는 욕구억제와 규제는 아이들에게 부과하는 것과 커다란 차이가 없었다. 즉 어른과 아이 간의 거리는 오늘날과 비교해 근소하다고 할 수 있었다.

오늘날 규정과 규칙들의 고리는 인간을 지나치게 압박하고, 그들의 습관을 형성하는 사회생활의 검열과 압력은 너무나 강해 자라나는 아이들에게는 단지 하나의 대안만이 있을 뿐이다. 즉 사회적으로 요청되는 행위형태에 따르든가 아니면 '인류적 사회'에서의 생활로부터 배척되든가 하는 대안뿐이다. 사회가 요구하는 감정조절의 수준에 이르지 못한 아이는 그 정도에 따라 '병적', '비정상적', '범죄적'이라고 간주되기도 하고, 하나의 특정한 카스트나 계층의 관점에서 '불가능하다'고 생각되어 그들의 삶으로부터 배척된다. 그렇다. 심리적 측면에서 병적, 비정상적, 범죄적 또는 '불가능하다' 등의 말은 어느 정도는 이 추방 외에 다른 의미를 가지고 있지 않다. 사람들이 그 말을 들으면서 무엇을 생각하는지는 역사적으로 변하는 감정조절의 모델들에 따라 달라진다.

'보기 D'의 끝 단락은 이에 대해 상당히 많은 점을 시사한다. "냄새 나는 것을 남에게 내밀어 냄새 맡게 하는 행동은 점잖치 못하다." 이런 식의 욕구 성향과 행위는 현재 수준의 수치감과 불쾌감에 견주어보면 또는 현재의 감정억제의 도식에 따르면 '병적', '정신병적', '도착적'으로 간주되고, 그런

행위를 하는 사람들은 사회생활에서 소외될 것이다. 그런 행동경향이 공공
장소에서 표출되면, 사람들은 그의 사회적 지위에 따라 그를 집 안에 감금
하거나 또는 정신병원으로 추방할 것이다. 이러한 욕구성향이 단지 사회
생활의 '무대 뒤에서' 행동으로 나타난다면 아마 이 사람의 잘못된 훈련을
교정하는 과제는 신경정신과 의사에게 맡겨질 것이다.

오늘날 이런 종류의 충동적 행위는 훈련의 압력으로 인해 어른들의 일상
의식으로부터는 사라져버렸다. 정신분석학만이 무의식 또는 꿈의 층으로
표현되는, 발산되지 않고 발산될 수 없는 욕구성향에 주의를 기울인 것이
다. 이러한 성향들은 우리 사회에서 실제로 '유아적 잔재'의 성격을 가진다.
사회가 어른에게 요구하는 수준은 이러한 욕구성향의 완전한 억압과 변형
이므로, 이것이 어른에게서 나타날 때에는 어린시절의 찌꺼기로 보이는 것
이다.

『갈라테오』가 대변하는 불쾌감의 수준도 이런 욕구성향에서 벗어날 것
을 요청한다. 그러나 이를 위해 그 당시 사회가 개개인에게 행사하는 압력
도 또 그러한 행위가 유발하는 혐오감, 불쾌감, 역겨움도 우리 시대와는 비
교할 수 없을 정도로 약하다. 또한 그런 식의 감정발산을 규제하는 사회적
금지의 강도도 훨씬 약하다. 이 행동은 '병적인 비정상' 또는 '도착'이 아니
라, 단지 예절과 공손함과 올바른 양식의 위반 정도로 간주된다.

델라 카사는 이 '악습'을 오늘날 사교모임에서 손톱을 깨무는 행위 정도
로 취급하여 특별히 강조하지 않고 말한다. 그가 '그런 짓거리'를 언급한다
는 사실 자체가 이 악습이 그 당시 얼마나 사소한 짓에 불과했는지를 말해
준다. 그럼에도 불구하고 이 예는 어떤 의미에서 하나의 전환점을 지시한
다. 우리는 이런 식의 감정표출이 앞서간 시대에도 없지 않았을 것이라고
가정해볼 수 있다. 그러나 사람들은 이제서야 비로소 그것에 주의를 기울
이기 시작한 것이다. 사회는 두려움의 생산을 통해 긍정적인 쾌락이 지닌
특정한 기능들을 서서히 강하게 억압하기 시작한다. 더 정확하게 말한다면
이 기쁨을 '사적인 것', '은밀한 것'으로 표현하며(즉 개인의 내면 속으로 추
방하며) 그 대신 부정적인 감정을, 내키지 않는 마음, 혐오, 불쾌감을 사회

적으로 통용되는 느낌으로 조장한다. 많은 욕구들이 사회에서 배제되고, 의식의 표면에서 억압됨으로써 심리구조와 행동에 있어서 어른과 아이들 간의 거리는 필연적으로 더욱 멀어질 수밖에 없다.

제6장

코를 푸는 행위에 관하여

제1절 보기들

A · 13세기

본비치노 다 리바의 『50가지 식사예절』에서 인용.

(a) 신사를 위한 규칙
　코를 풀거나 기침을 할 때 식탁 위에 떨어지지 않도록 고개를 돌려라.

(b) 시종이나 하인을 위한 규칙
31번째 규칙은 다음과 같다.

모든 예절 바른 도니젤리들은 코를 풀 때 우아하게 천조각으로 풀어야 한다. 그가 식사중이거나 시중들 때 손가락으로(자신의 코를?) 풀어서는 안된다. 발싸개를 사용하는 것이 예절 바른 행동이다.

> ● (b)의 뜻은 명확하지 않다. 한 가지 분명한 점은 이 규정들이 특별히 식탁에서 시중 드는 사람들을 대상으로 한다는 것이다. 우구치오네 피사노(Uguccione Pisano)는 다음과 같이 해석한다. "잘생기고 젊으며 지위가 높은 영주들의 하인들을 도니젤리(donizelli)라 불렀다." 이 도니젤리들은 기사들과 같은 식탁에 앉지 못했다. 합석해도 될 경우 조금 더 낮은 의자에 앉아야만 했다. 일종의 시종으로서 사회적으로 낮은 신분을 가진 도니젤리들이 지켜야 할 규칙이 있다.

B · 15세기?

『식사중인 사람을 향한 한마디』에서 인용.

식탁보에 코를 푸는 행위는 적절하지 않다.

C · 15세기

『이것이 좋은 식사예절이다』(*S'ensuivent les contenances de la table*)에서 인용.

고기를 집을 때 사용했던 손으로 코를 풀지 말아라.

> ● 편집자의 해석에 따르면(『어린이 훈육서』, 제2권, 14쪽) 오른손으로 먹고 공동접시에서 고기를 덜었다면 왼손으로 코를 푸는 것이 예절 바르다.

D · 15세기

카바네(A. Cabanès)의 『과거의 사생활 풍습』(*Moeurs intimes du temps passé*, 파리, 1910), 총서1, 101쪽에서 인용.

15세기 사람들은 손으로 코를 풀었는데, 그 시대 조각가들은 스스럼없이 상당히 사실적인 형태로 이 동작을 자신들이 만든 동상 속에 재현했다. 디종(Dijon)에 있는 용감한 필립 왕의 무덤에 조각되어 있는 기사들 가운데 한 사람은 그의 옷자락에 코를 풀고 있고, 다른 기사는 그의 손가락에 코를 풀고 있다.

E · 1530년

에라스무스의 『어린이의 예절에 관하여』 제1장에서 인용.

모자나 옷에 코를 푸는 행동은 촌스럽다. 팔이나 팔꿈치로 코를 훔치는 짓은 상인들이나 한다. 네가 콧물로 옷자락을 더럽혔을 때 손을 사용하여 닦는 것도 무례하다. 이 경우에는 손수건으로 닦아야 하며, 보다 높은 사람들이 그 자리에 있을 때는 고개를 돌리고 닦는 것이 예의 바르다. 두 손가락으로 코를 풀다가 콧물이 바닥에 떨어지면 곧 발로 밟아라.

> ● 이 인용문에 관한 주석으로부터 인용.
> 콧물이 더 상스러운 것으로 여겨지고 침이 더 불결한 것으로 해석되는 점 외에는 그 두 가지 현상 사이에 거의 아무런 차이가 없다. 라틴어로 쓴 이 저자는 가슴걸이, 냅킨, 마지 천조각과 손수건 등을 항상 혼동해서 사용한다.

F · 1558년

델라 카사의 5개 국어판 『갈라테오』(제네바, 1609), 72, 44, 618쪽에서 인용.

깨끗하게 씻은 새 손수건이 아니면 네 것을 남에게 주지 말아라.……
코를 닦은 다음 마치 네 머리로부터 진주나 루비 같은 보석이 떨어지지
않았나 확인하듯이 손수건을 펼쳐 들여다보지 말아라.……그런 다음 손
수건을 입에 갖다대는 사람들에게 내가 도대체 무슨 말을 해야 할까.

G · 1558년

카바네의 『과거의 사생활 풍습』(총서 1, 파리, 1910년)에서 인용.

(a) 103쪽 : 마르시알 도베르그(Martial d'Auvergue)의 『사랑의 판결』
(*Arrêts d'amour*)에서 인용.

……그녀가 자신을 기억하게 하려고 그는 가장 아름답고 고급스러운
손수건을 그녀에게 만들어줄 결심을 했다. 그 손수건에 그의 이름을 포
도나무 덩굴처럼 멋을 부린 글씨체로 수놓았는데, 그것은 주위에 작은
하트로 장식되어 있는 예쁜 금빛 하트와 잘 어울렸다.

●이 천은 숙녀의 허리춤에 열쇠와 함께 매달려 있었다. 포크나 침실용등과 같
이 손수건은 비싼 사치품목이었다.

(b) 168쪽 : 레스톨리(Lestoil)의 『앙리 4세의 일지』(*Journal d'Henri
IV*)에서 인용.

1594년 앙리 4세는 시종에게 자신이 몇 개의 셔츠를 가지고 있는지 물었다. 시종은 "12개를 가지고 있습니다. 폐하, 그중 몇 개는 찢어졌습니다"라고 대답했다. "손수건은 몇 개 가지고 있는가. 내가 8개를 가지고 있지 않았던가" 하고 왕이 묻자 그는 "현재 5개밖에 없습니다"라고 말했다. 1599년 앙리 4세의 애인이 죽은 뒤, 그녀의 재산목록에는 '금, 은, 비단으로 만든 100크라운의 값이 나가는 5장의 손수건'이 포함되어 있었다.

(c) 102쪽

16세기 프랑스에서는 다른 곳과 마찬가지로 평민들은 손수건 없이 코를 풀었고, 시민계급들은 소맷자락을 사용하는 것이 상례였다고 몽테이(Monteil)는 우리에게 말한다. 부자들은 손수건을 주머니에 넣고 다녔다는데, 그래서 "그 사람은 부유하다"라는 뜻을 표현하려면 "그는 소맷자락에 코를 풀지 않는다"라고 말하면 되었다는 것이다.

H • 17세기 말 (세련의 정점, 형태가 완성되고 규제가 절정에 이른 제1차 시기)

쿠르탱의 『새로운 예법서』(*Nouveau traité de Civilite*, 1672)에서 인용.

(식탁에서) 냅킨으로 가리지 않고 손수건에 대고 코를 풀고 또 그 손수건으로 땀을 닦는 행동은…… 모든 사람의 기분을 상하게 하는 불결한 습관이다. 하품을 하거나 코를 풀거나 침을 뱉지 마라. 깨끗이 청소된 장소에서 그렇게 해야만 할 때 네 얼굴을 돌리고 왼손으로 가린 뒤 손수건에다 하며, 나중에 손수건을 들여다보지 마라.

Ⅰ・1694년

메나주(Ménage)의 『프랑스어 어원 사전』(*Dictionnaire, étymologique de al langue française*)에서 인용.

코를 풀기 위한 손수건
'코를 푼다'는 표현은 불쾌한 인상을 주기 때문에 숙녀들은 이를 코푸는 순수건이라 하지 말고, 네커치프라고 하듯이 주머니 손수건이라 불러야 한다(Mouchoir de poche, Taschentuch가 더 정중한 표현이다. 역겨운 기능을 가리키는 단어의 사용이 억제된다).

J・18세기

어른과 아이의 차이는 커진다. 적어도 중산층에서는 아이들만이 중세의 어른들과 같은 행동을 할 수 있다.

K・1714년

익명의 『프랑스 예법서』(리에주, 1714), 41쪽에서 인용.

어린아이들처럼 손가락으로 또는 소매에다 코를 풀지 않도록 조심해라. 손수건을 사용하고 코를 푼 후 손수건을 들여다보지 말아라.

L・1729년

라 살의 『기독교 예법과 예절의 준칙』(루앙, 1729), '코와 코풀기와 재채기하는 방법에 관하여'라는 장, 23쪽에서 인용.

손가락으로 코를 후비는 것은 아주 무례한 행동이며 코에서 나온 것을
다시 입속에 집어넣는 것은 더더욱 참을 수 없는 행동이다.…… 맨손으
로 코를 훔치든가 또는 소매나 옷에다 코를 푸는 행동은 몹시 불쾌하다.
코를 두 손가락으로 풀고 그 코를 땅바닥에 던진 후 손가락을 옷에 닦는
행위 역시 예의에 어긋난다. 아무리 가난하더라도 항상 청결해야 할 옷
에 그런 더러운 오물이 묻어 있는 모습이 얼마나 온당치 못한지 익히 알
려져 있다.

어떤 사람들은 한 손가락을 코에 누르고 땅바닥에다 코를 풀기도 한
다. 그렇게 행동하는 사람들은 예절이 무엇인지 모르는 사람들이다. 코
를 풀 때는 반드시 손수건을 사용해야 하며 그 외의 어떤 것도 쓰면 안된
다. 코를 풀 때 보통 모자로 네 얼굴을 가려라(궁정의 관습들이 이 책을
통해 확산되었음을 특히 분명하게 보여주는 보기이다).

코를 풀 때 소리가 나지 않게 조심해라.…… 코를 풀기 전에 손수건을
꺼내는 데 오랜 시간이 걸려도 무례하다. 어느 곳을 사용해야 하는지 알
기 위해서 손수건을 이리저리 펼치는 짓도 그 자리에 있는 사람들에 대
한 존경심의 부족을 드러내는 행위이다. 손수건을 주머니에서 꺼내 남들
이 알지 못하게 재빨리 사용해야 한다. 코를 푼 다음 손수건을 들여다보
지 말아라. 그것을 즉시 접어 주머니에 넣는 행동이 올바르다.

M·1774년

라 살의 『기독교적 예법과 예절의 준칙』(1774), 14쪽에서 인용. 이 장
의 제목은 이제 '코에 관하여'라고만 되어 있고 그 내용은 줄었다.

모든 의도적인 코 운동은, 손이나 그 밖의 어떤 것에 의해서이든, 버
릇없고 유치한 행동이다. 손가락을 코 안에 집어넣는 것은 불쾌감을 불
러일으키는 무례한 행동이며 코를 너무 자주 만지면 불쾌감이 생겨 오래
갈 것이다(예전의 간행본에서는 보이지 않던 이 주장은 이 당시 벌써 건

강상의 해로움에 대한 지적이 훈련의 수단으로 등장하기 시작했다는 점을 명확하게 보여준다. 예전에는 그 근거로서 높은 지위의 사람들에게 마땅히 보내야 하는 존경심이 언급되었다).

어린아이들은 흔히 이러한 과실을 저지른다. 부모는 이 습관을 조심스럽게 고쳐야 한다(세부사항을 언급하지 않고 있다. '침묵의 명령'이 확산된 것이다. 이는 모든 세부사항들이 이미 어른들에게는 익히 알려져 있고, 그러므로 가정 내에서 통제된다는 점을 전제하고 있다──이 책의 초기 판들은 이러한 사실을 아직 전제로 할 수 없었다).

N • 1797년

라 메상제르(la Mésangère)의 『파리 여행자』(le voyzgeur de Paris, 1797), 제2권, 95쪽에서 인용.

앞서 다룬 18세기의 보기들보다 더욱더 '상류사회'의 젊은이들의 관점에서 보고 있다.

몇 년 전에 사람들은 코 푸는 것을 일종의 예술처럼 하였다. 어떤 사람은 트럼펫 소리 흉내를 냈고 다른 사람은 고양이의 비명소리를 냈다. 너무 크지도 작지도 않은 소음이 완벽하다고 할 수 있었다.

제2절 보기들에 대한 해설

1. 중세사회의 사람들은 맨손으로 식사하듯이 일반적으로 손으로 코를 풀었다. 이로 인하여 식사중 코를 닦는 법에 관한 특별한 규정이 필요하게 되었다. 봉건적 궁정예절은 오른손으로 고기를 집으면, 왼손으로 코를 풀 것을 명한다. 그러나 그것은 실제로 식탁에만 제한되어 적용되던 규정이었다. 그 규정은 다른 사람들에 대한 배려 때문에 생겨난 것이었다. 단순히 코를 푼다는 생각만 해도, 그래서 손을 더럽힐 수 있다는 생각만 해도 일어

나는 불쾌감은 그 시대에는 전혀 없었다.

다시금 앞에서 인용된 예들은 가장 단순해 보이는 문명화의 도구가 얼마나 천천히 발전해왔는지 극명하게 보여준다. 그것들은 동시에 그 도구에 대한 욕구가 생기고 일반적으로 사용되기까지 필요했던 특별한 사회적·정신적 전제조건들을 어느 정도 눈앞에 그려준다. 손수건의 사용은 포크의 사용과 마찬가지로 맨 처음 이탈리아에서 관찰되었으며, 우선 그것이 가진 사회적 위신의 가치와 연관되어 확산된다.

부인들은 화려하게 수를 놓은 값비싼 손수건을 벨트에 늘어뜨리고 다녔다. 르네상스 시대의 젊은 '속물들'은 그것을 다른 사람들에게 주기도 하고 또는 입에 대고 다녔다. 그러나 손수건은 귀하고 비교적 비쌌기 때문에 상류층도 처음에는 그리 많이 가지고 다니지 않았다. 앙리 4세도 16세기 초에 ('보기 G, b') 다섯 장의 손수건을 가지고 있었다고 한다. 손에 또는 소매에다 코를 풀지 않고 손수건에다 코를 푸는 것은 일반적으로 부의 상징으로 여겨졌다. 루이 14세는 아주 다양하게 많은 손수건을 가지고 있었고, 그의 치하에서 손수건의 사용은, 적어도 궁정사회 내에서는 일반화되었다.

2. 다른 분야에서도 그랬듯이 에라스무스는 여기에서도 과도기 상황을 명확하게 드러낸다. 그는 손수건을 사용해야 품위있게 행동할 수 있으며, 높은 신분의 사람들 앞에서는 몸을 돌려 코를 풀라고 말한다. 그러나 동시에 "두 손가락으로 코를 풀어 코가 땅바닥에 떨어지면, 발로 그 위를 밟아라"라고 말한다. 손수건을 사용한다는 사실은 알려져 있었지만, 아직 상류층에서도——에라스무스는 근본적으로 그들을 위해 예법서를 쓰고 있다—— 그리 널리 퍼져 있지 않았다.

200년이 흐른 후 상황은 거의 반전된다. 손수건의 사용은 '좋은 행실'을 요구하는 사람들에게서는 일반적인 현상이 되었다. 그렇다고 손을 사용하는 관습이 완전히 사라지지는 않았지만 상류층의 관점에서 볼 때 그것은 '악습'이며 상스럽고 천박한 행동이었다. 라 살이 아주 거칠게 코를 푸는 '천한 방식'(vilain)과 이보다는 좀더 나은, 두 손가락으로 코를 푸는 '예절에 몹시 어긋나는 방식'(très contraire à la Bienséance)을 구별하고 있는 것은 우리에게 흥미롭다('보기 I, K, L, M').

손수건이 등장하자마자 새로운 '풍속'과 더불어 나타나는 새로운 '악습'의 금지, 예컨대 코를 푼 다음에 그 손수건을 쳐다보지 말라는 것과 같은 금지 조항('보기 G, I, K, L, M')이 항상 덧붙여진다. 손수건이 도입되면서 규제되고 억제되던 경향이 다시 이러한 형태로 새로운 출구를 찾는 것처럼 보인다. 어쨌든 여기에 다시 본능적 경향인 신체 분비물에 대한 관심이 드러나는데, 이 경향은 오늘날 기껏해야 무의식이나 꿈과 같은 은밀한 영역에서 표출되든가 아니면 의식적으로는 잘해야 '무대 뒤에서'나 나타나지만, 역사적 과정의 앞선 단계에서는 좀더 분명하고 은폐되지 않은 채, 오늘날 '보통' 어린아이들에게서나 가시화되는 형식으로 표현된다.

라 살의 1774년판에서는 다른 경우들에서처럼 앞서 1729년판에 들어 있던 상세한 규정들이 대부분 삭제된다. 코를 풀 때 손수건을 사용하는 관습은 더욱 일반화되고 당연시된다. 이 관습을 그렇게 자세하게 다룰 필요가 없어진 것이다. 라 살이 원래 스스럼없이 자세하게 취급했던 모든 세부사항들에 관해 사람들은 점차 말하기를 꺼려한다. 그 대신 어린아이들의 코를 후비는 이 나쁜 습관에 대한 지적이 예전보다 강조된다.

아이들의 다른 습관에 대해서도 그렇듯이 이 습관에 대해서도 사회적인 경고 대신에 또는 그와 함께 건강상의 경고가 훈련의 도구로 등장한다. 즉 '그런 짓'을 자주 하면 입을 수 있는 손상에 대해 지적하는 것이다. 그것은 다른 측면에서 이미 관찰하였던 훈련방식의 변화를 표현한다. 이때까지 습관들은 거의 언제나 다른 사람들과의 관계의 측면에서 평가를 받았으며, 적어도 세속 상류층에서는 그 습관이 다른 사람들을 성가시게 하거나 불쾌하게 만들고 또는 '존경심의 부족'을 폭로하기 때문에 엄금되었다. 이제 습관들은 다른 사람을 고려하지 않고 그 자체만으로 비난의 대상이 된다. 이런 방식으로 사회적으로 바람직하지 않은 본능의 표출이나 경향은 좀더 극단적으로 억압되었다. 그것은 그 사람에게, 혼자 있는 경우에도 불쾌감, 불안, 수치심, 죄책감을 부과하였다.

우리가 '도덕' 또는 '도덕적 이유'라 부르는 것의 대다수는 어느 특정한 사회적 수준에서는 아이들의 훈련수단으로서 '위생'이나 '위생적인 이유'들과 동일한 기능을 가지고 있다. 그런 수단을 통한 조형이 목적하는 바는 사회적으로 바람직한 행동을 무의식적으로 행하는 자기강제로 만들고, 개개인의 의식 속에서 자신이 자발적으로, 자신의 건강이나 인간적 품위를 위해 그런 행동을 한다고 생각하게끔 하는 것이다.

시민중산층의 등장과 더불어 습관을 확고하게 길들이는 수단으로 이러한 훈련방식이 지배적이 된다. 그러나 이로 인해 사회적으로 발산할 수 없는 충동 및 성향과 개개인의 내면에 새겨져 있는 사회적 요청의 도식 사이에 존재하는 갈등은 첨예한 양상을 띠게 되고, 그것은 근대의 심리학이론들, 특히 정신분석학적 이론에서 관찰의 중점으로 대두하게 된다. 물론 '신경증'은 과거에도 항상 있었다. 그러나 우리가 오늘날 우리 주변에서 '신경증'으로 관찰할 수 있는 증상은 심리적 갈등의 특정한 역사적인 형태로서 정신발생적, 사회발생적인 설명을 필요로 한다.

3. 억압의 기제에 관한 언급은 위의 '보기 A'에서 인용한 본비치노 다리바의 두 시구 속에 이미 들어 있다. 기사나 주인들에게 요청되는 행동과 도니첼리, 즉 시동 또는 하인들에게 기대되는 행동 사이의 차이는 충분한 자료에서 드러나는 다음과 같은 사회현상을 생각하는 계기가 된다. 하인들의 생리적 용무와 마주치는 일은 주인들에게 불쾌감을 불러일으킨다. 주인들은 사회적으로 낮은 신분의 사람들에게 자신들 바로 주변에서는 생리적 용무를 참든가 자제할 것을 강요하지만, 자신들은 결코 급한 용무를 자제하지 않는다.

주인들을 향한 시구는 간단하게 "코를 풀 때에는 몸을 돌려서 코가 식탁 위에 떨어지지 않게 하라"고만 되어 있다. 손수건의 사용에 관해서는 아무런 언급이 없다. 코를 푸는 데 손수건을 사용하는 일은 이 사회에서 이미 너무나 당연하기 때문에 예법서에서 더 이상 그것을 언급할 필요성을 느끼지 못했다고 믿어야만 하는가. 그러나 결코 그런 것 같지는 않다. 그와는 반대로 하인들에게는 "코를 풀어야 할 경우에는 손가락을 사용하지 말고 발싸개에다 하라"고 명시적으로 규정되어 있다. 이 두 시구를 이렇게 해석한 것이 반드시 정확하다고 볼 수는 없다. 그러나 높은 지위의 사람들이 지위가 낮은 사람들의 생리작용을 불쾌하게, 존경심이 부족한 행동으로 생각하면서, 그들의 면전에서 자신들은 그 용무를 전혀 꺼려하지 않는 사실이 곳곳에서 증명된다.

사회가 변동하면서, 즉 절대주의 시대가 시작되어 상류층인 귀족 전체가 절대주의 궁정 안에서 봉사하는 계층, 사회적으로 종속된 계층이 되면서 그 사실은 특별한 의미를 지니게 된다. 사회적으로 극도의 종속관계에 처해 있는 상류층이라는, 얼핏 보기에 아주 역설적인 현상에 관해서는 앞으로 다른 맥락에서 이야기할 것이다. 여기에서는 귀족의 사회적 종속과 구조가 감정제한의 구조와 도식에 결정적으로 중요하다는 사실을 언급하는 것으로 족할 것이다. 상류층이 점차 종속계층이 되면서 제한 역시 강해진다는 점을 우리는 보기에서 종종 참고할 수 있다. 코를 푸는 형식에 있어서 ─단지 그 형식에서뿐만 아니라─'세련화'와 '섬세함'의 정점이 귀족 상류층의 종속과 속박의 정도가 가장 강하던 루이 14세의 시대라는 사실은 우연이 아니다.

상류층이 예속되어 있었다는 사실은 동시에 문명의 행동양식과 도구가 적어도 그 발생시기에 가졌던 양면성을 설명해준다. 이 도구와 행동양식들은 일종의 강제성을 표현하는 동시에 포기할 것을 요구하지만, 더 낮은 지위에 있는 사람들에 대해서는 사회적인 무기, 차별화의 수단이라는 의미를 획득한다. 손수건, 포크, 접시나 그와 유사한 물건들은 처음에는 사치품이었고, 특정한 사회적 위신의 가치를 지닌 것들이었다('보기 H').

다음 시대의 상류층이었던 시민계급이 처해 있던 사회적 종속은 분명히 궁정귀족의 종속과는 다른 종류였지만, 오히려 더 강하고 강제적이었다. 오늘날 사람들은 '노동하는' 상류층이 얼마나 놀라운 현상이며, 역사적으로 유일무이한 현상인지 일반적으로 의식하지 못하고 있다. 그들은 왜 노동하는가. 그들이 지배하는데도, 다시 말하면 어떤 상급자도 그들에게 요구하지 않는데도 왜 그들은 이 압박에 스스로 복종하는가.

이 질문은 이 맥락에서 가능한 것보다 더욱 상세한 해답을 요청한다. 그러나 그 대답은 틀림없이 우리가 앞에서 훈련의 도구와 형식의 변동에 관해 언급한 것들과 유사할 것이다. 궁정귀족시대의 사람들이 자신의 성향과 감정을 자제하려 했던 까닭은 주로 다른 사람들이나 사회적으로 더 높은 지위의 사람들에 대한 배려와 존경 때문이었다. 다음 시대에서 충동의 포기, 규제와 억제를 강요하는 것은 특정한 사람들로 대변되지 않는다.

잠정적으로 대략 말한다면, 감정이나 본능을 자제하고 규제하도록 강요하는 것은 눈에 드러나지 않는 비인격적인 사회관계, 분업과 시장 그리고 경쟁인 것이다. 이러한 비인격적 강요가 이전에도 없었던 것은 아니지만, 이제 한층 더 직접적으로 영향을 미친다. 앞에서 언급한 훈련방식과 이 훈련을 근거짓는 방식이 바로 이 비인격적 강요에 합당한 방식들이며, 그때 '조형'이 노리는 바는 사회적으로 요청되는 행동을 개개인이 자발적으로 원하는 행동으로 보이게 하는 것이다. 그것은 '노동'에 필수적인 본능규제나 본능자제에도 해당된다. 또한 시민산업사회에 사용되던 본능조형의 전체 도식도 마찬가지이다.

이 시대의 감정극복의 도식, 다시 말하면 무엇을 자제하고 무엇을 자제하지 않으며, 무엇을 규제하고 변형시켜야 하는지에 관한 도식은 궁정귀족 시대의 것과 동일하지 않다. 어떤 충동에 대해서는 시민사회의 제한이 앞선 시대보다 더욱 엄격하였으며, 다른 것들에 대해서는 귀족적인 제한이 그대로 계승되든가 변형되었다. 다시 말하면 그 제한들 역시 변화된 상황에 맞게 바뀐 것이다. 여러 다양한 요소들로부터 상이한 민족적 감정극복의 도식들이 생겨난다. 19세기나 20세기의 시민사회와 마찬가지로 궁정귀족 사회에서 문제되는 중요한 계층은 극도의 사회적 제약을 받는 상류층들이다. 상류층들에 대한 증가된 구속이 문명화의 동력으로서 얼마나 중심적인 역할을 하는지 앞으로 살펴볼 것이다.

제7장
침 뱉는 행위에 관하여

제1절 보기들

A · 중세

라틴어 식탁예법서 『식사중인 소년』에서 인용(『어린이 훈육서』, 제2권, 32쪽).

27. 식탁 위나 식탁에 침을 뱉지 마라.
37. 손을 씻으면서 세면대에 침을 뱉지 마라.

B · 중세

프랑스어판 『식사중의 행동에 대한 지도』에서 인용(『어린이 훈육서』, 제 2권, 7쪽).

29. 식탁 위에 침을 뱉지 마라.
51. 손을 씻으면서 세면대에 침을 뱉지 마라.

C · 중세

『궁정예법서』에서 인용(『어린이 훈육서』, 301쪽).

85. 식당 구석에 대놓고 침을 뱉는다면 무례한 짓이다.
133. 고기를 먹은 후 손을 씻을 때 대야에 침을 뱉어 물이 더러워지는 일이 없도록 해야 한다.

D · 중세

차른케(Zarncke)의 『독일어 카토』(*Der deutsche Cato*), 137쪽에서 인용.

276. 사냥꾼들처럼 식탁 너머로 침을 뱉지 마라.

E · 1530년

에라스무스의 『어린이의 예절에 관하여』에서 인용.

너의 타액이 누군가에게 튀지 않도록 침을 뱉을 때 몸을 돌려라. 가래

같은 것이 땅바닥에 떨어지면 발로 비벼라. 남들을 구역질나게 해서는 안되니까. 이렇게 할 수 없을 때에는 침을 조그만 천에 뱉어라. 타액을 다시 삼키는 행위는 무례하다. 꼭 필요해서가 아니라 습관상 세 마디 말하고 한 번씩 침을 뱉는 사람들도 역시 무례하다.

F • 1558년

델라 카사의 5개 국어판 『갈라테오』(제네바, 1609), 590쪽에서 인용.

식탁에 앉아 몸을 긁는 행동도 보기 흉하다. 그런 장소에서는 침 뱉는 행위도 되도록 삼가야 하며, 어쩔 수 없는 경우에는 예절 바르게 그리고 남들이 눈치를 못 채도록 살짝 해야 한다. 일찍이 어느 시대에 온 국민이 아주 절제된 생활을 하고 훌륭하게 처신해 전혀 침 뱉을 필요성을 느끼지도 못했다는 이야기를 나는 가끔 듣는다. 그런데 우리는 왜 잠깐 동안만이라도 참을 수 없을까(다시 말하면 식사 동안만이라도. 이 습관에 대한 제한은 식사 때에만 적용된다).

G • 1672년

쿠르탱의 『새로운 예법서』, 273쪽에서 인용.

우리가 방금 언급한 관습은 이런 종류의 모든 규칙이 항상 불변적임을 뜻하지 않는다. 그들 중 많은 것들은 이미 변했고, 미래에도 그중 몇몇 규칙들이 변하리라는 사실을 나는 의심하지 않는다. 예컨대 예전에는 높은 지위의 사람들 앞에서도 땅바닥에 침을 뱉을 수 있었고 발로 그 침을 밟는 것으로 족했다. 오늘날 그렇게 하면 결례가 된다. 예전에는 하품하면서 말만 하지 않는다면 하품도 할 수 있었다. 오늘날 귀족층 사람은 이런 행동에 충격을 받을 것이다.

H • 1714년

익명의 『프랑스 예법서』(리에주, 1714), 67, 41쪽에서 인용.

자주 침을 뱉으면 불쾌감을 불러일으킨다. 반드시 해야 할 경우에는
되도록 보이지 않게 감추고 해라. 누구든지 다른 사람들이나 그들의 옷
은 물론 불 옆의 타다 남은 장작조차 더럽혀서는 안된다. 어디에다 침을
뱉든 항상 발로 타액을 밟아라. 고위층의 집에서는 손수건에다 침을 뱉어
라.……창 밖이나 불 위에 침을 뱉는 짓은 너에게 어울리지 않는다. 네가
침을 발로 밟을 수 없을 정도로 너무 멀리 뱉지 마라.

I • 1729년

라 살의 『기독교적 예법과 예절의 준칙』(루앙, 1729), 35쪽에서 인용.

침뱉기를 회피해서는 안된다. 뱉어야 할 것을 다시 삼키는 행동 역시
아주 무례하다. 이는 다른 사람들에게 역겨움을 줄 수 있다. 그럼에도 불
구하고 너무 자주 그리고 불필요하게 침 뱉는 버릇을 가져서는 안된다.
이 행동은 예의에 어긋날 뿐 아니라 모든 사람들에게 혐오감과 불쾌감을
준다. 네가 좋은 집안 출신의 사람들과 함께 있을 때 또는 청결해야 할
장소에 있을 때 고개를 살짝 옆으로 돌리면서 손수건에 침을 뱉는 것이
예절 바르다.

귀족의 집에서 그리고 왁스를 칠한 바닥 또는 마루가 깔린 장소에서는
누구나 손수건에 침을 뱉는 습관을 가져야 한다. 그러나 이보다 더 중요
한 점은 교회에서도 가능한 한 그렇게 행동하는 버릇을 가져야 한다는
것이다.…… 우리가 종종 목격하는 바와 같이 어떤 부엌이나 마구간 바
닥도 교회 바닥보다 더 더럽지는 않다.

손수건에 침을 뱉은 다음 들여다보지 말고 바로 접어 주머니 속에 넣

어라. 네 옷이나 다른 사람의 옷에 침이 튀지 않도록 극히 조심해라.……
바닥에 침이 묻어 있으면 즉시 그리고 재치있게 발로 밟아라. 어떤 사람
의 옷에 침이 묻어 있는 걸 보고 그 사람에게 알리는 행동은 점잖치 못하
다. 하인에게 지시해 지우도록 해라. 하인이 그 자리에 없을 경우 그 사
람이 알아차리지 못하게 네 스스로 지워라. 예의범절이란 사람들을 불쾌
하게 하거나 혼란스럽게 할 수 있는 일에 그들의 주의를 돌리지 않는 것
이기 때문이다.

J · 1774년

라 살의『기독교적 예법과 예절의 준칙』(1774년판), 20쪽에서 인용. '하
품, 침뱉기와 기침에 관하여'라는 장은 1729년판에서 4쪽으로 이루어졌으
나, 여기에서는 1쪽으로 축소되었다.

　교회나 귀족의 집 또는 청결이 유지되는 모든 장소에서는 손수건에 침
을 뱉어야 한다. 어린아이들이 놀이친구의 얼굴에 침 뱉는 행동은 용서
할 수 없을 정도로 상스러운 버릇이다. 그런 나쁜 행동에 대해서는 아무
리 심한 야단을 쳐도 지나치지 않다. 창문이나 담벼락 또는 가구에 침 뱉
는 행위도 처벌없이 그냥 지나칠 수 없다.

K · 1859년

『상류사회의 관습』, 256쪽에서 인용.

　침 뱉는 행동은 언제 어디서든 불쾌한 습관이다. 결코 그 습관을 기르
지 마라. 이것 외에 나는 달리 할 말이 없다. 그 습관은 상스럽고 심히
무례할 뿐 아니라 건강에도 해롭다.

L・1910년

카바네의 『과거의 사생활 풍습』, 26쪽에서 인용.

　오늘날 우리들은 우리의 아버지들이 주저하지 않고 거의 공개적으로 진열하던 물건을 조금 조심스러운 구석으로 추방했다는 사실을 아십니까. 예를 들면 어떤 사적인 종류의 가구는 명예로운 자리를 차지했습니다.…… 어느 누구도 그것을 시야에서 감추려 하지 않았습니다. 현대 가정에서는 이제 찾아볼 수 없는 다른 용품도 마찬가지입니다. 아마 몇 사람은 '세균 공포증' 시대인 지금 그것이 사라진 것을 후회할지 모릅니다. 내가 지금 말하고자 하는 것은 타구(唾具)입니다.

제2절 보기들에 대한 해설

　1. 다른 행위들에서처럼 우리는 이 인용문들에서도 중세를 분기점으로 하여 뚜렷한 변화, 그것도 일정한 방향으로의 변화를 관찰할 수 있다. 우리가 '진보'라고 부르는 의미에서의 운동이 침 뱉는 행동에서도 분명히 눈에 띈다. 침 뱉는 행위를 목격하는 경험은 오늘날 많은 유럽인들이 동양이나 아프리카를 여행하면서 '청결함의 결여'와 함께 특히 불쾌하게 느끼는 경험이다. 또 그들이 특별한 환상을 가지고 여행을 왔다면 이 경험은 그들을 실망시키고, 서구문명의 '진보'에 대한 확신감을 그들에게 더욱 깊이 새겨준다. 그러나 이 행위는 400년 만 해도 서구에서 흔히 볼 수 있는 자명스러운 풍속이었다. 앞에서 든 보기들이 이것을 말해준다. 이 보기들은 연관지어 고찰할 경우 행동의 문명화가 어떻게 이루어졌는지를 생생하게 보여준다.

　2. 이 운동의 여러 단계들이 보기들 속에서 다음과 같이 드러난다. 라틴어로 씌어진 식사예법이나 영어, 프랑스어 또는 독일어로 씌어진 식사예법

은 자주 침을 뱉는 행위가 중세에는 하나의 풍속일 뿐 아니라 분명히 일반
적인 욕구였다는 사실을 증명해준다. 기사나 귀족 상류층에서도 그 행위는
지극히 자연스럽게 받아들여졌다. 그 행위에 부과된 중요한 제한은 식탁을
향해, 또는 식탁 위에 침을 뱉지 말고, 식탁 밑으로 침을 뱉으라는 것이었
다. 입이나 손을 씻을 때 세면대에다 침 뱉지 말고, 가능하면 그 옆에 뱉으
라고 씌어 있다. 이 금지조항은 천편일률적으로 모든 예법서에 반복되고
있어, 여기에서 '악습'으로 간주되는 행동이 얼마나 흔히 주변에서 볼 수 있
었는지 상상할 수 있다. 이러한 '악습'에 대한 중세사회의 압력은 그것이 사
회생활에서 사라질 정도로 강하지 않았고 훈련방식도 강제성을 띠고 있지
않았다. 이 점에서 다시금 중세와 그 다음 시대의 사회적 통제의 차이가 드
러난다.

16세기에 들어오면서 사회의 압력은 점차 강해진다. 언제나 그렇듯이 과
도기적 상황을 그리고 있는 에라스무스는 '적어도 침에 가래가 섞여 있을
경우에는' 항상 가래침을 밟으라고 명령하고 있다. 점차적으로 불쾌하게 여
겨지기 시작하던 이 습관을 극복하는 데 있어 필수적이지는 않지만 하나의
가능한 방법으로서 수건의 사용이 거론된다. 1672년 쿠르탱의 발언은 다
음 단계를 의미한다. "높은 지위의 사람들 앞에서는 예전에는 땅바닥에 침을
뱉고, 발로 그것을 밟으면 충분했다. 오늘날 그것은 무례한 행동이다."

폭 넓은 계층을 위해 씌어진 1714년의 『예법서』에도 같은 내용이 실려
있다. "가능한 한 남에게 보이지 않게 침을 뱉어야 하며, 다른 사람들이나
그들의 옷에 묻히지 않도록 주의해라. '거물들' 앞에서는, 즉 '높은 신분의
사람들' 앞에서는……손수건에 침을 뱉어야 한다." 1729년 라 살은 동일한
규정을 '청결을 유지해야 할' 모든 장소로 확대한다. 사람들은 이제 교회에
서도 땅바닥에 침을 뱉지 말고 손수건을 사용하는 데 익숙해져야 한다고
그는 덧붙인다.

1774년 무렵에 이르러서는 그 관습이나 그것에 관해 말하는 것조차 불
쾌한 일이 되어버렸다. 1859년 무렵 '침 뱉는 행위는 어느 때를 막론하고
혐오스러운 습관'이 된다. 19세기 높아진 불쾌감의 수준에 상응하여 이 습

관을 처리하기 위한 기술적인 도구로서 타구가 적어도 집 안에서는 중대한 의미를 지닌다. 1910년 카바네는 타구도 다른 기구들과 마찬가지로 ('보기 L') 교제용 기구에서 내밀한 기구로 변하였다고 말한다.

그리고 이 기구 역시 점차적으로 무용지물이 된다. 대부분의 서구사회에서는 때때로 침을 뱉는 욕구조차 완전히 사라져버린 것처럼 보인다. 델라 카사가 고대 작가들의 책을 통해 알고 있는 불쾌감과 자제의 수준, 즉 "모든 국민이 절제된 생활을 하고 훌륭하게 처신하여 침 뱉는 일은 전혀 불필요하다"('보기 F')와 같은 수준이 새로 이룩된 것이다.

3. 원시사회건 문명사회건 아주 많은 사회에서 다른 생리적 용무와 마찬가지로 침의 분비를 둘러싼 다양한 종류의 금기나 제한들이 발견된다. 원시사회의 금기와 문명사회의 금기 간의 차이는 전자가 다른 존재에 대한 두려움에 의해, 즉 외부통제를 통해 유지되는 반면, 후자는 어느 정도 완전한 자기통제에 의해 지켜진다는 사실이다.

금지된 성벽, 예컨대 침을 뱉으려는 성벽은 자기통제에 의해, 다른 말로 표현하면 '초자아'나 '앞을 내다보는 습관'(Langsicht-Gewohnheit)의 압력하에 의식으로부터 부분적으로 사라져버린다. 의식에 남는 것은 공포를 유발하는 동기로서 장기적인 안목의 사려이다. 그렇게 하여 우리 사회에서 침 뱉는 행위에 대한 두려움과 이를 표현하는 수치심, 불쾌감은 신, 영혼이나 악마와 같은 마법적 영향 대신에 '병'이나 '병원체'라는, 정확하게 한정되고 그 규칙성으로 인하여 명확하게 투시할 수 있는 특정한 형상에 집중된다. 그러나 일련의 보기들은 특정한 병의 발병에 대한, 병원체를 매개하는 가래침의 위험성에 대한 이성적인 인식이 공포심과 불쾌감의 일차적 원인도 아니고 문명의 동력도 아니며 침 뱉는 행동의 변화를 유도한 원동력도 아니라는 점을 분명히 보여준다.

우선 아주 오랜 시간에 걸쳐 명시적으로 "침을 삼키지 말라"고 말해왔다. 에라스무스는 "침을 삼키는 것은 무례하다"라고 말한다('보기 E'). 1729년 라 살은 침을 억지로 삼켜서는 안된다('보기 I')고 말하고 있다. 수백 년 동안 이러한 본능표출을 둘러싼 금지와 제한들 중에 '위생적인 이유'에 관해서는 어떠한 암시도 없다. 가래침의 위험성에 대한 이성적 인식은 행동변화의 후기 단계, 즉 19세기에 들어서 비로소 대두된 것이다. 그 뒤에도 이 행동의 불쾌함, 역겨움에 대한 지적은 건강에 해를 끼치는 영향 옆에 따로 독립해서 등장한다. '보기 K'에서 "그것은 품위없고 심히 무례할 뿐 아니라 건강에도 아주 나쁘다"라고 침을 뱉는 행위에 대해 말하고 있다.

그것이 건강상 해롭다는 사실을 우리가 알고 있다고 해서 불쾌감과 수치감이 필연적으로 발생하지 않는다는 것을 분명히 확인하자. 반대로 불쾌감과 수치감을 유발하는 것이 반드시 건강에 해롭지는 않다는 사실도 확인할 수 있다. 식사중에 쩝쩝 소리를 내거나 맨손으로 먹는 사람은 오늘날 극도의 불쾌감을 남에게 불러일으키지만, 그렇다고 그의 건강을 걱정할 필요는 전혀 없다. 그러나 어두운 불빛 아래서 책을 읽는 사람이나 독가스에 대한 생각 속에는 불쾌감이나 수치심이 전혀 섞여 있지 않지만, 이런 행동들은 분명 건강에 해롭다. 그렇게 하여 사람들이 가래침을 매개로 특정한 병원균이 전염된다는 사실을 확실히 알기 훨씬 전에 침의 분비에 대한 불쾌감과 역겨움, 그것을 둘러싼 금기들이 강화된다.

먼저 불쾌감과 제한을 불러일으키고 강화시키는 것은 인간상호관계와 종속관계의 변화이다. "예전에는 손으로 가리지 않고 하품을 하거나 침을 뱉는 행위가 허용되었다. 높은 신분의 사람이 오늘날 그런 행위를 목격하면 무척 놀랄 것이다."('보기 G') 이것이 사람들로 하여금 좀더 자제하도록 요청할 때 그 근거를 제시하는 방식이다. 사회적인 고려에서 나온 동기가 자연과학적인 통찰에 의한 동기보다 앞선 것이다.

왕은 신하들에게 '존경심의 표식'으로서 자제할 것을 요구한다. 이와 같은 종속성의 기호로부터, 다시 말하면 자제와 자기극복에 대한 증대된 강제성으로부터 '차별의 표식'이 궁정사회에서 생겨난다. 사회의 하층부에서 곧 이 표식을 모방하게 되고 넓은 계층이 상류층으로 부상하면서 확산된다. 앞선 시대의 문명화곡선과 마찬가지로 여기에서도 자제, 불안, 수치심과 불쾌감을 주입시키는 수단으로서 "그렇게 하면 안돼"라는 경고는 아주 나중에, 즉 어느 정도 '민주화'가 진행되면서 비로소 하나의 과학적 이론과 결합한다. 그것은 개개인의 지위와 신분에 관계없이 모든 사람들에게 동등하게 적용되는 논거방식인 것이다. 예전에는 널리 퍼져 있던 경향을 이처럼 서서히 억압하는 원동력은 병의 발생에 대한 이성적인 인식으로부터 나오는 것이 아니라──앞으로 자세하게 다루겠지만──사람들이 서로 살아가는 방식의 변화로부터, 사회구조의 변화로부터 나온다.

4. 침을 뱉는 행위가 변화하고 마침내 그것에 대한 욕구 자체가 거의 완전히 사라지게 된 과정은 정신적 삶의 형성 가능성을 보여주는 좋은 보기이다. 침을 뱉고 싶은 욕구가 다른 욕구를 통해, 예컨대 흡연욕구를 통해 상쇄되거나 음식물의 변화를 통해 약해졌다고 할 수도 있다. 그러나 여기에서 가능했던 억제의 정도가 다른 본능표출에 대해서는 불가능하다. 침을 뱉고 싶은 마음이나 보기들에서 언급되었던 가래침을 들여다보는 경향은 대체될 수 있다. 아무튼 그 경향은 아이들에게서 또는 꿈의 분석에서 더 명확하게 표출되며, 그 경향을 억압하고 있다는 사실은 '그러한 일들'에 대해 숨김없이 말할 때 우리가 웃게 되는 그 독특한 웃음 속에서 드러난다. 다른 욕구들은 이와 같은 수준으로 변형되거나 대체될 수 없다.

여기에서 정신적 삶의 변형은 어느 정도까지 가능한가라는 질문이 제기된다. 정신적 삶은 물론 의심의 여지없이 일정한 고유법칙성을 지니고 있으며, 우리가 이것을 '자연적'이라 불러도 큰 무리는 없을 것이다. 이 고유법칙성의 범위 내에서 역사적인 과정이 형성되며, 그것이 그 과정에 활동공간을 부여하는 한편 경계를 짓는다. 그러므로 인간의 생활과 행동의 조형 가능성을 역사적인 과정을 통해 좀더 자세히 규정하는 과제가 우리에게 남는다. 그럼에도 불구하고 자연과정과 역사과정이 거의 분리할 수 없을 만큼 밀접하게 상호작용한다는 사실이 새로 드러났다. 수치심과 불쾌감의 형성, 불쾌감을 느낄 수 있는 한계점이 낮아지는 과정은 자연적인 동시에 역사적이다. 이러한 형태의 감정들은 일정한 형태의 사회적 조건하에서 형성된 인간본성의 모습이며, 이것이 다시금 하나의 요소로서 역사적·사회적 과정에 역으로 영향을 미친다.

'문명'과 '자연'이라는 극단적인 대치가 '문명화된' 정신의 긴장을 표현하는 것인지, 다시 말하면 서구문명의 최근 단계에서 형성된 정신적 삶의 특수한 불균형성의 표현인지 확실하게 진단하기 어렵다. 아무튼 '원시인'들의 정신적 삶도 '문명인'들의 그것 못지않게 역사적으로, 즉 사회적으로 각인되었다는 점은 분명하다. 설사 원시인들이 자신의 역사를 알지 못한다 하더라도 그렇다. 인간의 사회성에, 즉 인간 상호간의 사회적 의존성에 영점(零點)이 없듯이 인간발전의 역사성에도 영점은 없다. 원시인이나 문명인 모두에게 사회적으로 형성된 금지와 제한들이 존재하며, 또 그들 정신의 실체로서 사회적으로 형성된 불안, 유쾌함과 불쾌함, 혐오감과 환희가 있다. 이른바 원시인들의 수준을 단순히 '자연적'으로, '문명인'들의 수준을 역사적·사회적인 것으로 대립시키면 그것이 무엇을 의미하는지 명확하게 드러나지 않는다. 인간의 심리적 기능에 관한 한 자연적 과정과 역사적 과정은 불가분의 관계로 함께 작용한다.

침실에서의 행동에 관하여

제1절 보기들

A · 15세기

1463년에서 1483년 사이의 것으로 추정되는 영국 식사 예법서인 『식사 중인 소년』에서 인용.

215. 높은 지위의 사람과 함께 침대를 써야 한다면, 먼저 그에게 어느 쪽에서 자고 싶은지 물어보아야 한다. 너보다 높은 사람이 침대에 자라고 권하기 전에 먼저 침대로 가지 말아라. 이는 예의 바른 행동이 아니라고 페일러(Paler) 박사가 말한다.

223. 네가 침대에서 잠잘 때 자세를 바르게 똑바로 눕는 것이 예절 바르다. 이야기를 하고 난 후 그에게 잘 자라는 인사를 해라. 이것이 네가 알아야 할 좋은 예절이다.

●이해를 쉽게 하기 위해 고어체를 그대로 옮기지 않았다. 문헌학적으로 정확한 원전은 『우선 순위의 예법서』(A Book of Precedence) 63쪽에 들어 있다.

B · 1530년

에라스무스의 『어린이의 예절에 관하여』, 제12장, '침실에 관하여'에서 인용.

옷을 벗거나 자리에서 일어났을 때 정숙해야 한다는 사실을 명심해라. 도덕적으로나 본성적으로 감추어야 할 부분은 다른 사람의 눈에 노출되지 않도록 조심해라. 동료와 침대를 같이 써야 한다면 조용히 누워 있어라. 네 몸이 드러날 수도 있고 담요를 걷어차서 네 동료에게 불편을 줄수 있으므로 몸을 뒤척이지 마라.

C · 1555년

피에르 브뢰(Pierre Broe)의 『좋은 관습과 정중한 행동』(Des bonnes mœoeurs et honnestes contenances, 리용, 1555)에서 인용.

다른 사람과 침대를 같이 쓸 때는 조용히 해야 한다. 그를 성가시게 하지 않도록, 그리고 거친 동작으로 몸을 노출시키지 않도록 조심해라. 그가 잠이 들면 깨우지 않도록 해라.

D・1729년

라 살의 『기독교적 예법과 예절의 준칙』(루앙, 1729), 55쪽에서 인용.

다른 사람 앞에서 옷을 벗어도 안되고 침대에 누워서도 안된다. 네가 아직 결혼하지 않았다면 특히 이성이 보는 앞에서 침대에 들어서는 안된다. 어린아이들을 제외하고 남녀가 같은 침대에서 잠자는 것은 더더욱 허용할 수 없다.……

여행중 불가피하게 동성과 침대를 함께 써야 한다면, 그를 방해하거나 심지어 그의 몸에 닿을 정도로 너무 가까이 눕는 것은 예의 바르지 못하다. 네 다리를 상대방의 다리 사이에 걸친다면 더더욱 점잖치 못하다.…… 말을 하고 재잘거리면서 즐기는 행동도 무례하다.…… 잠자리에서 일어난 후 침대 위를 이불로 덮지 않은 채 그대로 나와서는 안된다. 나이트 캡을 의자나 눈에 띄는 다른 장소에 놓아두어서도 안된다.

E・1774년

라 살의 『기독교적 예법과 예절의 준칙』(1774), 31쪽에서 인용.

남녀를 한 방에서 자게 하는 것은 이상한 폐습이다. 피치 못할 경우 반드시 침대를 따로 쓰도록 해야 하며 그리고 어떠한 경우에도 이 혼숙으로 인해 정숙함이 손상당하지 않도록 해야 한다. 극도로 가난할 경우에만 이 관행을 용서할 수 있다.…… 종종 일어나는 일이지만 불가피하게 동성과 침대를 같이 써야 한다면 너는 엄격하고 빈틈없이 정숙한 태도를 지녀야 한다.……

잠에서 깼고 충분히 휴식을 취했으면 적절한 예를 갖추고 침대를 빠져나와야 하며, 침대에서 대화를 하거나 다른 문제에 관여하면서 침대에 머물러서는 안된다.……나태와 경박성의 증거로 이보다 더 분명한 것은 없다. 침대는 육체의 휴식을 위한 것일 뿐, 그 밖의 다른 용도로 쓰일 수 없다.

제2절 보기들에 대한 해설

1. 침실은 인간생활에 있어서 가장 '사적'이고, 가장 '은밀한' 영역이 되었다. 대부분의 다른 육체적인 용무와 마찬가지로 '잠'도 점점 더 사회생활의 '무대 뒤'로 옮겨졌다. 인간의 다른 기능들뿐만 아니라 이 용무를 위해서도 유일하게 합법적이며 사회적으로 승인된 영지는 핵가족이다. 핵가족의 가시적인, 비가시적인 담장은 한 인간의 존재에서 '가장 사적인 것', '가장 은밀한 것', 억누를 수 없는 '동물적인 것'을 다른 사람들의 시선으로부터 숨긴다.

중세사회에서 이 기능은 그런 식으로 사유화되지도 않았고, 다른 사회생활로부터 분리되지도 않았다. 침대가 놓여 있는 장소에서 다른 사람들을 맞이하는 일은 흔한 일이었으며, 따라서 침대는 그 장식에 따라 주인의 위신이 결정될 수 있는 물건이었다. 많은 사람들이 한 공간에서 밤을 지내는 일은 아주 평범한 일이었다. 상류층에서는 주인이 하인과 함께, 부인은 하녀들과 함께 한 방에서 잤고, 하류층 사람들은 흔히 남녀가 공동으로, [원주1] 종종 손님들과 함께 혼숙하기도 했다. [원주2]

2. 옷을 벗고 자는 사람은 완전히 알몸으로 잠을 잤다. 일반적으로 일반 평신도들은 나체로 잠잤고, 수도회에서는 규칙의 엄격성에 따라 완전히 입고 자든가 완전히 벗고 잤다. 성 베네딕트 수도회의 규칙은 이미 6세기에 수도승들에게 옷을 완전히 입고 심지어 허리띠를 맨 채 잠잘 것을 명하고 있다. [원주3] 클뤼니 교단[역주1]의 규칙은 수도회들이 부유해지고 그 권세가

[원주1] Rudeck, *Geschichte der öffentlichen Sittlichkeit* (Jena, 1887), p.397.
[원주2] T. Wright, *The Home of other Days* (London, 1871), p.269.

커지며, 금욕적 강제성이 느슨해지는 12세기에 들어 옷을 입지 않고 자는
것을 허용한다. 개혁을 추구하였던 시토 교단[역주2]의 수도승들은 다시 옛
베네딕트 규정으로 돌아간다. 세속사회가 우리에게 남긴 문헌들, 서사시나
삽화에도 또 이 시대의 수도회 규칙들 속에도 특별히 잠옷에 관한 언급은
전혀 없다.

그것은 여성들에게도 마찬가지였다. 낮에 입던 웃옷을 그대로 입고 잠을
자는 것이 오히려 이상하게 보였다. 그러면 그 남자 또는 그 여자의 몸에
상처가 있지 않나 하는 의심을 불러일으켰다. 어떤 다른 이유에서 자신의
몸을 감추려 하겠는가. 그리고 실제로 대부분 이런 종류의 이유가 있었다.
예를 들면 우리는 『비올렛의 이야기』(Roman de al Violette)에서 하녀
가 주인에게 왜 속옷을 걸치고 잠자리에 드는지 놀라서 묻자, 주인이 몸의
반점 때문이라고 대답하는 것을 볼 수 있다.[원주4]

벌거벗은 몸을 보이면서도 스스럼없는 태도나 그에 일치하는 수치감의
수준은 특히 목욕풍속에서 뚜렷하게 드러난다. 후세 사람들은 기사들이 목
욕할 때 여자들이 시중을 들었다는 사실을 확인하고, 경악을 금치못했다.
마찬가지로 여자들이 잠자리에 든 기사들에게 잠자리 술을 가져다주었다고
한다. 적어도 도시에서는 목욕탕에 가기 전에 먼저 집에서 옷을 벗는 일이

〔원주3〕 Otto Zöckler, *Askese und Mönchstum* (Frankfurt, 1897), p.364.
〔역주1〕 910년에 설립된 교단으로서, 수도원은 리용의 북부에 있다. 부패한 교단과 성직자들에
　　　 대항해 일어났던 11세기 교회개혁운동의 중심지로서, 이 교단의 수도사들은 베네딕트 수도회
　　　 의 규칙들(복종, 청빈, 순결)을 다시 엄수할 것을 요구했다.
〔역주2〕 1098년에 베르나르(Bernhard)가 설립한 교단으로 수도원은 부르군더의 시토
　　　 (Citeaux)에 있었다. 베르나르 수도원장은 당대의 가장 위대한 설교자로서 1146년 제2차
　　　 십자군전쟁을 선동하였다.
〔원주4〕 T. Wright, 앞의 책, p.269 또는 Cabanès, *Moeurs intimes du temps passé*,
　　　 vol.2, p.166 ; G. Zappert, *Über das Badewesen in mittelalterlicher und
　　　 späterer Zeit*, Arch. für Kunde österreicher Geschichtsquellen (Wien, 1859)
　　　 vol.21을 비교. 가정에서 침대의 역할에 관해서는 G. G. Coulton, *Social Life in
　　　 Britain* (Cambridge, 1919), p.386 참조. 침대의 부족과 여러 명의 사람들이 한 침대를
　　　 스스럼없이 사용하던 관습을 간결하고 명확하게 보여주고 있다.

종종 있었던 것 같다.

한 관찰자는 다음과 같이 말한다. "짧은 바지만 걸친 아버지가 발가벗은 부인과 아이들을 데리고 골목을 가로질러 목욕탕으로 뛰어가는 것은 흔히 볼 수 있는 풍경이었다.……10, 12, 14, 16, 18세의 여자아이들이 완전히 벗은 채, 누더기 같은 작은 천조각과 찢어진 목욕가운 또는 여기 이 지방에서 말하듯이 '바데르'(Badehr)로 앞만 가리고 뛰어가는 모습을 나는 얼마나 자주 보았던가! 그들은 대낮에 맨발로, 요금을 든 손은 엉덩이 뒤에다 감추고 긴 골목을 거쳐 집에서 목욕탕으로 뛰어가곤 했다. 그들 옆에는 발가벗은 10, 12, 14, 16세의 남자아이들이 뛰어가고 있었다."[원주5]

이와 같은 자연스러움은 16세기에 점차 없어지더니, 17, 18세기와 19세기에는 결정적으로 사라진다. 그것은 처음에 상류층에서, 그리고 나서 서서히 하류층에서 사라진다. 그때까지만 해도 개인들간의 격의없는 생활방식으로 인해 해당 장소에서 벗은 육체를 목격하는 일은 근대 초보다 훨씬 더 흔했다. 독일에서는 다음과 같이 전해진다. "……완전 나체를 보는 일은 16세기까지 평범한 일상이었다는 놀라운 결과가 밝혀졌다. 모든 사람들은 잠자러가기 전 매일 저녁 완전히 옷을 벗었고, 사우나할 때도 가리는 천을 알지 못했다."[원주6] 이러한 일이 독일에서만 벌어졌던 것은 아니다. 사람들은 이 시대에 육체에 대해서──생리적 용무에 대해서처럼──훨씬 자유로운 태도를 지니고 있었다. 이를 더 순진하다고 표현할 수도 있을 것이다. 목욕습관에서처럼 수면풍속에서도 이런 태도가 드러난다.

3. 잠잘 때만 입는 별도의 잠옷은 포크나 코 푸는 수건이 사용될 무렵에 등장한다. 다른 '문명도구들'처럼 이것 역시 전체 유럽으로 서서히 퍼져간다. 잠옷도 그 당시 사람들에게 일어나던 결정적인 변화를 상징한다. 육체

[원주5] M. Bauer, *Das Liebesleben in der deutschen Vergangenheit* (Berlin, 1924), p.208.
[원주6] Rudeck, *Geschichte der öffentlichen Sittlichkeit*, p.399.

와 접하는 모든 것들에 대한 사람들의 민감성이 증가한 것이다. 이제까지 수치심을 동반하지 않던 행동양식에 이제 수치심이 따라다닌다.

성경에서 묘사되었던 "그들은 자신들이 발가벗은 것을 보았고, 수치심을 느꼈다"는 심리적 과정이 반복된다. 즉 수치심의 경계가 앞당겨지고 본능억제의 물결이 역사과정에서 종종 그랬듯이 다시금 높아진다. 벗은 몸을 보이던 거리낌없는 태도는 다른 사람 앞에서 생리적 욕구를 해결하던 그 태연함처럼 사라져버린다. 사회생활에서 나체의 목격이 부자유스럽게 되면서 예술에서 나체의 묘사는 새로운 의미를 획득하게 된다. 나체를 보는 것은 꿈 같은 환상이며 소망을 성취하는 상징이 된다. 실러의 용어를 빌리자면 그것은 이전 시대의 '소박한' 형상화와는 달리 '감상적'이 된다.

적어도 귀족들이나 귀부인들의 경우 아침에 일어나고 취침하는 일이 직접적으로 사회생활 속에 포함되어 있던 프랑스 궁정사회에서 잠옷은 사교에 중요한 옷들과 마찬가지로 신분에 맞게 만들어진다. 폭 넓은 계층의 부상과 더불어 기상과 취침은 은밀한 사안이 되고 또 사교생활에서 분리되어 핵가족 내부로 이전되면서 사태는 변한다.

전후 세대와 전후의 예법서들은 취침이나 옷을 입고 벗는 일이 사교생활에서 특히 엄격하게 분리되고 그것을 언급하는 일조차 비교적 엄하게 금지되었던 이 시대를 아이러니컬하게—종종 가벼운 전율도 없지 않다—회상한다. 1936년의 한 예법서는[원주7] 조금 과장해서 다음과 같이 말하지만, 맞는 점도 없지는 않다. "전쟁 이전의 고상한 시대에 야영은 점잖은 작가가 잠이라는 주제에 접근할 수 있는 유일한 방법이었다. 그 시대에 신사나 숙녀는 밤에도 잠자리에 들지 않았다. 그들은 휴식을 취할 뿐이었다. 그들이 어떻게 휴식을 취하든 그건 누구도 상관할 일이 아니었다. 이와 다르게 생각하는 작가는 자신이 이동도서관에서 제외되었다는 것을 발견하게 될 것이다."

우리는 이 분야의 풍습도 전쟁 이래 다소 느슨해졌다는 사실을, 그리고

[원주7] Dr. Hopton and A. Balliol, *Bed Manners* (London, 1936), p.93.

반대운동도 있었다는 사실을 알 수 있다. 이것은 사회의 유동성이 증가하고 스포츠, 등산, 여행이 확산되며 젊은이들이 비교적 일찍 가족공동체로부터 독립하는 현상과 연관된다. 잠자리 속옷(Nachthemd)에서 파자마로의 전환, 즉 '더욱 사교 가능한' 잠옷으로의 전환이 바로 이를 보여주는 징후이다. 그러나 여기에서 문제되는 현상이, 이따금 가정하듯이, 단순한 퇴행적 운동은 아니다. 다시 말하면 수치감과 불쾌감의 파고가 다시 낮아지거나 본능생활이 사슬과 규제에서 풀리는 현상이 아니라, 우리의 높아진 수치감의 수준과 현재의 사회생활이 개인을 몰아넣은 특수한 상황을 동시에 충족시키는 적합한 형식이 형성되고 있는 것이다.

'수면'은 예전처럼 그렇게 은밀한 일도 아니고 담장으로 에워싸여 있지도 않다. 잠을 자거나 옷을 입고 벗으면서 남의 눈에 띌 수 있는 상황은 늘어났다. 그 결과 잠옷이나 속옷은 변형되고 완벽하게 만들어져 그것을 걸치면 남에게 드러나는 상황에서도 '부끄러워'할 필요가 없어졌다. 앞선 시대의 잠옷은 형태가 완전하지 못해서 수치감이나 불쾌감을 동반했다. 그것은 실제로 가족 이외의 다른 사람들이 볼 경우를 대비한 것이 아니었다.

19세기 잠자리 속옷은 한편으로 하나의 전환기를 표시한다. 즉 벗은 육체에 대한 수치감과 불쾌감이 너무 높아졌을 뿐 아니라 내면으로 그 방향을 바꾸어 혼자 있거나 아주 가까운 가족과 함께 있을 때라도 몸의 형태를 완전히 가릴 수 있게 만들어져 있었다. 다른 한편 그 잠자리 속옷은 '은밀한 것'과 '사적인 것'이 — 그것이 사회생활로부터 동떨어져 있었기 때문에 — 형태적으로 완성되지 못했던 한 시대를 특징짓는 유물이다. 강하게 내면으로 방향을 틀어 자기강제가 되어버린 수치감 또는 도덕이 '은밀한 것의 불완전성'과 독특하게 결합한 점이 19세기 사회와 우리 자신의 시대의 특징이라 할 수 있다.[원주8]

[원주8] 파자마를 반대하는 운동도 분명 있었다. 그 반대운동의 미국식 표현은 — 특히 그 논거가 흥미롭다 — 아래와 같다(*The People*, July 26, 1936). "강한 남자는 파자마를 입지 않는다. 그들은 잠자리 속옷을 입으며 파자마 따위의 사내답지 못한 것을 걸치는 남자를 경멸한다. 루스벨트는 잠자리 셔츠를 입었다. 워싱턴, 링컨, 나폴레옹, 네로와 그 외의 많은 유명한

제8장 침실에서의 행동에 관하여 331

4. 앞의 보기들은 수면이 점점 더 은밀하고 사적인 것이 되면서, 인간의 사회생활로부터 배제되는 과정과 젊은이들에게 주어진 행동규칙들이 수치감의 증가와 더불어 특별한 도덕주의적인 뉘앙스를 얻게 되는 과정에 관해 대략적 인상을 전달해준다. 중세의 보기에서 젊은이들에게 요구하는 자제는 근본적으로 다른 사람들에 대한 배려, 사회적으로 '더 나은' 사람들, 더 높은 위치의 사람들에 대한 존경심을 통해 근거지워진다. "네가 더 훌륭한 사람과 침대를 같이 써야 한다면, 우선 어느 쪽에서 잘 것인가 그에게 물어보아야 한다. 그가 너에게 권하기 전에 잠자리에 들지 말아라. 그것은 예절바르지 못한 행동이기 때문이다."

피에르 브뢰가 요하네스 술피키우스를 모방하여 쓴 프랑스어 예법서에서도 아직 이러한 태도가 지배적이다. "너의 이웃이 잠들었을 때에는 그를 화나게 하지 마라. 그가 너로 인하여 잠에서 깨지 않도록 해라." 에라스무스에게서는 이미 도덕적인 요구나 특정한 행동에 대한 요구가 다른 사람들을 배려해서가 아니라 '자기 스스로'를 위해서라는 뉘앙스가 풍긴다. "옷을 벗을 때, 옷을 입을 때, 품위를 잃지 말아라." 그러나 사회적 관습에 대한 생각, 다른 사람에 대한 고려가 아직도 우세하다.

페일러 박사의 규칙('보기 A')을 포함한 이런 규칙들이 분명히 옷을 입지 않고 잠자리에 든 사람들을 염두에 두고 있다는 점을 생각한다면 다음 시대와의 두드러진 차이는 특히 분명해진다. 친척관계도 아니고 같은 집에서

사람들도 그랬다. 파자마를 반대하고 잠자리 속옷을 옹호하는 이 주장은 잠자리속옷동호인 클럽을 결성한 오타와의 데이비스 박사가 주창한 것이다. 그 클럽은 몬트리올에 지부를 두고 있으며 뉴욕에도 막강한 동조집단을 가지고 있다. 이 클럽의 목표는 진정한 남성성의 상징으로서 잠자리 속옷을 다시 유행시키는 것이다." 이 기사는 전쟁 후 비교적 짧은 기간 동안 파자마가 얼마나 널리 유행되었는지 말해준다. 여성들의 파자마 사용은 얼마 전부터 분명히 다시 감소 추세에 있다. 파자마의 대체물로 등장한 잠옷은 긴 이브닝드레스의 파생물로서 이와 동일한 사회적 경향을 표현한다. 즉 '여성의 남성화'에 대한 반발과 첨예해지는 사회적 차별화 경향, 그리고 저녁에 걸치는 옷과 잠잘 때 입는 옷과의 조화에 대한 욕구 등을 표현한다. 바로 그런 연유로 이러한 새로운 잠옷(nightdress, 긴 잠옷)과 옛날 잠옷의 비교는 여기에서 '사적인 영역의 미개발 상태'라는 개념으로 표현되는 것이 무엇인지 분명하게 드러내준다. 우리 시대의 '잠옷'은 일상복과 더욱 비슷해졌고 예전보다 훨씬 더 세련된 형태를 갖추고 있다.

사는 사이도 아닌 낯선 사람들이 한 침대에서 잠잔다는 것은, 질문을 다루는 방식에 비추어볼 때, 에라스무스의 시대에 아직 다반사였고 결코 상스러운 일은 아니었던 것 같다.

18세기의 예법서에서 인용한 보기들은 그 발전의 선을 그대로 일직선으로 계승하지 않는다. 그것들이 이제는 더 이상 상류층만 국한해서 다루지 않는다는 점에서 이 사실은 명확해진다. 그러나 그 당시 이미 다른 계층에서도 젊은 사람이 다른 사람과 한 침대에서 잠자는 일이 예전만큼 자연스럽게 여겨지지 않게 되었다. "불가피한 사정 때문에 여행중 다른 사람과 침대를 같이 써야 한다면, 상대방을 방해하거나 건드릴 정도로 그에게 가까이 가는 것은 예절 바르지 못하다"라고 라 살('보기 D')은 적고 있다. 그리고 계속해서 "상대방보다 먼저 옷을 벗거나 잠자리에 들어서는 안된다"라고 한다.

1774년판은 다시금 가능한 한 세부사항에 관한 서술을 피하고 있다. 어조 또한 상당히 날카로워졌다. "아주 드문 일이지만 동성과 같은 침대를 써야 할 피치 못할 처지에 있다면 너는 엄격하고 빈틈없이 정숙한 태도를 유지해야 한다."('보기 E') 이것은 실제로 도덕적 요청의 어조이다. 이 요청에 대한 근거를 제시한다는 사실조차 어른들에게는 불쾌한 일이 되어버렸다. 어른들은 어조의 위협성을 통해 아이들이 스스로 이 상황에는 위험이 결부되어 있다는 사실을 감지하게 할 뿐이다. 어른들에게 자신들이 도달한 불쾌감과 수치감의 수준이 '자연적'인 것으로, 그리고 본능생활의 문명적 예속이 자명한 것으로 보이면 보일수록, 아이들이 이러한 불쾌감과 수치감을 '천성적으로' 지니고 있지 않다는 사실이 그들에게 더욱더 불가해하게 여겨진다.

아이들은 필연적으로 어른들의 불쾌감을 새롭게 자극하며——그들은 우선 적응해야만 하기 때문에——사회의 금기, 어른들이 참을 수 있는 수치감의 한계점을 넘어서고, 어른들도 자신의 감정생활에서 가까스로 극복한 위험지역에 빠지게 된다. 어른들은 이런 상황에서 자신들이 아이들에게 요구하는 행동규칙을 설명하지 않는다. 그 자신도 그것을 충분히 설명할 수 없

기 때문이다. 그는 조건반사적으로 훈련되어, 거의 자동적으로 사회적 수
준에 맞추어 행동하고 있는 것이다. 그가 살고 있는 사회에서는 어떤 다른
행동도, 금지조항의 어떤 위반도 그에게 부과된 자제의 평가절하와 위험을
의미한다. 도덕적 요청에 종종 깔려 있는 특이한 감정적인 배음, 도덕적 요
청을 내뱉을 때의 그 호전적이고 위협적인 엄격한 어투, 그것들은 모두 금
지조항의 어떤 파괴도 거의 '제2의 본성'처럼 사회의 표준행동을 몸에 익힌
사람들이 가까스로 유지하고 있는 불안정한 평형상태를 위험으로 몰고 갈
수 있다는 인식을 반영한다. 그것은 그들의 본능구조와 사회적 실존이, 또
그들의 사회생활의 질서가 조금이라도 위협받자마자 그들에게 솟구치는 두
려움의 증상인 것이다.

　수치감의 경계가 앞당겨지고 어른과 아이들 간의 거리감이 커지면서 생
겨난 일련의 특수한 갈등들은, 특히 훈련에 거의 대비하지 못한 부모와 자
식들 간의 갈등은 대부분 문명화된 사회의 구조 속에 이미 예견되고 있던
것이었다. 즉 이러한 갈등은 앞에서 언급한 상황으로 비로소 분명하게 설
명될 수 있다. 사회는 비교적 늦게, 그것도 소수 전문교육자들의 새로운 성
찰을 통해 이런 상황을 인식하게 되었다. 아이와 어른들 간의 벌어진 격차
에 대한 인식, 즉 아이들은 어른처럼 행동할 수 없다는 인식이 교육적 충고
와 규정 속에 반영되어 가정으로 보급된 것은 '어린이의 세기'라 불리는 시
대인 최근에 이르러서이다. 그 이전 오랫동안 아이들에 대해서도 처음부터
도덕과 금기의 준수를 요구하는 엄격한 태도가 지배적이었다. 물론 그 태
도가 오늘날 완전히 사라졌다고 단언할 수는 없다.

　침실에서의 행동에 관한 보기들은 제한된 단면이나마 이런 입장을 수용
하는 경향이 세속적 교육에서 얼마나 늦게 정착되었는지를 알려준다. 침
실 행동의 발전곡선에 대해서는 설명할 필요가 없을 것이다. 식사예법이
형성된 과정에서처럼 여기에서도 인간과 인간 사이의 벽은 지속적으로 커
지고, 훈련을 통해 육체와 육체 사이에 세워진 감정의 장벽인 두려움은 자
라난다. 가족 외의 다른 사람들과 한 침대에서 잔다는 일은 점차 불쾌한
일이 된다. 빈곤하지 않다면 가족 내에서도 각자가 자신의 침대에서 잠을

자며, 더 나아가—중산층과 상류층에서는—자신만의 침실을 갖는 것이 보통이다.

아이들도 일찍부터 다른 사람들로부터의 격리와 고립에 길들여지고, 격리가 가져올 수 있는 모든 습관과 경험을 획득한다. 우리가 낯선 사람들끼리 또는 아이들과 어른들이 한 침대에서 잠자는 일이 중세에는 얼마나 자명한 일이었는지 알게 될 때 비로소 우리는 인간의 상호관계와 행동양식의 심대한 변화가 우리의 생활질서 속에서 표현된다는 사실을 가늠할 수 있게 된다. 또 우리는 문명화의 마지막 단계인 오늘날처럼 침대와 육체가 그토록 높은 등급의 심리적 위험지역을 뜻한다는 사실이 항상 그렇게 자명하지만은 않았다는 점도 아울러 인식하게 된다.

제9장
이성관계에 대한 사고의 변화

1. 인간의 성관계에 관한 수치감은 문명화과정에서 상당히 강화되고 변화한다.[원주1] 이러한 사실은 문명화의 후기 단계에서 어른들이 아이들에게

[원주1] M. Ginsberg, *Sociology* (London, 1934), p.118. "선천적 성향의 억압, 승화 또는 왕성한 활동의 여부는 대체로 가정생활의 유형과 전체 사회의 전통에 달려 있다.……예컨대 근친상간에 대한 혐오감이 본능에 근거하는지를 규정하기 어렵다는 점 또는 다양한 형태의 성적 질투의 밑바탕에 깔려 있는 유전적 요소들을 추출해내기 어렵다는 점 등을 생각해보라. 간단하게 말해서 타고난 성향은 일정한 유연성을 지니고 있으며, 그것이 표현되고 억압되며 또는 승화되는 양식은, 정도는 다르지만 사회적으로 제한된다." 이 연구 또한 이와 아주 비슷한 견해에 도달한다. 이 연구는 특히 제2권의 마지막 개요부분에서 본능생활의 조형과 본능을 억압하는 형상들은 한 인간의 일생 동안 지속되는 사회적 종속과 의존의 기능이라는 점을 보여주고자 했다. 개인의 종속 또는 의존은 인간관계의 구조에 따라 그때그때 다른 구조를 가지고 있다. 이 구조의 다양성은 우리가 역사를 통해 관찰할 수 있는 본능구조의 다양성과 일치한다. 유사한 관찰이 극히 명료한 형태로 이미 몽테뉴의 『수상록』에 기록되어 있음을 이 기

성관계에 관해 말해야 할 때 그들이 느끼는 어려움에서 극명하게 표현된
다. 그러나 이러한 어려움은 오늘날에는 거의 자연적인 것으로 보여진다.
우리는 어린아이가 이성간의 관계에 대해 무지하다는 사실을, 또 자라나는
청소년들에게 그들에게 일어나는 일을 계몽하고 깨우쳐주는 것이 극히 미
묘하고 까다로운 과제라는 사실을 생물학적으로 충분히 설명할 수 있다고
생각한다. 그러나 우리가 다른 시대 사람들의 행동을 관찰한다면, 우리는
이러한 상황이 전혀 자명하지 않고, 그것은 오히려 문명화과정의 결과라는
점을 깨닫게 된다. 에라스무스의 유명한 『대화록』(Colloquien)의 운명은
이에 대한 좋은 본보기가 된다.

에라스무스는 어떤 사람이 자신이 젊은 시절에 쓴 저서를 변조, 가필하여
조야한 양식으로, 그것도 그의 허락없이 인쇄하였다는 사실을 알게 된다.
그는 이 책을 보완하여 1522년 새로운 제목으로 출판한다. 그는 그것을 다

회에 상기시키고자 한다(제1서, 제23장). "우리가 지금 말하는 양심의 법칙은 천성과 습관에
서 생겨난다. 자신의 주변으로부터 승인받고 인정받은 의견과 태도를 내면적으로 숭배하는
사람은 양심의 가책 없이는 그것들을 소홀히 할 수 없으며 찬양하는 마음없이 그것을 관찰하
지 않는다. 습관의 힘은 마을 여인의 우화를 지은 작가가 가장 잘 이해했던 것 같다. 이 여인
은 태어날 때부터 송아지 한 마리를 귀여워하고 항상 데리고 다니는 버릇을 가지고 있었는데,
동물이 자란 후에도 습관에 의해 계속 그렇게 행동한다는 것이다. 남자들이 다른 남자들과 교
제하는 것이 천성만큼이나 습관 때문이듯이, 여자들이 머리카락을 뽑고, 손톱을 깨물고 석탄
과 흙을 먹는 것도 질병 때문이기도 하지만, 또 습관 때문이기도 하다고 아리스토텔레스는 말
한다." 특히 '양심의 가책'과 그에 상응하는 심리구조는——이 연구에서는 프로이트에 의거하
여, 물론 그가 사용한 의미를 그대로 수용하지는 않았지만 '초자아'란 개념으로 표현했다——
인간관계의 그물을 통해, 개인의 성장환경인 사회를 통해 개인에게 각인된다는 몽테뉴의 생
각이나 또 이 '초자아'는 한마디로 사회적으로 생성되었다는 생각이 이 연구의 결과와 완전히
일치한다. 이 연구가 프로이트의 선행연구와 정신분석학파에 얼마나 힘입고 있는가는 군이
말할 필요조차 없는 당연한 사실이지만 그래도 다시 한 번 이 자리에서 강조하고 싶다. 이 연
구와 프로이트와의 관계는 정신분석학 관련 서적의 전문가들이라면 누구에게나 명약관화할
것이기 때문에 내가 일일이 예를 들어 지적할 필요는 없을 것이다. 더욱이 긴 지면을 할애하
여 좀더 깊이있는 대결을 하지 않으면 이 작업은 가능하지 않기 때문이다. 프로이트의 전체
관점이 이 연구의 입각점 사이에 존재하는 미미하지만은 않은 차이점도, 어느 정도 토론을 거
치면 그리 어렵지 않게 합의할 수 있는 사항들이기 때문에 여기에서는 강조하지 않았다. 이런
저런 점에 관해 비판적 대결을 하는 것보다 되도록이면 명확하고 명료하게 특수한 지적인 관
점을 구성하는 것이 더욱 중요하다고 생각된다.

음과 같이 이름붙인다. 『어린이의 언어와 생활을 순화·교육시키기 위한 가족들의 대화법』(*Familiarum Colloquiorum Formulae non tantum ad linguam puerilem expoliandam, verum etiam ad vitam instituendam*).

그는 그후 계속 이 저서에 매달려, 죽기 전까지 그것을 보충하고 수정했다. 그리고 마침내 그것은 그가 원했던 대로 훌륭한 라틴어 문체를 통해 소년들의 언어를 개선했을 뿐 아니라, 제목에서 이미 밝혔듯이 그들이 삶을 시작하는 데 도움을 줄 수 있는 책이 되었다. 『대화록』은 그 시대의 가장 유명하고 가장 널리 읽힌 책 중의 하나가 되었다. 이 책은 나중에 나온 그의 저서 『어린이의 예절에 관하여』와 마찬가지로 무수한 판본과 번역본이 나왔으며, 아이들의 교육에 필수적인 교과서, 기본도서가 된다.

19세기에 이 저서와 씨름해야 했던 사람들의 비판만큼 더 생생하게 문명화과정에서 서구사회가 겪었던 변화를 보여주는 것도 없을 것이다. 대표적인 독일 교육학자 중의 한 사람인 폰 라우머(Von Raumer)는 1857년 슈투트가르트에서 출판된 자신의 『교육학의 역사』(*Geschichte der Pädagogik*)에서 이 책에 대해 다음과 같이 평하고 있다.

어떻게 그런 책을 수많은 학교에 소개할 수 있었는지! 청소년들이 그 호색한들과 무엇을 한단 말인가. 개선하는 것은 성숙한 남자들의 일인 것을. 소년들이 자신들도 이해 못하는 그 많은 것들에 관한 대화들, 선생들이 조롱당하는 사건들이나 두 여자들이 자신들의 남편을 주제로 나누는 수다 또는 구애하는 소녀와 그 구혼자가 나누는 대화, 심지어 '젊은 청년과 창녀'의 대화를 가지고 무엇을 한단 말인가. 이 마지막 대화는 "너희들이 세속인들과 성자들의 마음에 모두 들려면, 쾌락을 그리고 거기다 악마를 그려넣어라"라고 읊은 실러의 「기교」(Kunstgriff)라는 이행시를 연상시킨다.

에라스무스는 여기에서 쾌락을 가장 비열하게 그리고나서, 거기에다 교화적인 것을 조금 첨가하고 있다. 신학자가 그런 책을 여덟 살 난 소년에게, 그 책을 읽고 훌륭한 사람이 되게 하려고 권하고 있다.

실제로 이 책은 에라스무스의 책을 출판한 출판가의 어린아들에게 헌증되었으며, 그 아버지는 분명 그것을 출판하기를 꺼려하지 않았던 것 같다.

2. 이 책은 출판되자마자 격렬한 비판을 받는다. 그러나 그 비판이 겨냥한 것은 그 책의 도덕적 자질이 아니었다. 비판은 일차적으로 교조적인 개신교도도 아니고 교조적 카톨릭신자도 아니었던 그 '지식인'을 향한 것이었다. 특히 카톨릭 교회가 종종 수도회와 교회제도에 심한 공격을 가했던 대화록을 반대하고 나섰으며, 곧 금서목록에 올린다. 대화록의 엄청난 성공과 교과서로의 수용은 이와는 심한 대조를 이룬다.

호이징가는 자신의 『에라스무스』(Erasmus, 런던, 1924, 199쪽)에서 이 책에 대해 다음과 같이 말한다. "1526년부터 2세기 동안 재판과 번역본의 물결이 끊이지 않았다." 말하자면 이 시기 동안 에라스무스의 저서는 많은 사람들에게 일종의 기본도서로 간주되었다. 그렇다면 이들의 견해와 19세기 그 책의 비판가들의 견해 사이의 간격은 어떻게 이해할 수 있을까.

에라스무스는 실제로 이 저서에서 문명화가 지속되면서 아이들의 시야에서 점점 더 멀어지고, 19세기에는 어떤 상황에서도——에라스무스가 이 책을 여섯 살이나 여덟 살 난 자신의 대자(代子)에게 헌증함으로써 확신했던 그의 의도와는 달리——소년들에게 읽히게 하지 않았던 것에 관해 말하고 있다. 19세기의 비판가들이 특별히 강조하듯이 에라스무스는 이 대화록에서 한 소녀에게 구애하는 젊은 청년에 대해 서술하고 있다. 또 그는 남편의 나쁜 행위를 고발하는 여자를 보여준다. 실제로 이 책 속에는 젊은 청년과 한 창녀의 대화도 들어 있다.

그럼에도 불구하고 이 대화록은 『어린이의 예절에 관하여』처럼 본능생활의 규제와 관련된——설사 그것이 우리의 수준에 일치하지 않는다 하더라도——모든 질문들에서 드러나는 에라스무스의 민감성을 증명해준다. 더욱이 이 대화록은 중세 세속사회의 수준이나 에라스무스 시대의 세속사회의 수준에서 볼 때, 본능억제의 방향으로 나아가는 과정에서 돌발적으로 이루어진 급격한 진전을 구체화하고 있다. 이 본능억제는 19세기에 들어서서 도덕의 형식으로 정당화된다.

물론 대화 '귀공자와 소녀'(Proci et puellae)에서 소녀에게 구애하는 젊은 청년은 자신이 그녀로부터 원하는 바를 아주 솔직하게 말하고 있다. 그는 그녀를 향한 자신의 사랑을 고백한다. 그는 거부하는 여자에게 자신은 그녀 때문에 넋이 빠졌다고 말한다. 그는 그녀에게 아이를 생산하는 일은 허용된 것이고 좋은 일이라고 말한다. 그는 왕으로 그녀는 왕비로서 자신들의 아이들과 하인들을 지배한다면 얼마나 멋있을 것인지를 그녀에게 그려준다.

그의 상상은 어른과 아이들 간에 존재하던 가까운 심리적 거리가 종종 커다란 사회적 거리와 맞물려 있다는 사실을 분명하게 드러내준다. 마침내 소녀는 그의 청혼에 굽히고 만다. 그녀는 그의 부인이 되겠다고 동의한다. 그러나 그녀 스스로 말하듯이 그녀는 자신의 처녀성을 존중한다. 그녀는 그를 위해 처녀성을 지키겠다고 말하면서 그에게 키스조차 허락하지 않는다. 그러나 그가 키스해달라는 부탁을 그만두지 않자, 그녀는 웃으면서 그에게 말한다. 그의 말대로 그녀 때문에 그의 넋이 반쯤 빠진 것이 사실이라면, 그녀의 키스에 그의 넋이 완전히 나가 그가 죽을까봐 걱정스럽다는 것이다.

3. 이미 주지하였듯이 에라스무스는 자신의 시대에 이미 대화록의 '부도덕성'으로 교회측의 지탄을 받았다. 그러나 우리는 그로 인하여 세속사회의 실제 수준에 대해 잘못된 결론을 이끌어내서는 안된다. 카톨릭측에서 의도적으로 '대화록'에 대항하기 위해 쓴 저서도 성적 문제를 스스럼없이 언급한 점에서는 대화록과 전혀 구별되지 않는다. 그 책의 저자 역시 인본주의자였다. 그 두 저자들이 성직자사회의 수준에서가 아니라 세속사회의 수준에서, 세속사회를 위해 책을 썼다는 사실이 그 인본주의자의 저서와 특히 에라스무스 저서의 새로운 점이다.

인본주의자들은 교회의 전통과 교회집단에만 국한되어 사용되던 라틴어
를 해방시켜 세속사회, 적어도 세속 상류층의 언어로 만들고자 하던 운동
의 대변인들이었다. 세속사회의 구성원들이 이제 세속적이고 학문적인 문
헌에 대한 욕구를 강하게 느낀다는 사실이 결코 서구사회의 구조에 있어서
의 변동을 표현하지 않는다. 이 연구는 이 변동을 종종 다른 측면에서 조명
한 바 있다. 인본주의자들은 이 변화의 집행자들이었고, 세속 상류층의 이
런 욕구를 담당하는 사람들이었다. 그들의 저서들 속에 씌어진 내용은 다
시금 세속의 사회생활에 근접한다. 즉 이 생활로부터 얻은 경험들은 직접
학자들의 문헌 속으로 유입된다. 이것 역시 '문명화'의 커다란 흐름 속의 한
지류이다. 그리고 바로 여기에서 우리들은 고대의 '부흥', 고대의 새로운 의
미부여에 대한 해답의 열쇠를 찾아야만 할 것이다.

에라스무스는 자신의 『대화록』을 방어하면서 이 과정을 아주 간결하게 표
현한 바 있다. "소크라테스가 철학을 천상에서 지상으로 끌고 내려왔듯이 나는
철학을 유희와 연회로 인도하였다"라고 그는 『대화록』의 부록으로 수록한 주
해 『대화록의 유용성에 관하여』(De utilitate Colloquiorum, 1655, 668
쪽)에서 말하고 있다. 바로 이 점 때문에 이 저서는, 제대로 고찰한다면,
세속적·사회적 행동수준의 증거로서 유용하다. 설령 그 책에 들어 있는
본능자제에 대한 요구, 행동의 절제에 대한 요구들은 미래를 선점한 하나
의 이상적 목표라 하더라도 부분적으로 이 수준을 넘어서고 있다.

에라스무스는 『대화록의 유용성에 관하여』에서 앞의 대화 '귀공자와 소
녀'와 관련해 다음과 같이 말한다. "모든 남성들은 내가 금방 묘사하였던 그
청년처럼 행동하고 반드시 그런 대화를 나눈 후 결혼하는 것이 바람직하다
고 나는 생각했다." 19세기의 관찰자에게는 '쾌락의 가장 상스러운 묘사'로
생각되었던 것이, 그리고 오늘날의 수치감 수준에서도 특히 아이들 앞에서
는 침묵 속에 덮어두어야 할 것이 에라스무스와 이 저서를 널리 읽히도록
도와주었던 그의 동시대인들에게 하나의 모범적인 대화로, 게다가 자라나는
청소년들에게 전형을 보여주기에 가장 적합한 대화로 여겨졌다. 더욱이 그
것은 그 당시 실제 상황에 비추어볼 때도 하나의 이상이었던 것이다.[원주2]

4. 폰 라우머가 자신의 논쟁 속에서 언급하고 있는 다른 대화들에 대해서도 우리는 마찬가지로 말할 수 있다. 자신의 남편에 대해 불평을 늘어놓는 여자에게 자신의 행동을 고치면 남편의 태도도 따라 변할 것이라고 일러준다. 한 청년과 창녀의 대화는 그녀가 부도덕한 품행을 고치는 것으로 끝난다.

우리는 여기서 에라스무스가 소년들에게 하나의 모델로서 보여주고자 했던 것을 이해하기 위해서 직접 그의 말을 들어보도록 하자. 루크레티아 (Lucretia)라는 그 소녀는 젊은 소프로니우스(Sophronius)를 오랫동안 만나지 못했다. 그녀는 그에게 그가 그 집에 온 목적대로 분명하게 행동할 것을 요구한다. 그러나 그는 자신들이 남들에게 들키지 않을 거라고 그녀가 확신하는지, 좀더 어두운 방은 없는지 그녀에게 묻는다. 그녀가 그를 좀더 어두운 방으로 데리고 가자, 그는 아무도 그들을 보지 않는 것이 정말 확실한가 하고 다시 걱정하기 시작한다.

소프로니우스 : 이 장소는 충분히 은밀한 것 같지 않아.

루크레티아 : 왜 그렇게 갑자기 부끄러워하세요? 그럼 좋아요. 옷을 갈아 입는 '으슥한 방'(museion)[원주3]으로 가지요. 그곳은 너무 캄캄해서 서로 볼 수도 없을 거예요.

소프로니우스 : 그래도 구석구석을 살펴봐야지.

루크레티아 : 아무 틈새도 없어요.

소프로니우스 : 근처에 우리를 엿듣고 있는 사람이 아무도 없을까?

루크레티아 : 파리 한 마리 없어요. 내 사랑, 왜 그리 머뭇거리세요?

[원주2] 이 모든 문제들에 관해서는 Huizinga, *Erasmus* (New York : London, 1924), p.200을 참조. "에라스무스가 진정으로 세계와 인류에게 무엇을 요구하는지, 그가 열렬하게 소망하던 순수한 기독교 사회의 모습, 즉 고귀한 도덕, 뜨거운 신앙심, 단순과 절제, 친절, 관용과 평화로 가득 찬 사회를 그 스스로 어떻게 그리고 있는지 — 이 모든 것이 그의 어떤 책에서보다 이 『대화록』에서 더 명료하게 더 잘 표현되어 있다."

[원주3] 1665년판은 'museion'이라 일컫는데 이는 비밀의 방을 뜻한다.

소프로니우스 : 여기선 신의 눈도 피할 수 있을까?

루크레티아 : 물론 아니지요. 그분은 모든 것을 볼 수 있어요.

소프로니우스 : 천사들은?

"아무도 우리를 보거나 듣거나 할 수 없어. 생쥐조차도. 그런데 무엇을 주저하니?"라고 그녀는 말한다.

그러나 젊은 청년은 "그렇지만 신은? 그리고 천사들은?"이라고 묻는다. 그리고 그는 토론의 갖가지 기술을 다 사용하여 그녀 마음을 돌려보려 한다. "그녀에게는 많은 적들이 있지 않은지, 그 적들을 화나게 하면 그녀가 기쁘지 않을지 그녀에게 묻는다. 그녀가 이 집에서의 생활을 청산하고 단정한 여인이 되는 것이 그녀의 적들을 화나게 하는 일이 되지 않는지?" 마침내 그는 그녀를 설득한다. 그는 정숙한 부인 집에 방 하나를 그녀에게 얻어주고, 그녀가 몰래 이 유곽을 벗어날 수 있는 구실을 만들어낸다. 그리고 우선 당분간은 그가 그녀를 돌볼 것이다.

그런 상황의 묘사가, 그것도 '어린이 책'에 들어 있다는 사실이 후세의 사람들에게는 '비도덕적'으로 보였을지 모른다. 그러나 그것이 다른 사회적 수준과 다른 감정모형의 관점에서는 지극히 '도덕적'이고 모범적으로 보일 수 있다는 것을 우리는 그리 어렵지 않게 이해할 수 있다.

마찬가지의 발전노선, 동일한 수준 차이는 여느 보기들을 통해서도 증명될 수 있다. 19세기의 관찰자들, 그리고 20세기의 관찰자들 일부는 그러한 과거의 모델들과 훈련규정을 그저 무기력하게 바라볼 수밖에 없다. 그들이 자신들의 불쾌감의 문턱과 자신의 감정모형이 과거로부터 형성되어온 것으로, 그리고 어느 특정한 질서 내에서 끊임없이 변화하는 것으로 생각하지 않는 한 그들은 그런 대화를 교과서에 수록하고 게다가 의식적으로 어린이들을 위한 읽을 거리로 만들었다는 사실을 오늘날의 관점에서는 거의 이해할 수 없을 것이다. 그러나 자신의 수준과 어린이를 대하는 우리의 태도가 역사적으로 형성되었다는 사실을 우리가 이해하는 것이 바로 이 문제의 요점이다.

에라스무스보다 더 교조적이던 사람들도 그와 마찬가지였다. 이단의 의심을 받던 에라스무스의『대화록』을 대체하기 위해서, 이미 언급했듯이 엄격한 카톨릭신자가 다른『대화록』을 집필하였다. 이 책은『아들 콘스탄티누스를 위해 의사 요하네스 모리소투스가 쓴 대화편 4서』(*Johannis Morisoti medici Colloquiorum libri quatuor, ad Constantinum filium*, 바젤, 1549)란 제목을 달고 있다. 그 책 역시 소년들의 교육을 목적으로, 교과서용으로 씌어졌는데, 저자 모리소투스의 말을 빌리면, 에라스무스의『대화록』을 읽으면 "기독교인의 말을 듣고 있는지, 이단자의 말을 듣는지" 알 수 없기 때문에 이 책을 썼다는 것이다. 독실한 카톨릭측에서 나온 이 반대 저서를 평가하는 데에도 마찬가지 현상이 나타난다.[원주4] 이 저서가 1911년에 어떻게 평가되는지를 살펴보는 것으로 충분할 것이다.[원주5]

[원주4] 후세의 관찰자가 다른 수준의 수치심을 표현하는 전시대의 풍속과 관습을 접했을 때 느끼는 당혹감도 이에 못지않다. 특히 중세의 목욕풍속이 그러한 경우이다. 19세기 사람들은 여러 명이 벌거벗은 채로 같이 목욕하든가 또는 남성과 여성이 같이 목욕해도 전혀 수치심을 느끼지 않았던 중세인들을 전혀 이해할 수 없었다. Alwin Schultz, *Deutsches Leben im XIV und XV Jahrhundert* (Wien, 1892), p.68에서는 이 문제에 대해 다음과 같이 말한다. "이러한 목욕탕을 묘사하는 것으로 우리는 두 가지 재미있는 자료를 가지고 있다. 그러나 우선 나는 이 그림들 속의 묘사가 지나치게 과장되었다고 생각한다는 점을, 또 이 그림들에는 음탕하고 속된 농담을 즐겼던 중세인들의 취향이 참작되어 있다는 나의 견해를 미리 밝히고 싶다. 브레슬라우의 세밀화에는 일련의 목욕통 장면이 그려져 있는데, 항상 남자와 여자 한 명이 마주보고 앉아 있다. 목욕통 위에 걸쳐진 나무상자는 식탁대용으로 예쁜 식탁보가 덮여져 있고 그 위에 과일과 음료수들이 놓여 있다. 남자들은 머리수건을 두르고 허리 부분을 가리고 있고, 여자들은 머리수건과 목걸이 등으로 치장했을 뿐 벌거벗고 있다. 라이프치히의 세밀화도 이와 비슷한데, 단지 목욕통이 따로 있고 목욕통 위에는 천으로 만든 일종의 차양이 있어 커튼을 칠 수 있다. 사람들의 행동이 이런 종류의 목욕실에서 아주 점잖치만은 않았을 것이다. 그러나 정숙한 여성이라면 아마 그런 목욕실은 사용조차 하지 않았을 것이다. 보통 목욕탕은 남녀 구분이 되어 있었다. 모든 예절을 그렇게 내놓고 조롱했더라면 그 도시의 어른들도 결코 참고만 있지 않았을 것이다." 이 글의 저자가 살았던 시대의 감정과 혐오감의 수준이 어떠했기에 그로 하여금 "보통 목욕탕은 남녀 구분이 되어 있었다"라는 추측을 입 밖에 내게 했는지, 즉 저자 자신이 제시한 역사적 증거자료들은 오히려 반대의 결론을 내리게 할 수도 있다는 사실을 관찰하는 일은 흥미롭다. 이에 반해 수준의 차이에 대해 좀더 객관적이고 단순히 확인하는 태도를 보여주는 책으로는 P. S. Allen, *The Age of Erasmus* (Oxford, 1914), pp.204ff.를 들 수 있다.

모리소투스에게서는 소녀, 처녀, 부인들이 에라스무스의 책에서보다
더 중요한 역할을 한다. 여러 대화에서 그들이 이야기를 독차지하고 있
으며, 제1권과 제2권에서도 순수하다고는 할 수 없는 그들의 대화가 마
지막 두 권에 가서는…… 그렇게 추잡하기 짝이 없는 일들만을 주제로
삼고 있어[원주6] 우리는 고개를 저으며 스스로 묻지 않을 수 없다. 그 독
실한 모리소투스가 이 책을 자기 아들을 위해 썼단 말인가. 모리소투스
는 아들이 그 책에 적합한 나이에 이르렀을 때, 그가 그 마지막 두 권을
읽고 공부하리라 확고하게 믿었을까. 물론 잊어서는 안될 사실은 16세기
는 점잔 빼는 것을 알지도 못했고, 또 우리 교육자들이라면 피해야 할 문
장들을 학생들에게 가르쳤다는 것이다.

그러나 아직 다른 문제가 남아 있다! 모리소투스는 어떻게 그러한 대
화가 실제생활에서 사용되리라 생각할 수 있었을까. 소년, 청년, 장년,
노인들은 여자들만이 이끌어가는 대화를 라틴어의 모범으로는 결코 사
용할 수 없었을 것이다. 다시 말하면 모리소투스도 비난받는 에라스무스
못지않게 그 책의 교훈적 목적을 망각하였다고 할 수 있다. 이 질문은 어
렵지 않게 대답을 얻을 수 있다.

5. 에라스무스는 한 번도 "자신의 교훈적 목적을 망각한 적이 없다." 그
의 주해서 『대화록의 유용성에 관하여』는 이를 확실히 증명하고 있다. 여

〔원주5〕 이에 관해서는 A. Bömer, *Aus dem Kampf gegen die Colloquia familiaria des
Erasmus, in Arch. für Kulturgeschichte* (Leipzig and Berlin, 1911), vol.9
pt.1, p.32 참조.

〔원주6〕 A. Bömer는 여기에서 "성인 남성들과 노인을 위해 쓴 마지막 두 권에서"라고 쓰고 있다.
그러나 모리소투스는 모든 책을 자신의 어린 아들에게 바치고 있다. 그는 이 책들은 모두 아
동용 교과서로 쓸 생각이었다. 모리소투스는 이 책에서 여러 연령을 다루고 있다. 그는 남녀
노소를 가리지 않고 모든 연령의 어른들을 아이에게 소개하여, 아이가 그것을 보고 어른들을
이해하고 또 이 세상에서 어떤 것이 올바른 행동이고 어떤 것이 그릇된 행동인지를 깨닫게 하
려 했다. 이 모든 책들이 아이들의 읽을 거리로 만들어졌다는 생각만 해도 Bömer가 느꼈을
(우리도 이해할 수 있는) 당혹감이 그중 일부는 당연히 여성들이나 노인들만을 독자로 상정
했다는 추측을 그에게 불러일으켰을 것이다.

기에서 그는 명시적으로 자신의 『대화록』이 교훈적인 목적으로 씌어졌다고 또는 더 정확하게 표현한다면 그가 무엇을 젊은이들에게 보여주고자 하는 지를 말하고 있다.

청년과 창녀와의 대화에 관해서 그는 다음과 같이 말한다. "청년의 정신 이 바른 행실을 추구하게 하고 그 소녀를 그렇게 위험하고 치욕적인 집으 로부터 벗어나게 하기 위해서 내가 이보다 더 효과적인 말을 할 수 있었을 까?" 아니다. 분명 그는 자신의 교육적 목적을 도외시하지 않았다. 단지 그 가 가진 수치감의 수준이 달랐을 뿐이다. 그는 젊은이에게 거울을 들여다 보듯이 세상을 자세하게 보여주고 싶었다. 그는 그에게 무엇을 피해야 하 는지, 정숙한 삶이 무엇을 가져다주는지 가르쳐주고 싶었다.

모리소투스가 쓴 대화의 바탕에 깔려 있는 의도도 이와 같다는 사실은 의심의 여지가 없다. 또한 동시대의 다른 교육서들에서도 같은 태도가 드 러난다. 이 책들은 모두 에라스무스가 표현하듯이 소년들을 '생활 속으로 인도하고'[원주7]자 한다. 그러나 여기서 생활이란 분명히 어른들의 생활이 다. 어린이들이 어떻게 행동해야 하는지를 그들에게 말하고 보여주려는 경 향이 강해진 것은 그보다 훨씬 뒤의 일이다.

여기에서는 아이들을 생활로 인도하기 위해 어른들의 올바른 행동방식 을 그들에게 보여준다. 차이는 거기에 있다. 사람들이 이론적인 성찰에서 여기에서는 이런 식으로, 저기에서는 저런 식으로 행동하는 것은 아니다.

[원주7] 그 당시 결혼적령기는 그뒤의 시대보다 낮았다는 사실을 고려한다면 이 문제 전체의 올바 른 이해에 도움이 될 것이다. R. Köbner는 중세 말기에 대해 다음과 같이 말한다. "이 당시 여성과 남성은 아주 어린 나이에 결혼했다. 그들이 성적으로 성숙하게 되면 교회는 곧 결혼할 권리를 부여했으며, 이 권리는 종종 행사되었다. 소년들은 15세에서 19세, 소녀들은 13세에 서 15세 사이에 결혼했다. 이 풍속은 그 시대 사회상의 전형적인 특성으로 간주되어왔다." R. Köbner, *Die Eheauffassung des ausgehenden Mittelalters, in Arch. für Kulturgeschichte* (Leipzig and Berlin, 1911), vol.9, n.2를 참조. 어린아이의 결혼 에 관한 풍부한 자료들에 관해서는 *Early English Text Society*, Orig. Series, n.108, ed. Fr. J. Furnivall (London, 1897), *Child-Marrages, Divorces and Ratifications* 등을 보라. 여기서는 결혼 가능한 나이로 소년은 14세, 소녀는 12세를 잡고 있다(p.XIX).

그런 식으로 아이들에게 이야기하는 것이 에라스무스와 그의 동시대인들에게는 당연한 일이었다. 설사 소년들이 복종해야 하고 사회적으로 종속적인 처지에 있었다 하더라도 그들은 일찍부터 어른들과 같은 사회적 공간에서 생활하였다. 어른들도 성생활과 관련하여 말이나 행동에서 나중처럼 그렇게 조심하지는 않았다.

인간 상호간의 관계가 개인들에게 심어주었던 감정억제의 수준에 맞게 이러한 본능표현을 감추거나, 은밀한 것으로 만들거나 또는 서로에게나 아이들에게 엄격하게 폐쇄한다는 생각은 그 당시의 어른들에게는 낯설었다. 이 모든 것 때문에 어른과 아이들의 행동수준이나 감정수준 사이에는 처음부터 커다란 간격이 없었다. 이 간격이 커지고 이 독특한 특별공간—사람들이 처음에는 그들 인생의 12, 15년을, 이제는 거의 20년 가까이를 보내게 되는 공간—이 형성되는 과정을 자세히 관찰하는 것이 우리 자신이나 과거 사람들의 심리구조를 이해하는 데 얼마나 중요한지 다시 새롭게 인식되고 있다.

인간의 생물학적 발달은 이전이나 지금이나 커다란 차이없이 이루어진다. 그러나 우리는 이와 같은 사회적 변화의 맥락에서만 오늘날 표출되는 '어른 존재'의 일반적인 문제점, 그리고 그와 더불어 어른의 정신구조에 남아 있는 '유아적 잔재'라는 특수문제들을 이해할 수 있다. 우리 시대의 특징인 어른 의상과 아이 의상 간의 커다란 차이는 이러한 발전과정을 특히 잘 표현해준다. 그 차이는 에라스무스 시대와 그 이후 오랫동안 극히 미미했다.

6. 에라스무스가 그의 『대화록』에서 한 어린아이에게 창녀나 유곽에 대해 말한다는 사실 자체가 우리 시대의 관찰자를 무척 놀라게 할 것이다. 만약 우리의 문명화 단계에서 그런 제도가 교과서에 언급만 되어도, 사람들은 이를 비도덕적이라고 생각할 것이다. 이 제도는 19세기나 20세기에도 사회 안의 사회였다. 사람들이 어렸을 때부터 본능구조의 성적 영역에 부과했던 수치감과 두려움, 사회적인 교류에서 그 영역에 내려진 '침묵의 명

령'은 거의 완벽하다고 할 수 있었다. 그것에 관한 의견이나 그 제도 자체를 언급하는 것조차 용납되지 않았으며, 아이들을 상대하는 자리에서 그것에 대해 이야기하는 것은 범죄일 뿐 아니라 어린이의 영혼을 더럽히는 일이었고, 적어도 가장 나쁜 종류의 훈련오류로 간주되었다.

물론 에라스무스의 시대에도 아이들은 이 제도의 존재를 알고 있었다. 아무도 그 사실을 그들에게 감추려하지 않았다. 기껏해야 아이들에게 그런 곳을 조심하라고 주의를 줄 뿐이었다. 에라스무스가 한 일이 바로 그것이다. 그 시대의 교육학 관련서적들을 읽어보면 그 제도의 언급은 개인의 착상인 것 같다는 생각이 든다. 우리가 그 당시 아이들이 실제로 어떻게 어른들과 함께 살았는지, 그리고 어른 상호간의, 어른과 아이들 간의 장벽이 얼마나 낮았는지를 안다면, 에라스무스나 모리소투스의 대화가 그 시대의 수준과 직접적으로 연관된다는 것을 이해할 수 있다. 그들은 아이들도 이 모든 일들을 알고 있다고 전제한다. 그것은 당연한 일이었다. 교육자의 과제는 아이들에게 그런 제도에 대해 어떤 태도를 취해야 하는지 가르쳐주는 것이었다.

대학에서도 그런 집들이 공공연히 거론되었다는 사실은 그리 중요하지 않을 것이다. 어쨌든 일부 학생들은 현재보다 더 어린 나이에 대학에 들어갔다. 창녀들은 분명히 대학 내에서 공적인 농담의 주제로 등장했다. 1500년 하이델베르크의 한 선생은 '정부(情夫)에 관한 매춘부들의 충실성에 관하여'라는 공개강연을, 다른 사람은 '첩의 충실성에 관하여'란 강연을, 또 다른 사람은 '호색한 조합의 독점에 관하여' 또는 '술고래와 술취한 삶'[원주8]에 관하여 강연한다. 이 시대의 많은 설교 속에서도 같은 현상이 나타난다. 어린아이들이 그 설교에서 배제되었다는 언급은 어디에도 찾을 수 없다. 물론 교회나 세속단체가 이러한 형식의 혼외관계를 인정했던 것은 아니다. 그러나 이 제도에 관한 공공연한 언급이 불쾌하게 여겨질 정도로 사회적

[원주8] F. Zarncke, *Die deutsche Universität im Mittelalter* (Leipzig, 1857), Beitr.I, pp.49ff.

금지가 아직 개인에게 자기통제로서 각인되지 않았다. 다시 말하면 그런 제도의 존재를 짐작케 하는 모든 발언들이 추방될 정도는 아니었다.

중세 도시에서 매춘부들이 누렸던 지위를 보면 이 차이는 분명해진다. 비유럽 사회들에서는 오늘날에도 흔히 볼 수 있듯이, 창녀들은 중세 도시의 공적인 삶에서 특정한 자리를 차지하고 있었다. 심지어 축제날 창녀에게 달리기 경주를 시키는 도시들도 있었다.[원주9] 종종 귀한 손님들을 맞이하는 데 창녀들을 보내기도 했다. 예를 들면 1438년 비엔나의 시 예산서에는 다음과 같이 적혀 있다. "창녀들을 위한 포도주에 96크로이처. 왕을 만나러 간 여자들을 위한 포도주에 96크로이처."[원주10] 시장이나 시의원들은 높은 관직의 손님들을 유곽에서 대접하곤 했다. 지기스문트(Sigismund) 황제는 1434년 베른시의 시장에게 그가 자신과 수행원들에게 3일 동안 공짜로 유곽을 제공해준 데 대해 공식적으로 감사하고 있다.[원주11] 이것은 식사대접처럼 귀한 손님들을 접대하는 방식이었다.

매춘녀들, 또는 독일에서 흔히 부르듯이 '아름다운 여자들'은 다른 직업들과 마찬가지로 시 조직 내에서 특정한 권리와 의무를 수반하는 조합을 결성했다. 창녀들도 때때로 다른 직업단체들처럼 부정한 경쟁에 대해 집단으로 대항했다. 예를 들면 1500년 그들 중 몇 사람은 어느 독일 도시의 시장에게 찾아가 자신들만이 공창으로 허가를 받았는데도 다른 집에서 비밀리에 영업을 하고 있다고 항의한다. 시장은 그들이 이 집에 쳐들어가도 좋다고 허락한다. 그들은 그 집에 찾아가서 모든 것을 두들겨 부수고, 여주인을 흠씬 때려준다. 어떤 경우에는 한 경쟁자를 집 밖으로 끌고 나와 자신들의 집에서 살 것을 강요하기도 한다.

그들의 사회적 지위는 한마디로 망나니의 지위처럼 비천하고 낮았지만,

[원주9] M. Bauer, *Liebesleben in der deutschen Vergangenheit* (Berlin, 1924), p.136.

[원주10] W. Rudeck, *Geschichte der öffentlichen Sittlichkeit in Deutschland* (Jena, 1897), p.33.

[원주11] 같은 책, 같은 쪽.

공적으로 인정받았고, 비밀스럽지도 않았다. 남녀간의 이러한 형태의 혼외관계는 아직 '무대 뒤'로 사라지지 않았던 것이다.

7. 앞의 평가는 부부관계를 포함한 일반적인 남녀관계에도 어느 정도 적용된다. 혼례관습만 살펴봐도 그것을 쉽게 알 수 있다. 결혼식이 끝난 후, 모든 들러리들이 신방행렬의 선두에 선다. 신부의 들러리들이 신부의 옷을 벗기고, 모든 장신구를 떼어놓는다. 증인들이 모두 배석한 자리에서 신랑과 신부가 잠자리에 들어가면, 그 혼인은 유효한 것으로 인정된다. 사람들이 "두 사람을 함께 눕게 한다."[원주12] "침대에 들어가면 권리는 획득된다"라는 것이다.

중세 후기에 가서 이러한 '관습'은 변하여 신랑, 신부가 옷을 입고 잠자리에 드는 것이 허용되었다. 물론 이 관습은 모든 계층에서, 또 모든 나라에서 똑같지는 않았다. 어쨌든 뤼벡에서는 이 옛 형식이 1710년대까지 계속되었다고 전해진다.[원주13] 또한 프랑스의 절대주의적 궁정사회에서도 신랑, 신부는 하례객들에 의해 침대로 끌려갔으며, 그들 앞에서 옷을 벗었고, 손님들이 그들에게 잠옷을 건네주었다.

이 모든 것은 이성관계에 대해 다른 수준의 수치감이 적용되었음을 말해주는 징후들이다. 또한 우리는 이런 예들을 통해 19세기와 20세기에 지배적이었던 수치감 수준의 특수성을 인식하게 된다. 이 시기에 성생활과 관련된 모든 것들은 어른들 상호간의 관계에서도 감추어지고, 무대 뒤로 사라졌다. 그러므로 이 영역이 오랫동안 아이들에게 성공적으로 은폐될 필요가 있었고, 또 그것이 가능하였다. 그보다 앞선 시대에는 남녀관계나 이를 포괄하는 모든 제도들이 공적 생활과 훨씬 더 밀착되어 있었다. 그러므로 아이들이 어릴 적부터 삶의 이러한 측면과 친숙했음은 자명한 일이다. 아

[원주12] K. Schäfer, "Wie man früher heiratete," *Zeitschrift für deutsche Kulturgeschichte* (Berlin, 1891), vol.2, p.31, n.1.
[원주13] W. Rudeck, 앞의 책, 319쪽.

이들을 어른의 수준에까지 올리려는 훈련의 관점에서도 사람들은 이 영역에 금기나 비밀의 표지를 붙일 필요가 없었던 것이다.

궁정귀족사회에서 성생활은 중세보다 훨씬 더 은폐된다. 산업시민사회의 관찰자가 궁정사회의 '외설'로 느꼈던 것은 바로 그러한 은폐의 돌출이었다. 그럼에도 불구하고 시민사회의 본능규제를 기준으로 볼 때 사회생활이나 의식 속에서 성의 은폐와 배제는 궁정귀족사회의 단계에서는 미약하였다. 그러나 우리는 여기에서도 후세의 평가가 종종 오류에 빠지는 것을 볼 수 있다. 그 까닭은 사람들이 자신의 수준과 궁정귀족사회의 수준을 한 운동의 상호제한적인 단계들로 보지 않고, 각각을 절대적인 것으로 대립시키며 자신의 수준을 나머지 다른 수준을 평가하는 잣대로 삼기 때문이다.

어른들끼리 본능적인 생리기능에 관해 말하면서 취하는 개방적 태도는 그들이 어린아이들을 상대로 하여 말하고 행동할 때의 자유스러움과 일치한다. 그에 대한 보기들은 무수히 많다. 특히 명백한 예를 제시한다면, 17세기 궁정에 여섯 살 난 부이용(Bouillon)이라는 여자아이가 살고 있었다. 궁정의 귀부인들이 그녀와 얘기를 나누곤 했는데, 어느 날 그들은 그녀에게 농담을 한다. 그들은 그 꼬마 아가씨가 임신했다고 우긴다. 그 꼬마 숙녀는 물론 그 사실을 부인하면서 스스로를 변호한다. 그녀는 그것은 절대로 불가능하다고 말하고, 그들 사이에 논쟁이 벌어진다.

그러던 어느 날 그 소녀가 잠에서 깼을 때, 자신의 침대에 한 갓난아기가 누워 있는 것을 발견하고 무척 놀란다. 그녀는 순진한 마음에 다음과 같이 말한다. "이런 일이 일어난 사람은 성모 마리아와 나밖에 없구나. 왜냐하면 나는 전혀 고통을 느끼지 않았으니까." 그 말은 돌고 돌아, 이제 이 조그만 에피소드는 전체 궁정의 이야깃거리가 되어버린다. 그런 경우 흔히 그렇듯이 그녀는 많은 방문객을 맞는다. 왕비도 직접 그녀를 찾아가 위로하면서, 갓난아기의 대모가 되어주겠다고 말한다. 동시에 유희는 계속된다. 사람들이 몰려와 누가 그 아이의 아버지인지 그녀에게 묻고, 그녀와 이야기한다. 심사숙고 끝에 소녀는 다음과 같은 결론에 도달한다. 즉 왕이나 기슈(Guiche) 백작 외에는 다른 사람일리가 없다는 것이다. "그들이 그녀에게

뽀뽀해준 유일한 남자들이니까"라는 것이 소녀가 내세운 이유였다.[원주14] 아무도 이 사건에서 특별한 점을 찾지 못한다. 아무도 소녀가 이 수준에 적응했다는 사실을 위험하다고 느끼지 않을 뿐더러, 아이의 정신적 순수함이 흐려질까 걱정하지도 않는다. 분명 어느 누구도 그 농담이 소녀의 종교교육에 위배된다고는 꿈에도 생각하지 않는다.

8. 그후 아주 서서히 성에 대한 수치감과 혐오감이 강해지고 성적 행동의 억제가 사회 전반에 골고루 확산된다. 어른과 아이 간의 거리가 더욱 벌어지면서 이른바 '성의 계몽'이 '시급한 문제'가 된다.

나는 에라스무스의 『대화록』에 대한 유명한 교육학자 폰 라우머의 비판을 앞에서 언급하였다. 그가 성교육 문제, 즉 자신이 살았던 시대의 규범에 아이들을 적응시키는 문제에 대해 어떻게 생각하는지를 살펴보면 전체 발전곡선의 모습이 더욱 명확하게 드러난다. 폰 라우머는 1857년『소녀들의 교육』(Die Erziehung der Mädchen)이라는 소책자를 출판하였다. 그가 이 책에서 성에 관한 아이들의 질문에 부딪힌 어른들의 모범행동으로 규정한 것은 분명 그의 시대에 가능했던 유일한 행동양식은 아니었다. 그럼에도 불구하고 그의 규정은 19세기의 수준에―소녀들의 계몽수준뿐만 아니라 소년들의 계몽수준에도―지극히 전형적이다.

내 생각에는 많은 어머니들이 근본적으로 잘못된 견해를 가지고 있는 것 같다. 그들은 이성관계를 포함한 모든 가족관계를 딸들에게 샅샅이 일러주고, 결혼을 앞둔 딸들에게 앞으로 닥칠 문제를 소상히 알려주어야만 한다고 믿는다. 데사우에 있는 박애주의 학교는 이 견해를 루소의 선례에 따라 가장 비열하고 거친 풍자화로 만들었다. 그와는 반대로 어떤 어머니들은 또 다른 측면에서 과장한다. 그들은 어린 소녀들에게 그 관

─────────

[원주14] Brienne, *Mémoires*, vol.2, p.11 ; Laborde, *Le Palais Mazarin* (Paris, 1816), n.522에서 인용.

계에 대해 많은 이야기를 해주지만, 소녀들은 성인이 되면서 어머니의
말씀이 완전히 거짓이었음을 알게 된다. 이미 많은 경우를 예로 들어 언
급하였듯이, 이 경우도 역시 옳지 못하다. 결코 아이들 앞에서 이 모든 문
제들을 건드려서는 안된다. 호기심을 자극할 만한 비밀스러운 어투로 그 문
제들을 말해서는 더더욱 안된다. 천사가 어머니에게 어린아이를 가져다
준다는 믿음을 가능하면 오랫동안 지니게 해라. 많은 지역에서 전해오는
이 전설이 다른 곳의 황새전설보다는 훨씬 낫다.

아이들이 정말 어머니의 진정한 보호를 받고 자란다면, 그들은 이 문
제에 관해 그렇게 주제 넘은 질문을 하지는 않을 것이다.……어머니가
분만으로 아이들을 돌볼 수 없다 하더라도 마찬가지일 것이다.……나중
에 소녀들이 갓난아기는 도대체 어떻게 생겼냐고 묻는다면 이렇게 대답
해라. 천국에 있는 갓난아이의 수호천사가 아무도 몰래, 우리에게 크나
큰 기쁨을 주려고 아이를 어머니에게 데려다주었다고. 어떻게 신이 아이
들을 주는지 너는 알 필요가 없고, 또 너희는 이해할 수 없을 거라고 대
답해라. 소녀들은 많은 경우에 이와 비슷한 대답에 만족할 것이며, 어머
니의 임무는 딸들이 항상 선하고 아름다운 생각만 갖도록 하여 그런 일
들로 고민할 시간을 주지 않는 것이다.……어머니란……단 한 번이라도
진지하게 "네가 그런 일을 알고 있는 것은 결코 네게 유익하지 못하다.
그런 얘기를 되도록이면 듣지 않도록 해라"라고 말해주어야 한다. 정말
올바르게 교육받은 소녀라면 그때부터는 그런 종류의 말을 듣고 수치심
을 느끼게 될 것이다.

성관계에 대한 에라스무스의 담론방식과 여기에서 폰 라우머로 대변되
는 방식 사이에는 다른 본능표현의 경우에 상세하게 제시하였던 것과 유사
한 문명화곡선이 그려진다. 성도 역시 문명화과정에서 점차 사회생활의 무
대 뒤로 옮겨지고, 마침내 사회 속의 사회인 핵가족 속에 수감된다. 이성관
계도 마찬가지로 의식 속에 가두어지고, 그 주변에 장벽이 쌓여지면서 '무
대 뒤로' 옮겨진다. 당혹감의 분위기, 즉 사회발생적 두려움의 표현이 인간

생활의 이 영역을 감싸기 시작한다. 어른들도 이 문제를 공식적으로 언급할 경우, 아주 조심스럽게 우회적으로 표현한다. 그들은 아이들과는, 특히 소녀들과는 되도록이면 그런 종류의 이야기를 나누지 않는다.

폰 라우머는 왜 아이들과 그 문제에 관해 대화해서는 안되는지 근거를 대지 않는다. 그는 소녀들의 영적 순수함이 가능하면 오래 유지되는 것이 좋다라고 말할 수도 있었다. 그러나 그가 이런 근거를 제시했다 해도 그것은 혐오감과 수치감의 물결이 이 시대에 얼마나 거셌는지 증명해줄 뿐이다. 사람들이 에라스무스의 시대에 이 문제를 당연하게 거론할 수 있었듯이, 폰 라우머의 시대에는 침묵이 당연시되었다. 여기에 예로 든 두 증인, 에라스무스와 폰 라우머가 모두 진지한 신앙인이었으며, 두 사람이 모두 신을 근거로 제시한다는 사실은 그 차이점을 더욱 두드러지게 한다.

분명한 점은 폰 라우머의 모범답안 뒤에 '합리적' 동기가 숨어 있지 않다는 것이다. 합리적으로 고찰하면 그가 직면한 문제는 해결된 것 같지 않으며, 그가 말하는 것은 모순적이다. 그는 어떻게, 언제 어린 소녀에게 자신에게 일어나거나 앞으로 일어날 일에 관해 가르쳐주어야 하는지 설명하지 않고 있다. '이런 일에 대한 수치심', 즉 두려움과 불쾌감과 죄책감을 길러주어야 한다는, 더 정확하게 표현하면 사회적 규범에 일치하는 행동을 가르쳐야 한다는 필연성만이 전면에 부각되고 있다.

우리는 이 교육자가 이 영역을 다루면서 수치심과 당혹감의 부담을 가까스로 극복하고 있다는 점을 감지할 수 있다. 또한 우리는 이러한 사회적 변화가 개인에게 가져다준 깊은 무기력감도 동시에 느낄 수 있다. 교육자가 어머니들에게 줄 수 있는 유일한 충고는 가능하면 이 모든 문제를 건드리지 말라는 것이다. 이것은 어느 특정한 인간의 통찰력 부족과 완고함의 표현만은 아니다. 즉 이것은 개인적 문제가 아니라 사회적 문제인 것이다. 이 높은 수준의 성적 억제, 본능의 조절, 변형과 통제에 점진적으로 아이들을 적응시킬 수 있는—이 사회 안에서 살려면 불가피한 덕목들—보다 개선된 방법이 차후에 획득한 인식을 통하여 발전된다.

폰 라우머도 삶의 이 영역에 비밀스러운 분위기의 장막을 쳐서, 아이들의 '호기심을 자극하기에 적합한' 것으로 만들어서는 안된다고 생각한다. 그러나 이 영역은 그의 사회에서 이미 '비밀스러운' 영역이 되어버렸기 때문에, 그는 자신의 규칙 속에서 비밀의 필연성을 피할 수 없다. 즉 어머니라면 한 번쯤 진지하게 그런 일을 안다는 것은 네게 유익하지 않으라고 말해야만 한다. '합리적' 동기나 실천적 이유가 아니라, 자기강제로 변한 어른들의 수치감이 이러한 태도를 결정한다. 그들의 입을 다물게 하는 것은 그들 내면의 사회적 금지와 저항이며, 그들 자신의 '초자아'이다.

에라스무스와 그의 동시대인들에게 중요했던 문제가 어린아이에게 남녀관계를 깨우쳐주는 것은 아니었다. 아이들은 사회제도와 사회생활의 개방적 방식 때문에 가르쳐주지 않아도 저절로 알게 되었다. 어른들의 통제도 강하지 않았고, 비밀의 장벽도 또 무대 앞과 무대 뒤에서 허용되는 것들 사이의 불일치도 크지 않았다. 교육자의 근본과제는 아이가 잘 알고 있는 범위 내에서 그를 올바른, 즉 교육자가 원하는 방향으로 인도하는 일이었다. 바로 이것이 에라스무스가 소녀와 구혼자의 대화나 청년과 창녀의 대화를 통해 이루고자 하는 목표였다. 이 책의 성공은 에라스무스가 많은 동시대인들의 정서에 일치하는 것을 지적했음을 말해준다.

성적 본능이 문명화과정에서 다른 본능들처럼 엄격한 규제와 변형에 묶이면서 문제는 달리 표출된다. 이제 모든 본능, 특히 성적 본능을 사유화하라고 어른들에게 가해지는 압력, '침묵의 명령', 성적 담론의 사회적 제한, 본능생활과 관련된 모든 언술이 주는 정서적 부담 등 이 모든 것은 자라나는 청소년들 주변에 두꺼운 비밀의 장벽을 세운다. 언젠가는 반드시 실행되어야 할 장벽의 파괴인 성교육을 저해하는 요소가 청소년들을 본능억제와 규제에 있어서 어른과 같은 수준으로 끌어올려야만 한다는 필연성만은 아니다. 비밀의 누설을 그토록 어렵게 만드는 것은 바로 어른들의 인성구조인 것이다. 어른들은 어떤 투로, 어떤 말로 이야기를 시작해야 할지 모른다. 그들이 알고 있는 천한 말들은 논외로 제외된다. 의학적 용어들은 대다수의 사람들에게 아직 낯설다. 이론도 별 도움이 되지 못한다. 말을 막는 것은 바로 그들 내면의 사회발생적 변화인 것이다. 그러므로 폰 라우머가 기껏 할 수 있는 조언이란 가능한 한 그 일에 관해 말을 삼가라는 것이다. 본능표출이나 본능에 관한 담론이 공적인 사회생활에서 점차 분리되면서 훈련이나 본능규제의 의무, 즉 '계몽'의 의무는 오로지 부모에게 떠넘겨지고, 이로 인해 상황은 한층 더 악화된다. 부모와 아이 간의 복합적인 애정관계는 이 문제의 거론에 대한(아이뿐만 아니라 부모의) 저항감을 증대시킨다.

이로써 어떤 식으로 어린아이에 대한 질문이 제기될지 명백해진다. 모든 사람이 어느 시대에나 동일한 과정을 겪으면서 자란다고 생각한다면, 자라나는 청소년들의 심리적 문제를 이해할 수 없다. 어린아이들의 의식과 충동의 문제점은 아이와 어른의 관계방식에 따라 변화한다. 이 관계는 사회구조의 특성에 따라 사회마다 각각 다른 형태를 지닌다. 도시시민사회의 관계방식은 기사사회의 그것과는 다르며, 근대와 중세 세속사회의 관계방식은 서로 판이하다. 그러므로 청소년들을 어른의 수준으로 조형시키고 적응시키는 과정에서 발생하는 문제점을, 예를 들면 문명화된 우리 사회의 특수한 사춘기 문제를 이해하려면, 역사적 과정, 그리고 어른의 행동수준과 특수한 형태의 어른과 아이의 관계를 요구하고 유지하는 전체의 사회구조를 먼저 이해해야만 한다.

9. '성적 계몽'의 문명곡선과 유사한 것을 우리는 서구의 결혼제도와 그 발달에서도 그릴 수 있다. 성관계를 통제하는 제도로서 일부일처제가 서구에서 지배적이라는 평가는 일반적으로 정확하다. 그러나 성관계의 실제적 규제와 조형은 서구 역사가 흘러오는 과정에서 상당한 변화를 겪어왔다. 물론 교회는 일찍이 일부일처제를 주장했다. 그러나 일부일처제는 본능규제가 점점 더 엄격해진 후기 단계에 이르러 남녀 모두에게 구속력있는 엄격한 형태의 제도로 확립되었으며, 이때 비로소 남성의 혼외정사도 사회적으로 배척당했거나 아니면 적어도 비밀리에 행해졌다. 그전에는 남녀간의 사회적 세력관계에 따라 때로는 남자의 혼외정사가, 때로는 여자의 혼외정사가 당연시되었다.

우리는 16세기에도 종종 시민계급의 명망가 집안에서 적자와 서자가 함께 자랐다는 이야기를 듣는다. 적자와 서자의 차이는 아이들에게도 비밀이 아니었다. 그때만 해도 남자는 자신의 혼외관계를 사회적으로 부끄러워할 필요가 없었다. 사생아들도 가족에 속했고, 아버지가 그들의 미래를 돌보아주었다. 그 아이가 딸인 경우 모든 격식을 갖추어 결혼식을 올려주는 일은, 반대경향이 분명 존재했음에도 불구하고 거의 상식으로 통했다. 그러나 분명 부부 사이에는 '많은 오해'[원주15]가 있었을 것이다.

서자의 지위가 중세 내내, 그리고 모든 곳에서 동일하지는 않았다. 분명한 사실은 이를 감추려는 경향이 오랫동안 없었다는 것이다. 그후 직업시민사회에서 성을 한 남자와 한 여자의 관계로 엄격하게 제한하려는 경향이 또 본능규제와 사회적 금지의 압력이 강해지면서 은폐의 경향도 따라 강해진다. 그러나 우리는 여기에서도 교회의 요청을 세속사회의 실제적인 수준을 측정하는 잣대로 삼아서는 안된다. 설사 법적으로 그렇지 않았다 하더라도 실제로 가족 내에서 서자의 상황은 그들이 아버지의 지위나 재산을 상속받지 못했다는 점에서, 적어도 적자만큼의 재산은 받지 못했다는 점에서 적자의 상황과 구별된다. 상류층 사람들이 분명하게, 그리고 자랑스럽게 스스로를 '사생아'라 불렀다는 것은 익히 알려진 사실이다.[원주16]

[원주15] Fr. von Bezold, "Ein Kölner Gedenkbuch des XVI Jahrhunderts," *Aus Mittelalter und Renaissance* (München and Berlin, 1918), p.159.

[원주16] W. Rudeck, 앞의 책, p.171 ; P. S. Allen, *The Age of Erasmus* (Oxford, 1914), p.205 ; A. Hyma, *The Youth of Erasmus* (University of Michigan Press, 1930), p.56, P.57 ; Regnault, *La condition juridique du bâtard au moyen âge* (Pont Audemer, 1922) 참조. 그러나 이곳에서는 사생아의 사실적 지위보다는 법적 지위에 초점을 맞추고 있다. '관습법'은 사생아에 대해 그리 호의적인 태도를 보이지 않는다. 물론 관습법이 여러 계층의 실제여론을 대변하는 것인지 아니면 특정한 계층의 사견을 표현하는 것인지는 더 검토해봐야 할 문제이다. 그런데 17세기에도 아직 프랑스 궁정에서는 적자와 서자들이 함께 자랐다는 것이 주지의 사실이다. 예를 들면 루이 13세는 배다른 형제들을 미워했다. 아직 어린아이일 때 그는 한 이복동생에 대해 다음과 같이 말했다. "나는 그 아이보다 어린 누이동생이 더 좋아. 그는 내 여동생처럼 나와 함께 엄마의 뱃속에 있지 않았으니까."

17세기와 18세기 절대주의적 궁정사회에서 혼인이 갖는 특별한 성격은 이 사회의 구조로 인하여 처음으로 여성에 대한 남성의 지배가 거의 완전히 붕괴되었다는 것이다. 여성은 남성과 거의 동등하게 사회여론의 형성에 영향을 미친다. 이제까지 남성의 혼외관계만이 정당한 것으로 인식되었고, 사회적으로 '약한 성'의 혼외관계는 거부의 대상이었다. 그러나 남성과 여성의 사회적 세력관계가 전도되면서 여성의 혼외관계도 어느 정도 사회적 정당성을 얻는다.

절대주의 궁정사회에서 일어난 최초의 여성해방과 사회적 권력의 획득이 문명화과정에, 수치심과 혐오감의 한계점이 낮아지는 데에, 그리고 개인에 대한 사회적 통제의 강화에 얼마나 결정적인 역할을 했는지 자세히 살펴보아야 할 것이다. 다른 집단의 사회적 부상과 활발해진 권력이동은 모든 사람들에게 적용되는 새로운 본능규제를 요청함으로써 억제의 강도가 종전의 지배자에게 부과된 억제의 정도와 피지배자에게 부과된 것 사이의 중간지점에서 결정되었듯이 여성의 사회적 지위가 높아졌다는 사실은, 도식적으로 말한다면 여성에 대한 본능제한이 약화되는 반면, 남성에 대한 본능제한은 강해졌음을 의미한다. 이는 동시에 남녀가 모두 상호관계에서 보다 강력하게 자신의 감정을 통제해야 함을 뜻한다.

마담 드 라 파예트(de la Fayette)의 유명한 소설 『클레브의 공주』(*La Princesse de Clèves*)에서 공주가 너무르(Nemours) 공작을 사랑한다는 사실을 알고 부마는 다음과 같이 말한다. "나는 당신만을 믿을 것이요. 바로 이것이 내 마음과 이성이 내게 권하는 길이요. 당신과 같은 기질을 가진 사람에게는 오히려 자유를 부여하는 것이 강요하는 것보다 당신을 더 구속할 것이기 때문이요."[원주17]

앞의 예는 이러한 상황이 남녀 모두에게 부과한 독특한 압력, 즉 자기규율로의 압력을 잘 보여준다. 남편은 폭력으로도 부인을 잡을 수 없다는 사

[원주17] D. Parodi, "l'honnête homme et l'idéal moral du XVIIe et du XVIIIe siècle," *Revue Pédagogique* (1921), vol.78, p.94, no.2.

실을 안다. 그는 부인을 욕하지도 않고 그녀에게 소리치지도 않는다. 왜냐 하면 부인이 다른 사람을 사랑한다는 것을 아니까. 또 그는 남편으로서의 권리에 호소하지도 않는다. 여론이 이 모든 것을 지지하지 않을 것이므로. 그는 뒤로 물러선다. "나는 너에게 자유를 주겠다. 그러나 나는 이것이 어 떤 명령이나 규정보다 더욱 너를 제한하리라는 것을 알고 있다"라고 그는 부인에게 말한다. 다시 말하면 그는 자신이 스스로에게 부과한 자기통제를 부인에게서도 기대한다는 것이다. 이것은 남녀간의 동등해진 관계로 인해 등장한 새로운 상황을 특징짓는 보기이다.

부인에게 이러한 자유를 준 것은 근본적으로 개별적인 남편이 아니다. 이러한 상황은 사회구조 자체에 기인하지만, 그것은 새로운 행동방식을 요 구하며 아주 특수한 갈등을 생산한다. 어쨌든 이러한 자유를 이용하는 여 자들은 그 사회에 충분히 있었다. 결혼생활에만 국한된 성관계가 시민적이 며 신분에 맞지 않다는 궁정귀족사회의 견해는 수많은 문헌에서 확인된다. 이 모든 것은 인간의 상호의존관계의 특수한 방식과 단계가 특정한 형태의 자유와 일치한다는 것을 보여준다.

오늘날에도 여전히 우리를 구속하는 비역동적인 언어형식은 자유와 속 박을 천국과 지옥의 양극단에 대치시킨다. 단기적 관점에서 보면 절대적인 대립으로 사고하는 것은 분명 아주 타당한 측면을 지니고 있다. 감옥에 갇 혀 있는 사람에게 감옥담장 밖의 세상은 자유의 세상이다. 그러나 좀더 깊 이 생각해보면, 이 절대적인 대립 속에는 자유 '그 자체'가 없다. 우리가 그 것을 절대적 독립과 속박의 부재라고 이해한다면 말이다. 강하게 참을 수 없을 정도로 억압하는 속박의 형태로부터 덜 억압적으로 느껴지는 형태의 속박으로의 해방은 있을 수 있다. 그러므로 인간 감정생활의 변형과 증대 된 억압에도 불구하고 문명화과정은 여러 종류의 해방과 맞물려 있다. 이 에 대한 수많은 예들 중의 하나인 절대주의 궁정의 혼인형식은 궁정귀족들 의 저택에 여성용 거실과 침실공간이 남성용의 것과 동일한 구조로 지어졌 다는 사실에서 상징적으로 표현된다. 이 시대의 여성은 기사사회에서보다 외적인 통제로부터 더 자유롭다. 그러나 궁정사회의 통합형식과 행동규칙에 상응하여 여성 스스로가 부담한 내적 통제, 자기통제는 여성'해방'과 같은 이 사회의 구조적 특성의 산물로서 기사사회와 비교하여 여성과 남성 모두에게 증가하였다.

19세기 시민계급의 혼인형태와 17, 18세기 궁정귀족사회의 혼인형태를 비교할 때에도 비슷한 결과가 나타난다. 시민계급 전체가 이 시대에 절대주의적·신분적 사회제도로부터 해방되었다. 시민계급 출신의 남성이나 여성은 신분사회의 2급인간으로서 자신들이 받았던 모든 외적인 억압들로부터 이제 벗어난 것이다. 해방의 사회적 힘을 그들에게 가져다주었던 상업과 금융조직의 발전은 한층 더 가속화되었다. 이 분야에서 개인에게 가해지는 사회적 구속은 전보다 더 강해졌다. 직업노동이 시민사회의 구성원들에게 부과하는 자기통제의 유형은 궁정의 기능들에 의해 감정생활에 주어진 자기통제의 유형과 여러 측면에서 다르다. 어쨌든 '감정경제'의 여러 측면에 있어서 시민사회의 기능들, 특히 상업은 궁정의 기능들보다 더욱 강한 자기통제를 요구하고 생산한다.

시민계급의 부상과 더불어 보편적 삶의 형태가 된 직업노동이 왜 하필이면 성의 엄격한 규율을 필요로 하는지는 하나의 독립된 연구를 요하는 질문이다. 인성구조와 19세기 사회구조 간의 연관점은 여기에서 일단 논외로 두자. 시민사회의 관점에서 보면 궁정사회에서 지배적이었던 성의 규제와 혼인형태는 극히 방종하였다. 궁정사회에서와는 달리 시민사회에서 다시 남성의 사회적 권력이 여성보다 강해지고, 따라서 남성이 혼외관계의 금기를 파괴하는 경우는, 여성의 위반보다 대개 너그럽게 넘어가곤 했다 하더라도 사회여론은 이제 모든 혼외관계에 심한 비난을 퍼붓는다. 그러나 남성이나 여성의 위반이 모두 이제 공적인 사회생활에서 완전히 사라져야만 했으며 궁정사회에서와는 달리 무대 뒤로, 비밀이 유지되는 영역으로 이전되어야만 했다. 이것은 분명 개인이 스스로 책임진 자기통제의 강화를 보여주는 예들 중 하나일 뿐이다.

10. 문명화과정은 결코 직선으로 전개되지 않는다. 우리는 우선 변화의

일반적인 경향을 집어낼 수 있다. 그 다음 이 운동을 자세히 들여다보면 문명의 노정에는 가로와 세로의 운동들이 수없이 많고 이 방향 또는 저 방향으로의 돌출들이 있음을 우리는 알 수 있다. 그러나 우리가 보다 장기적으로 이 운동을 관찰할 경우, 우리는 무기나 물리적, 전투적 제압을 통한 위협에 기인하는 통제가 서서히 줄어들고, 의존과 종속의 형식이 강화되며, 이것은 또 자기훈련과 자기통제의 형식으로 감정생활을 규제하고 경영하는 결과를 낳는다는 사실을 알게 된다. 그때그때의 상류층 남성들——처음에는 전사들, 다음에는 기사와 궁정인들, 마지막으로 직업을 가진 시민계급들——을 관찰할 경우, 이 변화는 가장 직선적으로 보인다. 그러나 우리가 역사적 사건들의 다층적 구조를 고찰한다면, 이 운동은 끝없이 복잡하다는 생각이 든다.

어느 시기에나 여러 가지의 변이현상들이 있다. 외적·내적 규제의 밀물과 썰물이 종종 서로 충돌한다. 특히 시간적으로 우리에게 가까운 변이현상들을 관찰할 경우 운동의 일반적 경향을 볼 수 있는 시선은 쉽게 흐려질 위험이 있다. 개인의 본능과 남녀관계에 부과된 규제와 관련된 변이현상은 아직 모든 사람의 기억에 생생하다. 제1차세계대전 후 몇 년 동안 전쟁 전과 비교하여 '도덕의 해이'라 부를 수 있는 현상이 나타났다. 전쟁 전 행동을 구속하던 일련의 규제들이 약화되었거나 아주 사라져버렸다. 이전에 금지되었던 일들이 이제 허용된다. 가까이에서 보면 운동은 여기서 드러났던 것과는 오히려 반대 방향으로 흘러가는 것처럼 보인다. 즉 그것은 개인에 대한 사회의 제한이 느슨해지는 방향으로 진행되는 듯이 보인다. 그러나 좀더 세밀하게 고찰해보면, 그것은 전체 과정의 모든 개별적 단계에서, 역사적 운동이 지닌 복합성으로 인하여 항상 새로이 발생하는 가벼운 후퇴, 하나의 조그만 퇴행적 운동임을 우리는 어렵지 않게 알아낼 수 있다.

목욕습속을 예로 들 수 있다. 19세기에 한 여성이 현재 유행하는 수영복을 입고 공공장소에 등장했다면 그녀는 사회적인 지탄을 면할 수 없었을 것이다. 그러나 이러한 목욕습속의 변화, 스포츠의 광범위한 보급 등은 모두 본능규제의 높은 수준을 전제로 가능한 것이다. 극도의 자기억제가 당연한 사회에서만, 그리고 강한 자기통제와 엄격한 사교예절이 개개인에게 굴레를 씌울 수 있다고 남녀 모두가 확신하는 사회에서만 그런 식의 목욕 습속과 스포츠 관습, 그 정도의 자유가 만개할 수 있는 것이다. 이것은 '문 명화된' 표준행동의 범위 내에서, 다시 말하면 습관으로 길러진 자동적 구속과 높은 수준의 감정변형 안에서만 유지될 수 있는 이완이다.

그러나 이와 동시에 더 팽팽한 본능억압의 물결이 우리 시대에 이미 예고되고 있다. 우리는 여러 사회에서 이제까지의 수준을 훨씬 넘어서는 강도와 의식으로 감정의 사회적 규제와 관리가 시도되고 있음을 목격할 수 있다. 이 시도들은 여러 유형의 성적 조형을 통하여 개인에게 본능의 변형과 단념을 요구하는데, 그 정도는 너무 엄청나 인간태도에 미치는 영향은 아직 가늠할 수 없다.

11. 이와 같은 가로와 세로의 교착, 전진과 후퇴, 긴장과 이완이 아무리 많다 하더라도, 이제까지 살펴본 바로는 커다란 운동의 방향은 어떠한 형태의 본능표출에서도 항상 동일하다. 세부사항에 있어서 사회발생적인 차이는 항상 있을 수 있지만 성본능의 문명곡선은 다른 본능들의 곡선과 유사하게 그려진다. 우선 지배계층 남성들의 수준만 측정해보아도, 규제는 점점 더 강화된다. 이 본능은 서서히 공적인 사회생활로부터 더욱더 배제되며, 이에 관한 담론에서도 극도의 자제가 요구된다.[원주18] 그러나 직접적

[원주18] 이에 관해서는 Peters, "The institutionalized Sex-Taboo," *Knight, Peters, and Blanchard, Taboo and Genetics,* p.181 참조. 저자가 1916년과 1917년에 150명의 소녀들을 대상으로 실시한 연구는 다음 주제들을 생각하거나 토론하는 일이 예절 바른 소녀들에게는 금기시되고 있다는 사실을 보여준다. 그 소녀들은 이 주제들을 '천한', '더러운' 그리고 '전적으로 숙녀가 가져야 할 지식 밖의 사항들'로 성격짓는다.
  1. 종종 '사악하다' 또는 '부도덕하다'고 불리는 관습에 어긋나는 일들.
  2. 정상적이든 병적이든 모든 생리적 기능 같은 '혐오스러운' 일들, 그리고 불결을 암시하는 모든 것.
  3. '오싹하게 만드는' 불가사의한 일들, 수상쩍은 일들.
  4. 소녀들이 두려움을 느끼거나 또는 불결한 것으로 간주하는 동물의 다양한 생태.
  5. 성 차이.

이며 외적인 폭력, 즉 물리적 폭력이 욕구발산의 억제를 강요하지 않는다. 사회생활의 구조가, 일반적으로는 사회제도의 압력이, 특수하게는 특정한 사회적 집행기관인 가족이 개인에게 자기통제의 습관을 어렸을 때부터 길러주는 것이다. 그로써 사회적 금지와 명령은 개인의 자아의 일부, 엄격하게 통제된 초자아로 만들어진다.

성본능도 다른 본능처럼 남녀 구별없이 하나의 특정한 영역, 즉 사회적으로 허용된 결혼에 집중된다. 결혼 외의 다른 관계가(여성의 혼외관계이든 남성의 혼외관계이든 상관없이) 사회여론에 의해 반쯤 또는 전적으로 인정받던 과거와는 달리 이제 그것은 점차, 물론 반동의 물결도 없지 않았지만, 사회에서 추방된다. 이러한 규정위반 또는 이를 부추기는 모든 것은 비밀에 부쳐야만 할 영역에 속한다. 사람들은 이 영역을 거론조차 해서도 안되며, 만약 거론하는 사람이 있다면, 그는 자신의 체면과 사회적 지위의 손실을 감수하지 않을 수 없었다.

핵가족이 이렇게 남성이나 여성 모두에게 성을 비롯한 은밀한 용무들을 처리할 수 있는 유일한 합법적 영지가 되듯이, 그것은 나중에 사회적으로 요청되는 본능습관과 행동양식을 독점적으로 청소년들에게 가르치는 1차 기관이 된다. 억제나 은밀화를 요구하는 정도가 이처럼 과도하지 않았고 본능생활이 사회생활에서 이토록 엄격히 분리되지 않았을 때에는 1차적 훈련의 과제도 이처럼 전적으로 어머니나 아버지에게 맡겨지지 않았다. 과거에는 가족의 규모 자체가 지금보다 컸고, 대부분의 중상류층 가정이 많은 하인들을 거느렸다는 사실은 제쳐두더라도, 은밀화가 이처럼 진행되지 않았고 집의 내부가 이 정도로 폐쇄되지 않았을 때 아이가 접촉할 수 있는 사

---

6. 연령 차이.
7. 도덕의 이중적 기준과 관련된 모든 문제들.
8. 결혼, 임신 그리고 출산에 결부된 모든 문제들.
9. 머리와 손을 제외한 다른 신체 부위에 대한 암시들.
10. 정치.
11. 종교.

람들은 무수히 많았다. 사람들은 보통 감추지 않고 본능생활의 여러 면에 대해서 이야기했고, 말이나 행동에서 자기 자신의 감정에 충실하였다. 성에 대한 수치감의 부담은 크지 않았다. 앞에서 인용한 에라스무스의 교육서가 후세의 교육학자에게 전혀 이해받지 못한 까닭이 바로 이것이다. 따라서 아이를 통한 사회적 습관의 재생산과 훈련은 특수공간이나 닫혀진 문 뒤에서가 아니라 사람들 앞에서 직접 실행된다. 당시 상류층에게 전형적이라 할 수 있는 이런 방식의 훈련은 의사 장 에로아르(Jean Héroard)의 일기장에서 발견된다. 그 속에는 루이 13세(1601~43)가 자라면서 매일매일, 거의 매시간마다 무엇을 했고 무슨 말을 했는지 기록되어 있다.

사회가 본능과 충동의 변형, 규제, 억제와 비밀유지를 개인에게 강하게 요구하면 할수록, 또 청소년의 훈련이 그만큼 더 어려워지면 질수록, 사회적으로 필수적인 습관의 조기 훈련임무가 핵가족 내부에, 즉 아버지와 어머니에게 집중된다는 사실은 역설의 뒷맛을 남긴다. 어쨌든 여기에서 훈련의 메커니즘은 예전과 근본적으로 달라지지 않는다. 즉 아이의 특별한 자질이나 환경을 고려하여 좀더 의식적으로 계획을 세우거나 그 임무를 좀더 정확하게 통찰하는 방법을 통해 훈련이 이루어지는 것이 아니라, 단지 자동적으로 또는 반사적으로 이루어진다.

부모의 사회발생적 본능과 습관은 그대로 아이에게 전수된다. 그러나 아이의 본능과 습관이 부모의 소망이나 예측과는 전혀 다를 수도 있고 또는 비슷하게 나타날 수도 있다. 부모와 아이의 습관은 서로 연결되어 있으며, 이 연관관계 속에서 아이의 본능생활이 서서히 조형된다. 다시 말하면 이 훈련과정은 결코 '합리적'으로 결정되지 않는다. 부모에게 수치감과 혐오감을 주는 언행은 부모의 언짢은 감정의 표현, 심하거나 약한 압력을 통해 어떤 형식으로든 곧 아이에게도 부담을 주게 되며 이런 방식으로 수치심과 불쾌감의 사회적 수준은 아이들 속에서 서서히 재생산된다. 그러나 이 수준은 수없이 다양한 개인적 본능형태들의 토대인 동시에 틀이 된다. 대부분의 부모들은 감성, 습관, 반응에 있어서 자신들과 부단히 상호작용을 하면서 성장하는 아이들의 인격이 어떻게 형성될지 현재로서는 통찰할 수도,

예측할 수도 없다.

12. 모든 육체적 기능들을 더욱더 은밀하게 만들고 특정한 영역 속에 가두며, '닫혀진 문 뒤로' 이전하는 문명화운동은 여러 가지 결과를 낳는다. 가장 중요한 결과 중의 하나는, 다른 형태의 본능과 연관시켜 이미 밝혀진 바 있지만, 성의 문명곡선에서 더더욱 두드러진다. 그것은 바로 인간의 특이한 분열이다. 인간생활의 두 영역들 간의 단절이 결정적이면 결정적일수록, 즉 사회생활에서 드러내도 좋은 것과 '은밀하게' 숨기고 '비밀'에 부쳐야 하는 것들 사이에 분명하게 선이 그어지면 질수록, 이러한 분열은 더욱더 뚜렷해진다.

성은 누구나 알고 있는 인간의 생리기능이고, 또 인간생활의 중요한 일부이다. 우리는 이 모든 기능들이 점차 사회발생적 수치심과 불쾌감의 짐을 지게 되며, 그것에 관한 담론조차 수많은 규제와 금지로 강하게 제한되는 과정을 보았다. 사람들은 서로 이 기능들과 그에 대한 기억조차 감추려 한다. 예를 들면 결혼식의 경우처럼 성의 은폐가 불가능한 장소에서 수치심, 불쾌감, 두려움 등의 이 본능적 힘과 연관된 감정적 동요는 정확하게 만들어진 사회적 의례와 수치감의 수준을 유지하는 은어를 통해 극복된다. 다른 말로 표현하면 인간의 생활은 진척되는 문명화와 더불어 점점 더 분명하게 사적 영역과 공적인 영역, 사사로운 행동과 공적인 행동으로 나누어진다. 이와 같은 분열은 인간에게 너무나 자명스럽게 여겨질 뿐 아니라 불가항력의 습관이 되어, 그것을 의식조차 못하게 된다.

인간행위가 사회적으로 허용된 행동과 허용되지 않은 행동으로 분열되면서, 인간의 심리구조도 변형된다. 사회적 제재가 뒷받침하는 금지는 개인에게 자기통제로 재생산된다. 충동을 억제해야만 한다는 강박관념, 본능을 둘러싼 사회발생적 수치감은 완벽하게 습관이 되기 때문에, 사람들은 이제 은밀한 공간에 혼자 있더라도 습관의 힘에 저항할 수 없다. 쾌락을 약속하는 충동과 고통을 약속하는 금지와 제한, 사회발생적 수치감과 혐오감이 그의 내면에서 서로 투쟁하고 있다. 이것이 바로 프로이트가 '초자아'나

'무의식'이라는 개념으로——일상언어에서는 이를 적절하게 '잠재의식'으로 부른다——표현하고자 하는 바로 그 사태인 것이다. 그것이 어떻게 불리든 지 우리는 사회적 행동규칙이 이런저런 형식으로 개인에게 깊이 각인되어, 개인적 자아의 구성요소가 되었다고 말할 수 있다.

개인의 심리구조와 자아처럼 초자아도 사회적 행동규칙 및 구조와 일치 하여 끊임없이 변한다. '자아'와 의식의 심한 분열은——우리의 문명단계에 살고 있는 사람들의 특징으로서 '초자아', '잠재의식' 등의 개념으로 표현된 다——문명화된 사회 속에서의 생활이 강요하는 행동의 특수한 이중성과 일치한다. 또한 이는 본능표출과 연관된 규제와 제한의 정도에 상응한다. 이러한 분열의 경향은 인간이 사회생활을 하는 곳이면 어디서나, 이른바 '원시사회'에서도 있었을 것이다. 그러나 우리 사회에서 나타나는 분열의 강도, 형태는 특수한 역사발전의 반영이며 문명화과정의 결과이다. 우리가 사회구조와 개인의 '자아'구조는 지속적으로 상응하고 있다고 말할 때 의미 하는 바가 바로 이것이다.

제10장

공격욕의 변화

인간의 감정구조는 총체적이다. 우리는 그것을 개별적인 본능의 상이한 방향과 기능에 따라 여러 가지 이름으로 부를 수 있다. 우리는 식욕이나 침 뱉고 싶은 욕구, 성적 충동이나 공격욕 등을 분리해서 말할 수 있다. 그러나 이 다양한 본능표출들은 심장을 위장에서 떼어낼 수 없고, 뇌속의 피를 생식기관의 피와 분리할 수 없듯이 실제 삶에서는 서로 구분될 수 없다. 이 다양한 본능들은 서로 보충하고, 일부는 서로 대체될 수 있으며, 어느 한도 내에서는 변형도 가능하고 조정되기도 한다. 한곳에서 문제가 발생하면 다른 곳에서 감지된다. 간략히 말하면 그것은 인간 내면에 있는 일종의 전선 회로이며 유기체의 전체체계 안에서 부분체계를 이룬다. 본능의 구조는 여러 면에서 아직 투시되지 못했지만, 아무튼 사회적으로 각인된 본능의 형태는 사회나 그 사회에 살고 있는 개인의 원활한 작동에 결정적인 의미를 지니고 있다.

오늘날 본능들 또는 감정표현들이 언급되는 방식은 때때로 우리 내부에 한 묶음의 여러 본능들이 자리잡고 있다는 생각을 하게 한다. 사람들은 여러 가지 화학물질에 대해 말하듯이 '죽음의 본능'이나 '자기현시의 충동'을 말한다. 물론 이렇게 다양한 본능들 하나하나를 관찰하는 일은 상황에 따라 아주 유익할 수도 있다. 그러나 관찰의 결과를 개념화한 범주들이 본능생활의 통일성과 전체성을, 그리고 개별적인 특수한 본능적 경향들도 전체 본능생활의 일부라는 사실을 표현하지 못한다면, 그것은 살아 있는 생명체에 대해서도 무기력할 수밖에 없다. 그와 마찬가지로 우리가 앞으로 언급할 공격성도 분리가능한 본능의 한 종은 아니다. '공격적 충동'이란 한 유기체의 전체성 속의 한 특수한 본능적 기능을 말하며 이 기능의 변동이 전체 인성구조의 변동을 암시한다는 점을 명심한다면, 비로소 우리는 '공격충동'에 관해 말할 수 있을 것이다.

1. 공격성의 수준과 강도, 색채는 현재의 서구 각국에서 완전히 일치하지 않는다. 가까이서 들여다보면 종종 엄청나보이는 이 차이는, '문명화된' 민족들의 공격성을 감정극복의 다른 단계에 있는 사회의 공격성에 대비시켜보면, 시야에서 사라져버리고, 설사 차이가 있다 하더라도 그리 대단하게 보이지 않는다. 고대 에티오피아 전사들의 전투열에——물론 문명화된 군대의 기술장치에 비하면 무력하지만——또는 민족 대이동 당시 여러 종족들의 광포성을 척도로 할 때 문명세계에서 가장 공격적 국가의 호전성도 미약하게 보인다. 기능분화가 상당히 진척되고 개인 상호간의 의존성 및 기술장치에 대한 의존성이 높아지면서 공격성은 다른 본능표출과 마찬가지로 전쟁행위에서조차 제한된다. 그것은 자기통제로 변한 수많은 규칙과 금지조항에 얽매이고 구속된다. 공격성은 다른 쾌락형태와 마찬가지로 커다란 변화를 겪고 '세련되어지고' '문명화되어', 통제를 벗어난 직접적인 공격성의 힘은 이제는 꿈속이나 또는 병리현상으로 설명되는 개별적인 감정격발에서 찾아볼 수 있다.

감정의 이 영역, 즉 인간과 인간이 서로 적대적으로 충돌하는 영역에서
도 역사적 변동이 일어난다. 이러한 변동과정에서 어디쯤 중세가 자리잡고
있는지의 여부와는 상관없이 이 발전의 일반적인 유형을 설명하기 위해 다
시금 중세의 세속 상류층과 무사계급의 수준을 출발점으로 삼아도 좋을 것
이다. 중세의 전투 속에서 감정발산의 정도는 민족 대이동의 초기처럼 그
렇게 강하지 않았다. 그러나 근대의 수준과 비교해보면 그것은 충분히 자
유로웠고 거리낌없었다. 근대에 이르러 파괴와 가혹행위에 대한 쾌감은 육
체적 우월성의 증명과 마찬가지로 국가조직에 기초를 둔 강력한 사회적 통
제 밑에 놓이게 되었다. 이 모든 쾌락형태는 고통의 위협으로 인해 제한되
어 점차 우회적으로, '세련된 형태로' 또는 '교활하게' 표출된다. 사회적 격
변기나 사회적 통제가 느슨한 식민지에서만 이 공격성은 더욱 적나라하게,
수치심이나 혐오감을 동반하지 않고 분출된다.

2. 중세사회의 삶은 이와는 반대방향으로 흘렀다. 강탈, 격투, 사람과
동물사냥 등 이 모든 것은 당시의 사회구조와 맞물려 숨김없이 드러났다.
따라서 권력자와 강자들에게 이러한 일은 삶의 즐거움에 속했다. 중세의
음유시인 베르트랑 드 보른(Bertran de Born)에게 헌증된 전쟁찬가[원주1]
는 다음과 같이 노래한다.

> 양 진영으로부터 들려오는 명령 "앞으로",
> 주인 잃은 말들의 울부짖음.
> "도와주시오, 도와주시오"라는 절규를 듣는 것보다,
> 도랑 옆 풀밭 위로 쓰러지는 전사자들을 보는 것보다,
> 깃발 달린 창 끝에 찔려 죽은 자들을 보는 것보다,
> 먹고, 마시고, 잠자는 것이 나에게 더 기분 좋은 것은 아니다.

[원주1] A. Luchaire, *La société française au temps de Philippe-Auguste* (Paris, 1909), p.273.

바로 눈앞에서 벌어지는 전쟁의 소동을 볼 때, 삶에 대한 즐거움, 먹고 마시고 잠자고 싶은 욕구가 생긴다. 옆구리가 찢겨 벌어진 시체들, 치명적인 창들, 울어대는 주인 잃은 말들, "앞으로!"의 구령소리와 패배자들의 살려달라는 비명 등, 이 모든 것은 문학적인 형상화 속에서도 감정의 원초적 야성을 인상 깊게 새겨준다. 다른 곳에서 베르트랑 드 보른은 다음과 같이 노래한다.

> 즐거운 계절이 다가온 것이다.
> 우리의 배가 닻을 내리면,
> 리처드 왕이 오셔서
> 그 어느 때보다 더 즐겁고 의기양양해하시는 계절을
> 이제 우리는 기쁜 마음으로 보게 되리라.
> 금과 은이 바닥나고,
> 새로 지은 석조물이 가슴에 넘쳐흐르는 욕망을 따라
> 무너지는 광경을,
> 담장은 산산조각나고 탑들이 휘청 주저앉는 것을,
> 적들은 감옥과 쇠사슬을 맛보게 되는 것을.
> 나는 사랑한다.
> 푸른 방패들과 주홍 방패들의 어우러짐을,
> 형형색색의 군기와 기수들의 무리를,
> 평원 위에 펼쳐진 크고 작은 천막들을,
> 부러진 창들과 꿰뚫린 방패들을,
> 쪼개진 투구들과 주고받는 주먹다짐을.

이 '무훈시'에서 전쟁은 다음과 같이 표현된다. "전쟁이란 강자로서 적들을 덮쳐, 그들의 포도나무 줄기를 자르고 그 뿌리를 뽑아내며, 그들의 땅을 황폐하게 만들고 그들의 성을 점령하며, 그들의 샘을 막고, 그들의 식솔들을 붙잡아 죽이는 것이다."

포로들을 때려 불구로 만드는 것에 특별한 쾌감을 느꼈다. 앞의 노래에서 왕은 이렇게 말한다.

> 맹세코 나는 네가 무슨 말을 하든 조소하고,
> 네 공포를 조금도 개의치 않을 것이다.
> 내가 사로잡은 모든 기사들에게 모욕을 주고
> 그의 코나 귀를 베어버릴 것이다.
> 그가 영민(領民)이나 상인이라면
> 팔과 다리를 잃을 것이다. [원주2]

단지 노래에서만 이렇게 나타난 것은 아니다. 이 서사시들은 바로 사회생활 속에 뿌리를 내리고 있었으며, 문학의 어떤 장르보다 더 직접적으로 청중들의 감정을 표현했다. 물론 하나하나의 장면들은 과장되었을 수도 있다. 돈은 기사시대에도 때때로 감정을 누그러뜨리고 변형시키는 효과를 내기도 했다. 승자들은 보통 석방금을 기대할 수 없는 가난한 사람들이나 낮은 지위의 사람들만 불구로 만들었으며, 석방금을 받을 수 있는 적의 기사들은 건드리지 않았다. 사회생활의 직접적 기록인 중세의 연대기들에도 온통 비슷한 이야기들로 가득 차 있다.

연대기들은 대개 성직자들에 의해 씌어졌다. 그러므로 그 속에 담겨 있는 가치평가는 종종 무사계급으로부터 위협받던 약자들의 것이었다. 그럼에도 불구하고 책들이 전하는 장면들은 사실 그대로였다. 한 연대기는 어느 기사에 대해 이렇게 이야기한다. [원주3]

> 그는 약탈하고, 교회를 파괴하며 순례자들을 습격하고, 과부나 고아들을 학대하는 일로 일생을 보냈다. 그는 특히 무고한 사람들을 불구로 만

[원주2] 같은 책, 275쪽.
[원주3] 같은 책, 272쪽.

드는 일에 즐거움을 느꼈다. 사람들은 그가 사를라트(Sarlat) 로마교황
단 수도사들의 수도원 한곳에서만도 150명이나 되는 남녀들의 손을 자
르고 눈을 빼내는 것을 보았다. 그의 부인도 잔인해서, 남편의 살육행위
를 옆에서 도와주기도 했다. 불쌍한 여자들을 괴롭히는 일은 그녀에게
기쁨이었다. 그녀는 그 여자들의 젖가슴을 도려내게 하거나 손톱을 뽑아
내어, 그녀들의 노동능력을 없애버리곤 했다.

이와 같은 감정적 폭발은 이후의 사회발전단계에서도 예외현상이나 '병
적'인 변종으로서 가끔 등장한다. 그러나 그 당시에는 이러한 행위를 처벌
할 수 있는 어떠한 사회적 권력도 없었다. 두려움을 불러일으킬 수 있는 유
일한 위협과 위험은 전투에서 더 강한 적에게 잡히는 것이었다. 13세기 프
랑스의 역사가였던 뤼세르(Luchaire)가 말하듯이 강탈, 노략질, 살인은
소수의 엘리트를 제외한 그 당시 모든 무사계급이 예사로 행하는 일이었
다. 다른 나라들에서 또는 그 다음 세기에 사정이 달라졌다는 기록은 어디
에도 없다. 잔인성의 발산은 사회생활에서 배제되지 않았다. 즉 그것은 사
회적으로 배척당하는 행위가 아니었다. 다른 사람들을 죽이고, 고문하면서
커다란 즐거움을 느꼈고, 또 이는 사회적으로 용인된 기쁨이었다. 심지어
사회구조 자체가 그 구성원들을 어느 정도 이 방향으로 몰고 갔다고 할 수
있다. 사회구조가 이런 식의 행위를 필요하고 유익한 것으로 보이도록 만
들었던 것이다.

예를 들면 포로들을 어떻게 처리하겠는가. 이 사회에는 돈이 부족했다.
몸값을 지불할 능력이 있고 게다가 같은 신분계급의 사람들은 어느 정도
조심스럽게 다루어졌다. 그러나 다른 포로들은? 그들을 데리고 있다는 것
은 그들을 먹여살려야 한다는 뜻이다. 그들을 돌려보낸다면, 적의 전력과
부를 강화시키는 셈이 된다. 왜냐하면 신하들, 즉 노동하고 시중들고 싸우
는 일손들이 이 시대에는 상류층이 지닌 부의 일부였기 때문이다. 그래서
사람들은 포로들을 죽이거나 불구로 만들어 돌려보냈던 것이다.

경작지를 파괴하고 샘을 막고 나무들을 잘라버리는 것도 비슷한 까닭에

서였다. 농업이 주된 산업이었던 사회에서 부동산은 소유의 근본을 이루었고, 그것을 파괴하면 곧 적의 세력을 약화시킬 수 있었다. 감정의 영향을 강하게 받았던 행동도 사회적으로 어느 정도 필요했다. 사람들은 단지 사회적인 목적에 합당하게 행동했고, 그러면서 자신의 쾌락도 찾았던 것이다. 때때로 고통당하는 사람에 대한 갑작스러운 동정심에서 또는 위험으로 가득 찬 자신들의 삶에 대한 두려움과 죄책감에서 파괴의 즐거움이 극단적인 자비심으로 돌변하는 일도 있었다. 그것은 본능생활의 사회적 규제와 구속이 약했던 그 당시 사회수준에서는 충분히 있을 수 있는 일이었다. 오늘의 승자가 내일이면 어떤 우연에 의해 패자가 되고, 포로로 잡혀 위험한 처지에 빠질 수도 있지 않은가.

끊임없는 상승과 몰락의 심한 부침 속에서, 전시의 인간사냥, '평화시'의 오락인 동물사냥이나 무술시합이 되풀이되는 와중에서 사람들은 아무것도 예측할 수 없었다. 미래는 '세상'으로부터 도피한 사람들에게조차 언제나 불확실했다. 단결하여 서로 의지하던 몇몇 사람들간의 신의와 하느님만이 유일하게 확고한 것이었다. 어느 곳을 돌아봐도 공포뿐이었다. 사람들은 언제 어디서나 조심할 수밖에 없었다. 사람의 운명이 돌변하듯이 쾌락은 갑자기 불안으로 변하고, 불안은 또 그렇게 돌연히 새로운 쾌락에 몰두함으로써 해소된다.

중세의 세속 지배층은 대부분 갱두목과 같은 삶을 영위했다. 이러한 삶이 그들의 취미와 습관을 형성했다. 그 사회가 우리에게 남겨준 보고서들은 우리 시대의 다른 봉건사회에 대한 보고서와 대체로 비슷한 그림을 그려낸다. 즉 상류층이 서로 유사한 행동수준을 가지고 있었음을 보여준다. 단지 극소수의 엘리트들만이 —이들에 대해서는 앞으로 언급할 것이다— 그 수준을 벗어났다고 할 수 있다.

중세의 무사는 전투를 사랑했을 뿐 아니라, 그 속에서 살고 있었다. 그는 자신의 젊은 시절을 전투준비에 바쳤다. 그가 성년이 되면 기사로 봉해졌고, 여력이 있는 한 노인이 될 때까지 전쟁을 치렀다. 그의 삶은 어떤 다른 기능도 가지지 않았다. 그의 주거공간은 초소이며 요새였고, 공격무기인 동시에 방어무기였다. 우연히, 예외적으로 평화시에 살더라도, 그는 최소한 전쟁의 환상을 필요로 했다. 그는 무술시합에서 싸웠으며, 때때로 이 시합은 실제 전투와 크게 차이나지 않았다.[원주4]

"전쟁은 그 당시 사회에서 일상사였다"라고 뤼세르는 13세기에 대해 말한다. 호이징가는 14세기와 15세기의 사회상을 이렇게 서술한다.[원주5] "전쟁의 고질적인 반복, 갖가지 위험한 무뢰한들로 인한 도시와 시골의 지속적인 동요, 신뢰할 수 없는 가혹한 재판의 영원한 위협 등은……보편적인 불안의 감정을 조장했다."

9세기나 또는 13세기에서처럼 15세기에도 여전히 기사는 전쟁에 대한 자신의 기쁨을 표현하고 있다. 물론 그 기쁨이 예전보다는 누그러져 있고 그렇게 완벽하지는 않다 하더라도.

"전쟁은 신나는 일이다."[원주6] 이 말을 한 사람은 장 드 뷔에이(Jean de Bueil)이다. 그는 왕의 노여움을 사게 되었다. 그래서 그는 이제 하인에게 자신의 전기를 받아쓰게 한다. 그때가 1465년이었다. 책의 화자는 이제 더 이상 자유롭고 독립적인 기사가 아니며 자신의 영토를 지배하는 작은 왕도 아니었다. 그는 이제 스스로 복무중인 사람으로서 말하고 있는 것이다.

전쟁은 즐거운 일이었다. 전쟁을 치르는 동안 사람들은 서로를 무척이나 아꼈다. 전투가 순조롭고 아군들이 용감하게 싸우는 모습을 보면 눈물이 솟아오른다. 사람들이 서로에게 얼마나 정직하고 충실한지 느끼면서 달콤한 기쁨이 가슴에서 용솟음친다. 창조주의 명령을 지키고 완수하기 위해 자신의 몸을 그토록 용감하게 위험에 내던지는 친구를 보면서,

---

[원주4] 같은 책, 278쪽.

[원주5] I. Huizinga, *Herbst des Mittelalters, Studien über Lebens und Geistesform des 14 und 15 Jahrhunderts in Frankreich und in den Niederlanden* (München, 1924), p.32.

[원주6] "Le Jouvencel," *Lebensgeschichte des Ritters Jean de Bueil,* ed. Kervyn de Lettenhove, Chastellain, OEuvres, vol.8 ; Huizinga, 앞의 책, p.94.

그의 옆에서 그와 생사를 같이 하리라 맹세하며, 사랑 때문에 그를 버리지 않으리라 결심한다. 그때 밀려오는 찬란한 기쁨을 직접 체험하지 않은 사람은 그것이 얼마나 아름다운지 말할 수 없다. 너희는 행여 그런 사람이 죽음을 두려워하리라 생각하는가? 절대로 아니다! 그는 너무나 강해지고 너무나 황홀해져, 그가 어디 있는지조차 알지 못한다. 정말 그는 이 세상에서 아무것도 두려워하지 않는다!

이 또한 전쟁에 대한 쾌락이지만, 이제는 더 이상 인간사냥이나 칼이 맞부딪치는 소리 또는 준마의 울음소리가 주는 쾌락이 아니다. 또 그것은 적의 두려움에 대한 쾌락도, 그들의 죽음에 대한 쾌락도——'도와주시오, 도와주시오'라는 절규를 들으면 얼마나 기분 좋은가, 찢겨진 몸뚱이나 전사자들이 쓰러져 있는 광경을 보는 것은 얼마나 멋있는가[원주7]——아니다. 이제 그것은 동료애이고 전쟁의 대의명분에 대한 열광인 것이다. 전투에서의 환희가 공포를 극복할 수 있는 도취의 수단이라는 점이 전보다 더 강하게 표현된다.

아주 단순하고 강렬한 느낌들이 여기에서 토로된다. 적을 죽이고 전쟁에 몰두하며, 동료들이 싸우는 모습을 본다. 자신도 그의 편에서 싸우고 있는 것이다. 자신이 어디 있는지조차 잊어버리고 죽음 자체를 잊어버린다. 그것은 아름다운 일이다. 그런데 무엇이 더 필요하겠는가.

3. 중세의 세속 상류층의 삶과 죽음에 대한 견해가 상류층 성직자들의 책 속에서 지배적인——우리가 보통 중세의 '전형'으로 간주하는——견해들과 전혀 일치하지 않는다는 사실은 수많은 사료로 입증된다. 상류층 성직자들, 적어도 그 지도자들의 삶은 죽음과 내세에 대한 사상으로 점철되어 있다.

우리는 그러한 태도만으로 일관된 삶을 세속 상류층에서는 찾아볼 수 없

[원주7] 같은 책, 266쪽.

다. 모든 기사의 삶에서 때때로 이런 식의 분위기가 강해지는 단계가 있긴 하지만, 전혀 다른 태도를 보여주는 문헌들도 있다. 그 속에서 우리는 종종 오늘날의 표준형적 중세상과 완전히 일치하지 않는 경고들을 듣는다. 즉 죽음에 대한 생각이 너의 삶을 결정하게 하지 말아라. 이 삶이 주는 기쁨을 사랑해라.

"예의 바른 사람이라면 기쁨을 꾸짖지 말아야 한다. 그는 기쁨을 사랑해야 한다."[원주8] 13세기 초의 어느 소설에 나오는 예법의 명령이다. 또는 그 후에는 "젊은이는 원기왕성해야 하고, 즐거운 삶을 살아가야 한다. 침울하고 수심에 잠긴 태도는 젊은이에게 어울리지 않는다"[원주9]라고 되어 있다. 이 진술에서 결코 수심에 잠겨서는 안될 기사들이 의심의 여지없이 '침울하고', '수심에 잠겼던' 성직자들과 대조를 이루고 있다.

삶을 부정하지 않는 이러한 태도는 중세 동안 계속 한 세대에서 다음 세대로 전해내려온 카토의 규칙[역주1] 속의 몇몇 시구에서 죽음과 대비되어 특히 진지하고 명확하게 표현된다. 삶의 불확실성은 이 시구 속에서 반복되는 근본주제들 중의 하나이다.[원주10]

> 우리 모두에게 주어졌네,
> 가혹하고 불확실한 삶이.

그러나 이 구절은 죽음과 죽음 뒤를 생각하라는 결론을 끌어내지 않는다.

> 그대가 죽음을 두려워한다면
> 그대는 고통 속에 살 것이다.

[원주8] H. Dupin, *La courtoisie an moyen âge* (Paris, 1931), p.79.

[원주9] 같은 책, 77쪽.

[역주1] 고대 로마의 감찰관으로서 준엄한 판관이었던 카토의 풍기단속에 관한 규칙.

[원주10] Zarncke, *Der deutsche Cato,* p.36, l.167, 168, 178, 180.

다른 곳에서는 특히 명료하고 아름답게 표현된다.[원주11]

> 우리는 잘 알고 있다.
> 죽음이 오리라는 걸
> 우리의 미래는 불확실하다는 걸.
> 죽음은 도둑처럼 살며시 기어와
> 육체와 영혼을 갈라놓네.
> 믿음과 신뢰를 가져라.
> 죽음을 너무 두려워 말아라.
> 그대가 지나치게 겁을 먹으면.
> 기쁨은 결코 그대에게 닿지 않으리.

내세에 대해서는 아무 말이 없다. 죽음에 대한 생각이 자신의 삶을 결정하게 하는 사람은 삶의 즐거움을 잃어버린다. 물론 기사들은 스스로 기독교인이라 느꼈으며, 그들의 삶도 기독교 신앙의 전통적 사상과 의례로 점철되어 있었다. 그러나 기독교는 그들의 의식 속에서, 그들이 처한 다른 사회적·심리적 상황으로 인해, 책을 쓰고 읽는 성직자들이 생각하는 것과는 다른 가치체계와 결합되어 있었다. 기독교는 기사들에게서 전혀 다른 색채를 띠고 전혀 다른 음을 울리고 있었던 것이다. 종교는 그들이 세상의 즐거움을 마음껏 맛보는 데 아무런 장애도 되지 않았다. 그들이 죽이고 약탈을 일삼아도 종교는 막지 못했다. 기독교는 단지 그들의 사회적 기능의 일부였고, 그들이 긍지를 느낄 수 있는 신분의 자질에 속할 뿐이었다. 죽음을 두려워하지 않는 용기는 기사들의 삶에 필수적이다. 그는 싸워야만 했다. 사회구조와 사회의 긴장상태가 이것을 피할 수 없는 개인의 조건으로 만들었던 것이다.

[원주11] 같은 책, 48쪽, 395행.

4. 그러나 중세에도 손에 무기를 들고 항상 전쟁에 대비하는 일이 반드시 무사들이나 기사계급만의 전유물은 아니었다. 도시시민들의 삶 역시 후대와는 비교할 수 없을 만큼 사소한 분쟁들로 가득 차 있었다. 공격욕, 증오, 타인의 고통에 대한 쾌락은 이후의 시기보다 더 자유롭게 발산되었다.

제3의 신분계급이 등장하면서 사회의 갈등은 첨예해진다. 시민계급을 부상시킨 것은 돈이라는 무기만이 아니었다. 강탈, 투쟁, 약탈, 가족분쟁은 도시주민들의 생활 속에서도 무사계급의 생활에서 못지않게 중요한 역할을 한다.

마티외 데스쿠시(Mathieu d'Escouchy)의 운명을 예로 들어보자. 그는 연대기를 집필했던 15세기의 많은 사람들 중의 한 사람으로 피카르디 지방 사람이었다.[원주12] 이 '연대기'는 그가 정직하게 자신의 재능을 역사적 작업에 바친 존경할 만한 작가임을 짐작케 해준다. 그러나 공문서들을 뒤져 그의 삶을 추적해보면, 완전히 다른 모습이 드러난다.[원주13]

마티외 데스쿠시는 1440년에서 1450년까지 페론(Péronne) 시의 시의원, 판사보, 배심원 그리고 시장으로 자신의 관직 생활의 첫발을 내딛는다. 그는 처음부터 그 도시의 검사장 프로망(Jean Froment)의 가족과 일종의 분쟁에 얽혀 있었다. 분쟁은 곧 재판으로 이어진다. 데스쿠시를 위조와 살인 또는 '폭행치사'로 먼저 기소했던 사람은 검사였다. 시장이었던 데스쿠시는 적의 미망인을 마법행위 혐의로 조사하겠다고 위협한다. 부인은 상급 재판소의 명령을 얻어내고, 데스쿠시는 그것 때문에 조사를 법정에 넘겨야만 한다.

사건은 파리의 고등법원에 상정되고, 데스쿠시는 처음으로 구류를 당한다. 그 이후 그는 6번이나 피고인으로 수감되고, 한 번은 전쟁포로로 감옥살이를 한다. 그때마다 모두 중대한 형사사건들이었고, 그는 여러 번 중형

〔원주12〕 I. Huizinga, 같은 책, 32쪽 이하.

〔원주13〕 L. Mirot, *Les d'Orgemont, leur origine, leur fortune etc.* (Paris, 1913) ; P. Champion, *François Villon, Sa vie et son temps* (Paris, 1913), vol.2, p.230ff ; Huizinga, 같은 책, 32쪽.

을 산다. 프로망 가족과 데스쿠시 간의 고발경쟁은 폭력적인 충돌로 중단
된다. 즉 프로망의 아들이 데스쿠시에게 상해를 입힌 것이다. 두 사람 모두
불량배들을 고용하여 상대방을 죽이려 한다. 이 길고 긴 분쟁이 우리의 시
야에서 사라진 후 다시 새로운 사건이 터진다. 이번에는 한 수도승에 의해
그 시장이 부상을 입은 것이다. 새로운 고소가 있고 난 후 1461년 데스쿠
시는 모독 행위의 혐의를 받고 네슬(Nelsle) 감옥으로 이감된다.

그러나 이것도 그의 출세에 지장을 주지 않는다. 그는 대법관과 리브몽
(Ribemont)의 시장이 되고 생 킹탱(Saint Quintin)에서는 왕의 소송대
리인으로까지 출세하다가 마침내 귀족작위를 받는다. 새로운 상해사건으로
감금되어 죄값을 치른 후에 그는 전쟁에 참가한다. 그는 전쟁포로가 된다.
그후의 전투에서 그는 불구가 되어 귀향한다. 그리고 난 후 결혼하지만, 결
혼이 조용한 삶의 시작을 의미하지 않는다. 그는 다시 인장위조의 혐의를
받고 붙잡혀 '범죄자나 살인자처럼' 파리로 이송된다. 그후 그는 다시 콩피
에뉴(compiègne) 시장과 새로운 분쟁에 휘말린다. 그는 고문을 당하고
자신의 죄를 인정하게 되며 상고는 거부되어, 유죄판결을 받는다. 그후 복
권되지만, 다시 유죄판결을 받고, 마침내 그의 존재의 흔적은 서류에서 사
라진다.

이것은 수많은 예들 중의 하나에 불과하다. 또 다른 예를 하나 더 든다면
베리 공작이[원주14] 쓴 기도서의 유명한 세밀화들을 들 수 있다. 이 책의 편
집자는 다음과 같이 말한다.

사람들은 15세기의 세밀화가 수도원의 평화 속에 일했던 진지한 수도
승들이나 경건한 수녀들의 작품이라고 오랫동안 믿어왔고, 아직 오늘날
에도 많은 사람들이 그렇게 믿고 있다. 어떤 경우에는 실제로 그러했다.
그러나 일반적으로 말하면 상황은 완전히 다르다. 이렇게 아름다운 작품

[원주14] P. Durrieu, *Les très belles Heures de Notre Dame du Duc Jean de Berry* (Paris, 1922), p.68.

들을 만들어냈던 사람들은 세속적인 수공업 장인들이었고, 이 세속적 예술가들의 삶은 깊은 신앙심과는 거리가 멀었다. 우리는 종종 그들이 현대사회에서는 '범죄'로 낙인 찍혀 그 발생 자체가 불가능해졌을 일들을 저질렀다는 이야기를 듣는다. 화가들은 서로 도둑질을 했다고 고발한다. 그후 그중 한 화가가 자신의 가족들과 함께 다른 화가를 거리에서 칼로 찔러 죽인다. 그 살인자를 필요로 했던 베리 공작은 그를 위해 '사면장'을 간청한다. 또 다른 화가는 여덟 살 난 소녀와 결혼하려고——물론 부모의 동의도 없이——그녀를 유괴한다. 이런 '사면장'은 대개 수년 간 지속되며 종종 공공장소나 시골에서 격렬한 패싸움으로 이어지곤 하던 '피비린내 나'는 결투들'을 보여준다.

기사들이나 상인들, 수공업자들도 모두 마찬가지였다. 유사한 사회형태를 가진 모든 나라들에서도——오늘날의 에티오피아나 아프가니스탄에서도——귀족들은 자신을 위해 무슨 일이든 할 수 있는 추종자들을 데리고 다녔다.……그는 낮에는 항상 하인들이나 무장한 부하들을 대동하고 자신의 '결투'를 실행하러 다녔다.…… '서민들', 즉 시민계급은 이런 사치를 부릴 능력이 없었지만, 별의별 무서운 무기들로 무장하고 그를 지원할 수 있는 '친척이나 친지들'은 도처에 있었다. 지방 '관습법'이나, 도시의 법규들이 이를 금지하였지만 허사였다. 이 시민계급도 복수를 해야 할 때에는 '집단싸움', 즉 결투의 상태로 돌입했다.[원주15]

도시의 행정당국은 이러한 가족분쟁을 조정하려고 노력했지만 소용없었다. 판사보들은 당사자들을 불러 성안의 평화를 제안하거나, 명령하고 또 법으로 규정했다. 이 명령은 잠시 동안 잘 지켜지는 듯했다. 그러나 곧 새로운 분쟁이 발생하고, 그러면 케케묵은 분쟁이 다시 불붙었다. 그 당시 사업문제로 사이가 틀어지게 된 두 명의 조합원이 있었다. 그들은 서로 언쟁

[원주15] Ch. Petit-Dutaillis, *Documents nouveaux sur les moeurs populaires et le droit de vengeance dans les Pays-Bas au XV siècle* (Paris, 1908), p.47.

을 벌였고, 반목은 점점 더 심해졌다. 어느 날 그들은 공공장소에서 마주쳤다. 한 사람이 다른 사람을 구타해 숨지게 한다.[원주16] 한 여관주인은 다른 여관주인이 자신의 고객들을 훔쳐갔다고 고발한다. 그들은 서로 생사를 걸고 싸우는 원수가 된다. 누군가 다른 사람에 대해 몇 마디 악담을 한다. 그것이 곧 가족간의 전쟁으로 확대된다.

가족의 복수, 사적인 결투나 또는 근친간의 보복이 귀족 집안 사이에만 발생했던 것은 아니다. 가족간, 그리고 파당들 사이의 전쟁은 앞선 시대 못지않게 15세기 도시들의 일상풍경이었다. 시민계급들뿐만 아니라 모자 제조인, 재단사, 목동들과 같은 힘없는 사람들도 쉽게 칼을 잡았던 것이다.[원주17]

지옥에 대한 공포, 계급적 특징의 제약과 기사도적 명예심, 사회적 관계의 온후함과 쾌활함에도 불구하고 15세기 사람들의 태도가 얼마나 폭력적이었는지, 얼마나 거칠게 욕망을 채웠는지는 익히 알려져 있다.

이 당시의 사람들이 호전적인 용맹성의 외면적 상징으로서 항상 어두운 얼굴, 찡그린 이마와 험한 표정을 짓고 돌아다녔던 것은 아니다. 그와는 정반대였다. 멀쩡히 농담하고 있던 사람들이 곧 서로 야유하고, 말이 말에 꼬리를 문다. 그러다가 갑자기 극렬한 싸움이 벌어지곤 했다. 우리에게는 상반된 것으로 비쳐지는 많은 것들, 즉 강렬한 신앙심, 지독한 공포감, 죄책감과 참회, 기쁨과 활기의 폭발적인 분출, 증오와 공격욕의 돌연적인 격발과 제어할 수 없는 힘 등은 기분의 급변과 마찬가지로 실제로 동일한 사회구조와 인성구조의 증상들인 것이다.

본능과 감정들은 더 직접적으로, 더 적나라하게, 더 자유분방하게 표출되었다. 사회의 금기가 자기통제의 형태로 본능 속에 이미 구축되어 있는 우리에게, 모든 것이 더 부드럽고 더 절제되었으며 더 계산적인 우리에게

[원주16] 같은 책, 162쪽.
[원주17] 같은 책, 5쪽.

그들의 숨김없는 강한 신앙심과 강한 공격성 또는 잔인성은 모순되게 보이는 것이다. 종교, 즉 화복의 전지전능한 신에 대한 의식은 결코 그 자체로는 '문명화'나 감정순화의 효과가 없다. 오히려 그 반대로 종교는, 그때 그때의 사회 및 종교를 지탱하는 계층이 문명화되는 정도만큼만 '문명화'된다. 여기에서 감정은 우리의 세계에서는 일반적으로 어린아이들에게서만 볼 수 있는 방식으로 드러나기 때문에 우리는 그들의 행동표현과 양식을 '천진하다'고 말한다.

이 시대의 문헌들을 펼쳐보기만 하면 언제나 비슷한 풍경이 눈에 들어온다. 즉 우리와는 다른 감정구조를 가진 삶, 안정도 없고 미래를 위한 장기적 예측도 불가능한 존재들이 눈에 띈다. 이 사회에서 온 힘을 다하여 사랑하거나 미워하지 못했던 사람, 열정의 유희에서 사나이답게 행동하지 못한 사람은 수도원에 갈 수밖에 없었다. 세속적인 삶에서 그는 패배자였다. 이와는 반대로 후대의 사회에서는, 특히 궁정에서는 자신의 열정을 억제 못하고 자신의 감정을 감추지 못하여 '문명화'될 수 없었던 사람이 패배자였다.

5. 이 두 사회에서 모두 감정억제의 특정한 수준을 요구하는 것은 사회구조이다. "평화로운 풍속과 습관, 근대국가가 개인의 재산과 인격에 베풀어주는 배려와 보호를 받고 살아가는 우리는 이렇게 전혀 다른 사회를 감히 상상조차 못할 것이다"라고 뤼세르는 말한다.[원주18]

그 당시 국토는 여러 지방들로 분열되어 있었고, 지방주민들은 일종의 소국가를 구성하고 타지방 사람들을 증오했다. 이 지방들은 다시 수많은 영주세력이나 봉토로 분할되어 그 소유주들은 서로 투쟁을 일삼고 있었다. 높은 작위의 귀족들, 예컨대 남작들뿐만 아니라 조그만 성을 소유한 귀족들도 고립되어 황량한 삶을 살았으며, 끊임없이 자신들의 '군주' 또

[원주18] A. Luchaire, *La société française au temps de Philippe Auguste* (Paris, 1909), pp.278ff.

는 동등한 다른 귀족들이나 신하들과 전쟁을 치르고 있었다. 그 밖에도 도시와 도시, 마을과 마을, 골짜기와 골짜기는 지속적인 경쟁관계에 있었으며, 이웃들간의 전쟁도 끊이지 않았다. 이러한 상황은 지역적인 단위의 다양성에서 연유하는 것 같았다.

이 인용문은 일반적인 주장으로 자주 언급되었던 사회구조와 감정구조의 연관성을 더욱 구체적으로 묘사하고 있다. 그 당시에는 사람들을 통제할 수 있을 정도로 막강한 세력을 지닌 중앙권력이 없었다. 중앙권력이 점차 강해져 여러 지방에 흩어져 살고 있던 국민들에게 평화적 공존을 강요할 때 비로소 그들의 감정모형과 본능구조의 수준도 변한다. 그와 함께—앞으로 더 상세히 언급하겠지만—감정자제와 '상호간의 배려'도 일상적인 사회생활에서 서서히 진행된다. 육체적인 공격을 통한 감정발산도 시간적으로, 지리적으로 제한되어 특정한 분야에서만 가능하게 된다. 물리적인 폭력수단이 중앙권력의 수중에 집중되면서 힘센 자가 임의대로 자신의 육체적 공격욕을 채울 수 없게 되었다. 단지 중앙권력으로부터 권한을 위임받은 소수의 사람들만이—예컨대 경찰이 범죄자를 상대로—물리적 폭력을 행사할 수 있었고, 전쟁이나 혁명과 같은 비상사태에만 다수의 사람들이 사회적인 인정하에 내부나 외부의 적들에 대항하여 싸울 수 있었다.

좀더 큰 공격욕의 자유로운 활동을 보장하는 문명사회 안의 시간적·공간적 영지조차, 특히 국가간의 전쟁조차도 비인격적인 것이 되었고, 이로 인해 중세에서와 같이 즉흥적으로 감정을 발산할 수 있는 기회는 점점 더 줄어든다. 그러나 문명화된 사회의 일상생활 속에서 훈련된 공격욕의 자제와 변형은 이 영지 안에서도 간단하게 취소될 수 있는 것은 아니었다. 서로 증오하는 사람들간의 즉흥적이고 물리적인 싸움이 엄격한 감정규제를 요구하는 기계화된 전투로 변하지만 않았더라면 그런 일은 우리의 추측보다 아마 더 빨리 일어났을 수도 있다.

문명화된 사회의 사람들은 전쟁에서조차도 적군을 목격함으로써 촉발된 자신들의 쾌락을 스스로 허용할 수 없다. 그는 자신이 어떻게 느끼든 상관없이 비가시적인 또는 단지 간접적으로 볼 수 있는 지휘자의 명령에 따라 비가시적인 또는 간접적으로만 볼 수 있는 적군과 싸워야 한다. 엄청난 사회적 곤경과 변동, 특히 의도적으로 조성된 선동이 아니라면 그 어떤 것도 문명화된 일상에서 추방당하고 사회적으로 배척받은 이 본능들, 즉 대량학살과 파괴에 대한 즐거움을 다시 부추길 수도 정당화할 수도 없다.

   6. 아무튼 이 감정들은 '세련되고' 합리적인 형태로 변형되어 문명화된 사회의 일상에서 정확하게 규정된 정당한 자리를 차지하고 있다. 이것은 감정의 문명화와 더불어 일어나는 전환의 특징을 잘 보여준다. 스포츠 경기는 사회적으로 허용된 호전성 및 공격욕의 표현이다. 즉 공격욕은 스포츠 경기 '관전'에서, 절제되고 정확하게 규정된 감정발산의 공간을 허락받은 소수의 선수들과 자신을 환상적으로 동일시할 수 있는 복싱경기의 관전에서 특히 명확하게 드러난다. 관전하면서 또는 라디오 중계를 청취하면서 그러한 욕구를 발산하는 것은 문명화된 사회의 특징이라 할 수 있다. 이것이 책과 연극의 발전에, 또 우리 사회에서 점하는 영화의 위치에 결정적인 영향을 미친 것이다. 원래 능동적으로, 종종 공격적으로 표출되던 쾌락이 수동적이고 순화된 관전의 쾌락으로, 다시 말하면 단순한 눈요기로 전환된 사실은 젊은이들을 위한 교육규정이나 훈련규칙 속에서도 확인된다.
   1774년에 출판된 라 살의 『예법서』에는 이렇게 적혀 있다. "아이들은 옷이나 그들 마음에 드는 모든 물건을 손으로 잡으려 한다. 이 욕망을 교정하고 그들이 보는 것은 단지 눈으로만 접촉해야 한다는 점을 그들에게 가르칠 필요가 있다."
   그동안 이 규칙은 거의 당연시되었다. 자신이 원하고 사랑하고 또는 미워하는 것을 무의식적으로 잡으려는 욕망을 사회발생적 자기통제로 억제하는 태도는 문명화된 사람의 중요한 특징이라 할 수 있다. 그의 몸짓의 전체 조형은──이 조형의 도식이 서구 여러 나라들에서 각각 다르다 하더라도──이로 인해 결정적인 영향을 받는다.
   나는 다른 곳에서 후각의 사용, 즉 음식이나 다른 물건의 냄새를 맡으려는 경향이 동물적이라 하여 문명화과정에서 제한되었다고 말한 적이 있다. 여기에서 우리는 문명화된 사회에서 시각이 특수한 의미를 얻게 되는 연관관계들 중의 하나를 볼 수 있다. 특히 문명화된 사회에서 쾌락에 대한 욕구의 직접적인 충족은 수많은 금지와 장애물로 제한되었기 때문에 시각은 청각과 비슷하게, 아마 더 적극적인 쾌락의 중계자가 된 것이다.

본능표출이 직접행위로부터 관전으로 옮겨가는 과정에서도 감정변화의 절제와 인간화의 곡선이 뚜렷이 드러난다. 복싱경기의 경우, 그것은 과거의 시각적 쾌락에 비해 절제된 형태의 공격성과 잔인성을 표현한다.

16세기의 한 예가 이 사실을 잘 설명해준다. 수많은 다른 예들 중에서 군이 이 예를 택한 까닭은 그것이 눈으로 충족되는 잔인성과 가혹행위에 대한 즐거움을 합리적 정당화없이 그리고 처벌 또는 훈련의 수단으로 가장되지 않고 그대로 순수하게 드러내 보여주기 때문이다.

12마리에서 24마리의 고양이를 산 채로 불태우는 의식은 16세기 파리 요하네스 축제의 즐거움에 속했다. 이것은 아주 유명한 축제였다. 온 시민들이 모여들고, 축제음악이 울려퍼지는 가운데 일종의 구조물 밑에 화형식을 위한 장작이 산더미처럼 높게 쌓인다. 그 다음 사람들은 고양이들을 자루나 광주리에 담아 구조물에 매단다. 자루나 바구니는 서서히 타오르기 시작한다. 고양이들이 장작 위로 떨어져 불에 타기 시작하자 관중들은 동물들의 고통스러운 울부짖음에 환호성을 지르며 기뻐한다. 왕과 궁정신하들도 참석했으며, 보통 왕이나 왕세자가 불을 붙이는 영예를 차지했다. 한 번은 샤를 9세의 특별한 청에 따라 여우 한 마리가 붙잡혀 같이 불태워졌다고 한다.[원주19]

이 고양이 화형식은 근본적으로는 이단자 화형, 고문 또는 여러 종류의 공개처형보다 더 끔찍한 구경거리는 아니다. 이미 말했듯이 이 의식이 더 나쁘게 보이는 까닭은 산 동물을 학대하는 즐거움이 아무런 목적없이, 다

[원주19] 좀더 상세한 설명을 위해서 A. Franklin, *Paris et les Parisiens au seizième siècle* (Paris, 1921), pp.508ff.

시 말하면 오성 앞에 어떠한 변명도 없이 적나라하게 구가되기 때문이다. 이러한 관습을 단지 듣기만 해도 우리가 느끼게 되는 거부감은 감정규제의 현 수준에서 보면 '정상적'임에 틀림없다. 그러나 그러한 오락에 대한 거부 감은 다시금 인성구조의 장기적 변천을 확인해준다. 동시에 이 제도는 변천의 한 측면을, 즉 이전에 즐거움을 불러일으켰던 것들 중 대다수는 오늘날 불쾌감을 야기한다는 사실을 특히 명백하게 보여준다. 수반되는 감정들은 그 당시처럼 오늘날에도 개인적인 것은 아니다.

요하네스 축제 때의 고양이 화형식은 우리 사회의 복싱경기나 경마처럼 사회적 제도였다. 그때나 지금이나 사회가 만들어내는 오락들은 사회적 감정수준의 구체화이며, 그 테두리 안에서 모든 개인적 감정규제의 유형들이 ─그것이 아무리 다양하다 할지라도─유지된다. 이러한 사회적 수준의 테두리로부터 벗어나는 사람은 항시 '비정상적'이라고 간주되었다. 어떤 사람이 오늘날 16세기의 방식에 따라 고양이를 산 채로 불태우면서 쾌감을 느낀다면, 그는 '비정상적'이라 낙인 찍힐 것이다. 바로 우리의 문명단계에서 통상적인 훈련은 자기통제의 형태로 주입된 두려움을 통해 이러한 행위에 대한 욕구표출을 억제시키기 때문이다.

여기에서도 분명 이 단순한 심리적 기제가 작용하고 있으며, 그 기제의 토대 위에 감정생활의 역사적 변형이 이루어진다. 즉 사회적으로 바람직하지 않은 본능과 쾌락의 표출은 불쾌감을 야기하고 강화하는 조처를 통해 위협받고 처벌받는다. 위협이 주는 불쾌감의 지속적인 반복, 그리고 이 리듬에 적응하는 과정 속에서 원래 즐거울 수도 있는 행동은 필연적으로 강한 불쾌감과 연결된다. 그렇게 하여 사회적으로 일깨워진, 그리고 부모를 통해 전수받은 불쾌감과 불안은─설령 부모가 항시적인 또 유일한 대변인은 아니더라도 대체로 부모에 의해 전달된다─감추어진 욕망과 투쟁을 벌인다. 여기에서 수치감의 한계점이 낮아지고, 혐오감의 문턱이 낮아지거나 또는 감정수준이 높아지는 형태 등 여러 측면에서 관찰된 변화는 그러한 기제들에 의해 시작되었을 수도 있다.

사회구조의 어떤 변화가 실제로 이러한 심리적 기제를 발생시켰는가, 외

부 강요의 어떤 변화가 감정과 행동의 '문명화'를 작동시켰는가 하는 문제
들은 좀더 자세한 관찰을 요한다.

제11장
기사의 생활풍경

왜 인간의 행동과 감정상태가 변하는가 하는 질문은 왜 인간의 생활양식이 변하는가라는 질문과 근본적으로 같다. 중세사회에도 특정한 생활양식이 있었고, 개개인은 이 양식 속에서, 기사로서의 삶이나 길드의 수공업자로서의 삶을 또는 노예로서의 삶을 살지 않을 수 없었다. 근대사회에서는 다른 기회와 다른 생활양식이 주어졌고 개개인은 이에 적응해야만 했다. 그가 귀족출신이라면 궁정인의 생활을 영위할 수 있었다. 그러나 설사 본인이 원한다 해도──실제로 많은 귀족들의 바람이었지만──기사의 자유분방한 삶을 살아갈 수는 없었다. 그러나 이런 기능과 이런 생활양식은 특정한 시대부터 사회구조 속에 존재하지 않게 되었다. 중세에 특별한 역할을 했던 길드 수공업자나 사제와 같은 다른 기능들도 사회관계의 전체구조 속에서 점차 그 중요성을 잃어갔다. 마치 단단한 거푸집 속으로 들어가듯이 개인이 스스로를 그 틀에 끼워 맞추어야만 했던 이 기능들과 생활양식들은 왜 역사의 흐름 속에서 변하는가. 이 질문은 감정, 욕망과 충동의 구조, 그리고 이와 연관된 모든 것들이 왜 변하는가 하는 질문과 근본적으로 동일하다.

지금까지 중세 상류층의 감정수준에 관해 여러모로 논의가 이루어졌다. 이를 보충하고 동시에 수준변화의 원인에 대한 질문으로 이어지는 하나의 연결고리로서 기사들의 삶의 방식에 관한, 즉 사회가 귀족으로 태어난 개인에게 열어주고 동시에 그들을 구속했던 '생활공간'에 대한 짧은 인상을 첨부하고자 한다. 이 '생활공간'의 모습, 기사들의 이미지는 그들의 '몰락' 직후 구름 속에 가려졌다고 말할 수 있다. 중세의 전사들을 오로지 '고상한 기사'라 생각하고(그들의 삶에서 위대하고 아름다우며 모험적이고 열정적인 것들만 기억 속에 지니고 있든지) 또는 그들에게서 단지 '영주', 즉 농부들을 착취한 자의 모습만을 보고(거칠고, 잔인하며 야만적인 면이 그들 삶의 특징이라고 생각하든지) 이 계층의 생활공간에 대한 단순한 이미지는 대개 관찰자의 시대로부터 얻어지는 가치평가와 향수의 압력으로 왜곡된다. 이 이미지를 원상태로 복원하기 위해서는 몇 개의 그림들, 더 정확히 말한다면 이 그림들에 대한 서술이 도움이 될 것이다.

몇 권의 저서들 외에도 그 시대의 조각가와 화가들의 유품은——설사 몇 안되는 그림들만이 실제로 기사의 삶을 반영하고 있다 하더라도——독특한 시대 분위기, 말하자면 시대정서의 특성과 우리 시대와의 차이를 강하게 느끼게 해준다. 몇 안되는 이런 종류의 그림책들 가운데 하나는 비교적 말기에 가까운 1475년과 1480년 사이에 나온 것으로, 『중세의 가옥대장』(*Mittelalterlichen Hausbuch*)이라는 그리 적합하지 못한 제목을 달고 있는 그림 시리즈이다. 그것을 만든 장인의 이름은 알려져 있지 않지만, 그는 분명 동시대 기사들의 삶을 잘 알고 있는 사람이었던 것 같다. 게다가 그는 많은 동료 수공업자들과는 달리 기사의 눈으로 세상을 바라보고 그들의 사회적 가치들을 대체로 내면화하고 있었음이 분명했다. 이를 암시하는 중요한 증거로 한 장의 그림이 있는데, 그 속에서 화가는 많은 수공업자들

가운데 유독 자신과 같은 업종의 한 남자만을 궁정의상을 입은 모습으로 묘사하고 있으며, 그 남자의 뒤에 서서 팔을 그의 어깨에 걸치고 있는 소녀도——그녀에 대한 화가 자신의 감정을 분명하게 표현하고 있다——역시 궁정의상을 입은 모습으로 그리고 있다. 아마 이것은 그 자신의 초상화인 것 같다.[원주1]

이 그림들은 이미 말했듯이 기사시대의 후기인 용감한 샤를[역주1]과 막시밀리안[역주2] 시대의 작품이다. 문장(紋章)으로 미루어볼 때 이 두 사람이나 그들과 가까운 기사들이 직접 그림 속에 묘사되었던 것 같다. "용감한 샤를 본인이나 그의 휘하에 있던 부르군트 출신의 기사 한 명이 지금 바로 우리 눈앞에 있다는 데에는 의심의 여지가 없다"[원주2]라는 말이 전해진다. 아마 무술시합을 묘사한 몇 장의 그림들은 바로 용감한 샤를의 딸인 마리 폰 부르군트(Marie von Burgund)와 막스밀리안의 약혼식 날에 벌어졌던 '노이서 결투'(1475)에 뒤이어 열렸던 무술경기를 그린 것 같다. 어쨌든 그림 속의 인물들은 기사귀족에서 궁정귀족으로 서서히 자리바꿈하고 있던 전환기의 사람들이었다. 인물들의 모습에서 이미 궁정인을 연상케 하는 면모들이 많이 눈에 띈다. 그럼에도 불구하고 이 그림들은 전체적으로 기사 특유의 생활공간에 대해, 즉 기사가 무슨 일로 하루를 소일했는지, 그가 자신의 주변에서 무엇을 어떻게 보았는지에 대해 분명하게 알려준다.

우리는 여기에서 무엇을 보고 있는가. 거의 언제나 넓게 펼쳐진 대지들

[원주1] Th. Bossert는 *Haus Buch* 서문에서(20쪽) 이 책을 만든 장인이 새겨넣은 글을 언급하고 있는데, 그는 그 글에서 "신참내기 귀족, 기사의 문장(紋章)과 훈련을 갈망하는 시민계급을 조롱하고 있다." 이것 역시 동일한 방향을 가리키고 있다.

[역주1] 프랑스와 독일 사이의 독립적인 왕국 부르군트(Burgund)의 공작으로 1477년 낭시에서 사망. 상속녀인 마리(Marie von Burgund)와 합스부르크 가의 막스밀리안의 결혼으로, 샤를 왕이 죽은 뒤 부르군트 왕국의 대부분은 오스트리아의 소유로 넘어갔다.

[역주2] 1493년 합스부르크 가의 왕이 되었다가 뒷날 신성로마제국의 황제로 등극. 화려한 무술대회를 자주 열고 직접 참가하여 '마지막 기사'라 불린다.

[원주2] *Das Mittelalterliche Hausbuch*, ed. Helmuth Th. Bossert and Willy Storck (Leipzig, 1912), 서문, pp.27ff.

만 보일 뿐, 도시적 분위기를 느끼게 하는 것이라곤 거의 없다. 자그마한 마을들, 경작지들, 나무들과 들판, 언덕과 조그만 강줄기들, 그리고 종종 성이 눈에 띈다. 그러나 그후 얼마되지 않아 상당수의 귀족들이 시골 본가에서의 자유로운 삶을 포기하고 왕이나 제후들에게 점점 더 의존하게 되면서 반도시적 궁정에 묶이게 되었을 때 나타나기 시작하던 저 동경 어린 분위기, '자연'에 대한 '감상적' 태도는 아직 이 그림들 속에 드러나지 않는다. 이 그림들이 전달하는 정서적 색조에 있어서 가장 중요한 차이점이 바로 이것이다.

후기에 가서 예술가는 의식적으로 또 극히 엄격하고 특수한 방식으로 자신이 사용할 수 있는 그림의 소재를 가려낸다. 이러한 여과과정을 거쳐 선택된 소재는 화가의 기호, 좀더 정확하게 말하면 감정구조를 직접 표현한다. 상류층이 점점 더 도시와 궁정에서 생활하게 되면서, 또 도시생활과 시골생활의 분리가 더욱 심화되면서, 일차적으로 인물의 단순한 배경에 불과했던 '자연', 즉 광활한 대지는 예술적 묘사 속에서 향수의 광채를 발하게 된다. 자연에 둘러싸인 인간들처럼 자연은 그 그림 속에서 좀더 승화되어 품위있는 성격을 얻게 된다. 자연의 묘사에서 감동을 주는 것과 불쾌하거나 고통스럽게 느껴지는 것, 즉 감정의 선택은 변한다. 그림에 묘사된 인물들도 마찬가지이다. 실제로 화가들은 이제 절대주의 궁정의 관람객들을 위해 시골이나 '자연'에서 볼 수 있는 많은 사물들을 그리지 않는다. 언덕은 보이지만, 그 위에 서 있는 교수대와 거기에 매달린 처형자의 모습은 생략된다. 경작지는 묘사되지만, 힘겹게 말을 몰고 가는 넝마차림의 농부들은 보이지 않는다. 궁정언어에서 '비속어'가 사라졌듯이, 궁정의 상류층을 위한 회화와 스케치에서도 비천하고 상스러운 것들은 모두 없어져버렸다.

중세 말기 상류층의 감정구조를 알려주는 '가옥대장'의 스케치들은 이와 다르다. 여기에서 이 모든 것들은—교수대와 허름한 옷차림의 농노들, 열심히 일하는 농부들—실제 모습 그대로 그림 속에 묘사되어 있다. 이들은 훨씬 뒤에 오는 시대의 그림에서처럼 그 저항정신을 특별히 강조하여 묘사되지 않았고 매일 주변에서 마주치는 황새 둥지나 교회탑처럼 지극히 평범한 것으로 그려져 있다. 이 모든 것들이 현실 속에서 아무런 정서적 고통을 주지 않듯이, 예술 속에서도 고통스럽게 묘사되지 않는다. 오히려 그 반대로, 손 벌리는 거지와 절름발이들, 일하는 농부들과 수공업자들은 부귀를 누리는 귀족들 삶의 일부였다. 이들은 귀족에게 위협이 되지 않았고, 귀족도 그들과 동류의식을 느낄 수 없었다. 그들의 비참한 모습은 귀족들에게 고통스러운 감정을 불러일으키지 않았다. 오히려 바보나 농부들은 종종 귀족들의 웃음거리가 될 뿐이었다.

그림들도 같은 태도를 보여준다. 우선 하나의 특별한 성좌 밑에 사람들을 그린 일련의 그림들이 있다. 그림들은 기사를 중심으로 분류되지는 않았지만, 기사의 주변에 일어나는 일들과 이 일을 보는 그의 시각을 잘 드러내준다. 그리고 몇 쪽에 걸쳐 기사가 무슨 일로 살아가는지, 그의 활동과 오락을 직접 보여준다. 이 모든 그림들은 비교적 동일한 혐오감의 수준과 동일한 사회적 태도를 입증해주는 사료들이다.

맨 처음 우리는 토성(Saturn)의 별자리에 태어난 사람들을 본다. 그림 앞쪽에는 어떤 불쌍한 녀석이 죽은 말에서 내장을 끄집어내거나 아니면 쓸 만한 고기를 잘라내고 있는 듯한 모습이 보인다. 그는 몸을 앞으로 구부리고 있어 바지가 흘러내려 있고, 그 위로 엉덩이가 비죽이 보인다. 암퇘지 한 마리가 그의 뒤에서 코를 킁킁거리며 냄새를 맡고 있다. 거의 누더기에 가까운 옷을 걸친 연약한 노파가 목발을 짚고 절름거리며 걸어가고 있다. 길가의 조그만 동굴 속에는 불쌍한 남자가 양손과 양발이 차꼬에 묶인 채 앉아 있고, 그 옆에는 한 손은 차꼬에, 다른 손은 사슬에 묶인 여자가 앉아 있다.

뒤편 숲과 언덕 사이로 흘러가는 개울에서 한 농노가 수갱을 파고 있다. 저 멀리 농부와 어린아들이 말을 끌며 힘겹게 언덕빼기 농토를 갈고 있는 모습이 보인다. 그 뒤편 먼 곳에서는 넝마를 걸친 남자가 교수대로 끌려가고, 그 옆에는 깃털 달린 모자를 쓴 무장한 남자가 당당하게 걸어가고 있다. 다른 편에는 수도복을 입은 수도사가 커다란 십자가를 그에게 내밀고 있다. 그 뒤에 기사와 그의 부하 두 명이 말을 타고 간다. 언덕 위에는 사형수가 매달려 있는 교수대가 서 있고, 환형의 형차 위에는 시체가 놓여 있다. 까마귀들이 그 주변을 빙빙 돌고 있고, 한 마리는 막 시체를 뜯어먹고 있다.

특별히 교수대가 강조되지는 않았다. 그것은 개울이나 나무처럼 거기 있을 뿐이다. 기사가 사냥하러 가는 모습도 같은 식으로 그려져 있다. 한 무리의 사람들이 말을 타고 지나간다. 신사와 숙녀들은 가끔 같은 말에 타고 있다. 암사슴 한 마리가 조그만 숲속으로 사라진다. 수사슴이 상처를 입은 것 같다. 저 멀리 뒤편으로 연못, 물레방아, 풍차와 몇 채의 집들이 보이는데, 조그만 마을 같기도 하고 여관 마당 같기도 하다. 농부들은 농토를 갈면서, 자신의 밭으로 막 뛰어들어오는 암사슴을 쳐다본다. 그림의 한 쪽 꼭대기에는 성이 있으며 성의 맞은편 조금 낮은 언덕 위에는 환형 형차와 사형수가 매달린 교수대가 보이고, 그 위를 새들이 맴돌고 있다.

기사의 재판권을 상징하는 교수대는 그의 삶의 무대장치로서 특별히 중요하지는 않지만 그렇다고 불쾌하지도 않다. 유죄판결, 처형과 죽음 등 이 모든 것은 이 시대의 삶 속에서는 더욱 현실적이다. 그것들은 아직 무대 뒤로 사라지지 않았던 것이다.

가난한 사람들이나 노동하는 사람들도 마찬가지이다. "너희들 모두가 주인이라면, 누가 우리의 농토를 일구겠는가"라고 13세기에 베르톨드 폰 레겐스부르크(Berthold von Regensburg)는[원주3] 자신의 설교에서 묻고 있다. 그는 다른 곳에서 더욱 명확하게 말한다. "우리의 전능하신 주님께서 전체 기독교도들을 10부류의 사람들로 나누셨고 낮은 사람들이 자신의 지배자인 높은 사람들에게 어떤 봉사를 해야 하는지 정하셨음을 너희 성도들에게 말하노라. 처음 3부류는 가장 높고 고귀한 지위를 가진 사람들로서 전능하신 주님께서 이들을 직접 택하시고 정하셨으니 다른 7부류의 사람들은 그들에게 복종하고 봉사해야 하느니라."[원주4] 우리는 15세기의 그림들에

[원주3] Berthold von Regensburg, *Deutsche Predigten*, ed. Pfeiffer and Strobl (Wien, 1862~80), vol.1, 14, p.7.

서도 이와 동일한 삶의 감정을 발견한다. 전사와 귀족들은 여유롭게 즐기고 다른 사람들은 그들을 위해 일해야만 하는 것은, 지극히 자연스럽고 당연한 세계의 질서로서 혐오스러운 일이 아니다. 인간은 모두 같다는 감정은 아직 없다. 모든 사람들이 '평등하다'는 관념조차 이러한 삶의 지평선에는 없다. 바로 그 점 때문에 노동하는 사람들을 봐도 수치심이나 불쾌감이 일어나지 않는 것이다.

장원을 묘사한 그림은 신사들의 오락을 보여준다. 귀한 신분의 한 처녀가 젊은 남자친구에게 화환을 얹어주고 있다. 그는 그녀를 끌어안는다. 다른 한 쌍의 다른 남녀는 서로 포옹한 채 산보하고 있다. 늙은 하녀는 화난 얼굴로 못마땅한 듯이 젊은이들의 사랑유희를 바라본다. 그 옆에서 하인들이 일하고 있다. 하인 하나는 마당을 쓸고, 다른 하인은 말을 솔질하고 있으며, 세번째 하인은 오리들에게 먹이를 주고 있다. 한 하녀가 창문으로 그에게 눈짓을 보내자, 그는 몸을 돌려 곧 집안으로 사라진다. 놀이를 하고 있는 숙녀들, 그들 뒤에는 농부들이 익살을 부리고 있다. 황새가 지붕 위에서 운다.

호수 옆에 조그만 정원이 있다. 젊은 귀족이 부인과 함께 다리 위에 서 있다. 그들은 난간에 기대어 하인들이 물고기와 오리를 잡는 모습을 바라본다. 세 명의 젊은 아가씨들이 작은 배를 타고 있다. 갈대와 작은 수풀, 그리고 멀리 조그만 도시의 성벽이 보인다.

수풀이 우거진 산 앞에서 집을 짓고 있는 노동자들을 보자. 성의 주인과 안주인이 그들을 바라보고 있다. 노동자들은 조그만 산에 채석용 땅굴을 파고 있다. 몇 사람들은 돌을 깨고 다른 이들은 그 돌을 나르고 있다. 그 앞의 반쯤 완성된 건축물에서 사람들이 일하고 있다. 그림의 맨 앞쪽에 노동자들이 서로 싸우는 모습이 보인다. 그들은 서로 칼로 찌르고 돌로 치려하고 있다. 그리 멀리 떨어지지 않은 곳에 성주인이 서 있다. 그는 부인에게 싸움질하는 사람들의 광경을 가리키고 있다. 완벽하게 침착한 주인 부

[원주4] 같은 책, vol.1, 141, pp.24ff.

부의 모습은 싸우는 노동자들의 흥분된 몸짓과 강한 대조를 이루고 있다. 천민들은 서로 치고 받지만, 주인은 그런 일과 아무런 상관이 없다. 그는 전혀 다른 영역에서 살고 있는 것이다.

변화된 정서상태를 강조하는 것은, 오늘날에도 크게 다르지 않은 그 사건 자체가 아니라 무엇보다도 그것을 묘사하였다는 사실과 그 묘사방식에 있다. 후세의 상류층이라면 이런 장면을 그리게 하지도 않았을 것이다. 그런 그림은 그들의 정서에 맞지 않을 뿐만 아니라 '아름답지'도 못하다. 그것은 '예술'에 속하지 않는다. 중산층과 특히 비궁정계층을 대변하였던 후기의 네덜란드 화가들 가운데, 예컨대 브뢰겔(Brueghel)의 작품에서 우리는 절름발이들, 농부, 교수대나 용무를 보고 있는 사람들을 화폭에 옮길 수 있었던 혐오감의 수준을 발견한다. 그러나 이 수준은 중세 말기 상류층의 그림과는 전혀 다른 사회적 정서와 결합되어 있다.

중세에 노동계층의 존재는 자명한 일이었다. 심지어 그들은 기사들의 삶의 풍경에서 빼놓을 수 없는 장식품이었다. 주인은 그들에 둘러싸여 살았다. 옆에서 일하는 종과 마주치거나 종이 자신의 방식대로 즐기는 모습을 본다고 해도 주인은 놀라지 않는다. 주인의 자아의식에 있어서 필수적인 요소는 자신과는 다른 유의 사람들이 주변에서 움직이고 있고, 또 자신이 그들의 주인이라는 것이었다.

이러한 감정은 그림 속에 되풀이해서 표현된다. 기사의 활동과 태도에 하류층의 천한 짓거리들을 대비시키지 않은 그림이라곤 찾아볼 수가 없다. 말을 타든, 사냥하든, 사랑하거나 춤을 추든 주인이 하는 일은 모두 고상하고 예절 바르며, 종들이나 농부들의 행위는 거칠고 버릇없는 것이다. 중세 상류층의 정서는 비천한 모든 것들을 삶의 무대 뒤로 감추고, 더 나아가 그림에서도 배제할 것을 요구하지는 않았다. 그들은 자신이 다른 사람들과 다르다는 사실을 아는 것만으로 만족하였던 것이다. 차이를 본다는 것은 삶의 쾌락을 증대시키는 일이었다. 그러한 차이에 대한 쾌락이 조금 완화된 형식으로 셰익스피어에게서도 발견된다는 사실을 우리는 기억할 수 있다. 중세 상류층의 유품들이 있는 곳에서는 어디에서나 우리는 억제되지 않은 원형 그대로 항상 동일한 태도를 발견할 수 있다.

사회의 상호의존과 분화가 계속 진행되면 될수록, 상류층은 실제로 점점 더 다른 계층에 의존하게 되고, 그와 함께 이 다른 계층의 사회적 세력은, 적어도 잠재적으로는 커진다. 설령 중세의 상류층이 일차적으로 전사계급 이었고, 칼과 무기를 독점함으로써 다른 계층들을 제압했다 하더라도 다른 계층에 대한 그들의 의존과 종속이 전혀 없었다고는 할 수 없다. 그러나 그 것은 비교적 미미했다. 밑으로부터 위로의 압력도 앞으로 더욱 자세히 다 루겠지만, 비교적 약했다. 따라서 상류층의 주인의식과 다른 계층에 대한 멸시는 그만큼 더 적나라했으며, 이런 감정과 충동을 억제하라는 압박감도 훨씬 덜했다.

이러한 주인의식의 자명성과 다른 사람에 대한 가부장적 경멸을 이 그림 처럼 생생하게 눈앞에 보여주는 것도 드물다. 이러한 점들이 비단 귀족이 싸움질하는 노동자들을 보라고 자신의 아내에게 가리키는 태도나, 일종의 주물공장에서 역겨운 냄새를 풍기는 증기 앞에 코를 막고 있는 노동자의 태도에서만 표현되는 것은 아니다. 상류층의 주인의식과 가부장적 경멸은 고기 잡는 종을 바라보는 주인의 태도, 처형자가 매달린 교수대를 반복해 서 묘사하는 사실에서, 또 기사의 고상한 동작과 민중의 거친 동작을 대비 하는 자연스럽고 무심한 방식에서 특히 분명하게 드러난다.

무술경기를 그린 그림이 있다. 음악가들이 연주한다. 어릿광대들이 익살 을 부린다. 귀족들은 말을 타고 있고 종종 남녀가 같은 말에 타고 담소하고 있다. 농부, 시민들, 복장을 통해 그 신분이 드러나는 의사가 경기를 관람 하고 있다. 무거운 갑옷 속에서 상당히 무력하게 보이는 두 명의 기사들이 한가운데 서 있다. 친구들이 그들에게 조언을 한다. 방금 한 기사에게 긴 창이 건네진다. 전령관이 나팔을 불자, 기사들은 창을 상대방에게 겨누고, 돌진한다. 배경에는 주인들의 고상한 오락과 대조되는 민중들의 천한 오락 이 묘사되어 있다. 갖가지 터무니없는 짓거리들과 함께 경마 광경이 펼쳐 진다. 한 남자가 말꼬리에 매달린다. 그 말을 탄 남자는 화를 낸다. 다른 사람들도 말에 채찍질을 하면서 기이한 자세로 뒤쫓아 달린다.

또 전투진지를 그린 그림도 있다. 포차들을 둥글게 배치하여 방벽을 삼고 원형 진지를 구축하고 있다. 그 안에는 갖가지 다양한 문장들이 새겨져 있고 깃발들이 꽂혀 있는 화려한 천막들이 세워져 있다. 깃발들 중에는 제국기도 휘날리고 있다. 그림 한가운데에 왕이나 황제로 보이는 인물이 기사들에 둘러싸여 있다. 말을 탄 전령이 그에게 방금 전황을 보고한다. 진지의 입구에는 구걸하는 여자들이 아이들을 데리고 앉아서 손을 비비고 있고, 말을 탄 철갑무장의 병사가 사슬에 묶인 포로들을 이송하고 있다. 그 멀리 뒤편에는 농부들이 밭을 갈고 있는 모습이 보인다. 진지벽 밖에는 뼈나 동물의 잔해, 죽은 말이 여기저기 흩어져 있고, 한 마리의 까마귀와 야생 개가 그것들을 뜯어먹고 있다. 시종 한 명이 포차 바로 옆에 웅크리고 앉아 막 용무를 보고 있다.

별자리 화성(Mars)의 그림에는 기사들이 마을을 습격하고 있는 장면이 그려져 있다. 앞에는 기사의 시종들 중 한 명이 누워 있는 농부를 칼로 찌르고 있다. 오른쪽의 작은 예배당 안에서는 두번째 남자가 찔리고 있고, 그의 물건들이 밖으로 실려나온다. 지붕 위에는 황새들이 평화롭게 둥지 속에 들어 있다. 멀리 뒤편에는 마침 한 농부가 울타리를 넘어 도망가려 하지만, 말 위의 기사가 삐죽이 나온 그의 속옷자락을 붙잡고 있다. 농부의 아낙네는 소리를 지르고 손을 비비면서 애원한다. 사슬에 묶인 농부는 비참하고 가련하게도 말을 탄 기사에게 머리를 얻어맞고 있다.

그보다 뒤쪽에서는 기병들이 집에 불을 지르고 있다. 그들 중 한 명은 가축을 몰아내면서, 이를 말리는 농부의 아낙네를 때리고 있다. 마을교회의 조그만 탑 안에 모여 있는 농부들은 공포에 질린 얼굴로 창 밖을 내다보고 있다. 아주 멀리 조그만 산 위에는 요새 같은 수도원이 자리잡고 있다. 높은 담벽 위로 십자가가 달린 교회지붕이 보인다. 그보다 조금 위, 나지막한 언덕 위에는 성이나 수도원의 일부 건물이 서 있다. 바로 이것이 전쟁신의 성좌가 화가에게 연상시켰던 장면들이다.

이 그림들은 너무나 사실적이고 생생하여 우리는 마치 눈앞에서 실제로 벌어지는 광경을 보고 있는 듯한 느낌을 가진다. 우리가 그토록 생생한 현실감을 느끼는 까닭은 바로 이 그림들이 아직 '감상적'이지 않기 때문일 것이다. 또 차후 오랜 기간 동안 상류층이 예술로 하여금 항상 자신들이 원하는 환상만을 표현하게 하고, 향상된 혐오감의 수준에 거슬리는 모든 것을 억압했던 그 감정제한이 이 그림들로부터 아직 표출되지 않기 때문일 것이다. 이 그림들은 기사들이 세상을 어떻게 보고 느끼는지를 단순히 서술하고 있을 뿐이다. 감정의 선별적 여과, 다시 말하면 즐거운 것은 묘사하고, 불쾌하고 수치스러우며, 정서적 고통을 불러일으키는 것들은 삭제해버리는 감정의 틀은 중세에는 많은 사실들을 아무런 장애없이 그대로 통과하게 해주었다. 후대에 가서 이 사실들은, 예술가들이 상류층의 본능검열에 대한 의식적 또는 무의식적 항거를 표현하고자 할 때에만 겨우 묘사될 수 있는 기회를 얻게 되며, 바로 그 점 때문에 때때로 지나치게 강조되기도 했다.

농부는 여기 이 그림에서 동정심을 자극하지도 않고, 미덕의 대변자도 아니다. 그렇다고 미운 악덕의 대변자도 아니다. 그는 그저 비참하고 가소로울 뿐이며, 기사도 그를 그렇게 보고 있다. 기사 중심의 세상이었다. 굶주린 개들, 구걸하는 여자들, 썩어문드러진 말들, 담벽에 웅크리고 처량하게 앉아 있는 시종들, 불타고 있는 마을들, 강탈당하고 맞아죽는 농부들, 이 모든 것들은 무술경기나 사냥과 마찬가지로 이 사람들의 삶의 풍경이었다. 그렇게 신은 이 세상을 창조하였다. 한편은 주인으로, 다른 편은 종으로. 당혹스럽고 난처한 것은 아무것도 없다.

중세 말기의 기사사회와 이어질 절대주의 궁정사회 간의 감정수준의 차이는 사랑의 묘사방식에서도 분명해진다. 금성(Venus)의 성좌 아래 태어난 사람들을 그린 그림이 있다. 다시금 멀리 확 트인 자연을 보게 된다. 나지막한 언덕들, 굽이굽이 흘러가는 강물, 수풀과 조그만 숲이 있다. 그림 앞면에는 몇 쌍의 귀족 남녀들이 짝을 지어 산보하고 있다. 그들은 음악에 맞춰 화려하고 우아하게 원을 그리며 걷고 있다. 그들은 모두 유행에 따라 신코가 긴 신발들을 신고 있다. 그들의 움직임은 절제되어 있고 부드럽다. 한 사람은 모자에 커다란 깃털을 달았고 다른 이는 머리에 화환을 쓰고 있다. 우리가 보고 있는 것은 아마 일종의 느린 춤인 것 같다. 그 뒤에는 음악을 연주하는 세 명의 소년들이 서 있고, 과일과 음료수가 차려진 탁자가 놓여져 있다. 시중을 드는 젊은 청년이 탁자에 기대어 있다.

맞은편에 울타리와 문으로 에워싸인 조그만 정원이 있다. 나무들이 우거져 그늘을 이루고 있고 그 아래에 타원형의 목욕통이 놓여져 있다. 통 속에 앉아 있는 벌거벗은 젊은 남자가 막 통 안으로 들어오는 알몸의 여자를 탐욕스럽게 붙잡고 있다. 음료수와 과일을 가져오던 늙은 하녀는 못마땅한 얼굴로 젊은 연인들의 사랑놀이를 쳐다본다. 정면에서 주인들이 즐기듯이 뒤에서는 시종들이 즐기고 있다. 그들 중 한 명은 막 하녀를 덮치려 하고 있다. 바닥에 누워 있는 하녀의 치마는 이미 치켜 올라가 있다. 그는 가까이에 아무도 없는지 다시 한 번 주변을 둘러본다. 다른 쪽에서는 북아프리카 모어인이 춤을 추듯이 두 명의 평민 청년들이 팔과 다리를 휘두르면서 원무를 추고 있고, 세번째 청년은 그들을 위해 연주하고 있다.

마찬가지로 탁 트인 시골풍경 속에 돌로 지은 조그만 목욕탕이 보인다. 그 앞에는 돌담으로 둘러싸인 조그만 정원이 있다. 그 위로 길이 하나 뻗어 있고, 덤불과 늘어선 나무들이 멀리까지 이어져 있다. 정원 곳곳에는 젊은 연인들이 앉아 있거나 산보하고 있다. 그중 한 쌍은 멋있는 분수를 감상하고 있고 다른 연인들은 서로 대화를 나눈다. 젊은 남자들 중 한 명은 손에 회초리를 들고 있다. 개들과 새끼 원숭이들 그리고 분재식물들이 보인다.

커다란 아치형의 열린 창문을 통해 목욕탕 안이 들여다보인다. 두 명의 청년들과 한 소녀가 알몸으로 탕 속에 나란히 앉아 이야기를 나눈다. 두번째 소녀도 이미 옷을 벗고 탕 안으로 들어가려고 막 문을 열고 있다. 목욕탕의 커다란 아치형 천장에 한 소년이 앉아 목욕하는 사람들을 위해 기타로 음악을 연주하고 있다. 아치 밑에는 물이 흘러나오는 수도꼭지가 보인다. 목욕탕 앞에는 물이 채워진 큰 통이 놓여져 있고, 그 속에는 시원한 음료수들이 들어 있다. 그 옆 식탁에는 과일과 술잔들이 차려져 있고, 머리에 화환을 쓴 젊은 귀족은 손으로 머리를 우아하게 받치고 식탁에 기대어 앉아 있다. 목욕탕 이층에는 하녀와 시종이 주인들이 즐기는 모습을 내려다본다.

남녀간의 성적 관계가 실제 사회생활이나 그림에서 누구나 이해할 수는 있지만 반쯤은 감추어져 넌지시 암시되던 후기와는 달리 이 시대의 그림에서는 훨씬 더 스스럼없이 그려진다. 내면적·외면적 사회통제를 피하기 위하여, 나신이 마치 고대 그리스인이나 로마인의 의상인 것처럼, 그림에서 감상적으로 표현될 정도로 그것이 아직 수치심과 결부되지는 않았던 것이다.

그러나 여기에서 나신은 나중에 비밀리에 손에서 손으로 건네지던 '사적인 음화'(陰畵)에서처럼 그렇게 표현되어 있지도 않다. 이 그림에 묘사된 사랑의 장면은 '외설'과는 거리가 멀다. 사랑은 무술경기, 사냥, 출정이나 약탈 등과 같은 기사생활의 다른 활동들처럼 자연스럽게 표현될 뿐이다. 그 장면들을 특별히 강조하지도 않았다. 폭력성이나 자극적인 경향, 그리고 모든 '외설'의 특징이라 할 수 있는, 실제 삶에서 포기했던 소망을 예술적 묘사를 통해 보상받으려는 경향들은 여기에서는 찾아볼 수 없다.

이 그림은 억압받은 영혼으로부터 나온 것이 아니다. 또 그것은 금기를 파괴하면서 무언가 '비밀스러운 것'을 발견하고자 하지도 않는다. 이 그림에서 묘사된 사랑의 장면은 아무런 심적인 부담없이 그려진 것이다. 장인은 그가 실제생활에서 항상 보아왔던 것들을 화폭에 담을 뿐이다. 남녀관계를 표현하는 이 시대의 방식이 우리의 수치심 및 혐오감의 수준에 견주어 자유롭고 스스럼이 없기 때문에 우리는 이러한 행동을 '소박하다'고 말한다. 심지어 '가옥대장'을 그린 장인이 가끔 우리의 정서에는 극히 야비하게 느껴지는 장난을 치고 있음을 발견할 수 있다.

이 시대의 다른 장인들도, 예컨대 장인 E.S.나 그를 모사하였지만 일반에게 더 잘 알려진 『리본을 가진 장인』[원주5]도 마찬가지이다. 게다가 이 모티브를 수용하여 일반에게 널리 퍼뜨린 모사가가 수도승이었을 수도 있다는 사실은 수치감의 사회적 수준이 우리의 것과 얼마나 달랐는가를 말해준다. 그러나 그런 일들도 옷의 어느 한 부분을 자세히 설명하듯이 그렇게 자

[원주5] Max Lehrs, *Der Meister mit den Bandrollen* (Dresden, 1886), pp.26ff.

연스럽게 그려져 있다. 우리가 그것을 익살이라 부른다면, 이 익살은 약탈
당하고 쫓기는 농부의 속옷을 기사가 잡을 수 있도록 비죽이 나와 있게 그
리거나 또는 젊은이들의 사랑놀이를 쳐다보는 늙은 하녀를 마치 그녀는 그
런 즐거움에는 너무 늙었다고 조롱하려는 듯이 화난 표정으로 표현하는 익
살보다 더 짓궂지는 않을 것이다.

이 모든 것은 사람들이 비교할 수 없을 정도로 쉽고 급하고 즉흥적으로
그리고 솔직하게 자신의 본능이나 감정에 굴복당하는 사회, 감정이 양극단
사이에서 심하게 동요하던 사회를 표현한다. 농부나 기사를 포함한 중세의
세속사회 전체를 특징짓는 이러한 감정통제의 수준에서도 분명 상당한 편
차가 있다. 또한 이 수준에 순응하는 사람들도 상당한 정도의 충동억제에
따르지 않을 수 없었다. 단지 그 방향이 달랐을 뿐이다. 즉 충동억제의 정
도가 달랐고, 그 형태가 지속적이고 동질적이며 거의 자동적인 자기통제의
형태가 아니었던 것이다.

이 당시 사람들의 통합과 의존방식은 자신들의 육체적 기능을 서로 자제
하게 하거나 자신들의 공격욕을 다음 시대만큼 억누르도록 강요하지 않았
다. 이는 모든 사람들에게 해당된다. 물론 농부들에게 허용된 공격욕의 활
동반경은 기사들의 것보다 좁았다. 즉 그들의 공격욕은 단지 다른 농부들
을 상대로 해소될 수 있었던 것이다. 이와는 반대로 기사들의 공격욕 표출
은 다른 계층에 대해서는 덜 제한받은 반면, 같은 계층을 대상으로 할 경우
에는 기사도의 규제로 인해 보다 더 조심스러웠다.

농부들의 경우에는 그가 충분히 먹지 못한다는 단순한 사회발생적 사실
이 공격욕의 표출을 억제하였다. 이는 분명히 가장 효과적인, 그리고 그 사
람의 전체 거동에서 저절로 드러나는 본능억제의 수단이었다. 그가 조심스
럽게 코를 풀고 침을 뱉든 또 식탁에서 덥석 음식을 잡지 않으려고 자제하
든 어느 누구도 관심을 기울이지 않았으며 또 그의 사회적 처지로 볼 때 그
일이 반드시 필요하지도 않았다. 바로 이 방향의 강제성은 기사계층에게는
더 강하게 작용한다. 중세의 감정통제 수준이 이후의 시대에 견주어 통일
되어 있는 듯이 보일지라도, 세속사회 내의 여러 사회계층에 따라——성직

자 계층은 말할 것도 없고—상당한 차이가 있었다. 물론 세부사항은 우리가 앞으로 연구해야 할 과제이다. 이 그림들 속에서 신중한, 이따금 점잖빼는 귀족들의 행동과 시종들이나 농부들의 서툰 행동을 비교해보면 우리는 이 사실을 곧 알 수 있다.

중세인들의 감정표현은 전체적으로 후대의 사람들보다 더 즉흥적이고 자유분방하다. 그러나 그것이 절대적인 의미에서 자유롭다거나 또는 사회적으로 조형되지 않았음을 뜻하지는 않는다. 이 측면에 있어서 절대적인 영점은 없다. 아무런 제한없는 인간은 하나의 환영에 불과하다. 따라서 금지와 통제와 상호의존의 종류, 강도, 극복방식은 수백 번이나 변하며, 이와 더불어 감정의 갈등과 평형, 개인이 추구하고 발견하는 충족의 강도와 방식도 변화한다.

우리가 이 그림들을 서로 연결하여 관찰한다면, 우리는 기사들이 그 당시 어떻게 자신들의 욕구를 충족시켰는지 어느 정도 윤곽을 잡을 수 있다. 그는 이때 이미 자주 궁정에서 생활하곤 했다. 그러나 성과 장원, 언덕, 냇물, 경작지와 마을, 나무와 숲은 여전히 그의 삶의 무대였다. 그는 이러한 삶의 배경을 당연하게, 그리고 비감상적으로 받아들였다. 이곳이 그의 삶의 터전이었고, 이곳에서 그는 주인이었다. 그의 삶은 대체로 전장으로의 출정, 무술시합, 사냥과 사랑놀이로 나누어졌다. 그러나 이미 15세기에, 더욱 결정적으로는 16세기로 들어서면서 상황은 변한다. 옛 귀족들과 새로 귀족으로 부상한 집단으로 구성된 신흥 귀족층이 반(半)도시적 궁정에서 형성되는데 이들은 새로운 삶의 공간, 새로운 기능, 또 이에 상응하는 전혀 다른 감정구조를 가지고 있었다.

신흥귀족들도 이 차이를 느꼈고 가끔 명시적으로 표현했다. 1562년 장 뒤 페이라(Jean du Peyrat)가 델라 카사의 『예법서』를 프랑스어로 번역했다. 그는 그 책의 제목을 『갈라테오 또는 신사가 모든 모임에서 행동해야 하는 방식』(Galatée ou la maniere et fasson comme le gentilhomme se doit gouverner en toute compagnie)이라 붙였다. 이 책의 제목이 벌써 귀족에게 가해지는 억압이 더욱 강해졌음을 분명하게 표현하고 있다.

그러나 페이라는 기사가 부응해야 하던 삶의 요청과 귀족들이 이제 따라야 할 궁정생활의 요청들 간에도 차이가 있다는 점을 서론에서 특별히 강조한다.

각하! 신사의 미덕과 완벽함이 정확하게 말에 박차를 가하고, 창을 다루며, 갑옷을 입고도 바르게 앉아 있거나, 모든 종류의 무기를 사용하는 데에만 있지도 않고 또 숙녀들과 함께 하는 자리에서 예절 바르게 행동하거나 사랑을 추구하는 데에만 있지도 않습니다. 이것은 신사의 특성으로 간주되는 활동들 중 단지 일부에 불과하기 때문입니다. 그 밖에도 왕과 제후와 함께 하는 식탁에서의 의무가 있고, 대화상대의 지위와 신분에 맞게 또 그들의 눈짓, 몸짓, 눈의 깜박거림과 같은 가장 미세한 움직임에 따라 자신의 언어를 조절하는 방식도 있습니다.

'가옥대장'의 그림들 속에서 귀족의 미덕, 장점 그리고 활동으로 그려졌던 것, 즉 무기를 다루고 사랑을 할 수 있는 재주가 여기에서 또다시 열거된다. 제후들의 신하라는 새로운 삶의 공간이 귀족에게 요구하는 미덕과 장점이 이와 대조를 이룬다. 귀족생활에는 필요하지도 가능하지도 않았던 행동의 새로운 통제, 더욱더 포괄적인 규제가 귀족에게 요구된다. 이는 귀족이 처한 새로운 의존관계의 결과라 할 수 있다.

그는 이제 성의 소유주로서 자신의 성을 고향으로 삼은 자유인이 아니라 궁정에 살면서 제후들에게 봉사해야 하고 그들의 식사시중을 들어야 하는 사람이다. 그는 여러 사람들과 함께 생활하면서, 그들 한 사람 한 사람의 지위에 따라 각각 다르게 행동해야 한다. 그는 궁정에 살고 있는 사람들의 다양한 서열과 명망에 맞추어 정확하게 처신하고 자신의 언어를 정확하게 조절하며 시선조차도 정확하게 통제하도록 배워야 한다. 이와 같은 새로운 삶의 공간과 새로운 통합형식이 인간에게 강요한 것은 새로운 자기규율, 비교할 수 없을 정도로 강한 자기절제인 것이다. '쿠르투아지'(봉건적 예절)란 개념으로 표현되던 태도의 이상적 형태는 점차 '시빌리테'(예절)란 개념으로 대체된다.

장 뒤 페이라가 번역한 『갈라테오』는 이러한 과도기를 언어적으로 표현한다. 1530년 또는 1535년까지 프랑스에서는 '쿠르투아지'란 개념만이 통용되었다. 16세기 말쯤 '시빌리테' 개념이 우위를 점하게 되지만, 다른 개념도 같이 쓰였다. 이 책이 출판된 1562년 무렵 두 단어는 거의 비슷하게 혼용된다. 페이라는 헌사에서 다음과 같이 말한다. "젊은 궁정신사 한 분의 교훈을 담고 있는 이 책이 쿠르투아지, 시빌리테, 좋은 태도와 칭송할 만한 습관에 있어서 다른 사람들의 모범이며 거울인 그분에 의해 보호받게 하라."

헌사의 주인공은 나바라의 왕자였던 앙리 부르봉(Henri Bourbon)인데, 그의 삶 자체가 기사에서 궁정인으로의 전환기를 가장 명확하게 상징한다. 즉 그는 나중에 앙리 4세로서 이 변동의 직접적 집행자가 되어, 자유로운 영주와 기사에서 탈피하여 왕에게 종속된 신하로 변신해야 한다는 사실을 이해하지 못했던 저항자들을——종종 자신의 의사에 반하여——강요하거나 죽이기까지 했던 것이다.[원주6]

[원주6] 이 연구에서 배제되었던 문명화에 관한 자료들을——공간적인 제약 때문이기도 하고 또 커다란 문명화곡선의 이해에 근본적으로 새로운 관점을 첨가하지 않기 때문에——바탕으로 나는 이 각주에서 하나의 특수한 문제를 다루고자 한다. 이 문제는 우리의 관심을 받을 만한 가치가 있는 것이다. 청결, 세척과 목욕에 대한 서구인들의 관계도, 장기간에 걸쳐 관찰해보면, 여러 방면에서 확인되었던 본문 속의 문명화곡선과 동일한 곡선을 그리고 있음을 알 수 있다. 규칙적인 청소와 신체의 지속적인 청결유지에 대한 자극도 일차적으로 위생적인 인식으로부터, 즉 건강에 미치는 불결의 폐해에 대한 분명하고도 '합리적'인 통찰로부터 나온 것이 아니다. 세척과의 관계 역시 본문에서 누누이 언급되었고 또 다음 장에서 더욱 상세하게 설명될 인간관계의 변화와 밀접하게 연관되어 변한다. 사람들은 처음에는 단지 타인들을, 특히 사회적 상급자들을 고려해서 규칙적으로 몸을 씻었다. 다시 말하면 그들은 사회적 이유에서, 어느 정도 피부로 느낄 수 있었던 외부통제 때문에 매일 몸을 깨끗이 했던 것이다. 이러한 외부통제가 없을 경우, 그리고 자신들의 사회적 위치가 요구하지 않을 경우 사람들은 규칙적인 세척을 아예 그만두거나 개인의 직접적인 안녕에 필요한 최소한의 회수로 제한했다. 오늘날 몸을 씻고 청결하게 하는 일은 어릴 적부터 길들여진 습관이 되었으며, 타인을 고려해서——원래는 타인이 시켜서, 즉 외부강요로 인하여——몸을 씻고 청결을 유지한다는 의식은 개인들에게 거의 사라져버렸다고 할 수 있다. 사람들은 이제 씻지 않는다고 질책하거나 벌을 내릴 다

른 사람이 없어도 자기강요에 의해 몸을 씻는다. 그렇게 하지 않는다는 것은 오늘날에는—
예전과는 달리—사회적 수준에 완벽하게 적응하지 못한 부족한 훈련의 표현으로 간주된다.
다른 영역의 문명화곡선에 있어서 두드러지는 동일한 행동변화와 감정구조의 변화를 우리는
여기에서도 찾을 수 있다. 즉 사람들이 서로에게 가하는 제재가 점점 더 뚜렷하게 개인의 자
기통제로 전환되면서 인간의 사회관계도 변한다. 다시 말하면 초자아가 확고하게 형성되는
것이다. 한마디로 간략하게 말하면 이것은 개인의 심리구조에서 사회적인 규율을 대표하는
영역으로서, 오늘날 개인들이 규칙적으로 씻고 청결하게 하도록 규제하는 개인의 초자아이
다. 오늘날 많은 남성들이 사회적인 의무가 꼭 없더라도 매일 수염을 깎는다는 사실을 상기한
다면 우리는 이러한 기제를 더욱 잘 이해할 수 있을 것이다. 그들은 단지 습관적으로 매일 면
도를 하는 것이다. 다시 말하면 그 일을 생략할 경우 자신들의 '초자아'로 인해 언짢은 느낌을
가지기 때문에 설사 하루쯤 그만두어도 건강에 해롭거나 비위생적이지 않은데도 불구하고 그
렇게 하는 것이다. 물과 비누로 매일 규칙적으로 씻는 일 역시 우리 사회에서는 하나의 '강제
행위'가 되었다. 그것은 일종의 훈련을 통해 습관으로 길러졌으며 위생적인 그리고 '합리적'인
설명에 의해 우리의 의식 속에 확고하게 새겨져 있다. 이제 이 변화를 다른 관찰자의 증언을
통해 입증해 보자. I. E. Spingarn은 델라 카사의 『갈라테오』의 영역본에 대한 서문에서 다
음과 같이 말한다. "우리의 관심은 오로지 세속적인 사회에 있었다. 우리는 이 사회에서 청결
이 사회적으로 꼭 필요한 경우에 한해서 고려되었다는 사실을 발견했다. 청결은 결코 개인적
인 욕구나 습관으로 보이지 않았다. 사회적 행동에 대한 델라 카사의 기준을 여기에 적용해도
마찬가지이다. 청결은 타인을 즐겁게 할 필요성의 지시를 받았을 뿐 결코 개인의 본능에 의한
어떤 내면적 요구에 기인하는 것은 아니었다.…… 이제 이 모든 상황은 변했다. 개인적인 청
결은 개인적인 필요에 의한 것이라고 이제 누구나 인정하기 때문에 그것은 어떤 점에서도 사
회적 행동이라는 문제와 연관되지 않는다." 관찰자가 자신의 사회의 수준—청결에 대한 내
면적 욕구—을 주어져 있는 것으로 받아들이고, 그것이 역사의 과정에서 어떻게 그리고 왜
변해왔는지를 묻지 않기 때문에 변화의 곡선은 더더욱 명확하게 드러난다. 실제로 오늘날 어
린이들만이 외부의 강요에 의해, 즉 자신들이 의존하는 사람들 때문에 몸을 씻는다. 이미 말
했듯이 이 행동은 현재 어른들에게 있어 자기통제가 되고 개인적인 습관이 되어버렸다. 그러
나 예전에는 어른들의 경우에도 외부통제만이 이 행동을 유발할 수 있었다. 앞에서 종종 '사
회발생적 원칙'이란 개념으로 표현되었던 것이 다시금 새로이 명확해진다. 사회의 역사는 그
사회 속에 생활하는 개개인의 역사 속에 반영되는 것이다. 사회 전체가 수백 년 동안 거쳐온
문명화과정을 개인은 단축하여, 그러나 처음부터 통과해야만 한다. 그것은 그가 '문명화되어'
세상에 나오지 않기 때문이다. 문명화곡선의 또 다른 측면도 관심의 조명을 받을 만하다. 많
은 관찰자들은 16세기와 17세기의 사람들이 그 전시대의 사람들보다 '더 더러웠다'고 묘사한
다. 이러한 관찰들을 검토해보면 우리는 거기에서 적어도 한 가지 사항은 틀리지 않았음을 알
게 된다. 목욕과 청결의 수단으로서 물의 사용은 적어도 상류층의 생활에서 근대로의 전환기
에 조금 감소하는 것처럼 보인다. 이런 식으로 변동을 관찰해보면 그 까닭은 저절로 설명된
다. 물론 이 설명은 좀더 엄밀한 검토를 거쳐야 하지만. 목욕실에서 병을 얻을 수 있고 그로
인해 죽을 수 있다는 사실은 중세 말기에 이미 익히 알려져 있었다. 이런 경험이 어떤 영향을
미쳤는지 알기 위해서 우리는 병의 전염이나 감염방식, 인과관계 등이 아직 분명하게 밝혀지
지 않았던 그 시대 사회의 의식상태로 이입해야 한다. 이 사회에서 사람들의 의식에 선명하게

각인된 것은 물로 목욕하는 일은 위험하며 병독을 옮을 수 있다는 단순한 사실이었다. 그 당시의 사고 수준으로는 여러 차례에 걸쳐 사회를 휩쓸고 지나갔던 전염병이나 돌림병은 이런 식으로, 즉 일종의 중독으로 해석될 수밖에 없었다. 우리는 그 당시의 사람들이 이런 전염병 앞에서 얼마나 무시무시한 공포에 떨었을지 이해할 수 있다. 이 두려움은 사회적 경험의 현수준에서처럼 인과관계 및 위험의 한계에 대한 정확한 지식을 통해 제한되거나 특정한 통로로 유도될 수 없었다. 또한 목욕을 위한 온수의 사용은 실제의 위험보다 지나치게 과장된 과대망상적 두려움을 불러일으켰을 가능성도 충분히 있다. 경험의 수준이 이 정도밖에 되지 않는 사회에서 어떤 대상이나 행동이 이렇게 커다란 불안과 연관된다면 이 불안이나 불안의 상징들, 그에 상응하는 금지와 저항이 다시 퇴조하기까지는 어떤 상황에서는 실제로 아주 오랜 시간이 걸릴 것이다. 이 경우 세대교체와 함께 이 불안의 원초적인 동기에 대한 기억이 사라질 수도 있다. 인간의 의식 속에 생생히 살아 있는 것은 대대로 이어내려온 느낌, 즉 물의 사용은 위험과 결부되었다는 느낌과 일반적인 불쾌감 그리고 부단히 사회적으로 강화되는 이 관습에 대한 정서적 고통들일 것이다. 실제로 우리는 16세기에 아래와 같은 진술을 발견한다. "땀을 흘리게 하는 방과 목욕탕을 제발 피하라. 그렇지 않으면 너는 죽으리라." 1513년 의사 Guillaume Bunel이 페스트 예방을 위해 했던 충고들 중 하나이다.(*Oeuvre excellente et à chascun désirant soy de peste préserver*, reprinted by Ch. J. Richelet, Le Mans, 1836) 그의 이런 충고 속에, 우리의 관점에서 볼 때, 옳은 것과 근거없는 것들이 마구 뒤섞여 있다는 사실을 안다면, 그 시대의 두려움이 우리의 두려움에 비해 얼마나 광범위했는지 이해할 수 있을 것이다. 17세기와 18세기에도 가끔 물의 사용에 대한 경고가 발견되는데, 이 경고에는 물을 사용하면 피부에 해롭다든가 또는 감기에 걸릴 수 있다는 근거가 제시된다. 불안의 물결이 다시 서서히 밀려가는 듯하다. 그러나 현재의 연구수준에서 이것은 하나의 가정에 불과하다. 아무튼 이 가정은 그런 현상들을 이렇게 설명할 수도 있다는 점을 분명하게 보여준다. 또한 이것은 문명화과정 전체를 특징짓는 하나의 사실을 실증해준다. 즉 문명화과정은 외부의 위험을 점차적으로 배제해가는 과정 및 그러한 외적 위험에 대한 불안을 제한하고 통제하는 과정과 밀접하게 연관되어 실행된다는 것이다. 인간생활의 외적 위험들은 점점 예측가능해지고 인간의 불안의 궤도와 활동범위는 점점 더 통제된다. 삶의 불확실성은 현재를 살아가는 우리에게도 이따금 과중하게 느껴지지만, 중세사회의 개인들의 것과 비교해보면 미미할 뿐이다. 현재의 사회로 넘어오면서 서서히 확립된 불안의 근원에 대한 강력한 통제는 실제로 우리가 '문명'이란 개념으로 표현하고자 하는 그 행동수준의 가장 기초적인 전제이다. 사회가 급변하여 다시금 예전과 같은 불확실성이 우리를 엄습하고 위험의 예측가능성이 줄어든다면 문명화된 행동을 에워싼 갑옷은 곧 부서질 것이다. 그러나 특수한 형태의 불안은 문명의 진행과 더불어 오히려 증가한다. 이는 문명화된 인간들에게 부과된 제한들을 파괴하지 않을까 하는 '내면적'이고 반쯤 무의식적인 불안이다. 이 주제에 관한 종합적인 사상은 제2권의 마지막 장인 '문명화이론의 초안'에 들어 있다.

●옮긴이의 말

"문명은 아직 완성되지 않았다. 분명은 비로소 생성과정에 있다." 문명이론의 초안을 제시하면서 『문명화과정』을 갈무리하고 있는 노르베르트 엘리아스의 이 말은 여전히 하나의 기호로서 21세기의 문턱에 각인되어 있는 것처럼 보인다. 세기 전환기의 문화적 현상을 바라보면서 우리는 다음과 같은 질문은 제기하지 않을 수 없다. 우리의 문명은 어디로 가고 있는 것인가. 문명은 인간적인 문화를 가져오기보다는 오히려— 아도르노와 호르크하이머가 예리하게 분석한 '계몽의 변증법'에 따르면— 문명의 야만을 산출하고 있는 것은 아닌가. 왜냐하면 계몽주의시대 이래로 우리가 이룩하였던 국가와 사회질서, 교양과 도덕규범은 이미 20세기 중반부터 그리고 세기말에 다가가면 갈수록 더욱더 해체되고 있는 것같이 보이기 때문이다. 역사는 발전의 방향을 가늠하지 못하고 제자리걸음을 하고 있는 것처럼 보이고, 국가는 개인에 대한 통제력을 이미 상실한 것처럼 보이고, 사회는 자본주의적 경쟁이란 이름으로 다시 만인에 대한 만인의 투쟁상태로 퇴락한 것처럼 보이고, 개인들은 보편주의적 규범에 코방귀를 뀌면서 자신의 고유한 감각과 취향만을 따르고 있는 것처럼 보이기 때문이다. 이러한 가상들은, 그것이 만약 현실이라면, 문명의 이름에 하나의 커다란 물음표를 붙이기에 충분한 것들이다.

우리가 노르베르트 엘리아스의 '문명이론'에 주목하는 이유는 바로 여기에 있다. 개인을 '폐쇄적 인간'으로 규정하지 않고 관계 속의 인간으로 파악하는 그의 사회학적 직관, 역사적 고찰과 사회적 분석을 결합하는 그의 독창적인 착상, 개인의 심성구조와 사회의 권력구조를 역동적 상관관계 속에서 설명하려는 시도, 노르베르트 엘리아스를 독보적인 사회학 이론가로 부각시키는 이러한 모든 것들은 물론 이론적 관점에서 주목받기에 충분한 것들이다. 그러나 더욱 중요한 것은 우리가 처해 있는 문명의 상태를 반성적으로 사유하고 비판할 수 있는 실천적 거리를 그의 이론이 제공해준다는 점이다. 우리는 우리에게 주어진 자유에 대해 견딜 수 있을 정도의 '자기통제'를 할 수 있는가. 국가는 개인의 자유를 보장하면서도 공동체를 하나의 통일적인 유기체로 발전시킬 수 있는가. 자유와 방종, 유대와 통제가 분간하기 힘들 정도로 서로 얽혀 있는 현대의 문명상태는 우리로 하여금 노르베르트 엘리아스의 『문명화과정』에 흥미를 갖도록 만든다.

이 책이 독자들에게도 단순한 지적 욕구를 충족시킬 뿐만 아니라 우리의 삶과 문명에 대해 사유할 수 있는 실마리가 되기를 바라 마지않는다. 투박한 엘리아스의 글을 가능한 한 매끄럽게 옮기도록 노력하였지만, 그래도 남는 흠은 역자의 몫임을 밝혀둔다. 이 자리를 빌려 이 책을 옮기는 데 도움을 준 많은 사람들에게 심심한 감사의 말을 전한다. 그리고 이 책을 번역할 수 있는 기회를 준 한길사에 사의를 표하며, 좋은 책이 되도록 온갖 노력을 아끼지 않은 편집부 여러분들에게 고마운 마음을 전한다.

1996년 여름 대구에서
박미애

●노르베르트 엘리아스 연보

1897년 6월 22일 브레슬라우에서 유태인 헤르만과 소피 엘리아스 부부의
　　　외아들로 출생.

1915년 (18세) 브레슬라우 대학에서 철학, 독문학, 의학 공부를 시작.

1915~19년 (18~22세) 병역의무. 동부전선에서 타자병으로 출발, 나중
　　　에는 브레슬라우에서 위생병으로 복무.

1919년 (22세) 의학에서 중간시험 합격 후 의학공부를 포기. 박사학위
　　　취득을 목표로 철학공부에 매진, 여름학기 하이델베르크 대학에서
　　　수학. 칼 야스퍼스의 세미나 청강.

1920년 (23세) 여름학기 프라이부르크 대학에서 수학.

1924년 (27세) 철학에서 「이념과 개인」(Idee und Individuum)이란 논
　　　문으로 박사학위 취득, 하이델베르크 대학에서 사회학을 시작. 막스
　　　베버의 동생 알프레드 베버 밑에서 교수 자격 청구 논문(Habilita-

tion)을 시작.

1930년 (33세) 프랑크푸르트 대학 사회학과 교수로 초빙된 카를 만하임 (Karl Mannheim)의 조교로 대학을 같이 옮김.

1930~33년 (33~36세) 만하임의 지도로 교수자격 청구 논문을 완성. 이 논문은 1969년 『궁정사회』(*Die höfische Gesellschaft*)로 출판.

1933년 (36세) 나치 정권의 등장으로 프랑스로 망명.

1935년 (38세) 프랑스에서 다시 영국으로 망명.

망명 유태인을 위한 장학금을 받고 『문명화과정』(*Über den Prozeβ der Zivilisation*) 집필에 몰두.

1939년 (42세) 『문명화과정』 제1, 2권을 스위스 바젤에서 출판.

1941~54년 (44~57세) 런던 대학 '성인교육과정'의 선생으로 활동.

1954년 (57세) 레스터 대학의 전임강사로 임용.

1961년 (64세) 정년퇴직 후 몇 년 간 아프리카의 가나에서 사회학 교수로 활동.

1965년 (68세) 베를린 대학 독문학과 초빙교수.

1966년 (69세) 독일 뮌스터 대학 초빙교수.

1969년 (72세) 『궁정사회』와 『문명화과정』 제1, 2권 출판.

1970년 (73세) 『사회학이란 무엇인가』(*Was ist Soziologie*) 프랑크푸르트에서 출판.

1972년 (75세) 독일 콘스탄츠 대학 초빙교수.

1977년 (80세) 프랑크푸르트 시가 수여한 '아도르노상' 수상.

1979년 (82세) 독일 빌레펠트 대학 초빙교수.

1982년 (85세) 『죽어가는 자들의 고독』(*Über die Einsamkeit der Sterbenden*) 출판.

1985년 (88세) 『인간의 조건』(*Humana conditio*) 출판.

1987년 (90세) 『사회참여와 거리두기』(*Engagement und Distanzierung*)와 시집 『인간의 운명』(*Los der Menschen*) 출판.

1990년 8월 1일 (93세) 암스테르담에서 사망.

●참고문헌

Allen, P. S., *The Age of Erasmus* (Oxford, 1914).

Andressen and Stephan, *Beiträge zur Geschichte der Gottdorffer Hofund Staastsverwaltung von 1594~1659*, vol.1 (Kiel, 1928).

Aronson, *Lessing et les classics français* (Montpellier, 1935).

Bauer, M., *Das Liebesleben in der deutschen Vergangenheit* (Berlin, 1924).

Berney, Arnold, *Friedrich der Große* (Tübingen, 1934).

Bossert, Helmuth Th. and Storck, Willy ed., *Das Mittelalterliche Hausbuch* (Leipzig, 1912).

Bouhours, Dom., *Remarques nouvelles sur la langue française* (Paris, 1676), vol.1.

Brienne, *Mémoires*, vol.2.

Bömer, A., *Anstand und Etikette in den Theorien der Humanisten, Neue*

Jahrbücher für das klassische Altertum, vol.14 (Leipzig, 1904).

_____, *Aus dem Kampf gegen die Colloquia familiaria des Erasmus, in A rch. für Kulturgeschichte*, vol.9 (Leipzig and Berlin, 1911).

Cabanès, S. A., *Moeurs intimes du temps passé*, 1st series (Paris, 연도 미상).

Casa, Della, *Galateo*.

Caxton, *Book of Curtesye*, Early English Test Society, Extra Series, no.3, ed. Furnivall (London, 1868).

Champion, P., *François Villon, Sa vie et son temps*, vol.2 (Paris, 1913).

Cordier, Mathurin, *Colloquiorum Scholasticorum Libri Quatuor*, vol.2 (Paris, 1568).

de Callières, François, *De la Science du monde et des Connoissances utiles à la conduite de la vie* (Bruxelles, 1717).

_____, *Du bon et du mauvais usage dans les manieres de s'exprimer. Des facons de parler bourgeoises : en quoy elles sont differente s de celles de la Cour* (Paris, 1694).

de la Roche, Sophie, *Geschichte des Fräulein von Sternheim* (1771), ed. Kum Ridderhoff (Berlin, 1907).

de Lettenhove, Kervyn ed., "Le Jouvencel," *Lebensgeschichte des Ritters Jean de Bueil*, Chastellain, OEuvres, vol.8.

de Mauvillon, E., *Lettres Françoises et Germaniques* (Londres, 1740).

Denecke, Arthur, *Programm des Gymnasiums zum hl. Kreuz* (Dresden, 1891).

_____, "Beiträge zur Entwicklungsgeschichte des gesellschaftlichen Anstandsgefühls," *Zeitschrift für Deutsche Kulturgeschichte*, ed. Chr. Meyer, New Series, vol.2 (Berlin, 1892).

Dupin, H., *La courtoisie an moyen âge* (Paris, 1931).

Durrieu, P., *Les très belles Heures de Notre Dame du Duc Jean de Berry* (Paris, 1922).

d'Holbach, *Système sociale ou principes naturels de la morale et de la politique*, vol.3 (London, 1774).

Franklin, A., *La vie privée d'autrefois, Les Repas* (Paris, 1889).

Freudenthal, Gred, *Gestaltwandel der bürgerlichen und proletarischen Hauswirtschaft mit besonderer Berücksichtigung des Typenwandels von Frau und Familie von 1760 bis zur Gegenwart*, Dissertation Frankfurt a. Main (Würzburg, 1934).

Ginsberg, M., *Sociology* (London, 1934).

Glixelli, "Les Contenances de Table," *Romania*, vol.47 (Paris, 1921).

Goetz, W. ed.,*Beiträge zur Kulturgeschichte des Mittelalters und der Renaissance*, vol.34.

Herder, *Nachlaß*, vol.3.

Hettner, *Geschichte der Literatur im 18 Jahrhundert*, vol.1.

Hopton, Dr. and Balliol, A., *Bed Manners* (London, 1936).

Huizinga, I., *Erasmus* (New York : London, 1924).

_____, *Herbst des Mittelalters, Studien über Lebens und Geistesform des 14 und 15 Jahrhunderts in Frankreich und in den Niederlanden* (München, 1924).

Hyma, A., *The Youth of Erasmus* (University of Michigan Press, 1930).

Laborde, *Le Palais Mazarin* (Paris, 1816).

Lamprecht, *Deutsche Geschichte*, vol.8 (Freiburg, 1906).

Lavisse, *Histoire de France*, vol.9 (Paris, 1910).

Lehrs, Max, *Der Meister mit den Bandrollen* (Dresden, 1886).

Leon, Sahler, *Montbéliard à table, Memoires de la Société d'Emulation de Montbéliard*, vol.34 (Montbéliard, 1907).

Lessing, *Briefe aus dem zweiten Teil der Schriften* (Göeschen, 1753).

Luchaire, A., *La société française au temps de Philippe Auguste* (Paris, 1909).

Merton, Robert, K., *Social Theory and Social Structure* (Glencoe, 1959).

Mirot, L., *Les d'Orgemont, leur origine, leur fortune etc.* (Paris, 1913).

Parodi, D., "l'honnête homme et l'idéal moral du XVIIe et du XVIIIe siècle," *Revue Pédagogique* (1921).

Parsons, T., *Essays in Sociological Theory* (Glencoe, 1963).

_____, *Social Structure and Personality* (Glencoe, 1963).

_____, *Societies, Evolutionary and Comparative Perspectives*(Englewood Cliffs, 1966).

Parsons, T. and Smelser N. J., *Economy and Society* (London, 1957).

Peters, "The institutionalized Sex-Taboo," *Knight, Peters, and Blanchard, Taboo and Genetics*, p.181.

Petit-Dutaillis, Ch., *Documents nouveaux sur les moeurs populaires et le droit de vengeance dans les Pays-Bas au XV siècle* (Paris, 1908).

Regnault, *La condition juridique du bâtard au moyen âge* (Pont Audemer, 1922).

Rudeck, W., *Geschichte der öffentlichen Sittlichkeit in Deutschland* (Jena, 1897).

Ryle, Gilbert, *The Concept of Mind* (London, 1949).

Schäfer, K., "Wie man früher heiratete," *Zeitschrift für deutsche Kulturgeschichte* (Berlin, 1891).

Siebert, J., *Der Dichter Tannhäuser* (Halle, 1934).

Spengler, Oswald, *The Decline of the West*, vol.1 (München, 1920).

Tannhäuser, "Die Hofzucht," *Der Dichter Tannhäuser*, ed. J. Siebert (Halle, 1934).

Voltaire, *Siècle de Louis XIV*, in OEuvres Complètes, vol.14 (Paris : Garnier Frères, 1878).

von Bezold, Fr., "Ein Kölner Gedenkbuch des XVI Jahrhunderts," *Aus Mittelalter und Renaissance* (München and Berlin, 1918).

von Buttlar, Kurt Treusche, "Das tägliche Leben an den deutschen Fürstenhöfen des 16 Jahrhunderts," *Zeitschrift für Kulturgeschichte*, vol.4 (Weimar, 1897).

von Gleichen Russwurm, A., *Die gothische Welt* (Stuttgart, 1922).

von Regensburg, Berthold, *Deutsche Predigten*, ed. Pfeiffer and Strobl, vol.1 (Wien, 1862~80).

von Wolzogen, Caroline, *Agnes von Lilien* (*Schiller, Horen*, 1796년판에 수록, 1798년 단행본으로 출판).

Wallach, S. R., *Das abendländische Gemeinschaftsbewußtsein im Mittelalter* (Leipzig and Berlin, 1928).

Wright, T., *The Home of other Days* (London, 1871).

Zarncke, F., *Der Deutsche Cato* (Leipzig, 1852).

_____, *Die Deutsche Universität im Mittelalter* (Leipzig, 1857).

Zöckler, Otto, *Askese und Mönchstum* (Frankfurt, 1897).

●찾아보기

지은이 노르베르트 엘리아스(Norbert Elias, 1897~1990)

브레슬라우의 중산층 유대인 가정에서 태어났다. 인문계 고등학교를 다니면서
고대 그리스, 로마시대의 대가들과 괴테, 실러시대의 독일 고전문학을 두루 섭렵한다.
이때 얻은 독일문학에 대한 그의 폭넓은 지식은 훗날『문명화과정』의
역사실증적 분석에 중요한 밑거름이 된다.
엘리아스는 1924년 브레슬라우 대학에서 신칸트학파의 철학자 리하르트 회니히스발트를
지도교수로 하여 박사학위 논문「이념과 개인」(Idee und Individuum)을 쓴다.
그는 이 논문에서 칸트의 '아 프리오리'(a prioori)를 반박함으로써 종래의 철학적 인간관인
'폐쇄적 인간'을 부정하려 하였지만 그의 관점은 받아들여지지 않았다.
이러한 입장을 철회하고 수정한 다음에야 비로소 그의 학위논문은 통과될 수 있었다.
1930년 프랑크푸르트에서 엘리아스는 만하임의 지도로 교수자격 논문「궁정사회」(Die
höfische Gesellschaft)를 쓰기 시작한다. 그러나 1933년 나치정권이 등장하고 유대인에 대한
탄압이 시작되면서 엘리아스의 교수자격 심사가 중단되고 만다.
'결합태사회학', '문명화과정의 이론'과 같은 독창적인 사회학적 사유를 역사적 실증연구와
결합시켰던 엘리아스의 주저『문명화과정』은 이미 1930년대에 출판되었지만, 몇몇 소수의
사회학자나 역사학자들에 의해 언급되거나 인용되었을 뿐
오랫동안 영국·미국이나 독일 사회학계에서 주목받지 못했다.
1977년 프랑크푸르트 시가 수여하는 아도르노 상을 수상한 후, 엘리아스의 이름은 비로소
사회학을 넘어서 여러 학계에 널리 알려지게 되었고, 1968년 독일에서 재판된 그의 주저
『문명화과정』은 1978년 영어로 번역되었다. 독일 사회학회가 1975년 그를 명예회원으로
추대함으로써 그의 복권은 완벽하게 이루어졌다.

옮긴이 박미애(朴美愛)

연세대학교 독문과를 졸업하고 독일 아우크스부르크 대학에서 사회학 석사 및 박사학위를
받았다. 지은 책으로 Patriarchat durch konfuzianische Anstandsnormen,『인간복제에 관한
철학적 성찰──슬로터다이크 논쟁을 중심으로』(공저)가 있다.
옮긴 책으로는 노르베르트 엘리아스의『문명화과정1·2』『모차르트』, 한나 아렌트의
『전체주의의 기원1·2』(공역) 등을 비롯해, 퓨겐의『막스 베버: 사회학적 사유의 길』,
하버마스의『새로운 불투명성』, 히르슈의『로자 룩셈부르크』, 슬로터다이크의『인간농장을
위한 규칙』(공역)『냉소적 이성 비판』(공역) 등이 있다.

HANGIL GREAT BOOKS **09**

문명화과정 I

지은이 노르베르트 엘리아스
옮긴이 박미애
펴낸이 김언호

펴낸곳 (주)도서출판 한길사
등록 1976년 12월 24일
주소 10881 경기도 파주시 광인사길 37
홈페이지 www.hangilsa.co.kr
전자우편 hangilsa@hangilsa.co.kr
전화 031-955-2000~3 **팩스** 031-955-2005

출력 블루엔 **인쇄** 오색프린팅 **제책** 경일제책사

제1판 제 1 쇄 1996년 12월 30일
제1판 제14쇄 2023년 4월 30일

값 28,000원

ISBN 978-89-356-3075-2 94900
ISBN 978-89-356-3089-9(전2권)

● 잘못 만들어진 책은 구입하신 서점에서 바꿔드립니다.

●한길그레이트북스는 계속 간행됩니다.